La finance en contexte extrême

Mélanges en l'honneur du Professeur Robert Wanda

Perspectives organisationnelles

Collection dirigée par Yvon Pesqueux et Gilles Teneau

Dernières parutions

Fernando CUEVAS, *Comment donner du sens au travail ? Du mercenaire au missionnaire,* 2024.

Jean BIWOLÉ-FOUDA et Henri TEDONGMO TEKO (dir.), *Les formes élémentaires du management en Afrique*, 2023.

Audrey PEROCHEAU, *La formation des chercheurs d'emploi : fonctionnement et perspectives d'évolution. Un regard inspiré des théories d'organisation*, 2021.

Yves TROUSSELLE, *Comment rebondir durablement après le Covid-19 ? Guide pratique de transformation vers l'économie de l'innovation sociétale*, 2021.

André TIOUMAGNENG, *Banques en Afrique centrale : Problématiques organisationnelles*, 2020

Jean BIWOLÉ-FOUDA, Geneviève CAUSSE, et Alexis NGANTCHOU, *Théories Des Organisations Africaines*, 2018.

Gilles TENEAU, *La résilience des organisations, Les fondamentaux,* 2017.

Sous la direction de Sonny PERSEIL, Yvon PESQUEUX, Yéda Christophe BANAON, Khaoula BEN MANSOUR, *Un nouveau regard sur la triche et le mensonge,* 2017.

Société de Philosophie des Sciences de Gestion (SPSG), *Le management entre civilisation et barbarie*, 2017.

Fernando CUEVAS, *De la haine à l'amour, Les relations humaines dans la vie privée et professionnelles*, 2017.

Sous la direction de Sophie AGULHON, Franck GUARNIERI, Sonny PERSEIL & Yvon PESQUEUX, *La confiance en questions,* 2016.

Sous la direction d'Olivier CRETTE et Anne MARCHAIS-ROUBELAT, *Analyse critique de l'expertise et des normes : théorie et pratique*, 2015.

Sous la direction de Walter AMEDZRO ST-HILAIRE, *Perspective stratégique et gestion opérationnelle de l'économie bancaire*, 2015

Sous la direction de Sonny PERSEIL et Yvon PESQUEUX, *Faire l'économie de la dénonciation,* 2015.

Gilles TENEAU, *L'erreur humaine. Modèles et représentations,* 2014.

Société de Philosophie des Sciences de Gestion (SPSG), *Penser le management et les sciences de gestion avec Hannah Arendt*, 2014.

Sous la direction de
André TIOUMAGNENG TAFAM

La finance en contexte extrême

Mélanges en l'honneur du Professeur Robert Wanda

Préface d'Éric Lamarque

Avant-propos de Jean Biwole Fouda et Désiré Avom

Postface d'Ababacar Mbengue et Henri Wamba

L'Harmattan

5-7, rue de l'École-Polytechnique - 75005 Paris
http://www.editions-harmattan.fr
ISBN : 978-2-336-57104-1
EAN : 9782336571041

PRÉFACE

Sans doute ne suis-je pas le mieux placé pour parler de l'œuvre de Robert Wanda et de tout son engagement et de ses actions en tant qu'universitaire. Gérard Hirigoyen, qui l'a beaucoup côtoyé, notamment au CAMES et lors de ses passages à Bordeaux, en aurait mieux parlé que moi sur un ton plus personnel. L'attachement de RW à l'Université Montesquieu Bordeaux 4, lieu emblématique des préparations au CAMES durant de nombreuses années, lieu où j'ai moi-même fait mon doctorat, exercé en tant que professeur des universités entre 2002 et 2013 et participé à ces préparations dans le domaine des Sciences de gestion, constitue un point commun que nous partagions. Sa proximité avec le Professeur Gérard Hirigoyen et le laboratoire de recherche sur les entreprises familiales et financières, au sein duquel j'animais un axe, l'avait également influencé dans ses propres thématiques de recherche tout au long de sa carrière, thématiques que je partage toujours avec lui près de 30 ans après la soutenance de ma thèse.

Mais, comme le coordinateur de ces mélanges en son honneur, le Professeur André Tioumagneng Tafam, m'y invite, je ne pouvais qu'accepter avec humilité, d'autant plus qu'il fut un de mes premiers docteurs et qu'il est très attaché aux traditions universitaires.

Ce que j'ai pu connaitre de RW et la lecture de cet ouvrage montrent à quel point il fut un universitaire totalement engagé. Il a su allier contributions scientifiques originales, direction doctorale prolifique, capacité à intervenir auprès des organisations pour mettre en application ses recherches, engagement dans le pilotage des établissements et des organisations universitaires et, bien entendu, un enseignant reconnu et apprécié de ses étudiants.

Le travail universitaire consiste à créer de la connaissance, à la diffuser et à la valoriser auprès du monde socio-économique, à former de nouveaux docteurs et des étudiants qui, à leur tour, utiliseront et diffuseront cette connaissance. En d'autres termes, il s'agit d'avoir de l'influence pour faire évoluer le fonctionnement de la société. Il est peu de dire que RW aura été cela au Cameroun, dans la sous-région et bien au-delà lorsqu'on regarde son œuvre. Au regard de mon propre parcours et de l'engagement qu'il aura nécessité, je ne peux qu'apprécier celui de RW à sa juste valeur et former le souhait qu'il y en ait encore beaucoup d'autres après lui pour le bien de leur université, de leur économie et de leur pays. André Tioumagneng est de ceux-là. Qu'il soit salué pour cette initiative.

Un mot maintenant pour parler de la thématique générale de ces mélanges, la finance en contexte extrême. Le domaine de la finance organisationnelle constitue un bon exemple de l'essor d'un axe de recherche innovant, ancrant la finance dans le fonctionnement des organisations et pas seulement dans sa dimension technique souvent déconnecté de l'économie réelle. En insistant sur les conditions de la prise de décision sur des sujets stratégiques et financiers, les questions de gouvernance, de pilotage financier, de gestion des risques ont pris une place importante dans le management des organisations. J'ai toujours plaidé pour une meilleure intégration de la finance dans leur fonctionnement, à l'opposé d'une tour d'ivoire qu'elle tend à être trop souvent, provoquant l'incompréhension des autres fonctions de l'entreprise et attisant le sentiment que tout est dirigé par la finance. Ce positionnement, combinant connaissances techniques et connaissance des dynamiques organisationnelles, a trouvé un écho particulier auprès des professionnels, mais a également permis d'introduire des démarches plus qualitatives et des études de cas dans des sujets financiers sortant ainsi du tout quantitatif et hypothético-déductif. On peut saluer la contribution de RW à ce courant.

Cette nouvelle approche de la finance a permis de faire progresser la connaissance autour de trois terrains de recherche : l'entreprise familiale, la finance publique et la banque.

Le premier a été un sujet de partage déterminant avec le Professeur Hirigoyen dans le contexte africain à très forte densité de PME familiales, les travaux réalisés et initiés par RW ont permis de construire un cadre théorique et conceptuel adapté à ce contexte. Cela a contribué à leur proximité naturelle et à leurs échanges fructueux, car il faut toujours rappeler que c'est le débat académique qui nourrit la progression de la connaissance.

Le second montre à quel point la décision publique a été améliorée en intégrant de façon adaptée des principes d'évaluation et de gouvernance issus du secteur privé. J'ai toujours considéré que cette intégration devait être faite avec beaucoup de précautions, mais qu'il y avait un réel potentiel pour améliorer la prise de décision dans cet environnement.

Le troisième constitue mon point de partage principal avec RW, le fonctionnement des banques et des entreprises financières. Le contexte africain offre un cadre bien particulier en matière de microfinance, d'inclusion financière, d'informel avec de vrais éléments de spécificité et sans doute une situation extrême du point de vue des questions bancaires. Les défis du financement des entreprises, des infrastructures ou des États montrent encore aujourd'hui à quel point il est crucial de s'attaquer à des sujets structurants pour le développement de la sous-région. Cela inclut la manière dont Bâle 3 s'implante dans le secteur bancaire local, les conséquences de la création d'une agence de notation africaine et la sortie programmée de certains États de la zone du Franc CFA. Le secteur financier est un terrain sensible, car il est tout à la fois un levier incontournable de développement, mais également la cause de crises lourdes pouvant déstabiliser des États. Je forme aussi le vœu que les travaux initiés par RW permettent aujourd'hui de continuer à avancer.

Pour conclure mon propos, je salue le travail de coordination d'André et la qualité des contributions des auteurs qui saisissent l'opportunité de ces mélanges pour faire un point sur tous ces sujets financiers dans un contexte extrême certes, mais ces situations extrêmes ne sont-elles pas en train de devenir notre quotidien à tous ?

Professeur Éric Lamarque

Directeur de l'IAE Paris Sorbonne
Université Paris 1 Panthéon Sorbonne

AVANT-PROPOS

Robert WANDA : un immortel parmi les immortels

Jean Biwolé Fouda

Les discours sur l'immortalité ont traversé les âges, prenant des formes variées selon les époques, les cultures et les perspectives philosophiques, religieuses ou littéraires. L'un des plus connus, notamment dans le monde scientifique, est celui qui fait référence à la devise gravée sur le sceau de l'Académie française : « À l'Immortalité ». Ce slogan caractérise, non pas les académiciens, mais la langue française et l'académie. Toutefois, par métonymie, on a fini par assimiler les académiciens à des immortels. Ainsi, selon cette compréhension, les immortels sont des personnes qui ont reçu une forme de reconnaissance suprême dans le monde intellectuel. Ils sont immortels parce qu'on considère que leur influence, dans leur domaine, est durable même après leur mort. En effet, bien qu'ils soient morts, leur contribution à la science et à la transmission du savoir leur confère une forme d'immortalité symbolique. Nous allons retenir cette approche pour montrer que Robert WANDA est un immortel. Durant sa vie terrestre, il a emprunté au moins trois chemins vers l'immortalité.

1. Robert WANDA : l'Agrégé

« Les agrégés sont des immortels ». Bien que cette expression soit informelle, on l'attribue à un membre de la société des agrégés de l'université. Fondamentalement, elle exprime l'idée selon laquelle, l'œuvre scientifique de l'agrégé est une réalité qui subsiste bien au-delà de sa vie terrestre. Elle énonce le paradoxe de la mortalité humaine et de la pérennité des œuvres scientifiques qu'il laisse derrière lui. Étant considéré comme une élite intellectuelle, à travers son œuvre, l'Agrégé transcende le temps et affirme son existence au-delà de sa propre finitude. Cette énonciation s'inscrit en droite ligne de la pensée de Paul Valery selon laquelle, « *nous qui ne durons pas, faisons des œuvres qui durent* ».

Robert WANDA est admis au Concours d'agrégation CAMES en Sciences de gestion en 2007. Il est Major de sa promotion. Il est l'auteur de plusieurs articles scientifiques dans le domaine des sciences de gestion en général et de la finance en particulier. Il a également publié des ouvrages en comptabilité, notamment sur le système comptable OHADA. Ses travaux sont régulièrement cités dans plusieurs articles publiés récemment[1], et de nombreux étudiants considèrent aujourd'hui ses ouvrages comme ayant une qualité pédagogique qu'ils conviendraient même aux nuls en comptabilité. Sur cette base, on peut considérer que l'agrégé Robert WAMBA est vivant.

2. Robert WANDA le Maître

Dans le domaine de la science, le disciple est plus qu'un élève, c'est un continuateur. En considérant cette dynamique permanente, on peut affirmer que le Maître ne meurt pas. Il transmet un savoir et des méthodes, il développe l'esprit critique chez le disciple et il forme ce dernier à la rigueur scientifique. Tout cela représente une part d'héritage reçu lorsqu'il était encore disciple. Sur la base de ce principe de transmission, de grandes lignées scientifiques se sont formées et ont défié le temps, rendant ainsi immortels, des disciples devenus Maîtres plus tard. C'est en forgeant qu'on devient forgeron, a-t-on souvent coutume de dire. Dans la même veine, Newton disait : « Si j'ai vu plus loin, c'est en montant sur les épaules de géants. ». En science, le Maître est donc ce géant sur les épaules duquel le disciple prend appui pour voler plus haut.

Robert WANDA est un Maître. Il a dirigé près d'une quarantaine de thèses de doctorat et plus de 450 mémoires de master. Certains de ses disciples sont aujourd'hui des Maîtres et produisent à leur tour des disciples. Formellement, ils contribuent à garder vivante la lignée scientifique du Maître Robert WANDA. Fondamentalement, ils participent, en principe, à l'essor d'une école de pensée dont leur Maître en est le pionnier.

3. Robert WANDA, le Penseur

Si Robert WANDA était encore de ce monde terrestre, il aurait peut-être été tenté par une mode dans notre microcosme universitaire camerounais aujourd'hui, celle qui consiste à dénommer une école de pensée en ajoutant à son patronyme le suffixe « isme ». Peut-être Robert WANDA aurait-il développé le « Wandaisme ».

Toutefois, ayant eu l'occasion de connaitre Robert WANDA comme un scientifique sérieux, l'actualité et la profondeur des thèmes qu'il explore, la pertinence de ses analyses et la rigueur de ses démarches méthodologiques

[1] https://www.researchgate.net/publication/228419796_Structure_financiere_et_performance_des_entreprises_dans_un_contexte_sans_marche_financier_le_cas_du_Cameroun.

révèlent chez lui une tendance à privilégier l'axiologique au cosmétique, le contenu au contenant, l'amphi à la scène.

La gouvernance des entreprises en contexte sans marché financier constitue l'épicentre de ses travaux de recherche. La pertinence de cette thématique est à la fois théorique et pragmatique.

D'un point de vue théorique, en explorant les angles morts de la théorie financière, notamment les limites de son application dans des entreprises dont le fonctionnement relève plus d'une logique sociologique que d'une logique de marché, Robert WANDA l'enrichit en montrant par exemple que le lien entre la structure financière et la performance d'une entreprise n'est pas forcément influencé par le marché financier[2]. Pourtant, l'existence d'un marché financier constitue un postulat de base de la théorie financière. En montrant que la rationalité économique n'a pas de caractérisation universelle, et qu'elle peut être influencée par certains particularismes, telle que la culture[3], Robert WANDA bat en brèche le sacrosaint principe de l'agent économique ultra individualiste, cherchant avant et après tout son intérêt personnel.

D'un point de vue pragmatique, il est incontestable que Robert WANDA s'est intéressé aux problèmes que rencontrent les entreprises et les organisations qui ont pignon sur rue dans le contexte africain : les PMEs, les TPEs, les entreprises familiales, les tontines, etc. Il s'est penché sur le vécu et sur les réalités entrepreneuriales, managériales et organisationnelles problématiques dans son contexte.

Tous ces éléments nous autorisent à considérer que Robert WANDA est un penseur. En effet, il est un des pionniers d'une école de pensée dont les processus de construction, de consolidation et légitimité scientifique se poursuivent. Cette école est celle de la gouvernance des entreprises en contexte sans marché financier. Au demeurant, parce qu'il est à la fois un Agrégé, un Maître de la science et un Pionnier d'une école de pensée en gestation, Robert WANDA est un immortel parmi les immortels : il vit à l'infini.

Jean Biwolé Fouda

Professeur Titulaire des Universités
Agrégé des Universités en Sciences de Gestion
Vice-recteur Chargé de la Recherche et de la Coopération-Université d'Ebolowa

---

[2] Wanda, R. (2001), Structure financière et performance des entreprises dans un contexte sans marché
financier : le cas du Cameroun, *Revue du Financier*, site www.cybel.fr, 16 p.

[3] Wanda, R. (2007), Distance culturelle, modes de financement et rationalité économique », In *Création,*
développement, gestion de la petite entreprise africaine, ouvrage collectif, éd ; Clé Yaoundé, p.311- 326.

Le Professeur Robert Wanda : le pédagogue, le modèle et le mentor

Désiré Avom

Robert Wanda nous a quittés le 23 juin 2022 à l'âge de 58 ans. Major de la section Sciences de Gestion du 13e concours d'agrégation du Conseil Africain et Malgache de l'Enseignement Supérieur (CAMES) en 2007, Robert Wanda avait le choix intellectuel de labourer profond. La comptabilité et l'ingénierie financière ont été les thèmes dominants d'une vie professionnelle cadrée et sans équivoque. Ce champ de réflexion a forgé sa réputation au sein de la communauté universitaire, des organismes nationaux et internationaux, consolidant ainsi sa réflexion appréciée, et ses avis sollicités. Il est récompensé aussitôt Chevalier de l'Ordre International des Palmes Académiques CAMES. Après un Doctorat de troisième cycle soutenu en 1996 sur *La contribution à la connaissance des déterminants de la performance des entreprises : essai d'analyse à partir d'un échantillon d'entreprises camerounaises* et une thèse de Doctorat d'état soutenue en 2004 sur *La contribution à la connaissance des déterminants de la performance des entreprises conjointes franco-camerounaises,* Robert Wanda a mis le cap sur l'Université de Yaoundé II.

Son investissement est multiple sur le plan pédagogique. Coordonnateur du Magistère « Comptabilité-finance », puis Chef de division de la coopération de 2009 à 2014 à l'Université de Yaoundé-II, il bénéficie de la haute confiance du Chef de l'État pour préserver la coordination des activités académiques et de coopération en juin 2017 à l'Université de Dschang. Directeur de plusieurs thèses de Doctorat, Enseignant passionné et soucieux de transmission, il est auteur d'un ouvrage de référence, *Comptabilité générale OHADA : analyse et fonctionnement des comptes – applications* (2013) réédité et actualisé trois fois jusqu'en 2020. Cette aisance intellectuelle lui valut d'être un contributeur régulier d'articles dans son domaine de recherche, ce qui marqua des générations d'enseignants et d'étudiants par des best-sellers dans des revues à forte audience. Sa capacité à construire des raisonnements théoriques, dans une pratique exigeante de la comptabilité, laisse entrevoir un travail important dont la communauté scientifique lui est redevable. Son engagement et sa passion pour la comptabilité ont inspiré de nombreux étudiants à poursuivre des carrières dans ce domaine.

L'empreinte indélébile de Robert Wanda sur la comptabilité générale s'appuie d'une part sur le développement d'un modèle de comptabilité intégré, et d'autre part sur l'élaboration d'un cadre conceptuel pour l'analyse de la valeur créée par les entreprises. La contribution autour du développement d'un modèle de comptabilité intégrée prenant en compte les aspects financiers, environnementaux et sociaux s'illustre tout d'abord par l'élaboration d'un cadre conceptuel pour l'intégration des informations, et ensuite le développement d'un outil de mesure de la performance intégrée.

En ce qui concerne l'élaboration d'un cadre conceptuel pour l'intégration des informations, Robert Wanda a proposé une clarification permettant d'intégrer simultanément les informations financières, environnementales et sociales dans un modèle de comptabilité unique. Ce cadre pourrait incorporer une revue de la littérature existante sur les modèles de comptabilité intégrée, un développement théorique du cadre conceptuel, incluant les principes et les indicateurs clés de performance, une application pratique du cadre dans une entreprise et/ou un secteur spécifique, ainsi qu'une évaluation des résultats et des implications pour les parties prenantes. Pour ce qui est du développement d'un outil de mesure de la performance intégrée, Robert Wanda a élaboré un cadre théorique comprenant les indicateurs clés de performance et les métriques de mesure, une application pratique de cet outil dans les entreprises, une évaluation des résultats et une comparaison avec les outils existants de mesure de la performance intégrée. Ces contributions ayant conduit à l'intégration des informations et au développement d'un outil de mesure de la performance intégrée ont conforté la nécessité de l'élaboration d'un cadre conceptuel pour l'analyse de la valeur créée par les entreprises.

De l'élaboration d'un cadre conceptuel pour l'analyse de la valeur créée par les entreprises à travers leur *reporting* intégré, Robert Wanda a établi la pertinence tout d'abord de la prise en compte d'une diversité de dimensions, et ensuite de tenir compte des attentes des parties prenantes. S'agissant de la prise en compte d'une diversité de dimensions, Robert Wanda a proposé un modèle de mesure de la valeur créée par les entreprises intégrant les dimensions financières, environnementales et sociales. La portée d'un modèle réside dans l'intégration des parties prenantes, la gestion des risques et des opportunités, l'amélioration de la performance globale, le renforcement de la confiance et de la crédibilité, et la possibilité pour les entreprises d'adopter des pratiques plus responsables et plus durables.

Quant à la prise en compte des besoins et des attentes des parties prenantes dans l'élaboration d'un cadre conceptuel pour l'analyse de la valeur créée par les entreprises, la contribution de Robert Wanda tient essentiellement à une meilleure compréhension des attentes des parties prenantes, à la création de la valeur partagée. Ces aspects permettent aux entreprises de créer de la valeur partagée pour toutes les parties prenantes, et non seulement pour les actionnaires. Ces apports ont un effet notable sur la conception de cadres conceptuels pour l'évaluation de la valeur générée par les entreprises grâce à leur compte rendu intégré, ce qui contribue à améliorer la prise de décision des entreprises et des parties prenantes.

Au-delà des contributions en comptabilité générale, l'investissement scientifique de Robert Wanda s'étend également en ingénierie financière à travers d'une part le développement d'un modèle de gestion des risques, et d'autre part l'élaboration d'un cadre conceptuel pour l'évaluation de la performance des instruments financiers. Il a embrassé la plupart des sujets qui font aujourd'hui la complexité de la financiarisation des entreprises et la compréhension de ses avancées.

Dans le domaine d'expertise que fut la gestion des risques financiers, Robert Wanda a proposé les techniques de machine *learning* et d'analyse de données pour les entreprises camerounaises. S'agissant des techniques de machine *learning*, elle s'illustre comme une activité cruciale pour les entreprises camerounaises, en ce sens qu'elle leur permet de minimiser les pertes financières et de maximiser les gains. Bien plus, cette technique a permis d'améliorer significativement l'efficacité et l'efficience des entreprises camerounaises, la prévision des risques financiers, l'identification des facteurs de risque, le développement des stratégies de gestion de risques et la consolidation de la prise de décision. Concernant l'élaboration d'un cadre conceptuel pour l'évaluation de la performance des instruments financiers, son importance pour les entreprises camerounaises tient à la minimisation des pertes financières, des couts de transaction, l'amélioration dans la prévision des risques financiers et de la compétitivité des entreprises camerounaises.

En ce qui a trait à l'évaluation de la performance des instruments financiers, Robert Wanda suggère d'abord une analyse financière, puis une analyse du marché. Ces analyses permettent d'optimiser les résultats financiers et de renforcer la confiance des investisseurs. En ce qui concerne l'analyse financière, il s'investit dans l'évaluation des ratios financiers, tels que le rendement des capitaux propres (ROE), le rendement des actifs (ROA), le ratio de dette à capitaux propres, etc. Il fait usage des outils de suivi et d'analyse des performances financières, de la méthode d'analyse de l'impact des changements de variables financières sur la performance des instruments financiers, et de la méthode d'évaluation de la valeur actuelle des flux de trésorerie.

Pour ce qui est de l'analyse de marché, il érige en contexte camerounais les perspectives d'une évaluation de la performance des instruments financiers par rapport à des benchmarks de marché, tels que des indices boursiers ou des taux de rendement de référence. L'évaluation prend en compte les risques liés aux instruments financiers, notamment le risque de crédit, le risque de liquidité et le risque de marché, en utilisant des méthodes de valorisation telles que le modèle de discount des flux de trésorerie.

Dans l'évaluation de la performance des instruments financiers, Robert Wanda propose tout d'abord le tableau de bord, et ensuite le modèle de simulation de Monte-Carlo pour les entreprises camerounaises. S'agissant du tableau de bord financier dans le contexte camerounais, il démontre sa pertinence en matière de suivi de la performance financière en temps réel, l'analyse des ratios financiers et l'identification des domaines d'amélioration de la performance financière, propices pour la consolidation de la compétitivité des entreprises camerounaises. Quant au modèle de simulation de Monte-Carlo, sa contribution s'illustre par l'évaluation des risques associés aux instruments financiers, les scénarios différents pour évaluer l'impact des changements de variables financières sur la performance des instruments financiers, et l'aide pour les entreprises camerounaises dans le processus de prise des décisions éclairées en matière de gestion des risques et de performance financière.

Professeur exceptionnel, un mentor dévoué et un modèle à suivre, Robert Wanda a transmis sa passion pour la comptabilité en rendant les concepts complexes accessibles et compréhensibles. Son enthousiasme et sa patience ont créé un environnement d'apprentissage stimulant et motivant. Le partage de ses expériences professionnelles et ses connaissances pratiques a inspiré une génération d'étudiants à poursuivre des carrières dans la comptabilité et la finance.

Désiré AVOM

Professeur Titulaire, Agrégé des Universités en Sciences Economiques
Université de Yaoundé 2
Doyen de la Faculté des Sciences Economiques et de Gestion

SOMMAIRE

INTRODUCTION GÉNÉRALE

Robert Wanda (1964-2022) : L'authentique gestioniste dans tous ses états

André Tioumagneng

Le professeur Robert Wanda (RW) nous a quittés à la stupéfaction générale le 23 juin 2022 à l'Hôpital Central de Yaoundé. Les collègues auxquels des textes ont été sollicités depuis lors, pour les Mélanges projetés en son honneur, les ont livrés. Pratiquement deux ans environ sont passés, l'on comprend bien la charge logique de leurs agendas eu égard aux multiples contraintes complexes de leur métier. Il vaut mieux tard que jamais, dit-on souvent ! Lorsqu'est venu le temps de préparer l'écriture de ce propos introductif, dans ma bibliothèque à côté de la pile poussiéreuse des photocopies d'articles que nous livrait RW dans les années 2003-2005 à son retour de chacune de ses expéditions de recherche à l'Université Montesquieu-Bordeaux 4, j'ai rebondi sur mon exemplaire de la première édition de l'excellent livre de comptabilité qu'il avait publié en début 2013 avec le collègue congolais Augustin Mbangala. Il me fut dédicacé par RW en ces termes : « À mon cher collègue, cadet et ex-étudiant, le Dr André T. Tioumagneng, voilà une autre œuvre pour t'accompagner dans ta quête de l'excellence ».

La (re) lecture de cette épître a toujours, je dois l'avouer, suscité beaucoup d'émotions. Celles-ci ont considérablement catalysé et décuplé l'énergie utile pour mon engagement. C'est que le triptyque « collègue, cadet, étudiant » met en évidence l'influence déterminante de RW sur mon cheminement universitaire. Il met surtout en lumière la multidimensionnalité de ma relation avec cet éminent chercheur, le major du concours d'agrégation du CAMES de 2007 en terre gabonaise dans la section sciences de gestion. Comme celles qu'il avait avec d'autres collègues « gestionistes » camerounais de ma génération, cette relation était empreinte de paternalisme. Elle était celle d'un père à son fils. Auprès de ses nombreux doctorants et même des collègues au Cameroun comme à l'étranger (Dakar, Abidjan, Benin, Bordeaux, etc.), RW aimait rappeler avec solennité que j'étais son « premier fils » académique. La pensée d'Ernest Touna Mama qui indiqua, lors d'un dîner organisé à Yaoundé en 2014 par la Société Camerounaise des Agrégés (SCA) en l'honneur de notre cuvée des lauréats du 16e concours d'agrégation, que « le premier des devoirs d'un professeur agrégé, c'est d'enfanter des agrégés » donnait toujours un relief particulier à l'évocation de cette filiation.

Sauf que, lorsque j'ai reçu des commentaires sur ces mémos, qui semblaient être une invitation à se conformer au modèle du mentor, cela a provoqué chez moi un sentiment d'inconfort. Je ressentais toujours une certaine incapacité à susciter le « tel père, tel fils » dans notre communauté universitaire exigeante, tant les qualités de RW étaient incommensurables et en général difficilement imitables. Parlons-nous quand même du tout premier gestioniste au niveau sous-régional à bénéficier de la distinction honorifique internationale (décernée par le CAMES, en 2018) de Chevalier de l'Ordre International des Palmes Académiques, d'un modèle d'altruisme à l'égard des apprenants (les statistiques, présentées plus loin, sur les mémoires et doctorats dirigés ou en cours avant son décès sont parfaitement révélatrices), d'une figure dont les « valeurs humaines », comme l'observa fort opportunément en 2009 Géneviève Causse (de l'Université Paris-Est Créteil) en tant que Rapporteuse durant la défense de ma thèse de doctorat à Montesquieu Bordeaux 4, étaient des plus reconnues dans le milieu de ses paires, etc.

Paradoxalement, RW ne fut pourtant que le directeur de mon mémoire de DEA ou, pour être dans l'air du temps, de Master. Le directeur de ma thèse de doctorat, Eric Lamarque de l'Université Paris 1 Panthéon-Sorbonne qui nous renouvelle son amitié par son texte de préface, pourrait cependant témoigner de ma lourde dette vis-à-vis de lui. Quid de Gérard Hirigoyen (président honoraire de l'Université Montesquieu-Bordeaux 4) qui dirigeait le CREFF, le Laboratoire au sein duquel cette thèse fut engagée en 2006 et défendue trois ans plus tard, où il pilotait à l'époque la composante axée sur les Entreprises Financières. L'économiste Désiré Avom, l'actuel doyen de la FSEG de l'UY2 où RW fut recruté en 1996, est un autre témoin de l'histoire. Il m'avait explicitement rappelé ma redevabilité lors des préparatifs des hommages académiques rendus le 08 juillet 2022 à l'UY2. Derrière ce rappel se cachait une double exhortation ; préparer/prononcer l'oraison scientifique d'une part et engager d'autre part d'autres actes destinés à honorer davantage celui qu'il qualifie présentement dans son texte d'avant-propos de « pédagogue passionné », de « modèle à suivre » et de « mentor dévoué ».

Suite à cette instigation, la dynamique du service [partiel] de ma dette à titre posthume fut engagée. Sous les auspices du département des sciences de gestion à ma charge depuis novembre 2022, dans cette perspective, nous avions organisé une Journée de Recherche le 28 octobre 2023 sur « La diffusion et l'efficacité de la finance organisationnelle en Afrique francophone : l'apport de Robert WANDA ». Quiconque avait séjourné ce jour au campus principal de l'UY2 à Soa pourrait témoigner qu'il y avait une effervescence particulière. Le thème avait attiré près de cinq cents acteurs de différents profils, de la communauté universitaire (étudiants, doctorants, enseignants-chercheurs, professeurs chevronnés, etc.) et du monde professionnel privé et public, traversés par la visée de participer à son traitement dans la dizaine d'ateliers constitués et à une table-ronde prévue sur « l'actualité de la finance et ses perspectives en Afrique ».

La conception du présent ouvrage constitue, le lecteur l'aura compris, le parachèvement de la dynamique de célébration d'une personnalité influente du pôle camerounais ou sous-régional des sciences de gestion. J'ai pleinement conscience que l'instruction du propos par des considérations qualifiables de trop personnelles, prenant rapidement l'allure d'un récit de mon histoire avec le recipiendaire, est potentiellement gênante pour nombre de lecteurs. Elle peut même contrevenir aux règles de la courtoisie. Le risque d'adopter une telle posture autoréférentielle, difficilement tolérée dans les sciences sociales qui sont plus régentées par le principe illusoire de l'objectivité, est bien assumé.

Après tout, les Mélanges en l'honneur d'un collègue, contrairement par exemple à l'éméritat ou à l'hommage académique, qui est une affaire administrative systématique, constituent un travail amical affinitairement ancré. L'autoréférence dans ce type d'exercice semble donc inévitable. Elle est surtout intéressante. L'enjeu réside moins, nonobstant le ragot et l'éreintage qui caractérisent notre milieu universitaire, dans la volonté de démontrer une quelconque légitimité de mon double statut de coordinateur et d'introducteur des présents Mélanges. Il s'agit davantage d'affirmer avec force une certaine connaissance de RW permettant de penser son écho d'académicien. J'insisterai, au-delà, sur ses résonances et sa personnalité scientifique tout en dévoilant à grands traits les sujets dont traitent ses collègues et amis dans cet ouvrage.

1. Les résonances du maître

Lors des hommages académiques rendus à RW par l'UY2, mon allocution d'éloge scientifique constatait déjà qu'il était pluriel, multidimensionnel et éclectique ; le chercheur, pourrait-on dire, constituait un « territoire » complexe. C'est un truisme de constater que la carte (portrait) visée ne peut être le territoire. J'entends l'appréhender par le truchement de l'attachement de RW aux fondamentaux, de son authenticité en tant que gestioniste et de sa légitimité internationale.

1.1. Back to basics

La vingtaine d'années de proximité à RW, mon premier contact avec RW date de 1999 à l'UY2 dans le cadre de son cours de Comptabilité des Sociétés qu'il dispensa jusqu'à son décès aux étudiants de deuxième année de Licence en sciences économiques et de gestion, m'autorise une affirmation : il était attaché à ce que nos collègues Anglo-Saxons qualifient de « *Back to basics* ». Chacun de ses cours commençait par un long chapitre destiné à assoir les prérequis (les étudiants qui en disposaient s'ennuyaient évidemment) avec une emphase sur la clarification des concepts centraux de la matière. Cette pratique, l'un des secrets de sa force pédagogique, s'était progressivement vu transformer en norme scientifique à inculquer aux étudiants de master-doctorat sous sa direction et aux agrégatifs.

Pour RW, habituellement prompt à inviter à la lecture de son doctorat d'État, il s'agissait de procéder toujours d'emblée à « l'épistémologie des concepts ». Les différents jurys de préparation au concours d'agrégation que j'ai partagé avec lui, d'abord en tant que candidat dans les années 2012-2013 et à partir de 2015 comme collègue, ont particulièrement connu l'écho de cette injonction. Au-delà, l'appel au questionnement des fondamentaux cher à RW était l'occasion pour lui d'inviter, particulièrement en matière de citation d'auteurs, à privilégier les pionniers par rapport aux contemporains. Se considérant lui-même comme un contemporain sur les réflexions touchant à la structure financière et à la gouvernance d'entreprise auxquelles il avait pourtant considérablement contribué, signe d'une humilité à la fois excessive et risquée sur laquelle lui et moi discutions régulièrement avant son décès, il appelait à convoquer prioritairement Miller & Modigliani (1958) et Berle & Means (1932). Cette logique le conduisit en 2005, dans nos premiers échanges durant mes premiers balbutiements sur mon projet doctoral centré sur le financement des actifs intangibles dans les entreprises privées, à m'intimer au ressourcement dans la théorie des coûts de transaction et précisément les publications d'Olivier Williamson en 1988 et 1991.

Cette mise en perspective de l'idée d'écouter les précurseurs et de s'entendre au préalable sur les termes, tant dans des actes pédagogiques que scientifiques, offre l'opportunité de rebondir sur « La finance en contexte extrême ». Il y a au moins deux précisions nécessaires sur cette thématique faisant office d'intitulé de l'ouvrage qui condense autant de groupes conceptuels. J'aurais dû commencer par-là !

Première précision. La Gestion est un domaine parcellisé, « balkanisé » en marketing, Gestion des Ressources Humaines (GRH), finance, stratégie, système d'information et entrepreneuriat notamment. RW était un spécialiste de la finance. Il avait fait de la finance organisationnelle le soubassement de ses actes scientifiques et en représentait le porte-étendard à l'UY2, son Université d'origine, mais aussi dans différentes Universités de l'espace du CAMES. Qu'entendons-nous par finance organisationnelle ? Il s'agit d'un paradigme, « une constellation de croyances, de valeurs, techniques, etc., partagées par les membres d'une communauté donnée », pour reprendre la toute première définition qu'en donnait l'épistémologue Kuhn en 1962. Il y a environ 48 ans que deux collègues américains, Michael Jensen et William

Meckling en l'occurrence, en avaient publié l'article précurseur ainsi intitulé dans *Journal of Financial Economics : "Theory of the Firm : Managerial Behavior, Agency Cost and Ownership Structure"*. Cette publication séminale de 1976 était à la fois révolutionnaire et déconstructive. Elle s'inscrivait en effet dans une perspective réactive à l'accumulation des suspicions d'impertinence des approches financières fondées sur le modèle économique néoclassique.

L'analyse a engendré, au fil du temps, l'écartèlement des centres d'intérêt épistémologiques. Elle avait vocation, dans cette dynamique, à améliorer la compréhension des organisations, dont celle de leurs comportements réels et des ressorts de leur performance. Les catégories organisationnelles considérées à l'origine concernaient notamment les Universités, les syndicats, les entreprises privées, les coopératives, les administrations publiques et les entités à but non lucratif. La Finance organisationnelle condense le renouvellement argumentatif, des présupposés mobilisés et des pédagogies valorisées dans cette perspective d'exploration critique. Cette grille d'analyse très usitée dans les débats académiques sur la gouvernance d'entreprise se nourrit de différents cadres conceptuels. Les plus influents se rapportent par exemple aux visions contractuelles des organisations, aux questions d'ordre juridique sur la propriété et aux coûts de transaction. Il s'agit aussi de la théorie de l'architecture organisationnelle, forgée par les deux auteurs sus évoqués dans un autre article emblématique publié en 1992. Dans le prolongement de la double branche normative et positive de la théorie de l'agence dont ils sont les précurseurs, ils instruisent ou reposent dans des termes nouveaux la problématique de la performance, la production des connaissances spécifiques et générales, l'allocation optimale des droits décisionnels, compte tenu de ces connaissances et du système d'incitation/contrôle au sein des organisations.

L'autre précision. RW est décédé dans un contexte particulier. L'Organisation Mondiale de la Santé, environ deux mois avant, venait de déclarer officiellement la fin de la pire crise planétaire depuis la Seconde Guerre. Il s'agit de la pandémie à coronavirus, plus connue en termes de Covid-19, qui avait contraint toutes les organisations à se réinventer autant dans leur gestion que dans leur gouvernance pour survivre. En réalité, cette crise avait émergé dans un océan de disruptions encore d'actualité pour bon nombre d'entre elles, qui déstabilisaient le fonctionnement des individus et des institutions en général. Elle coexistait, par exemple, en valorisant la terminologie propre aux collègues économistes, avec la problématique d'inflation, de récession, de déflation, de déficit et d'austérité budgétaire, d'explosion de la dette publique et du conflit armé russo-ukrainien.

Bref, en considérant les multiples bouleversements systémiques liés ou non aux activités humaines (pandémie, rechaussement climatique, inondation, incendie, séisme, crise migratoire, conflit géo ou sociopolitique, etc.), l'ère était (et demeure d'ailleurs) celle de l'« anthropocène » (Clark, 2015). La situation décrite posait ou pose des défis irréductibles aux aspects pratiques, stratégiques ou managériaux en appelant à réexaminer systématiquement la grammaire gestionnaire, en particulier celle de la finance (Acquier, Valiorgue & Mayer, 2021). Elle touche à ce qu'on qualifie de « contexte extrême », termes repris dans la conception du titre des présents Mélanges. De quoi s'agit-il ? De toute circonstance marquée par des « évènements extrêmes » c'est-à-dire des crises difficilement prévisibles aux conséquences matérielles, physiques ou psychologiques lourdes sur les acteurs organisationnels (Brammer, Branicki & Linnenluecke, 2023).

Partant de cette conception et considérant la charge émotionnelle engendrée par le décès de RW, notamment dans sa communauté universitaire, ce drame constituait lui-même un évènement extrême. Il coïncidait avec la recrudescence d'une filière de recherche gestionnaire axée sur le contexte extrême (Brammer, Branicki & Linnenluecke, 2023). La résonance de la finance, la finance organisationnelle en l'occurrence, était des plus inaudibles dans cet intéressant courant émergent. Le constat a largement déterminé le choix de l'intitulé des présents Mélanges. Au-delà, les auteurs dans ce moment scientifique mobilisent peu ou prou l'un des évènements constitutifs sus-évoqués du contexte extrême.

Pour autant, le « contexte extrême » n'est pas à prendre toujours au premier degré. Il est pensé implicitement comme la crise ou une situation de crise, un moment critique de difficulté à réaliser un objectif, de dysfonctionnement ou d'écart par rapport à une visée. L'on pourrait dès lors considérer qu'il est consubstantiel à toute organisation et, suivant les spécialistes de la théorie des organisations, définit même le problème de l'action collective dont celle-ci constitue une réponse. Ce problème se pose dès qu'une activité ne peut être menée à bien par un seul individu appelé finalement, pour le résoudre, comme l'expliquaient à l'origine Crozier et Friedberg en 1977, à mobiliser d'autres acteurs dont la coexistence définit l'organisation ou l'entreprise.

1.2. L'authenticité

Les sciences de la gestion, qui ont émergé au début du XXe siècle grâce aux contributions des praticiens américains et français, tels que Frederick Taylor et Henry Fayol, se sont développées en réponse à diverses critiques (Mandard, 2021). Elles peinent à s'imposer comme un domaine scientifique spécifique autonome, vis-à-vis notamment des sciences économiques mères. Face aux multiples procès en légitimité auxquels elles sont, trois grands arguments de défense sont mobilisés pour revendiquer cette spécificité (Perez, 2008). Premièrement, les sciences de gestion ont pour objet les organisations et plus précisément leur performance ; ce sont les sciences de l'action visant la création des connaissances opératoires. Deuxièmement, le chercheur qui étudie la gestion des organisations doit, pour en être spécialiste, être en plus un « pratiquant » ; cela suppose de sortir particulièrement de la Tour d'ivoire que constitue l'Université. Troisièmement, le credo des sciences de Gestion est la complexité des objets. Celle-ci commande, dans une perspective de génération des savoirs ou de découverte, la mobilisation d'approches inductives pour éprouver l'intelligence des acteurs.

L'affirmation de l'authenticité de RW, en tant que spécialiste des sciences de Gestion, procède de sa sensibilité à ce triptyque. Mais l'évocation du dernier argument qui touche à la méthodologie de recherche offre surtout l'opportunité d'observer ce qu'Alain Charles Martinet autoriserait d'appeler « l'indiscipline constructive » de RW. Relativement au premier argument, la résonance de la performance organisationnelle dans les grandes réalisations scientifiques de RW est forte et sensible, particulièrement avant son accession au magistère. À cet égard, remarquons que sa volumineuse Thèse de doctorat d'État de 340 pages défendues en mars 2004 à l'UY2 est intitulée « Contribution à la connaissance des déterminants de la performance des entreprises conjointes franco-camerounaises ». Double docteur comme je l'ai déjà évoqué, il a soutenu en 1996 une thèse de doctorat de troisième cycle dont le titre est « contribution à la connaissance des déterminants de la performance des entreprises : essai d'analyse à partir d'un échantillon d'entreprises camerounaises ». Il n'est pas aussi inutile d'indiquer que son mémoire de Maîtrise en Sciences de Gestion défendu en 1988 traitait de la performance de deux fleurons de l'industrie agroalimentaire camerounaise : la CAMSUCO et la SOSUCAM.

S'agissant des aspects relatifs à la portée opératoire des sciences de gestion, leur évocation permet d'observer que les vingt-six années de carrière universitaire de RW pourraient se résumer à un mouvement de balancier, avec des intermèdes constitués des enseignements et de la consultation, entre les activités de production scientifique et celles d'expérimentation des connaissances en tant qu'entrepreneur, manager ou praticien. Il avait particulièrement contribué au développement de la Profession Comptable en Afrique francophone, au-delà de ses articles de recherche, par la co-publication cité en début de propos. Il était consultant et donc de la catégorie d'académiciens convaincus de la complexité des organisations, qu'on ne saurait saisir au moyen des démarches théoriques simplifiées, et de l'enjeu d'instrumentaliser leurs connaissances scientifiques pour résoudre des problèmes organisationnels concrets. RW était particulièrement consultant à l'Institut National de la Statistique et membre depuis 2012 du Centre de Réflexion en Économie du GICAM qui, à travers différents colloques annuels, travaille aux réflexions prospectives sur l'économie camerounaise.

Le statut de praticien de RW prend surtout en compte deux entreprises qu'il a fondées et dirigées lui-même. La première, le Cabinet international « IFS

Consulting » créé en 2010, lui avait servi notamment à contribuer à l'élaboration du Budget Programme de plusieurs administrations camerounaises. La seconde, l'« Auto-école Roberto », fut créée plus tôt en 1997. Elle constituait une sorte de « berceau » scientifique pour nombre de chercheurs de ma génération que RW a formé au Cameroun. En réalité, c'est dans son bureau au sein de cette entreprise qu'il a accueilli et encadré les étudiants dont il avait la charge scientifique, faute d'une autre option à l'Université.

Au-delà, en rupture avec une tendance générale observable dans le milieu des gestionnistes qui est marquée par un certain dédain de la politique « politicienne », ce qui conduit ceux-ci à privilégier les entreprises privées par rapport à l'Administration publique pour ceux qui parviennent à sortir de leur « tour d'ivoire », constatons que RW était politiquement engagé. Il était particulièrement dévoué aux questions de développement local. Sous la bannière du Rassemblement Démocratique du Peuple Camerounais (le RDPC), principal parti politique camerounais au pouvoir depuis 1984, il avait été chargé de mission du parti dans son département (le NDE) natal entre 2008 et 2016. Il fut Conseiller municipal, de 2013 à 2019, dans la municipalité de sa ville natale c'est-à-dire Bangangté. Dans cette commune, étant sans doute soucieux d'éprouver ses compétences universitaires sur les questions des relations inter-organisationnelles et de la gouvernance contractuelle, RW était Président de la Commission chargée de la Coopération et de la gestion des partenariats.

1.3. La légitimation internationale

S'il est un premier acte par rapport auquel, dès le départ, l'on pouvait déduire le caractère international de RW, c'est bien sa thèse de doctorat d'État explorant la performance des entreprises conjointes franco-camerounaises. L'orientation thématique de cette prémisse avait sans doute déterminé la carrière administrative de RW ; il fut Chef de Division de la Coopération universitaire à l'UY2 de 2009 à 2014 et Directeur des Affaires Académiques et de la Coopération à l'Université de Dschang de 2017 jusqu'à son décès. Au-delà, l'affirmation de la légitimité internationale du collègue procède d'un double constat qui pointe tout à la fois l'internationalisation de ses activités scientifiques et sa consécration institutionnelle en tant que digne représentant du pôle africain des sciences de gestion.

Sur le premier constat, je voudrais indiquer que les Revues dans lesquelles RW publiait régulièrement sont surtout des plus reconnus dans son domaine sur le plan international. Parmi les revues « étoilées » de la FNEGE ou du CNRS en France, on compte notamment la Revue Management & Avenir, la Revue Sciences de Gestion, la Revue Recherche en Sciences de Gestion, la Revue International des Sciences de Gestion, la Revue du Financier et la Revue Resadderse International.

La réputation internationale de RW, en plus du standing de ces supports de publication, trouve d'autres justifications tant dans l'exportation constante de son expertise que dans la fréquentation des institutions académiques spécialisées dans différents pays étrangers. Il était régulièrement invité, non seulement en tant que chercheur dans le cadre de séminaires et de conférences, mais aussi comme enseignant d'université au niveau du doctorat dans différentes universités, notamment au Togo, en Côte d'Ivoire, au Luxembourg, au Sénégal, en Belgique, en France, en République centrafricaine, au Congo démocratique et au Gabon. Jusqu'à son décès, RW présidait le Conseil Scientifique de la Business School de l'EM Gabon-Université. Il était l'un des rares gestionistes invités aux séminaires organisés par l'African Economic Research Consortium (AERC) basée à Nairobi, au Kenya. Au cours des dernières années, le CAMES le sollicitait en tant qu'expert pour à la fois évaluer les Universités privées dans différents pays membres et préparer les candidats au concours d'agrégation.

RW était donc, on le voit bien, Mesdames et Messieurs, un vrai « Lion indomptable » du Cameroun qui a su porter le flambeau des valeurs gestionnaires du pays au plus haut niveau à l'étranger. La grammaire sportive mobilisée ici n'est pas anodine. En effet, RW aimait le football. Il affectionnait particulièrement l'équipe nationale de football du Cameroun et portait en lui l'un de ses caractères majeurs, la résilience en l'occurrence, réactualisés par ses performances lors des deux derniers matchs qualificatifs pour la coupe du monde de football de 2022 au Quatar. RW était un modèle, un modèle de résilience scientifique. Il était doté de forte capacité à rebondir, exploiter ses propres erreurs pour se réinventer. Cette affirmation trouve pleinement du sens dans son périple ponctué d'échec et de réussite au CAMES en quête du Graal que constitue l'Agrégation. Je voudrais à cet égard constater que RW est lauréat du 13e concours d'agrégation du CAMES organisé en 2007 à l'Université Omar Bongo à Libreville, au Gabon, et surtout qu'il fut le Major de sa promotion dans la section Sciences de Gestion. Cette réussite sonnait comme une récompense de sa ténacité compte tenu de son expérience malheureuse à la précédente session du concours, à savoir celle de 2005 organisée à Ndjamena au Tchad.

Pourquoi j'évoque cette expérience ? Elle était toujours rappelée par RW lui-même, dans une perspective de partage d'expériences, notamment en termes d'erreurs, dans les multiples jurys d'encadrement des agrégatifs. Son erreur fatale, disait-il en référence à la confidence ultérieure d'un membre de son jury au concours d'agrégation de 2005, consistait à croire pendant sa préparation qu'il suffit d'être un excellent financier pour être agrégé en Sciences de gestion. Ils sont aujourd'hui nombreux à l'UY2, comme ailleurs dans d'autres universités en Afrique, les collègues qui, comme moi, ont su capitaliser ce type d'enseignement précieux touchant à la maîtrise du « foncier » ou à la culture générale en management et même au-delà. Ces aspects contribuent à témoigner de la grandeur de l'universitaire, du pédagogue qu'il était. Ils ont été sans doute influents en 2018 dans la décision du CAMES de faire de lui un Chevalier de l'Ordre International des Palmes Académiques, distinction honorifique internationale rarement décernée aux gestionistes.

2. La personnalité scientifique

Comme nous l'enseignent, entre autres, le paradigme « Structure comportement performance » de l'économie industrielle, les théoriciens de la contingence et les thèses culturalistes, l'ambiance détermine le système de valeurs, les choix et les conduites des acteurs. C'est sous le prisme de cette maxime, vérifiable évidemment dans le monde académique, que cette section prolonge la « découverte » de RW.

2.1. Le contexte académique d'origine

RW, avant d'être promu en 2017 à la fonction de DAAC à l'université de Dschang, avait passé près de 80 % de ses années d'académicien dans son département des sciences de gestion de l'UY2 confronté à deux phénomènes liés. Près de quatre enseignants sur cinq qui accèdent au rang magistral (professeur, Maître de conférences) sont promus aux fonctions administratives dans d'autres universités locales. Malgré la demande sociale croissante du management, eu égard à la supériorité relative du nombre d'étudiants inscrits dans les filières de gestion, l'encadrement en termes d'enseignants ou de professeurs est historiquement faible. Cette problématique du taux d'encadrement, particulièrement criarde aux niveaux Master et Doctorat, a été à l'origine de certaines réformes en cours engagées en 2016-2017 à l'UY2. Le contexte décrit est celui dans lequel RW fut recruté. Il avait logiquement influencé son identité, son caractère, ses valeurs, ses orientations, bref sa vie professionnelle d'enseignant et de chercheur. J'insisterai sur ce second volet impacté en faisant un double constat.

Premier constat. C'est dans le moule des économistes que s'est opéré l'apprentissage de la recherche en Sciences de gestion chez RW. Pour bien comprendre cette influence de la « discipline mère » (l'Économie) de la Gestion, il convient de rappeler que ses premiers pas furent encadrés par deux pionniers de l'Économie en Afrique noire ; Germain Ndjieunde et Georges Walter Ngango. Le premier fut en effet le directeur de sa thèse de doctorat de Troisième cycle défendue en 1996 face à un jury présidé par le second. La présidence du jury de son doctorat d'État par le « keynésien circutiste et économiste de développement » Ernest Touna Mama et la présence de Germain Ndjieunde, en tant que membre, témoignent de la durabilité de l'influence disciplinaire observée.

Cette influence avait doté RW d'une grande culture générale en Économie au-delà de la Gestion. La jeune génération de gestionistes locaux à laquelle j'appartiens en avait un regard envieux. L'effet constat suffit pour comprendre nombre des choix de RW dans la conception et l'exécution de ses actes scientifiques. Il s'agit en particulier du choix épistémologique. La lecture de la vingtaine d'articles qu'avait publiés RW (en solo ou avec ses thésards), de la quasi-totalité des thèses de doctorat qu'il avait dirigé, de son mémoire de Maîtrise et de ses deux doctorats (de troisième cycle et d'État) autorise une assertion : il était friand du positivisme comtien pur et dur, dont certaines racines se trouvent dans les idées platoniciennes et socratiques qui dominent les travaux en économie. Comme corollaire de son intérêt marqué pour cette philosophie, renonçant ainsi au « pluralisme méthodologique qu'appelait de ses vœux Alain Charles Martinet en 1990, il privilégiait l'approche (hypothético-) déductive, la quantification, la validation statistique et la mathématisation dans ses actes. Il partageait ainsi notamment avec Henri Poincaré qu'« il n'y a de science que le mesurable ».

Certes le « durcissement » de son protocole, au nom de l'épistémologie positiviste, épousait l'air du temps en Gestion encore sous l'emprise des sciences économiques (Martinet, 2018). Il était incomparable à celui d'un certain Harry Makowitz dont la thèse de doctorat, difficilement acceptée par le jury en 1952 en regard de sa forte dose de mathématiques et d'informatique, est à l'origine ce qu'il est convenu d'appeler la finance moderne (Gallais-Hamonno, 2003). Reste que les actes de RW laissaient globalement transparaître du mépris pour l'induction (lié au constructivisme) et même l'abduction, approches globalement pensées comme devant régenter la recherche dans les sciences de gestion eu égard soit à la complexité de leurs objets revendiqués que sont les organisations (Martinet, 2015) soit à leur fondation sur le pragmatisme (Le Goff, 2012).

Il y avait fort à parier, de ce point de vue, que nombre de collègues dans notre département de gestion considéraient RW comme le plus économiste des gestionistes. En forçant le trait, il était à l'image de Michael Porter de l'École de Harvard, qui contribua durant les décennies 1970-1980 à transporter les logiques de l'économie [industrielle] dans le domaine du management. Il avait un dédain prononcé pour les aspects liés aux méthodes qualitatives de recherche, comme les entretiens, l'observation, l'analyse de contenu et les verbatim. À ceux qui s'intéressent au « pourquoi » de cette tendance, la réponse tiendrait en deux grandes explications liées.

La première prend en compte, dans les universités camerounaises et de leurs homologues dans d'autres pays africains francophones, la situation du domaine des sciences de gestion en termes de développement à un niveau « embryonnaire » jusqu'en 2007 au moins. En Afrique centrale particulièrement, le sous-domaine que constitue la Finance d'entreprise ne comptait que deux spécialistes, en l'occurrence Henri Wamba (agrégé au concours de 2003) de l'Université de Yaoundé 2 (UY2) et Marie Thérèse Um (première femme retenue au concours d'agrégation en 2005) de l'université de Douala au Cameroun. D'autres, comme la GRH, la stratégie et l'entrepreneuriat, manquaient totalement d'enseignant de rang magistral spécialiste.

Le contexte général était donc celui où, dans les sciences de gestion, à peine institutionnalisées mais en quête de légitimité, en l'occurrence à l'égard des économistes prédominants, la tentation était forte de « durcir » les logiques en empruntant celles des sciences exactes ou dures (physique, mathématique, science pour ingénieur, etc.). Dans cette perspective, comme ce fut le cas en France dans les années 1960-1970 et même chez les fondateurs des sciences de gestion, comme Frederick Taylor au début du vingtième siècle, les gestionistes suivaient les traces des économistes qui étaient eux-mêmes en quête de légitimité auprès des spécialistes des sciences dures. Sous le tir croisé des critiques idéologiques, praxéologiques et surtout méthodologiques (Perez, 2008), ils étaient conduits à survaloriser le raisonnement hypothético-déductif et les études empiriques basées sur des tests statistiques ou la modélisation économétrique (Le Goff, 2012).

La seconde explication touche à la liberté du chercheur qu'était RW. Dès le début et durant sa carrière, celui-ci avait quotidiennement côtoyé les professeurs d'économie qui prédominaient dans sa Faculté d'origine. En s'appuyant sur certaines théories psychanalytiques des organisations, en l'occurrence celle de Ketz de Vries sur « la folie à deux » ou l'interinfluence comportementale des acteurs, l'on pourrait constater que « fréquentation » de ces thuriféraires du positivisme et de la quantification ne pouvait l'exposer qu'à la reproduction de cette idéologie.

Il reste que l'attitude positiviste de RW, adoptée par « contagion » ou par mimétisme aux fins de légitimation disciplinaire, a surpris quelques personnes. L'étonnement s'appuyait surtout sur sa proximité au tout premier Africain agrégé du CAMES en sciences de gestion, major au concours de 1993. Il s'agit en l'occurrence du « grand oublié » Lucien Kombou, qui fut le directeur de sa thèse de doctorat d'État. L'on considérait que celui-ci était, en tant que gestioniste, forcément inductiviste ou qualitativiste dans ses démarches.

Même si l'on peut questionner la pertinence de cette hypothèse sur ce précurseur, en l'absence de travaux (de type Mélanges) sur son itinéraire et ses logiques scientifiques, l'idée était que l'influence d'un directeur sur les choix idéologiques et méthodologiques du chercheur est difficilement contestable. Ceux qui la défendaient manquaient cependant de reconnaître aussi, en écho aux convictions de Karl Polanyi, la réalité selon laquelle la liberté [individuelle] du chercheur, conduisant à choisir l'équilibre des logiques (abduction, quanti-quali) ou à privilégier une seule, est non seulement une « valeur », mais aussi un principe consubstantiel ou organisateur de l'acte scientifique (Baumard, 2012).

Second constat. Si le premier constat situe l'impact de l'environnement académique ou de l'héritage économique sur le comportement scientifique de RW en termes de préférences épistémologiques et méthodologiques, le second soutient en revanche une idée majeure : c'est par le truchement de cet environnement qu'il faut penser l'altruisme du collègue, compte tenu de son ouverture et sa disponibilité à diriger les chercheurs juniors. Ce caractère transparaît déjà de l'épitre mentionnée en tout début de mon propos. Au-delà, est-il opportun d'observer qu'au sein de son université d'origine, dans un contexte général de massification incohérente des effectifs en master/DEA et doctorat, RW a souffert du déficit des professeurs de gestion tant pendant la conception de ses deux doctorats et durant les sept années suivant sa promotion au rang magistral à la faveur de son admission à l'agrégation. Les statistiques sur sa (sur) charge d'encadrement, selon son Curriculum Vitae, constituent une éloquente illustration.

Entre 1999 et 2021, plus de 450 mémoires de Master qu'avait dirigé RW avaient été soutenus. Sur cette période, il avait dirigé près de 35 thèses de doctorat défendues. Avant son décès, il dirigeait encore 26 thèses de doctorat. Ces chiffres révèlent clairement qu'avant d'accéder au grade magistral, et même de défendre le doctorat d'État conférant fondamentalement la capacité académique à diriger les travaux scientifiques, RW dirigeait déjà des travaux de recherche. Il s'agit en l'occurrence des mémoires d'étudiants qui, comme ceux de la promotion de 2003-2004 à laquelle j'appartiens, avaient à choisir entre « RW et RW » lorsqu'ils désiraient travailler efficacement sur des questions de finance ou de gouvernance d'entreprise sous la direction d'un enseignant disponible, attentif et aux comportements chaleurs.

2.2. L'explorateur des confins de la finance

Finalement, et c'est le moins qu'on puisse dire, la personnalité scientifique de RW était plurielle. Cette pluralité trouvait en plus du sens dans les objets travaillés : la banque commerciale, la banque centrale, l'entreprise publique, l'hôtel, la microfinance, etc. Elle prend aussi en compte les domaines qu'explorait le collègue qui, révélant d'une certaine manière son positionnement aux confins de la Finance d'entreprise, intègre même le Droit et la GRH particulièrement ; l'illustration, concernant ces deux domaines, permet de citer son article publié dans l'encyclopédie du Droit OHADA et la question de la « qualification du personnel » qu'il avait traité dans son Mémoire de Maîtrise.

Les différents thèmes de recherche qu'il traitait (transparence, conseil d'administration, performance, culture, transparence, bien-être, accord inter-organisationnel, résilience, etc.) ne sont pas négligeables. Quid de la diversité des tailles des entreprises explorées. RW travaillait sur les entreprises de toute taille. Celles-ci étaient des Grandes Entreprises, catégorie à laquelle se focalisaient les précurseurs des sciences de gestion (Frederick Taylor, Henri Fayol, Chester Barnard, Adolphe Berle, Gardiner Means, Alfred Chandler, Marry Parker Follet, etc.) et même de la finance d'entreprise (Harry Markowitz, Franco Modigliani, Merton Miller, William Sharpe, etc.). Il s'agissait aussi des Petites Entreprises (PE) qui constituaient pour RW durant ses dernières années, emboitant en quelque sorte le pas à un certain Michel Marchesnay, des catégories inconfondables ni aux Moyennes Entreprises (ME) ni aux Très Petites Entreprises (TPE) qui parsèment le « monde » de l'informel surtout dans les pays en développement.

2.3. Les « amours »

Il peut être prétentieux de chercher à circonscrire ou discuter des passions scientifiques d'un chercheur aussi pluriel, multidimensionnel et prolixe. À ce stade, l'idée est simplement de constater que les cinq parties de l'ouvrage reflètent ces préoccupations épistémologiques en considérant qu'elles sont réductibles aux questions touchant aux entreprises financières, aux entreprises familiales, à la gouvernance d'entreprise, à la finance publique et aux Très Petites Entreprises. Les chapitres sont indépendants les uns des autres. Dès lors, une tentative d'établir des liens entre eux ne produirait qu'une nébuleuse. L'on pourrait considérer, en pensant à une spécialité culinaire des plus appréciées de la ville natale (Bangangté) de RW, qu'ils constituent tous des plats de « Kondrè à la chèvre ». Pour davantage susciter « l'appétit » du lecteur, la suite du propos s'attache à une présentation rapide du menu.

Les deux premières parties de l'ouvrage font écho à l'attachement de RW, tel qu'il revendiquait lui-même constamment, au pôle bordelais de gestion et en l'occurrence du CREFF.

La première partie qui comporte quatre chapitres fait résonner « les entreprises financières », l'objet de l'une des deux composantes ou Équipes de recherche constitutive de ce laboratoire. Je traite, dans le premier chapitre, d'un outil de gestion qui, depuis les premières conceptualisations dans les domaines de la stratégie et du marketing (Weick, 1993, Bourgeois & Eisenhardt, 1988), demeure peu préoccupant en Finance, depuis son impulsion : l'improvisation organisationnelle. En investissant le champ organisationnel de la finance, le texte proposé questionne autant la perception par des acteurs internes d'une organisation (banque commerciale) ciblée par l'improvisation, dans une relation inter-organisationnelle duale, par l'organisation improvisatrice (banque centrale) que les rationalités sous-jacentes. Jean Biwole Fouda embraie en proposant un chapitre sur l'une des organisations financières les plus « oubliées » en gestion que constitue la Tontine. Il travaille à comprendre notamment l'enjeu scientifique de la gestion de crédit, pour la théorie financière moderne impulsée notamment par Franco Modigliani et Merton Miller, comme elle se pratique dans cette organisation de la finance informelle dont on situe les origines au XVIe siècle, notamment dans la cité de Toscane en Italie.

Le troisième chapitre partiel est celui d'Henri Wamba et explore un paradoxe organisationnel, lié à l'antagonisme des visées concomitantes d'enrichissement financier et de développement des acteurs sociaux de départ, auquel sont confrontées toutes les Institutions de Micro-finance (IMF). Il porte sur les approches de capacitation de ces acteurs à transcender la banalisation des logiques de rentabilité financière pour montrer un réel souci du bien-être des bénéficiaires de crédits. Dans le quatrième chapitre, Ndiouma Ndour prend à contre-pied les travaux classiques sur l'inclusion sociale, qui n'en ont généralement qu'une perception méliorative. Il s'attache, sur la base d'un matériau empirique sur les activités de prêt des Sociétés Financières Décentralisées en Afrique de l'Ouest, à mettre en évidence les risques inhérents à ce processus.

La deuxième partie constituée de trois textes. Le premier porte sur ce qu'on pourrait qualifier, suivant les spécialistes de l'entreprise familiale, comme Gérard Hirigoyen (2024), d'objet de rupture paradigmatique avec la pensée financière traditionnelle ou néoclassique centrée sur l'Homoeconomicus qui est régenté par la rationalité : c'est l'émotion. L'article de Jean Douanla en propose une exégèse dans l'optique d'observer qu'un secret de la performance opérationnelle de toute entreprise réside dans la gestion de cette « ressource ». Le deuxième article, celui de Viviane Ondoua, procède en quelque sorte d'une rupture paradigmatique consistant à transcender le cadre sectoriel privé pour penser l'entreprise familiale dans la sphère publique. L'ingéniosité conceptuelle de l'auteur conduit à y traiter de l'entreprise publique « familiale », dont la compréhension du fonctionnement ou de la (contre) performance commande la mobilisation d'un corpus théorique adapté encore à trouver. Souleymanou Kadouamai rebondi quant à lui, dans le troisième chapitre, sur la défaillance dans le monde des entreprises familiales. L'auteur présente une étude exploratoire du rapport qu'entretient le système de contrôle interne, tel qu'inspiré du COSO, avec ce phénomène influent. Il constate que les aptitudes au changement de la culture d'entreprise constituent une condition de l'efficacité de ce dispositif en termes de prévention.

La troisième partie de l'ouvrage investit le domaine de la gouvernance d'entreprise auquel RW s'était sans cesse préoccupé. Le premier des quatre chapitres constitutifs traite de la résilience, la capacité à rebondir face à une crise imprévue, portée définitivement dans les sciences de gestion par l'article de Karl Weick (1993) sur le désastre de Mann Gulch Forest. Serges Messomo s'y intéresse à la durabilité de la résilience organisationnelle dans une perspective d'identification des paramètres déterminants. Il s'attache à en montrer principalement la non-neutralité des choix financiers des dirigeants. Dans le chapitre suivant, écrit par Serges Lenga, la transparence en tant que principe de gouvernance est ciblée en référence aux industries extractives qui sont constamment l'objet de vive controverse en Afrique centrale. L'auteur est préoccupé par les actions conjointes, des parties prenantes de ces organisations, qui contribuent à co-construire, renforcer ou éroder sa légitimité. Le dernier chapitre de cette partie aborde la question de la gouvernance d'entreprise dans un contexte de disruption technologique.

La réflexion proposée par Ben Boubakary situe l'enjeu, par rapport à la maîtrise des risques financiers induits par ce phénomène, d'une gouvernance adaptative fondée tant sur la transparence que sur la responsabilisation des dirigeants. Le quatrième chapitre enfin, qui est écrit par David Ngoungo traite d'une relation, testée empiriquement depuis les travaux de Morck, Shleifer & Vishny (1988) ou de Mc-Connell & Servaes (1990), des plus complexes et polémiques dans les discussions sur l'efficacité des mécanismes de gouvernance et, en l'occurrence l'actionnariat des dirigeants. En s'intéressant particulièrement « au score de performance de la gouvernance », il livre les résultats d'une étude menée au Cameroun sur cette relation dans le milieu des PME à « capitaux » ouverts au Cameroun.

La quatrième partie est constituée de quatre chapitres. Le premier est dédié à un marqueur de la montée de l'hybridité ou de la complexité organisationnelle : le partenariat public-privé. Il s'agit d'une innovation organisationnelle mise en place par les États à la fin des années 1970 et au début des années 1980 dans le cadre du New Public Management afin de gérer plus efficacement les entreprises qu'ils créent, compte tenu de leurs missions régaliennes (Hafsi, 2009). Dieudonné Bondoma, dans ce premier chapitre, étudie une curieuse tendance des États, observable notamment dans nombre de pays africains, à vouloir acquérir le statut d'actionnaire au sein des co-contractants privés et observe différents écueils de cette pratique. Dans le deuxième chapitre, en considérant les cas de deux pays (Cameroun, République Démocratique du Congo) durant la crise pandémique de 2019, Augustin Bangala étudie les politiques publiques d'ordre fiscal adoptées sur la réévaluation de l'actif immobilisé. Il questionne, dans une perspective comparative, l'efficacité de telles politiques par rapport à la situation financière des entreprises locales.

Le troisième chapitre est écrit par Bernard Guimdo, qui instrumentalise une grille de lecture influente en Gestion, sans explicitement la mentionner et en raisonnant en contexte camerounais, pour défendre la capacitation des Collectivités Territoriales Locales dont les Finances Publiques Locales constituent un instrument. Il s'agit de la théorie de l'architecture organisationnelle, dont la présentation la plus achevée est attribuée à Michael Jensen (1992), qui enseigne que l'efficience (la performance) de toute organisation est tributaire de la capacité qu'ont ses membres, lorsqu'ils doivent décider, à acquérir ou à mobiliser la connaissance « pertinente ». Le quatrième chapitre écrit par Jules Roger Feudjo est l'occasion de démontrer que les entreprises publiques au Cameroun, en raison notamment de l'absence d'un détenteur réel de droit de créance résiduelle et d'une structure de coordination des acteurs du processus de surveillance, ont globalement une gouvernance caractérisée par des contingences plurielles qui la rendent finalement très complexe et parfois paradoxale.

La cinquième partie, qui conclut l'ouvrage, porte sur la Petite Entreprise, qui, comme on l'a vu plus haut, constitue une catégorie prédominante dans le secteur informel et qui reflète la dynamique entrepreneuriale. Ici, dans une réflexion sur le phénomène de fiscalisation tous azimuts observable au Cameroun, Rovier Djeudja, qui écrit le premier chapitre, met en évidence un risque inhérent en termes de paralysie de la motivation de conformité des entités informelles. Le deuxième chapitre écrit par Laurent Ndjanyou est une étude exploratoire de l'entrepreneuriat féminin. L'auteur, en déplaçant l'espace de l'analyse du phénomène vers le couple, examine les rationalités sur lesquelles s'encrerait la décision du conjoint à appuyer financièrement son épouse. Il s'agit d'une mise en perspective de la pluralité des formes de financement alternatif par rapport au crédit et au capital de la théorie financière traditionnelle (au sens notamment de Modigliani & Miller), qui est au cœur du troisième chapitre de Gérard Tchouassi. « Faire de la finance autrement », appelle, souligne l'auteur, à mobiliser des catégories comme les crypto-actifs, la finance solidaire et la microfinance qui est particulièrement vitale pour les Petites Entreprises et l'entrepreneuriat (Njambou, 2010). Dans le dernier chapitre, Jean-Marie Tchakoua, qui l'écrit, est à l'assaut de la controverse entourant l'utilisation de « l'argent de l'entreprise ». La conceptualisation qu'il propose, dans une perspective de quête de nouvelles pistes d'analyse, distingue deux états : l'entreprise dans l'abondance d'une part et dans la disette financière d'autre part... J'espère que cette rapide présentation du menu aura mis le lecteur en appétit.

Partie I

MANAGEMENT DES ENTREPRISES FINANCIÈRES

CHAPITRE 1

Étiqueter l'improvisation inter-organisationnelle en finance

André Tioumagneng

Au campus de l'université de Yaoundé 2, quelques jours avant son décès, j'avais eu un échange d'une trentaine de minutes avec Robert Wanda (RW. Il ne présentait aucun signe de maladie. Certes la perception des signes et l'imagination de leur signification sont loin de constituer des exercices évidents (Lesca, Pasquet & Pellissier-Tanon, 2007)[4]. Néanmoins je crois que RW était bien portant, en pleine forme. L'annonce de la triste nouvelle de sa disparition le 23 juin 2022 m'avait dicté de croire définitivement à un enseignement central de l'analyse stratégique (Calcagnini, Favaretto & Giombini, 2024 ; Lesca, Pasquet & Pellissier-Tanon, 2007 ; Weick, 1993, Bourgeois & Eisenhardt, 1988) : personne ou aucune organisation, aussi puissante soit-elle, n'est à l'abri de la surprise d'évènements ou d'autres acteurs sociaux. En investissant le « champ organisationnel » des banques, suivant ainsi une terminologie propre à la doctrine (néo) institutionnaliste, je traite dans le présent chapitre de ce phénomène face auquel les organisations sont rarement passives.

La littérature est foisonnante d'illustrations des réactions organisationnelles instantanées qui dénotent de la réalité de l'improvisation organisationnelle. Il est ainsi établi que, après la destruction d'une grande partie de la flotte américaine du Pacifique basée à Pearl Harbor par l'aviation japonaise le 7 décembre 1941 (Lesca et coll., 2007), les villes japonaises d'Hiroshima et Nagazaki furent détruites par les États-Unis en 1945 à l'aide de la bombe atomique. Comme nous l'enseigne Weick (1993), lorsque les sapeurs-pompiers furent surpris par le déclenchement de l'incendie de Mann Gulch, le leader avait subitement ordonné aux autres d'abandonner les outils. Fait plus récent et intéressant ; nombre de gouvernements confrontés en 2020 à l'internationalisation du Coronavirus détecté dans l'empire du Milieu (Chine) en fin 2019 (COVID-19) avaient immédiatement enjoint les entreprises locales au « *Lockdown* », quitte à fonctionner éventuellement en

---

[4]Lesca, N. ; Pasquet, N. & Pellissier-Tanon, A. (2007), « l'entreprise face à la contingence de son environnement. l'anticipation : perception des signes et imagination des futurs possibles », in Martinet, A.C.(coord.) Sciences du management. Epistémique, pragmatique et éthique, FNEGE, P.243-260.

mode distanciel (Calcagnini, Favaretto & Giombini, 2024). L'on notera au passage que la quasi-totalité des banques centrales dans le monde, pour contribuer aux efforts de maîtrise des effets pervers de cette dynamique pandémique, avait rapidement décidé de suspendre la distribution des dividendes dans les banques commerciales (Hardy, 2021).

L'invocation de ces trois exemples sert uniquement à mettre en évidence la variabilité du cadre d'émergence du phénomène étudié dans le présent chapitre. Dans les deux derniers cas en effet, l'improvisation est celle d'une organisation (pays/gouvernement) dans son rapport aux autres (pays, les entreprises) et relève donc de l'ordre de l'improvisation inter-organisationnelle. En revanche, dans le premier cas inspiré de Weick (1993), elle se conçoit à l'échelle ou au sein d'une seule organisation. En scrutant attentivement les travaux précurseurs et récents (Eden, Ackermann & Vito, 2021 ; Carlsson & El Savy, 2008, Weick, 1993), il apparaît clairement que cette seconde catégorie d'improvisation règne sans partage (Stein, 2011). En d'autres termes, le courant dominant ou l'analyse traditionnelle est entiché de l'approche intra-organisationnelle de l'improvisation qui consiste à l'appréhender et/ou appréhende le phénomène rien qu'à l'échelle d'une seule organisation. Dans cette perspective, l'organisation qui focalise l'attention de la plupart des auteurs est celle qui initie l'improvisation ; c'est « l'organisation improvisatrice » (OI). Tout porte à croire que ce raisonnement régente le courant francophone de la recherche sur l'improvisation (Adrot & Garreau, 2010 ; Vignikin, Leroy & Chetodel, 2016). L'écho du tropisme observé est sensible dans la quasi-totalité des travaux spécialisés publiés avant, pendant la crise ou la Covid-19, et même en ce moment post-crise (Eden, Ackermann & Vito, 2021 ; Hugues & al., 2000).

L'on pourrait dire, à la lumière des synthèses théoriques comme celle de Ciuchta, O'Toole & Miner (2000) et Hadida., Tarvainen, & Rose (2015), que l'essentiel de ce qu'on sait jusqu'à date sur l'improvisation en management résulte des travaux procédant d'approche uni-organisationnelle focalisée sur l'OI. Les sous-entendus de tels travaux sont potentiellement nombreux. Il y en a deux qui nous paraissent intéressants au premier chef. Primo, en ancrant d'une certaine manière le raisonnement sur la logique de la pensée stratégique fondamentale ou orthodoxe[5] de l'école harvadienne des décennies 1950-1960, l'on insinue que l'OI exerce seule les activités constitutives de l'improvisation et en particulier la prise de décision (le choix) et son exécution. Il n'est pas prématurité d'observer que l'improvisation traduit l'exécution concomitante de ce diptyque. Secundo, telle la « firme point » illusoire des économistes (néo) classiques qui serait isolée dans l'espace, l'OI est pensé comme un

---

[5] Dans le modèle LCAG symbolisant cette pensée et opérationnalisé par la matrice SWOT forgé en 1982, la stratégie est un enchainement d'activités d'analyse/de diagnostic, de formulation d'un choix (prise de décision) et de mise en œuvre/d'exécution.

acteur qui fonctionne en autarcie et agirait ou déciderait dès lors pour elle-même. La cohérence de ces énoncés résiste pourtant difficilement à l'épreuve de la réalité. En effet, le quotidien des organisations est fait de coopération et d'interaction dans un champ organisationnel (Oliver, 1991). Le corollaire est que, pour toute OI, l'improvisation s'opère pour ou dans un contexte organisationnel (Ciuchta, O'Toole & Miner, 2000).

Un courant de recherche hétérodoxe, par rapport au courant dominant susmentionné, a émergé au cours de la dernière décennie, qui valorise les logiques collaboratives et d'influence entre les organisations. Les travaux constitutifs, encore très peu nombreux (Ruan, Wu & Peng, 2021 ; Ley, Pipek, Reuteur & Wiedenhoefer, 2012), font l'éloge d'une approche inter-organisationnelle de l'improvisation. Ils soulignent l'intérêt de transcender le cadre d'une seule organisation, lorsqu'il s'agit d'analyser l'improvisation ou sa portée, et instruisent différentes questions inédites, comme celles de la concertation entre des organisations pour improviser et de la réponse des organisations partenaires au comportement improvisé d'une organisation. Le raisonnement dans ce chapitre s'inscrit dans le prolongement de ces développements récents encore plus ou moins circonscrits dans le monde académique Anglo-Saxon. Il permet de rebondir et s'appesantir sur la question de la réaction à l'improvisation d'une organisation (Ruan, Wu & Peng, 2021). Intuitivement, au fond, une telle préoccupation n'a de sens que si l'on suppose l'existence d'une sorte de découplage entre l'OI ou l'organisation qui prend une décision improvisée et celle qui est censée l'exécuter c'est-à-dire l'organisation cible/partenaire. La réaction de l'organisation cible est un sujet qui demeure sous-exploré en gestion ; c'est un objet de management non encore étiqueté (Adam-Ledunois & Damart, 2017).

L'enjeu d'en faire l'objet du présent chapitre est cependant irréductible à la contribution à « l'étiquetage » du comportement organisationnel face à l'improvisation. Il revêt une dimension pratique, en l'occurrence pour les OI. Celles-ci pourraient exploiter les résultats de l'analyse à deux fins ; mieux « préparer » l'improvisation et garantir l'applicabilité ou l'implémentation des décisions improvisées qu'elles prennent. Autrement dit, une OI préoccupée par la bonne qualité de l'improvisation ou par sa légitimation externe pourrait tirer parti des connaissances issues de l'analyse de la façon dont réagissent les organisations cibles. L'idée appelle une précision. L'improvisation peut-être bonne ou mauvaise (Adrot & Garreau, 2010 ; Laroche, 2007). Il est possible de considérer que la bonne est celle qui est légitimée par les acteurs au sein de l'organisation concernée (Carlsson & El Savy, 2008) et/ou par des organisations partenaires en externe. Nul n'est besoin de rappeler ce principe cher aux théoriciens (néo) institutionnalistes (Oliver, 1991) : la légitimité externe d'une décision organisationnelle, en l'occurrence de type improvisé[6], conditionne son application effective par les organisations cibles.

Le chapitre s'attache à livrer les résultats d'une étude réalisée sur la façon dont une décision improvisée par une organisation est perçue par des acteurs au sein de son partenaire et sur les rationalités fondant cette perception. La problématique sous-jacente à cette visée est irréductible à la question du comportement des organisations qu'on étudie par le truchement de leur perception. Elle touche aussi aux logiques sur lesquelles peut se fonder ce comportement. Pour ce faire, l'approche de l'improvisation inter-organisationnelle est privilégiée. L'improvisation est appréhendée, en lien avec le troisième exemple sus-évoqué, dans une relation duale c'est-à-dire entre deux organisations[7] influentes du champ bancaire ou du banking. La première organisation est une banque centrale, en l'occurrence la Banque Centrale des États de l'Afrique Centrale (BEAC). Celle-ci avait, suivant nombre de ses homologues au début de l'internationalisation de la Covid-19, rapidement[8] décidé (mi-avril 2020) de suspendre la distribution des dividendes dans les banques commerciales (banques). La seconde organisation est la banque ; c'est l'organisation partenaire ciblée par cette décision improvisée[9]. La recherche sur son comportement face à une telle décision est restée peu développée (Ginglinger, 2020). L'on a tenté d'éprouver l'intelligence de ses actionnaires et Managers Intermédiaires (MI), aux fins de comprendre à la fois leur perception de la décision et les rationalités sous-jacentes, suivant la méthodologie de la théorie ancrée (Ley, Reuter & Pipek, 2012). Une enquête qualitative d'entretiens semi-directifs a été réalisée au Cameroun auprès de six banques locales entre janvier 2023 et novembre 2024. Les résultats de cette étude sont dévoilés, dévoilant la pluralité tant des perceptions que des rationalités fondatrices, dans la suite des développements après un détour théorique visant à (re) découvrir les débats scientifiques sur l'improvisation en gestion.

1. Le cadre théorique d'analyse

Si l'improvisation est une pratique transversale à toutes les organisations et préoccupe scientifiquement depuis longtemps, elle demeure un objet complexe (Ciborra, 1999). L'argumentation ici procède en deux temps pour,

---

[6] L'analyse de l'improvisation, en tant que phénomène décision, à l'aune des théories néo-institutionnelles est rare.

[7] L'on pourrait aussi dire deux ensembles d'organisation. Le premier ensemble, un singleton selon le vocabulaire mathématique, est constitué par la banque centrale et le second est composé des banques commerciales qu'elle contrôle.

[8] Le référentiel par rapport auquel s'apprécie cette célérité peut être la date, le 12 mars 2020, de la déclaration officielle de la Covid-19 comme une pandémie mondiale par l'Organisation Mondiale de la Santé.

[9] Cette mesure a été suspendue en 2021 par la banque centrale.

d'une part, questionner l'histoire de cette notion et sa transposition en gestion et, d'autre part, clarifier les traits et les contextes qui favorisent l'émergence de la pratique qu'elle décrit.

1.1. L'histoire de l'improvisation et sa transposition en gestion

En latin, l'improvisation se conçoit en termes de « *extempore actio* ». Loin d'être une affaire fondée totalement sur l'expérience ou le jugement, elle recèle le caractère de soudaineté ou d'extemporanéité (« *extemporaneouness* ») et s'enracine dans le concept « *provisio* » (Ciborra, 1999). Celui-ci signifie lui-même établir des conditions, planifier à l'avance ou agir de manière préméditée. Ainsi, en ajoutant le préfixe « *im* » à ce concept, comme ce préfixe est ajouté au mot « mobile » pour créer immobile, improvisio traduit le contraire de provisio (Weick, 1998). L'improvisation a ainsi à voir avec l'imprévu et signifie « en dehors du cours normal du temps ». Elle fonctionne sans stipulation préalable.

Au-delà, les racines de l'improvisation se trouvent dans des domaines tels que la thérapie, le leadership et surtout la musique. Le débat sur cette pratique en sciences de gestion ou de l'analyse des organisations résulte donc de son importation de ces référentiels. La métaphore de l'orchestre du jazz a été particulièrement influente dans cette dynamique marquée par trois moments fastes. Premièrement, il s'agit des décennies 1950-1960 nonobstant des apports séminaux, comme ceux de Marry Parket Follett durant la décennie 1920 (Eden, Ackermann & Vito, 2021). Au cours de la décade, l'on tend à confondre l'improvisation au concept de « bricolage » dû à Levi-Strauss (1966) cité par Vignikin, Leroy & Chetodel, (2016). Deuxièmement, son appropriation en tant qu'objet de connaissance gestionnaire s'opère aussi pendant la décennie 1970-1980. L'improvisation est particulièrement l'objet, dans ce contexte temporel, d'une vision péjorative comme un dysfonctionnement lié à l'incapacité de maîtriser la planification. Enfin, l'Âge d'or se situerait entre 1995 et 1998. L'intérêt de cette période est surtout dû au symposium organisé à Vancouver en 1995 pour explorer comment la métaphore du jazz peut servir la compréhension du fonctionnement des organisations en termes notamment d'improvisation (Stein, 2011). Cette conférence aurait contribué à la démultiplication des recherches sur l'improvisation en gestion.

La pléthore des recherches sur l'improvisation contraste avec l'absence d'une définition standardisée. Celle-ci varie en fait selon les épistémologies et les domaines d'étude (Eden, Ackermann & Vito, 2021). Nous voudrions minimalement constater, face à la pluralité des appréhensions, que l'improvisation pensée dans la présente recherche consiste, face à un choc externe, à prendre rapidement une décision dont l'exécution doit s'opérer dans un délai court. Cette vision de l'improvisation en tant que phénomène décisionnel ou simplement décision, comportant deux phases (prise de décision proprement dite et implémentation), s'appuie sur différentes recherches, dont celles d'Hugues et al. (2020) et Ciborra (1999). Selon ces auteurs, l'improvisation traduit un comportement spontané dans un environnement dynamique, incertain ou imprévisible qui impose d'agir de façon urgente et exprime la prise de décision et de son exécution de façon concomitante en dehors du cycle formel de planification. Elle relève du monde opposé à celui de la prise de décision planifiée et s'inscrit dans le modèle alternatif de décision (*Doing first model),* par rapport au modèle classique/rationnel du « Thinking first » qui est fondé sur l'idée qu'on doit collecter, organiser et traiter systématiquement des informations avant de décider.

1.2. L'improvisation organisationnelle à l'aune de ses caractéristiques et contextes d'émergence

Les caractéristiques de l'improvisation sont irréductibles à ses deux phases ou activités constitutives sus évoquées. Les dimensions du phénomène sont aussi nombreuses que ses définitions et intègrent, en l'occurrence la spontanéité, la recombinaison des ressources et la surprise. La spontanéité traduit le caractère inattendu ou non planifié de l'improvisation. Elle reflète la pression temporelle, la célérité avec laquelle l'on décide et est associée à une stratégie « just-in-time » c'est-à-dire la réactivité en réponse à un choc exogène ou non. Cette dimension sous-tend la définition de l'improvisation comme une question de temps (le temps comme urgence) et considère que le délai entre la décision et l'action est court. Quant à la recombinaison des ressources, elle est généralement mobilisée lorsqu'on assimile l'improvisation au « bricolage » c'est-à-dire à la recombinaison des ressources à portée de main pour résoudre un problème rencontré (Vignikin, Leroy & Chetodel, 2016). Enfin, la surprise est l'objet d'au moins deux lectures théoriques. La première lecture conduit dans l'analyse classique à l'appréhender comme un facteur de l'improvisation. Elle est consubstantielle à l'improvisation, dans son étymologie, et dénote les travaux qui traitent ce phénomène comme une pratique d'adaptation face aux évènements imprévus ou aux crises. L'idée est qu'au niveau de l'organisation confrontée à de tels évènements, il manque de temps pour la réflexion. Dans la seconde lecture moins courante, la surprise est pensée comme une conséquence de l'improvisation. L'improvisation est donc porteuse d'un effet de surprise (Ciborra, 1999). Cette perspective est davantage compréhensible dans l'approche inter-organisationnelle de l'improvisation ou, en l'occurrence dans une relation inter-organisationnelle duale où l'organisation cible (ses actionnaires et managers) peut être surprise par une décision improvisée de son partenaire (l'organisation improvisatrice).

Par ailleurs, les paramètres qui conduisent les organisations à improviser (le contexte ou les facteurs), y compris dans le cadre des relations inter-organisationnelles, sont théoriquement nombreux et donc complexes (Ruan, Wu & Peng, 2021). Irréductibles à la crise, dont la pandémie ou d'autres formes de catastrophes, les contextes d'émergence de l'improvisation que constituent ces paramètres intègrent d'autres aspects, comme l'incertitude, l'urgence, la turbulence, la dynamique ou la complexité environnementale, l'hyper-compétition (Weick, 1993). L'improvisation organisationnelle est particulièrement de mise en situation de stabilité, en temps normal ou d'absence de choc externe, sous l'effet par exemple des variables endogènes à l'organisation. Il s'agit notamment du climat social interne, des valeurs culturelles et même de la discrétion managériale.

MÉTHODOLOGIE

L'organisation bancaire est des plus attachées au secret. Elle est une catégorie « boite noire » généralement résistante aux chercheurs « constructivistes » en quête d'opinions utiles. L'étude porte sur un échantillon de convenance de 07 actionnaires, dont 03 « Administrateurs Publics » (AP) c'est-à-dire des mandataires de l'État-actionnaire aux conseils d'administration, et 05 MI mobilisés informellement par l'auteur dans six banques locales de différents profils à partir de ses accointances personnelles. L'auteur partage particulièrement avec les AP d'être enseignant dans la même Université. Ceux-ci ont contribué, par le biais des recommandations, à l'accessibilité des autres répondants (actionnaires privés et MI). Le thème des échanges, entièrement enregistrés et durant en moyenne 45 minutes, était l'improvisation de la suspension des dividendes en 2020 par la BEAC. Les entretiens se sont réalisés dans les bureaux des interviewés, au sein des banques concernées, Administrations publiques et entreprises privées. Les données retranscrites ont été traitées dans le Logiciel Nnivo10 et analysées suivant les exigences de l'approche de la théorie ancrée en matière, notamment des codages ouvert, axial et sélectif. La technique des verbatim a été privilégiée dans la phase de restitution ou d'écriture des résultats.

Tableau 1 : Profil des organisations cibles et des interviewés

ACTIONNAIRES & MI INTERVIEWES			ORGANISATION CIBLE DE L'IMPROVISATION					
			Banque1 domestique	**Banques2** *domestique*	**Banque3** *domestique*	**Banque4** *Filiale française*	**Banque5** *Filiale marocaine*	**Banque6** *panafricaine*
	État-actionnaire	AP - simple		x		x		
		AP - PCA			x			
	Actionnaire Privé	Privé - PDG	x					
		Privé simple		x		x	x	x
	Analyste		x		x			
	Cadre backoffice				x			
	DRH			x			x	

2. Résultats

La complexité des comportements organisationnels face aux normes externes, telle qu'elle est posée par le paradigme (néo) institutionnel (Oliver, 1991), constitue le principal enseignement de l'analyse. Elle trouve du sens autant dans la variété des perceptions identifiées que dans la contingence de celles-ci selon les acteurs enquêtés que sont les actionnaires ou leurs représentants et les MI. Celles-ci sont néanmoins organisables autour des trois postures suivantes, sachant que les logiques qui fondent chacune sont aussi plurielles : aversion, tolérance, indifférence.

2.1. L'aversion à l'improvisation : les rôles du contexte financier national et de l'éventualité de l'activisme/panique actionnarial

Les actionnaires, lorsqu'on les écoute, sont, soit totalement dégoutés de l'improvisation, soit s'en accommodent ou en sont tolérants. Pour ceux qui en sont averses, leur sentiment est gouverné par l'influence du contexte financier où opère la banque. La crainte de l'activisme ou de l'affolement dans le milieu des actionnaires joue aussi un rôle non négligeable. Le témoignage qui suit, celui d'un actionnaire privé détenant 1,5 % du capital, illustre suffisamment l'aversion : « *C'était [la décision] inédit et inacceptable, d'autant qu'on ne savait combien de temps durerait la crise et cette décision. Je n'avais jamais entendu cela, depuis 20 ans de présence dans la banque, qu'on peut du jour au lendemain interdire à une entreprise privée de verser les dividendes à ses actionnaires si elle en est capable…* » (A-b2).

Contrairement à ce que pourrait laisser croire le profil du répondant, la détestation de la soudaineté du changement qu'impose la décision étudiée est irréductible aux actionnaires minoritaires. Elle transparaît en effet des réactions de certains actionnaires majoritaires, en l'occurrence l'État. Presque tous les AP considèrent que le timing de la décision était inapproprié et que celle-ci engendrait un coût d'opportunité financier pour le Trésor public. Ils observent qu'avant la crise, c'est-à-dire la décision de la banque centrale, le niveau élevé de la dette publique était préoccupant. L'État avait été pris de court par la banque centrale ou sa décision, à un moment où il éprouvait des difficultés à mobiliser des ressources financières pour servir cette dette. Les AP interprètent la décision étudiée comme un coup de massue. Elle intervenait, selon eux, dans un contexte financier particulier ; l'État du Cameroun cherchait particulièrement à rembourser près de 900 milliards[10]

[10] de Francs CFA.

d'intérêts sur l'Eurobond émis en 2015. Autrement dit, selon nos interlocuteurs, cette décision était « regrettable ».

Cette perception trouve une illustration dans le témoignage suivant : *« Il est évident que du point de vue de l'État, ce n'était pas la meilleure décision. Il était pris au dépourvu. Nous étions dans un contexte de crise où certains acteurs voulaient l'augmentation des subventions aux entreprises. La vraie question était de savoir où l'État, lui-même déjà en difficulté face au FMI*[11]*, à la Banque mondiale et même aux prêteurs privés, devait trouver les fonds nécessaires. Malheureusement, ces fonds sont en partie issus des dividendes perçus par l'État au sein des entreprises où il est actionnaire et des impôts que paient les actionnaires... À titre personnel, je pense que cette décision-là n'était pas bonne. Elle pouvait attendre, c'est-à-dire être reportée. Dans un contexte où le Trésor public était presque vide, elle générait un manque à gagner pour l'État et creusait le déficit public* » (R-A/b3).

L'analyse donne cependant à voir que l'aversion à l'improvisation ne caractérise pas tous les actionnaires minoritaires. Dans cette catégorie, certains se distinguent par une attitude compréhensive. L'enjeu financier de cette décision, en termes de rémunération attendue (dividende), est jugé négligeable. Ce jugement pourrait bien se comprendre en référence à la théorie de la gouvernance d'entreprise lorsqu'elle traite du comportement de cavalier libre/clandestin ou l'abstention des actionnaires minoritaires à contrôler la gestion. Il conduit les interviewés concernés à justifier la rapidité avec laquelle la banque centrale avait décidé. Avec ses 0,01 % du capital, un actionnaire constate par exemple qu'« *elle [la banque centrale] était dans son rôle de gendarme d'agir rapidement puisque la crise elle-même dont elle devait contenir les effets avait surpris tout le monde... Dans tous les cas, en ce qui concerne ses dividendes, je suis de ceux qui considéraient que le fait de ne pas les percevoir à titre de 2019 était malheureux, mais pas aussi grave.* » (A-b1).

Les actionnaires réfractaires à l'improvisation, y compris ceux qui sont compréhensifs en tentant d'y trouver des explications, tendent à l'exprimer en insistant sur des problèmes inhérents à la décision considérée. Il s'agit en l'occurrence de l'émergence de l'activisme actionnarial c'est-à-dire un ensemble d'activités d'influence ou de contestation dans et/ou hors des instances de gouvernance[12]. Ce phénomène est alors perçu comme étant nuisible à la banque centrale. Le propos suivant, celui d'un actionnaire avec 2 % du capital, édifie sur ce raisonnement : « *Que reste-t-il vraiment à un actionnaire quand son dividende lui est interdit ? Je peux vous dire que, lors du conseil d'administration de 2021, beaucoup s'en étaient plaints et*

[11] Fond Monétaire International.

[12] Assemblée Générale, Conseil d'Administration, Justice, etc.

envisageaient même sérieusement de poursuivre la COBAC[13] *en justice si celle-ci n'annulait pas cette décision prise à la hâte* » (A-b3). Chez les actionnaires des banques panafricaines, comme l'illustre ce témoignage, cette problématique du mécontentement des actionnaires se pose avec une résonance particulière : « *aucun actionnaire n'apprécie cette décision, d'autant que les bénéfices réalisés par la banque en 2020 sont réels... personne n'a vraiment été préparé à cette annonce... on n'a pas le sentiment que le régulateur [banque centrale] mesure bien les risques du malaise qu'on observe jusqu'à présent, compte tenu de cette décision inattendue* » (A-b2).

Les actionnaires averses, lorsqu'ils expliquent les « risques » du mécontentement des actionnaires, mettent l'emphase sur la crainte que la décision étudiée se répète à moyen ou long terme. L'idée est que ce sentiment est source d'inefficiences ou de coûts pour chaque banque. Il accroît en effet le coût du financement que pourraient offrir les actionnaires présents ou potentiels. Selon un actionnaire d'une banque-filiale d'origine française interviewé, le risque est alors « *spécifique* » et est lié à « *l'éventualité que l'insatisfaction provoque la baisse du cours boursier ou la dévalorisation du titre de la banque* ». Il renchérit en observant ceci : « Pour *certains actionnaires, la soudaineté de cette mesure leur indiquait que le régulateur était capable, à tout moment, à la moindre perturbation sociale et sans avertissement préalable, d'intimer la banque de ne pas rémunérer les actionnaires. Je pense que le problème de cette décision n'était pas tant la déception des actionnaires, mais plutôt le fait qu'ils soient désormais plus enclins à durcir les conditions de leur engagement. La difficulté liée à l'augmentation du coût du financement était d'autant plus sérieuse que notre banque intervient régulièrement sur le marché boursier.* » (A-b3).

Il s'agit aussi souvent de souligner l'éventualité d'une panique généralisée capable de déstabiliser à grande échelle au-delà des banques. Le risque systémique qui est ainsi mis en perspective est clairement posé dans ce propos d'un actionnaire : « *c'est très important d'éviter tout ce qui peut affoler subitement. Il est un secret de polichinelle qu'elle [banque centrale] est loin d'avoir observé ce principe... La ruée bancaire qui avait précédé et amplifié la crise des années 1930 est là pour montrer qu'en horripilant les actionnaires par une décision aussi inopinée, elle pouvait plutôt provoquer une crise financière de grande ampleur* » (A-b4).

Pour une dernière catégorie d'actionnaires averses, l'argument selon lequel l'improvisation est porteuse d'un risque de panique des actionnaires procède d'une vision de la banque centrale comme étant suffisamment armée en termes de normes pour affronter les pires crises. Selon un actionnaire privé d'une

[13] La Commission Bancaire de l'Afrique Centrale. C'est le bras séculier de la banque centrale locale en matière de régulation bancaire.

banque domestique, il n'y avait pas d'autres possibilités d'interpréter « *une décision aussi inédite et qu'improvisée* » comme traduisant la perte de confiance par la banque centrale dans ces normes. Pourtant, poursuit-il, la sérénité des actionnaires se fonde aussi sur ce dispositif normatif du régulateur. Il témoigne ainsi plus précisément : « *Elle est dotée [la banque centrale] d'une variété d'instruments qui, par le passé, lui ont toujours permis de venir à bout des crises. Les normes prudentielles qu'elle mobilise le plus souvent sont bien connues... De mémoire, il n'a jamais été question d'interdire aux banques de distribuer les dividendes. Je pense que c'était une mesure extrême qui, comme on a pu le constater, découlait d'une anticipation fallacieuse sur l'effet de la COVID-19 en termes d'effondrement des fonds propres de la banque. Tout le monde a bien constaté que, compte tenu des subventions publiques, la baisse prévue ou redoutée de ces fonds qui justifiait la décision ne s'est pas réalisée. Je crois aussi que l'originalité de cette décision, prise en plus inopinément, pouvait laisser croire qu'elle n'avait pas ou plus confiance à ses mécanismes traditionnels de gestion de crise. Les investisseurs ne pouvaient que s'inquiéter* ».

2.2. La tolérance sous la co-influence de la BRESOLDE

La tolérance de l'improvisation, seconde grande posture des actionnaires, est apparue comme un sentiment qui émerge sous l'effet conjoint de l'anticipation de la BRièveté de la crise, la REsponsabilité des acteurs, la SOlidarité avec l'organisation improvisatrice et le DEterminisme de la culture locale (BRESOLDE). Les actionnaires concernés ont une foi non seulement en la responsabilité de la banque centrale, compte tenu de ses missions institutionnelles, mais aussi à son expertise technique d'analyse. Il s'agit en l'occurrence de la mission de stabilisation des marchés : « *Je pense que du moment où elle [banque centrale] est institutionnellement garante de la stabilité du système, on devrait lui faire confiance et accepter les décisions qu'elle prend, quel que soit le moment où elle les prend pour gérer une crise comme celle dont on parle. Elle a une meilleure expertise pour lire l'environnement. Je ne peux pas penser qu'elle s'était trompée de timing en prenant cette décision* » (A-b4).

La tolérance caractérise surtout l'État-actionnaire. Les actionnaires privés des banques domestiques et ceux qui sont sensibles aux questions de Responsabilité partagent ce sentiment. Les discours des AP sur l'improvisation étudiée révèlent la tendance de ces acteurs à en exprimer leur solidarité. Dans l'expression de cette unité de vue, il y a une emphase sur le lien organique existant entre la banque et la banque centrale : « *Elle [banque centrale] gère par délégation, comme vous le savez sans doute, des questions souveraines pour le compte de l'État. C'est évident qu'au ministère des Finances, nous partageons certains aspects de sa politique, surtout en ces temps de crise.* » (R-A/b2). L'AP qui témoigne ainsi est un fonctionnaire, en service dans le ministère cité.

Si l'intérêt et le timing de la décision sont justifiés, l'on reconnaît que celle-ci recèle des effets secondaires dramatiques : « *En tous cas, cette décision avait vocation à stabiliser le fonctionnement des banques commerciales durant la crise. Nous pensons qu'elle était opportune, même si certains actionnaires trouvaient logiquement qu'elle était malheureuse et engendrait un manque à gagner en termes de dividendes. Par rapport à la rapidité avec laquelle la banque centrale avait pris ou publié cette décision, on peut toujours en discuter. Néanmoins, tous ceux qui observent son fonctionnement depuis longtemps vous diront que c'est toujours ainsi qu'elle opère.* » (R-A/b3). L'improvisation est ainsi jugée comme une caractéristique culturelle ou foncière de la gestion de la banque centrale (Council on Foreign Relations, 2011). Cependant, l'analyse donne à voir que, pour certains AP, la décision étudiée n'est pas de type improvisé. Le raisonnement est justifié par la fréquence des concertations entre l'État et la banque centrale. Compte tenu de ces concertations, il est pensé qu'aucune banque ne pouvait être surprise par la décision étudiée : « *Au début de la crise, des réunions s'étaient multipliées là-bas [banque centrale]. Comme bien d'autres mesures de gestion urgente de crise, la suspension des dividendes dont vous parlez y avait été discutée. À mon sens c'était une bonne décision qui, comme toute décision, ne pouvait arranger tout le monde. Je peux vous affirmer qu'elle ne nous avait pas surpris. Pour nous, au contraire, peut-être des banques commerciales, elle ne pouvait être perçue comme relevant de l'ordre d'improvisation. Comme vous le savez sans doute, nous sommes [le ministère des Finances] statutairement un membre du Comité ministériel de la BEAC. On a logiquement un avantage relatif en matière d'information sur les délibérations du Comité de Politique Monétaire où se prennent des décisions comme celle que vous évoquez* » (R-A/b4).

Dans le milieu des actionnaires privés, en l'occurrence ceux des banques domestiques et panafricaines, l'attitude compréhensive face à l'improvisation est remarquable. Le profil de ces catégories fait penser au déterminisme de la culture locale ou africaine qui, selon certains auteurs culturalistes (Emile Hernandez, etc.), est marquée par la préférence de l'immédiateté. Les actionnaires concernés ne tolèrent pas simplement l'improvisation. Ils défendent aussi, surtout son opportunité. L'éloge de l'instantanéité dans la décision étudiée est fait en exprimant un certain scepticisme à l'égard de la procrastination : « *Je pense qu'il fallait effectivement vite agir comme elle [banque centrale] avait fait. Certes la suspension des dividendes n'était pas le seul levier à activer pour garantir la solvabilité ou la stabilité des fonds propres des banques durant la crise... Pour moi, le moment était bien indiqué. Reporter cette décision aurait servi à quoi, si ce n'est de s'exposer au risque de voir se détériorer la situation financière des banques ?* » (A-b2).

Par ailleurs, nombre d'actionnaires privés tolérants se distinguent par une certaine sensibilité à la question de responsabilité. Dans ce cas, l'accommodation à l'improvisation est soit fondée sur l'anticipation de la brièveté de la crise, soit dictée par le sens du devoir de contribuer à la maîtrise des effets négatifs de la crise c'est-à-dire de la COVID-19. Pour illustrer ces aspects, trois témoignages sont mobilisables. Le premier est le suivant : « *On n'était pas préparé à cela [la décision de la banque centrale]... par décence, personne ne pouvait s'en plaindre en pleine crise.* » (A-b1). Le deuxième est celui d'un autre actionnaire privé interviewé dans une banque différente en janvier 2023, soit près d'un an après la crise ou l'abrogation[14] de la décision étudiée : « *Aucun actionnaire sérieux ne pouvait être insensible dans un contexte aussi difficile marqué aussi par la fermeture des banques, à la suite du confinement imposé par les pouvoirs publics... Nous avons aussi, en tant qu'actionnaires, l'obligation de comprendre quand la banque est en difficulté et de contribuer à trouver des solutions. Pour moi, c'était important de faire confiance à celle de la banque centrale et de considérer qu'elle maîtrisait mieux les dégâts potentiels de la crise dans le secteur bancaire... Contester cette décision, au moment où elle avait été prise, aurait été vraiment faire preuve d'irresponsabilité* » (A-b4). Le troisième verbatim met à jour une sorte de tolérance conditionnelle à l'improvisation. La légitimation de la décision improvisée, objet de l'étude, est donc conditionnelle. Elle dépend en l'occurrence de la durée de la crise dont la gestion justifie l'improvisation décisionnelle considérée. Il y a une incertitude sur la durée de cette crise : « *Personnellement, j'étais convaincu que la crise et la suspension des dividendes ne dureraient pas éternellement... la suite m'a donné raison. Cela me paraissait plus digne et responsable de ne pas me plaindre tant que la suspension se limitait à l'année 2019, surtout que la décision était imposée par le régulateur. Il est évident que, dans le cas contraire, en toute logique, si cette mesure devait s'appliquer même pendant deux ans, aucun actionnaire ne se serait réservé de manifester son mécontentement... je ne pense pas que les actionnaires se seraient abstenus d'une telle réaction même si la décision ne les avait pas surpris.* » (A-b1).

2.3. L'indifférence managériale de l'improvisation : l'enjeu financier de la décision, le contexte organisationnel et les conditions de travail comme facteurs

Venons-en à la posture d'indifférence. Contrairement à une certaine idée (Weick, 1998), les managers n'abhorrent pas tous l'improvisation. Ils n'en sont pas non plus totalement des zélateurs. L'analyse identifie l'existence,

[14] La BEAC a abrogé la décision étudiée en décembre 2021.

entre ces deux extrêmes, des apathiques. Dans les discours des managers relevant de cette catégorie, trois grands thèmes résonnent.

Premièrement, la décision improvisée qu'on étudie touche aux dividendes qui ne concernent pas les interviewés. Aucun des MI présents dans l'échantillon n'a le statut d'actionnaire c'est-à-dire de celui de salarié-actionnaire permettant de bénéficier d'une éventuelle distribution des dividendes. Dès lors, même si certains managers avouent avoir été au courant de la décision étudiée, la plupart pensent que celle-ci était un « *non-évènement* ». L'indifférence managériale de l'improvisation est manifeste. Elle transparaît des discours conduisant à considérer la pratique comme une préoccupation résiduelle : « *Nous savions qu'elle [décision] faisait partie des mesures prises par la banque centrale... il est évident que cela ne concernait que les actionnaires et nous laissait à 37 degrés. Que la suspension ait été décidée en tout début de crise ou non, je ne voyais pas en quoi cela devait poser un problème... je ne suis pas actionnaire. En ce moment-là, nous étions préoccupées par autre chose. Les collaborateurs n'étaient pas habitués à la nouvelle contrainte de travailler tous les jours à distance, quand on avait imposé le confinement* » (DRH-b2).

Le deuxième thème concerne l'accompagnement des collaborateurs dans un contexte de réorganisation du travail imposé par la crise. Le sujet est déjà subrepticement posé dans le verbatim ci-dessus. Il a trait aux politiques publiques de « Lockdown » qui, concomitamment à la décision de la banque centrale, imposait la fermeture des organisations, dont les banques pendant la crise (Calcagnini, Favaretto & Giombini, 2024). Le travail à distance était apparu comme une stratégie d'adaptation à penser et exécuter prioritairement. Les managers impassibles à l'égard de l'improvisation décisionnelle étudiée soulignent la priorité que constitue la réorganisation du travail dans ce contexte. Avant tout, selon eux, il fallait s'impliquer, en l'occurrence dans l'accompagnement des collaborateurs : « *En ce moment-là, nous étions préoccupées par autre chose. Le télétravail s'imposait. Il nécessitait qu'on trouve rapidement des moyens techniques nécessaires, qu'on accompagne les collaborateurs à s'y mettre et qu'on contrôle que leurs activités étaient effectives ou réelles et surtout cohérentes par rapport aux exigences souhaitées... dans ce contexte, cette affaire d'interdiction de dividendes au début de la COVID-19 ne nous préoccupait vraiment pas.* » (DRH-b2).

Quant au troisième thème, c'est celui de la rentabilité des banques locales au cours des années précédant celle du déclenchement de la crise. Il revient dans les témoignages de nombre de managers insensibles à la décision étudiée que ces banques ont, pendant ce temps, réalisé des bénéfices. Dans leur raisonnement, la rentabilité bancaire avant la crise implique ipso facto la distribution de dividendes à cette époque. Étant donné sa régularité dans le temps, l'on considère que la décision improvisée ne devrait pas susciter de compassion pour les actionnaires et que ces derniers ne devraient s'en plaindre. Un Analyste de Crédit constate ainsi que « tout *le monde sait que, longtemps avant cette crise, les banques au Cameroun, à quelques exceptions concernant par exemple les banques en situation de restructuration ou d'administration provisoire, avaient constamment réalisé des profits. Ils en ont toujours bénéficié, seuls d'ailleurs. Quel que soit le moment où la banque centrale avait pris cette mesure pendant la crise, ils [actionnaires] devaient, même par décence, éviter de s'en plaindre.* » (An-b3).

L'évocation du passé des banques, en termes de rentabilité, par les managers indifférents s'accompagne surtout des complaintes sur la faiblesse ou l'iniquité de leur propre rémunération. Ils insistent en outre sur les mauvaises conditions de travail et en particulier la surcharge de travail inhérente à la crise. L'illustration vient d'un gestionnaire en backoffice qui constate qu'avant le déclenchement de la crise, « *les salaires étaient particulièrement déjà problématiques* ». L'insensibilité des actionnaires à cette problématique apparaît comme un facteur de l'indifférence managériale de la décision de suspension des dividendes ou à son improvisation : « *Ils avaient sans doute mal digéré cette décision qui, à tort ou à raison, avait été prise au début de la crise. C'est difficile de parler ou de se préoccuper des problèmes financiers des autres [actionnaires], d'autant qu'ils ne se soucient pas de ceux auxquels nous sommes nous-mêmes constamment confrontés. Avant la crise, et çà, tout le monde le sait, les salaires contrastaient avec nos horaires et l'écrasante charge quotidienne de travail... Nous débutons le matin à 7 h 30 et terminons la journée à presque 19 h. Nos propres conditions de travail, nos complaintes ne préoccupent personne. Pendant le confinement, le télétravail étant imposé, la charge de travail s'était démultipliée. Nous n'en avons pas eu la moindre compensation financière. Franchement, ces aspects me paraissent plus intéressants que le fait d'avoir très tôt ou non suspendu la distribution des dividendes... De toute façon, ils [actionnaires] les ont toujours perçues puisque la banque a toujours réalisé des bénéfices* » (backoffice - b3).

Conclusion : la pertinence et les perspectives de l'étude

L'argumentation mobilisée dans ce chapitre s'inscrit dans la perspective d'une récente filière de recherche centrée sur l'approche inter-organisationnelle de l'improvisation avec, comme logique fondatrice, l'idée d'un découplage des organisations qui assurent les deux activités constitutives de cette pratique managériale c'est-à-dire la prise de décision et son implémentation. Le comportement de l'organisation partenaire face à l'improvisation, en termes de perception des acteurs internes, est exploré autant que les logiques qui le déterminent. Le cas traité met aux prises deux organisations financières du champ de la banque en Afrique centrale, la banque centrale et la banque commerciale (banque), et porte sur une décision improvisée de la première enjoignant la seconde à suspendre la distribution des dividendes. Cette mesure fut levée vers fin 2021 - début 2022. Avant l'abolition de la décision, dans le milieu des organisations ciblées c'est-à-dire des banques commerciales, l'on pouvait observer la coexistence du conformisme et de la résistance trouvée dans d'autres contextes géographiques, comme l'Europe et les USA (Ginglinger, 2000). Une originalité du chapitre réside dans son projet de contribuer, en mettant l'emphase sur le caractère improvisé de la décision ou en l'étudiant à l'aune de l'improvisation organisationnelle, à une meilleure compréhension de ce diptyque.

Les discours des enquêtés dans la banque, en termes de perceptions, laissent transparaître les postures d'aversion, de tolérance et d'indifférence. Ils constituent des catégories performatives (Aggeri, 2017) et sont donc particulièrement instructifs sur les deux attitudes bancaires sus évoquées. La tentative d'étiquetage de la réaction des organisations partenaires à l'improvisation organisationnelle est donc productrice de connaissances utiles. Celles-ci aident à mieux cerner non seulement leurs comportements réels, mais aussi les rationalités sous-jacentes qui contribuent à les justifier. L'analyse met particulièrement en lumière l'effet conjugué de l'environnement financier local ou national et de la crainte de l'activisme des actionnaires dans l'émergence de la répugnance face à l'improvisation organisationnelle. Elle donne à voir la dépendance de la tolérance au phénomène de l'influence de l'anticipation de la brièveté de la crise, de la responsabilité des acteurs, de la solidarité avec l'organisation improvisatrice et du déterminisme de la culture locale. Quant à la posture d'indifférence, l'on observe l'influence des aspects liés à l'enjeu financier de la décision improvisée pour les enquêtés, au contexte organisationnel et aux conditions de travail. La pertinence de ces découvertes peut être pensée du point de vue de l'organisation improvisatrice (OI), la banque centrale, en lien avec la problématique des compétences ou des capacités improvisationnelles. Quel est le substrat théorique d'une telle problématique ?

La formulation de cette interrogation est un prétexte pour rebondir sur le débat académique, où s'affrontent deux principaux courants de recherche, dont la valeur de l'improvisation organisationnelle est l'objet. Dans le premier, qui se développe durant les décennies 1960-1980, l'improvisation est perçue comme un biais à éradiquer. Elle est pensée comme un dysfonctionnement organisationnel ou s'écartant de la traditionnelle logique où « on planifie et ensuite exécute le contenu du plan » c'est-à-dire résultant d'une mauvaise planification (Hadida., Tarvainen, & Rose, 2015). Cette vision péjorative du phénomène de l'improvisation s'est développée en référence aux actions réalisées sans préparation, sous le coup d'une impulsion (Pelletier et Jutras, 2008). Elle est aussi des auteurs expliquant que l'improvisation soumet les acteurs à de fortes pressions (Chetodel, 2005), produit l'anxiété, un biais d'apprentissage et un opportunisme vicieux susceptibles de faire capoter un projet (Vignikin, Leroy & Chetodel, 2016). En revanche, l'on considère dans le second courant de recherche plus récent que l'improvisation permet de maîtriser/gagner du temps ; c'est un facteur clé de succès dans un environnement des affaires compétitif, dynamique et imprévisible (Bourgeois & Eisenhardt, 1988). L'improvisation, en outre, favorise l'accumulation ou la routinisation des connaissances, la résilience et la flexibilité organisationnelle (Wu et al., 2023). Elle constitue un antidote efficace à la panique et l'effondrement qui peut s'en suivre (Weick, 1993).

La confrontation de ces visions antagonistes permet de constater que l'improvisation peut résoudre un problème ou l'aggraver plutôt, être innovante ou chaotique (Vera et Crossan, 2005). Cette pratique organisationnelle peut avoir un impact négatif ou positif (Miner, Bassoff & Moorman, 2001). Elle n'est ni bonne ni mauvaise en soi (Hugues, et al., 2020). Différents auteurs ont alors constaté qu'elle est un art qui nécessite d'être (bien) géré, ex-ante et/ou ex-post, et un entraînement ou un effort de capacitation des acteurs (Tabesh & Vera, 2020 ; Hugues et al., 2020 ; Adrot & Garreau, 2010 ; Pelletier & Jutras, 2008). Autrement dit, la qualité ou l'efficacité de l'improvisation est tributaire de la façon dont les dirigeants gèrent en particulier la culture organisationnelle, le climat social, la communication et l'information des acteurs (Ley et al., 2012 ; Stein, 2011).

La portée pratique des analyses de ce chapitre, compte tenu de cette contingence posée, peut finalement mieux se comprendre lorsqu'on considère qu'elles permettraient à l'OI étudiée de maîtriser sa capacitation ou ses compétences en matière d'improvisation. Toute banque centrale pourrait, dit autrement, exploiter particulièrement les résultats de l'étude réalisée aux fins d'assurer « la qualité de l'improvisation » (Adrot & Garreau, 2010 ; Laroche, 2007) et surtout la légitimité de l'improvisation. Si l'improvisation pratiquée par la banque centrale est régulièrement débattue dans le milieu professionnel (*Council on Foreign Relations*, 2011), davantage et surtout par des experts en économie, on s'attarde rarement à sa légitimation auprès des acteurs internes et externes.

Cette affirmation appelle deux constats. Premièrement, l'improvisation comme décision organisationnelle ne devient pertinente que lorsqu'elle est censée être exécutée. La doctrine néo-institutionnaliste (Oliver, 1991) renseigne que des organisations partenaires, dans le cadre des relations inter-organisationnelles en l'occurrence, ne l'implémenteront que s'ils l'acceptent. La conviction à ce stade du propos conclusif est que les trouvailles qu'intègre ce chapitre sont susceptibles d'aider la banque centrale à mieux travailler la légitimation de ses pratiques improvisationnelles visant ses principales parties prenantes que constituent les banques commerciales sous contrôle. Deuxièmement, pour mieux cerner le volet interne de la légitimité de l'improvisation, dont l'écho théorique demeure aussi extrêmement faible (Carlsson & El Savy, 2008), il serait intéressant d'engager d'autres travaux sur le processus interne de la « fabrique » de cette pratique décisionnelle. Certes, les recherches (sur) abondent qui, dans la lignée de celles mentionnées précédemment sur les questions de capacitation, de compétence managériale, de climat social et de culture organisationnelle, s'intéressent à l'enceinte de l'organisation en étudiant l'improvisation. L'idée est qu'en général, qu'il s'agisse des banques centrales ou d'autres formes d'organisations, cet intérêt est loin d'avoir précisément suscité l'exploration de la légitimité interne des décisions improvisées ciblant des acteurs externes ou non.

Ce qu'on pourrait constater finalement pour renforcer cette mise en perspective des analyses est qu'elles souffrent de ce que les théoriciens des niveaux de représentation qualifient de « distance temporelle » (Liberman & Trope, 1998). Par ces notions, ils expliquent que l'échéance à laquelle un acteur perçoit une situation ou un fait modifie la représentation mentale qu'il en a. Le caractère rétrospectif de l'étude qu'on a réalisée l'expose à ce biais. Elle explore en effet des opinions individuelles sur une décision frappée de caducité depuis plus de deux ans. Cela appelle au moins une question : les postures et les rationalités sous-jacentes identifiées auraient-elles été pareilles si l'enquête avait été réalisée quelques semaines/mois après la prise/publication de la décision improvisée ou même pendant sa validité ?

Bibliographie

Adam-Ledunois, S. & Damart, S. (2017), « Innovations managériales, attrapons-les toutes ! Design d'une méthodologie d'analyse critique des objets de management », *Revue Française de Gestion*, Vol.43, n° 264, p.117-142.

Aggeri, F. (2017), « Qu'est-ce que la performativité peut apporter aux recherches en management et sur les organisations ? Mise en perspective théorique et cadre d'analyse », *M@n@gement*, Vol. 20, n° 1, p.28-69.

Bourgeois, L. J. & Eisenhardt, K.M. (1988), « Stragic decision processes in high velocity environments : four cases in the micro computer industry », *Management science*, Vol.34, n° 7, p.737-770.

Calcagnini,G. ; Favaretto, F. & Giombini, G. (2024), « The effect of 2020 lockdown on bank internal ratings », *Journal of Industrial and Business Economics*, Vol.51, pp. 335-396.

Carlsson, S.A. & El Savy, O.A. (2008), « Managing the five tensions of IT-enabled decision support in turbulent and high-velocity environments », *Information System & e-Business Management*, Vol.6, p.225-235.

Chetodel, F.(2015), « L'improvisation organisationnelle : concilier formalisation et flexibilité d'un projet », *Revue Française de Gestion*, Vol.1, n° 154, p.123-140.

Ciborra, C.U. (1999), « Notes on improvisation and time organizations », *Accounting* Management and Information Technology, Vol.9, pp. 77-94.

Ciuchta, M.P. ; O'Toole, J. & Miner, A.S.(2000), « The Organizational Improvisation Landscape : Taking Stock and Looking Forward », *Journal of Management*, Vol.20, n°5, pp.1-19.

Council on Foreign Relations (2011), « Central Banking in Age of Improvisation », *McKinsey Executive Rountble Series in International Economics*, (https://www.cfr.org).

Eden, C., Ackermann, F. & Vito, V. (2021), « Improvisation and emergent strategizing : the role of group support systems », In D.C. Morrais et al.(Eds) *GDN2021, LNBIP420*, pp. 16-24.

Hadida, A.L., Tarvainen, W. & Rose, J. (2015), « Organizational Improvisation : A consolidating review and framework », *International Journal of Management*, Vol.17, n° 4, pp. 437-459.

Hardy, Bryan (2021), « Covid-19 Bank Dividend Payout restrictions: Effects and Tradeoff », *BIS Bull*, p.1-6.

Hugues, P., Morgan, R., Hodgkinson, I., Kouropalatis, Y. & Lindgreen, A.(2020), « A diagnostic tool to determine a strategic improvisation readiness index score (IRIS) to survive, adapt and thrive in a crisis », *Industrial Marketing Management*, Vol.88, pp. 485-499.

Glinglinger, E. (2020), « Faut-il verser les dividendes en temps de crise ? », *Revue Française de Gestion*, Vol.8, n° 293, pp. 183-196.

Laroche H. (2007). « Kathleen M. Eisenhardt La stratégie à l'épreuve du temps », In Loilier, T. & Tellier, A.(Dir.), *Les grands auteurs en Stratégie*, Editions EMS, pp. 493-510.

Ley, B., Pipek, V., Reuteur, C. & Wiedenhoefer, T. (2012), Supporting Improvisation Work inter-organizational Crisis Management. CHI Conference, May 5-10, Texas.

Liberman, N. & Trope, Y. (1998), « The role of feasability and désirability considerations in near and distant future decisions : A test of temporal construal theory », Journal of Personality and Social Psychology, 75(1), p.5-18.

Miner, A.S., Bassoff, P. and Moorman, C. (2001), « Organizational improvisation and learning: a field study », Administrative Science Quarterly, Vol.46, n°2, pp. 304-337.

Oliver, C.(1991), « Strategic Responses to Institutional Processes», *Academy of Management Review*, Vol.16, n°1, p.145-179.

Pelletier, J.-P. & Jutras, F. (2008), «Components of Improvisation Training in the Management of Unexpected Events in the High School Classroom », *McGill Journal of Education*, Vol. 43, n°2, p.187–212.

Ruan, G., Wu, N. & Peng,K. (2021), « Impact of cross-organization improvization on new product development from viewpoint of network embedding », *Advances in Economic, Business and Management Research*, Vol.167, pp. 110-113.

Stein, E.W.(2011), « Improvisation as Model for Real-Time Decision Making», *Annals of Information Systems*, Vol.13, pp. 13-32.

Vera, D. & Crossan, M. (2005), « Improvisation and innovative performance in teams », *Organization Science*, Vol.16, n°3, p. 203-224.

Vignikin, A. Leroy, D. & Chetodel, F. (2016), « L'improvisation en tant que situation managériale ? Comment évolue-t-elle durant la vie d'un projet », *@GRH*, Vol.1, n° 18, pp.65-98.

Weick, K. E. (1993), « The collapse of sensemaking in organizations: The Mann Gulch disaster », *Administrative Science Quarterly*, Vol.38, pp. 628-652.

Wu, J., Arndtb, F., Mac,H., Hughesd, P. &Tang, S. (2023), « Learning from improvisation in New Ventures », Journal of Innovation & Knowledge, Vol.8, pp. 2-10.

CHAPITRE 2

La gestion du risque de crédit dans la finance informelle en Afrique : les non-dits de la théorie financière

Jean Biwolé Fouda

J'ai connu le Professeur Robert Wanda sous plusieurs casquettes. Il a été à la fois mon enseignant de finance d'entreprise en DEA, mon très estimé collègue du département des sciences de gestion à la faculté des sciences économiques et de gestion de l'Université de Yaoundé 2 à l'époque où j'y officiais comme Vice-doyen, mon contradicteur scientifique dans plusieurs jurys de doctorat pendant une décennie… Mais, le Professeur Robert Wanda a surtout été, dans ma discipline, un des auteurs que j'ai eu le plaisir de lire lors de mes premiers pas dans le monde de la recherche. Son intérêt scientifique pour le champ de la finance en contexte africain était tellement marqué. Au moment où il nous précède sur ce chemin que nous emprunterons tous, nous envisagions, avec un troisième collègue, de coordonner un ouvrage collectif sur les réalités de la finance et de la comptabilité en Afrique. Nous nous permettrons donc de retenir cette dernière casquette, pour proposer une réflexion que nous aurions forcément partagée avec lui dans le cadre de ce projet éditorial : la gestion du risque de crédit dans la finance informelle en Afrique : les non-dits de la théorie financière.

Pour planter le décor, nous allons considérer que la finance informelle est celle qui échappe au circuit formel (Lelart, 2002). Elle constitue l'activité des opérateurs du secteur financier informel et regroupe, entre autres, les tontines, les banquiers clandestins, les prêteurs à gage, les usuriers, les prêteurs familiaux, etc. Ces acteurs font face à différents risques financiers dans leurs activités de crédit au même titre que les institutions financières formelles, notamment le risque de crédit lié à l'opportunisme des emprunteurs. Le risque de crédit est l'éventualité que l'emprunteur ne paye pas, en partie ou en totalité, le capital et/ou les intérêts du crédit qui lui a été octroyé par le prêteur. Si la théorie financière réussit à caractériser l'opportunisme des demandeurs de crédit, en revanche, à l'observation, on se rend compte qu'elle comporte un angle mort dans la description des mécanismes de gestion du risque par ces opérateurs du secteur informel, étant entendu que, dans ce secteur, des garanties financières classiques ne sont pas souvent exigées au demandeur de crédit. On peut donc légitimement se poser la question de savoir comment est géré le risque de crédit dans ces institutions. De manière plus détaillée, quels sont les mécanismes de gestion du risque de crédit dans les tontines au

Cameroun ? Quelle est la nature des garanties ? Quels pourraient en être les apports pour la théorie financière ?

Dans la suite de notre réflexion, nous présentons, dans un premier temps, un rapide aperçu des mécanismes classiques de gestion du risque de crédit par les opérateurs de la finance informelle, et dans un deuxième temps, les mécanismes que nous qualifions d'atypiques. Sans faire l'apologie du secteur financier informel, nous terminons notre réflexion en proposant des pistes à explorer pour une théorie financière plus adaptée à un contexte dominé par l'informalité.

1. Les mécanismes classiques de gestion du risque de crédit en finance informelle

La littérature mentionne principalement deux types de mécanismes : la structure du contrat de crédit informel et la confiance (Daoudi et al., 2011).

1.1. La structure du contrat de crédit en finance informelle

La structure du contrat de crédit en finance informelle est un des mécanismes fondamentaux de gestion du risque de crédit. Elle étudie les éléments du contrat de crédit qui permettent explicitement de contrôler l'opportunisme de l'emprunteur et de réduire le risque d'aléa moral. Deux principaux éléments sont ainsi mis en exergue : la durée et le montant du contrat de crédit.

En finance informelle, le crédit est généralement de courte durée. Il excède difficilement une année (Mpofu et Sibindi, 2022, p.12), ce qui maintient le demandeur dans un processus continu d'emprunt-remboursement. Les conséquences de cette boucle du crédit informel sur le comportement de l'emprunteur sont doubles. Premièrement, elle discipline son comportement de remboursement en le contraignant à respecter les délais. En effet, dans la mesure où l'activité du demandeur du crédit informel se caractérise généralement par un déficit structurel de financement, ses besoins de financement s'étalent normalement sur le long terme. Ainsi, parce que l'emprunteur anticipe toujours un renouvellement du contrat ou une nouvelle demande de financement dans un avenir proche, pour y avoir accès, il est contraint au strict respect des délais de remboursement du crédit en cours.

Deuxièmement, la boucle du crédit informel réduit significativement l'asymétrie d'information entre l'emprunteur et le préteur. En effet, la régularité des demandes de crédit exprimées par le même acteur dévoile toutes les informations financière et sociale propres à son activité. Elle permet ainsi au prêteur de rassembler un volume important d'informations sur l'emprunteur et de diminuer par conséquent le risque de crédit lié à l'opportunisme de ce dernier (Brousseau, 2000 ; 1993).

La deuxième caractéristique de la structure du contrat mis en exergue pour atténuer le risque de crédit en finance informel est le montant du crédit. En effet, les crédits octroyés par les opérateurs de la finance informelle sont relativement de petits montants. Étant entendu que la décision d'octroi de crédits ne repose pas sur une analyse de l'information financière du projet pour lequel un financement est demandé, le rationnement du crédit en petits montants réduit le risque de non-remboursement. Les revenus futurs que pourrait générer l'activité financée sont souvent connus avec beaucoup d'imprécision, de sorte qu'un montant élevé du crédit serait risqué et sans fondement.

Relativement à la structure du contrat de crédit dans la finance informelle, Lelart (2002) affirme à juste titre qu'il y a peu d'accumulation, car les créances et les dettes s'éteignent rapidement. L'argent prêté l'est toujours à court terme, la durée n'est jamais au cœur de ces opérations qui sont dénouées rapidement. On peut donc considérer que l'informalité ne s'éloigne pas de la rationalité. Les mécanismes de gestion du risque en finance informelle ne balaient pas radicalement les principes traditionnels de la finance : la structure du contrat de crédit dans l'informel permet d'établir que le risque de crédit augmente avec la durée et le montant du crédit. Plus l'échéance de remboursement est longue et le montant de crédit élevé, plus le risque de défaut ou de non-remboursement par l'emprunteur sera élevé.

1.2. La confiance, la réputation et le capital social de l'emprunteur

Toute décision d'octroi de crédit repose sur la confiance que le préteur a vis-à-vis de l'emprunteur. Selon Daoudi et al., (2011), la confiance, quand elle est acquise, contribue au bon fonctionnement et à l'efficience des transactions de financement informel.

Dans ces activités, ce sont davantage les informations sur le demandeur que celles sur les caractéristiques du projet à financer qui orientent la décision d'octroi du crédit. Généralement, le demandeur de crédit est un membre de la famille, un ami, un frère, une sœur, un membre de la tontine, un membre d'une association, un collègue, etc., qui est bien connu du prêteur. Le comportement du demandeur vis-à-vis des préteurs antérieurs, sa réputation et l'ensemble de ses rapports en société sont analysés pour se faire une idée de sa psychologie, de son sens de l'honneur et du respect de la parole donnée, lesquels déterminent significativement ses prédispositions à rembourser. Si, dans la finance classique, les interactions entre les membres d'un réseau social apparaissent comme des éléments importants pour le bon dénouement des transactions (Hoff et Stiglitz, 1994 ; Besley et Coate, 1995), dans la finance informelle, leur rôle est essentiel. C'est ainsi que le crédit est un bien spécifique dont l'octroi repose sur une confiance objective.

En finance informelle, si le prêteur répond facilement et avec célérité aux demandes de crédit, ce n'est pas de façon naïve, simpliste, laxiste ou par simple altruisme, mais bien parce que le contexte local lui permet de produire une information pertinente sur les risques encourus et les garanties de remboursement de l'emprunteur. C'est donc un modèle de financement qui tient sa force de la confiance déterminée par la qualité de l'information rassemblée grâce à l'encrage socioculturel des offreurs et des demandeurs de crédit. Les travaux de Fall (2011) mettent en évidence les spécificités de cette finance informelle par rapport aux banques et les fondements de son succès dans le contexte en développement. Dans le même sens, Biwolé et Causse (2022) trouvent les fondements de cette garantie immatérielle que constitue la confiance dans a pression sociale qui est généralement forte dans ces milieux, notamment avec la réputation de la famille qu'il faut préserver, la confiance en la parole donnée et le réseau relationnel. Tous ces éléments constituent de meilleures garanties que les garanties matérielles classiques souvent exigées dans la finance formelle.

Au-delà de ces éléments classiques de gestion du risque communs à tout type de finance (formelle et informelle), les réalités du dénouement de certaines transactions et l'histoire de certaines tontines nous permettent de constater qu'il existe des pratiques de gestion du risque très spécifiques à la finance informelle.

2. Les mécanismes atypiques de gestion du risque de crédit en finance informelle

Considérant que les garanties classiques dans le cadre d'un crédit sont inexistantes en finance informelle, la structure du contrat de crédit, la confiance, la réputation et le capital social de l'emprunteur n'expliquent pas totalement le succès de ce mode de financement dans les pays en développement et surtout le très faible pourcentage de crédits non remboursés enregistré dans ces contextes. Dans un environnement marqué par des moyens de contrainte limités, ce sont davantage les mécanismes de dissuasion qui renforcent la prise de conscience de l'emprunteur et permettent d'assurer le remboursement de crédit en finance informel. Ces mécanismes d'intimidation reposent sur la peur des différentes représailles et menaces que le prêteur peut volontairement générer de manière subtile chez l'emprunteur.

2.1. Des pratiques de proximité stratégique : un humanisme à forts relents de capitalisme

Dans la finance informelle, le prêteur développe avec récurrence des approches de proximité qui, de prime abord, sont anodines, mais au bout d'un certain temps s'avèrent efficaces par leur capacité à exercer une pression psychologique sur l'emprunteur. Parmi ces méthodes, l'on peut citer une présence physique dans la vie de l'emprunteur au quotidien. Cette proximité se manifeste entre autres par la récurrence des appels téléphoniques sans véritables objets[15], une participation plus ou moins active aux évènements heureux ou malheureux dans la famille de l'emprunteur, l'octroi par le prêteur à l'emprunteur, de petits montants d'argent non remboursables ou de petits présents… En apparence, toutes ces pratiques peuvent être considérées comme une expression d'humanisme de la part du prêteur envers l'emprunteur. Cependant, une meilleure analyse de ces pratiques permet de constater qu'elles ont pour but ultime d'exercer une pression sur l'emprunteur, afin qu'il se souvienne de ses engagements envers un prêteur qui, en plus du prêt accordé, le soutient moralement, socialement et matériellement. Ces pratiques constituent donc de véritables leviers de contrôle stratégique du comportement de l'emprunteur. Elles lui permettent de limiter le risque de non-remboursement et d'assurer ainsi son capital financier.

2.2. La peur des représailles et des menaces pour sa vie : deux garanties financières atypiques

La vie est une véritable garantie financière dans les activités de débrouillardise. C'est parce qu'on est en vie et bien portant que son activité prospère et permet de subvenir aux besoins de sa famille à travers les revenus qu'elle génère. C'est parce qu'on est en vie qu'on est capable de respecter ses engagements financiers. Cette confusion entre la vie de l'entrepreneur et son activité économique est une caractéristique forte des activités du secteur informel. Elle valorise davantage la vie dans la mesure où elle lui donne une valeur financière effective. En effet, s'attaquer à la vie, c'est s'attaquer à l'activité économique, c'est menacer directement sa survie.

Conscients de cette réalité, certains prêteurs l'exploitent volontairement pour gérer le risque de non-remboursement en brandissant des menaces formelles ou informelles, visibles ou invisibles, directes ou indirectes contre la vie de leurs emprunteurs. La peur de ces différentes représailles exerce donc un pouvoir coercitif sur ces derniers.

Plus concrètement, ces représailles peuvent revêtir une forme psychologique ou physique. Il s'agit premièrement des peurs auto-

[15] Le prêteur déclare appeler juste pour saluer…

développées par l'emprunteur qui fragilisent son état émotionnel et sa santé physique. Pour l'emprunteur, des manquements à ses engagements financiers seraient assimilés à une honte pour sa famille, à un coup dur pour sa réputation, mais surtout à un risque pour la continuité de son activité, laquelle constitue très souvent son gagne-pain et celui de toute sa famille. Deuxièmement, ces représailles peuvent prendre la forme des menaces invisibles et mystiques[16] contre la vie de l'emprunteur en cas de non-remboursement, mais également contre celle de ses proches, notamment son épouse et ses enfants. Quelle que soit la nature des représailles ou des menaces, on se retrouve dans une configuration différente des conjectures de la théorie financière. En effet, les choix et les décisions de remboursement ne reposent plus fondamentalement sur le volume et le rythme de revenus générés par l'activité financée par la dette, la volonté d'honorer ses engagements, mais sur la peur des représailles, des menaces ou éventuellement des atteintes à la quiétude ou simplement à la vie de l'emprunteur. Elle apparaît ainsi comme une garantie financière dans le sens où, aucun emprunteur n'accepterait délibérément de mettre sa santé en péril, de risquer sa vie ou celle de ses proches à cause d'un défaut de remboursement.

Discussions et conclusion

En tant que chercheur de haut vol, membre de la communauté scientifique universelle des sciences de gestion et Maître dans cette discipline, Robert WANDA constitue un objet scientifique qui devrait légitimement et scientifiquement être étudié. C'est en considérant cette posture que nous discutons des passerelles et des liens possibles entre certains de ses travaux et les réflexions ci-dessus.

Premièrement, il est indéniable que l'œuvre scientifique de Robert WANDA comporte des analyses sur les caractéristiques spécifiques de la finance et de la théorie financière en contexte africain. Quand nous parlons d'angle mort de la théorie financière, nous faisons explicitement ou implicitement allusion à cette finance qui se pratique hors d'un marché financier, à des opérations de crédit qui sont réalisées en dehors du circuit bancaire classique, à des modes de gestion atypique du risque de non-remboursement… Autant de sujets abordés dans l'œuvre de Robert WANDA. Nous pouvons citer, entre autres, « Structure financière et performance des entreprises dans un contexte sans marché financier : le cas du Cameroun » en 2001 dans la Revue du Financier, « Micro finance et comportements financiers des Unités de Production Informelles (UPI) camerounaises », en 2007 dans les Cahiers du CRDI, « le financement de l'entreprise de petite

[16] Plusieurs témoignages confirment l'existence de telles menaces. Une étude sur ce phénomène est en cours.

dimension entre la banque, l'institution de micro finance et la tontine », en 2011 dans la Revue Camerounaise de Management... Il peut donc être admis que les non-dits de la théorie financière que nous essayons d'exposer dans la présente réflexion ont bien été perçus et développés avant nous sous certains aspects par Robert WANDA.

Deuxièmement, Robert WANDA a très vite compris que toute théorie a un contexte d'émergence. Les réalités managériales et entrepreneuriales africaines émergeraient difficilement pour se constituer en véritables concepts ou théories si les auteurs africains ne se débarrassent pas de la dictature des standards décriée par les théories postcoloniales, et s'ils n'adressent pas les problèmes qui se posent au quotidien dans la vie des organisations dans leur contexte. Les travaux de Robert Wanda sur le choix entre la banque, l'institution de microfinance et la tontine pourraient être perçus comme une contextualisation de la théorie du financement hiérarchique. Nous pensons que les pistes de recherche suivantes sont utiles : les garanties de remboursement comme pratiques d'humanisme à forts relents de capitalisme, l'usage des représailles et des menaces sur la vie de l'emprunteur. Un tel agenda de recherche déboucherait sur un enrichissement, mais surtout sur une meilleure adaptation de la théorie financière au contexte africain, précisément sur les méthodes de gestion du risque de non-remboursement.

Dans cette perspective, on devrait reconnaître à Robert WANDA d'avoir montré, dans ses travaux, le chemin d'une contextualisation des théories, et d'avoir ainsi atteint des conclusions d'une valeur axiologique certaine. Ses disciples et les héritiers[17] de sa pensée devraient en être conscients et s'investir à perpétuer son héritage scientifique, afin qu'il demeure véritablement immortel.

Bibliographie

Biwolé Fouda, J. et Causse, G. (2022), Comment fonctionnent les entreprises africaines traditionnelles : une tentative de modélisation en Afrique subsaharienne, *Gérer et Comprendre*, 150, 31 - 44.

Daoudi A., Wampfler B. et Bédrani S. (2011), « Contrat et confiance pour la gestion des risques de défaillances dans les transactions de financement informel dans le secteur agricole en Algérie », *Les Cahiers du CREAD n° 95.*

Fall, F.S. (2011), La complémentarité banque/microfinance dans les économies en développement : une perspective théorique. *Revue d'économie industrielle*, 133, 31-56.

Brousseau E. (2000), *Confiance ou contrat, confiance et contrat. In Aubert F et Sylvestre J-P, Confiance et rationalité.* INRA Édition.

[17] 35 thèses dirigées et soutenues, 450 mémoires de master recherche encadrés...

Brousseau E. (1993), *L'économie des contrats. Technologies d'information et coordination interentreprises*, PU.

Kouakou Y. M. (2023), « Les mécanismes de gestion de risques crédits : une étude qualitative exploratoire dans les Systèmes Financiers Décentralisés (SFD) en Côte d'Ivoire », *Revue Française d'Économie et de Gestion*, 4, 1, 482 - 503.

Lelart M., (2002), « L'évolution de la finance informelle et ses conséquences sur l'évolution des systèmes financiers », Monde en Développement, Tome 30, 119, 9-19.

Mpofu O., Bongani S. A. (2022), Informal finance : A boon or bane for African SMEs ?, Journal of Risk and Financial Management, ISSN 1911-8074, MDPI, Basel, 5, 6, 1-15, https://doi.org/10.3390/jrfm15060270

Servet J.M. (1996), *Risque, incertitude et financement de proximité en Afrique. Une approche socio-économique. In Tiers Monde, Le financement décentralisé*, Pratiques et théories, tome 37, n° 145, 41-57

CHAPITRE 3

La microfinance à l'épreuve du paradoxe

Henri Wamba

Pour célébrer la mémoire de mon collègue Robert Wanda pour lequel ce livre est dédié, j'ai décidé d'écrire sur « une vérité qui se tient sur la tête pour attirer l'attention » Falletta (1998, p.1) : le paradoxe. Le champ d'exploration de ce phénomène, pensé en termes de coexistence des logiques contradictoires, concerne les établissements de microfinance (EMF). Celles-ci ont montré leur capacité à offrir de façon diversifiée et durable des services financiers adaptés aux exclus des systèmes bancaires classiques. Avec leur croissance, il existe un risque de banalisation de pratiques financières qui s'inscrivent dans une démarche purement commerciale sans se soucier des difficultés des bénéficiaires et des limites de leur impact social. Il est remarquable que de nouvelles approches existent qui permettent de suivre et de renforcer les performances sociales des EMF, de manière à accompagner celles désireuses de concilier les performances sociales et financières.

Depuis son émergence, il y a plus de trente ans, la microfinance a connu des années fastes marquées par une croissance très forte doublée d'un écho important auprès des professionnels du développement et dans l'opinion publique. Cette reconnaissance a été consacrée par l'attribution, en 2006, du prix Nobel de la paix à Muhammad Yunus[18], concepteur du microcrédit. Si elle a pu être considérée pendant plusieurs années comme la panacée pour lutter contre la pauvreté, la microfinance est ébranlée depuis quelques années par plusieurs crises qui ont conduit les acteurs du secteur à s'interroger sur leurs pratiques. Cette situation pour le moins préoccupante incite à un approfondissement de la réflexion, à l'effet de préserver la mission sociale de la microfinance, tout en explorant les voies de construction des modèles économiques beaucoup plus durables.

En effet, la mission sociale de la microfinance est menacée par le facteur risque qui caractérise la clientèle cible du secteur. Face à cette réalité,

---

[18]Muhammad Yunus est convaincu qu'une petite somme d'argent peut lancer le développement d'une activité, qui profitera par la suite, non seulement à l'emprunteur, mais également au développement de sa région. C'est seul qu'il fonde le premier institut de micro-crédit en 1983 (la Grameen Bank), via lequel il accorde des prêts aux personnes exclues du système bancaire traditionnel. Aujourd'hui, la viabilité du micro-crédit n'est plus à prouver. Il représente 102 millards de dollars d'encours de prêts répartis sur 85 pays ; *in Dossier de la Finance, 28 août 2018, 2 p.*

plusieurs établissements de microfinance (EMF) préfèrent offrir leurs services aux couches sociales moins risquées et relativement nanties au détriment des populations pauvres et vulnérables ; étant donné que les difficultés qu'éprouvent, très souvent, ces populations pauvres à rembourser leurs crédits menacent la survie des EMF. Dès lors, la question de compatibilité entre rentabilité et sociabilité se pose avec acuité. La dualité entre objectif commercial et objectif social amène ainsi les spécialistes du secteur à se poser un certain nombre des questions dont la principale est celle de savoir si la microfinance peut rester rentable et pérenne tout en s'adressant à des populations pauvres. Autrement dit, quelle serait la démarche idéale permettant aux EMF d'assurer pleinement leur mission sociale tout en préservant leur rentabilité, partant leur pérennité.

Face à cette situation qui offre un tableau sur fond d'insuffisance de garanties pour la plupart de ces populations démunies, dont le taux de non-remboursement de crédits s'élève en moyenne à 35 %, il sera question dans le présent article d'articuler la réflexion autour de deux centres d'intérêt. Le premier consistera à recentrer la mission sociale des EMF, celle d'offrir de façon durable des services financiers adaptés aux exclus des systèmes bancaires classiques. Le second devra suggérer de nouvelles pistes susceptibles d'amener les EMF à préserver leur rentabilité sans pour autant se détourner de leur mission première.

1. Performance sociale : une raison d'être des établissements de microfinance

1.1. Replacer la mission sociale au centre des activités des EMF

Historiquement, la microfinance s'est construite comme outil d'inclusion des exclus du système bancaire classique, offrant des services aux « non bancables », à ceux qui ne peuvent offrir des garanties physiques ou qui résident dans des zones reculées, enclavées, isolées des services financiers. En effet, le secteur de la microfinance est né il y a à peine 30 ans, adoubé d'une mission de lutte contre la pauvreté que peu pouvaient lui contester. Offrir des microcrédits à des femmes marginalisées pour les aider à lancer leur propre entreprise semblait être une solution aux résultats irréfutables. Une fois la question des effets réglée, il ne restait plus qu'à créer des institutions pérennes. Les regards se sont détournés des bénéficiaires pour se concentrer sur les institutions de microfinance (EMF), qui devaient être rentables et afficher des portefeuilles de prêts d'excellente qualité.

Cependant, aujourd'hui, avec plus de 205 millions de clients et quelques 10 000 EMF, le secteur connaît une crise d'adolescence. Taux d'intérêt excessifs, crises de surendettement, pratiques de recouvrement abusives, autant de cas qui sont venus entacher l'image du secteur et qui doivent nous pousser à réétudier les promesses initiales de ses fondateurs. La microfinance n'est pas pour autant un énième échec des théories du développement. Les dernières études d'impact randomisées, notamment celles menées par Crépon, Devoto, Duflo et Parienté (2011) et Karlan et Zinman (2011), montrent que la microfinance peut engendrer des résultats honorables.

Si à ce jour il n'est pas possible d'affirmer qu'elle réduit la pauvreté, elle peut être un vecteur de résistance des clients aux chocs économiques et d'augmentation relative des niveaux d'épargne et d'investissement productif. Les études ont aussi apporté la preuve que la microfinance fonctionne pour certaines populations, avec certaines caractéristiques économiques, avec certains produits. Ainsi, une piqûre de rappel semble nécessaire pour remettre les clients au centre de nos réflexions.

Remettre les clients au cœur de la microfinance, c'est replacer la mission sociale au centre des activités des EMF. C'est ainsi qu'est née la Campagne de Protection des Clients en Microfinance, qui promeut, entre autres, la transparence des coûts et la facturation raisonnable des services. D'autres initiatives internationales, telles que la Social Performance Task Force, cherchent à faire en sorte que les EMF mettent en place des procédures et des outils conformes à leur mission sociale. Mais, sans la contrainte réglementaire, les initiatives sectorielles risquent de s'essouffler. Les régulateurs doivent prendre conscience du caractère unique de la microfinance : un service financier, mais aussi un outil de développement proposé à des populations pauvres, et donc vulnérables.

1.2. La bonne connaissance des clients des EMF comme préalable à la performance sociale

Selon les statistiques du FMI, environ 2,5 milliards d'adultes n'ont pas de compte en banque officiel. Cela représente 50 % des adultes dans le monde. La plupart d'entre eux se concentrent dans les économies en développement où 59 % des adultes n'ont pas de compte dans une institution financière formelle. La géographie, bien sûr, importe aussi. L'Afrique subsaharienne, le Moyen-Orient et l'Afrique du Nord ont le taux de bancarisation le plus bas, autour de 20 %. Toutes les personnes exclues du système bancaire ont une chose en commun : elles n'ont pas accès à un large éventail de services financiers. Cependant, leurs profils sont très divers.

La base de données de la Banque Mondiale sur l'inclusion financière dans le monde (Global Findex), une enquête détaillée sur la demande dans 148 économies, fournit un aperçu de cette diversité. Grâce à des entretiens avec 150 000 individus conduits par Gallup Inc., il est clair que certains segments de clientèle sont davantage exclus que d'autres. Si vous êtes une femme, si vous habitez dans un secteur rural, si vous vivez avec moins de 2 USD par jour, si vous êtes jeune, alors vous avez moins facilement accès à une banque. Au niveau mondial, 23 % seulement des adultes vivant avec moins de 2 USD par jour disent avoir un compte dans une institution financière formelle (contre 50 % de tous les adultes dans le monde). Si vous êtes une femme dans un pays pauvre, vous avez moins de chance qu'un homme d'avoir un compte en banque (37 % contre 46 %). En Afrique subsaharienne, le taux de possession d'un compte pour les adultes qui vivent en ville est plus de deux fois supérieur à celui des adultes vivant dans des bourgs/villages de moins de 10 000 habitants. Seulement 7 % des adultes dont le revenu se situe dans le dernier quintile au Moyen-Orient et en Afrique du Nord ont accès à un compte dans une institution financière formelle.

Même si plus de la moitié des adultes qui travaillent n'ont pas de compte formel, nous savons que les pauvres mènent des vies financières étonnamment actives. Ils gèrent des risques, lissent leur consommation et se constituent des actifs de façon ingénieuse et complexe. Il se peut qu'ils n'aient pas de compte officiel, mais ils utilisent une myriade d'instruments et de sources informelles. Ce segment important de la population constitue donc un marché sur non encore exploité et dont, bien gérée, la microfinance pourrait encadrer efficacement.

Toutefois, essayer d'atteindre d'autres clients sans totalement comprendre qui ils sont et ce dont ils ont besoin peut se révéler contre-productif. Sur certains marchés, offre excédentaire et manque d'accès peuvent coexister. Ce que nous voulons dire est que, si l'offre consiste largement en un produit ordinaire de prêt de fonds de roulement, le marché potentiel pourrait être bien plus petit que ce que nous avions imaginé. Mais si l'offre est variée, à la fois en termes de services financiers, de points d'accès et de canaux de prestations, alors la demande pourrait être très grande. Mettre en place un système qui permet d'observer les clients, de les écouter et d'exploiter leurs données est essentiel aux prestataires et aux décideurs politiques pour qu'ils fassent bien leur travail. Et une granularité différente est nécessaire pour des fins différentes. Des chiffres globaux de haut niveau sur les clients desservis sont utiles pour suivre l'inclusion financière globale, mais, très vite, des données désagrégées par revenu, genre, situation géographique, etc., sont également nécessaires pour éclairer de manière significative le dialogue politique.

Avant donc de passer en revue quelques solutions non exhaustives pour une performance sociale soutenue à terme, il s'avère nécessaire de préciser le contenu de la notion de « performance sociale » pour un EMF. Cette distinction nous permettra de circonscrire les solutions proposées dans une dynamique de complémentarité entre les deux dimensions de la performance.

1.3. Performance sociale : quelle approche pour les EMF ?

Si l'on est d'accord que les EMF doivent revenir à leur mission sociale, leur raison d'être, la question de mesure de la performance sociale n'est pas comprise de la même façon par les acteurs du secteur. Dans le but de soutenir le secteur des EMF, les questions suivantes reviennent : quelle est la population réellement touchée par les EMF ? Comment peut-on combiner à la fois les objectifs sociaux et les objectifs de pérennité des EMF ? Quels sont les risques de dérive de la mission initiale ? Quelle est l'implication des EMF dans la réalisation des objectifs du Millénaire affichés par les Nations Unies ? Les investisseurs (bailleurs de fonds et investisseurs éthiques) demandent aux EMF de rendre des comptes et certaines EMF également ont l'intuition que soutenir les performances sociales peut conduire, sur le moyen terme, à renforcer la solidité et les performances financières de l'institution. Ainsi, un certain nombre d'initiatives voient le jour, cherchant à identifier quelques indicateurs qui traduiraient la démarche sociale des EMF. Dans leur article, Lapenu et al. (2004) proposent une grille d'analyse simplifiée et riche.

Le fonctionnement d'une organisation suit une chaîne logique entre intentions -actions - effets. On définit les performances d'une institution comme les résultats obtenus à chaque maillon de la chaîne. Les performances correspondent aux possibilités optimales de l'organisation, aux résultats obtenus en termes de définition de principes, d'actions et d'impact. Ainsi, différentes options peuvent être choisies pour mesurer les performances, selon un processus d'évaluation qui gagne en complexité à chaque option :

- Évaluer les principes et les intentions ;
- Analyser les processus et évaluer les actions ;
- Comprendre les relations entre les principes et les actions (en vérifiant que l'organisation se donne les moyens d'atteindre les objectifs qu'elle s'est fixés, mais sans nécessairement arrêter une norme pour ce que devrait être la mission sociale) ;
- Vérifier que les principes, les actions et les résultats se rapprochent de normes sociales déterminées antérieurement ;
- Mesurer l'impact, c'est-à-dire, dans le cas des EMF, les changements survenus chez les clients (et les non-clients) du fait de l'activité de l'EMF.

Les performances sociales d'une organisation par rapport aux performances économiques et financières prennent en compte la nature des relations internes entre ses employés et des relations qu'elle entretient avec ses clients et avec les autres acteurs avec qui elle interagit. Plus globalement, on peut entendre par performance sociale les effets de l'institution sur les conditions sociales de ses clients : effet sur le niveau de vie (pauvreté), logement, santé, éducation, etc. (voir tableau ci-dessous).

Tableau 1 : Opérationnalisation de la performance sociale et économico-financière des EMF

		Dimension sociale	**Dimension économique et financière**
Performances globales de l'institution	Évaluation des Performances (intentions et actions de l'EMF)	**Outil d'audit des performances sociales** 1. Ciblage des pauvres et des exclus : qui sont les clients ? 2. Adaptation des services et des produits à la clientèle cible 3. Amélioration du capital social et politique des clients/*Empowerment* : participation dans les prises de décisions ; prise de position des bénéficiaires pour éviter la dérive de mission 4. Responsabilité sociale de l'EMF : relation avec les clients et la communauté	**Outil d'audit des performances financières** 1. Qualité du portefeuille 2. Efficacité et productivité 3. Gestion financière 4. Profitabilité 5. Qualité et diversité des services financiers offerts
Évaluation de l'impact (*outcome*)		**Outil de mesure de l'impact social** - Création d'emploi pour la population exclue ; - *Empowerment* (autonomisation) : position des individus dans leur famille et dans la communauté ; construction du capital social - Amélioration de la santé ; - Éducation des enfants, etc.	**Outil de mesure de l'impact économique et financier** - Changement dans les revenus et les dépenses ; - Changement dans les actifs et dans les conditions de vie ; - Sécurité alimentaire ; - Création d'emploi au niveau de la communauté.

Source : Lapenu et al. (2004)

Tout comme un mouvement général se dessine dans le monde des entreprises pour les « responsabiliser » sur leur impact social et environnemental et suivre leurs performances dans ces domaines (Alter, 2000 ; Eme *et al.*, 2000 ; Global

Reporting Initiative, 2002), le monde de la microfinance commence à élargir le cadre d'analyse des performances de ses institutions (Zeller, 2004 ; Henry *et al.* 2003 ; Hatch, 2002 ; Horn-Welch, 2002 ; Hatch, Frederick, 1998). Dans la section suivante, nous montrerons que les deux dimensions de la performance des EMF peuvent être repensées dans une perspective de complémentarité et non de dualité, comme la réalité actuelle fait malheureusement remarquer.

2. Vers une convergence entre sociabilité et rentabilité : un défi de taille pour la microfinance de demain

La finance s'embarrasse rarement de considérations philanthropiques ou, pour le moins, sociales. Seule la microfinance semble avoir, à des degrés divers, cette vertu (Jégourel, 2008). Cependant, la microfinance se heurte actuellement un éventail des risques qui constituent un défi important face à sa noble mission.

2.1. Face à un risque complexe et diversifié

Une analyse rapide des risques qui peuvent toucher les EMF montre que ces risques sont nombreux et diversifiés. La gestion de ces risques est rendue d'autant plus difficile qu'ils sont fortement dépendants les uns des autres, ce qui oblige les EMF à envisager des compromis qui ne sont a priori pas évidents à identifier et à gérer, compte tenu de leurs spécificités. Un essai de typologie des risques fait apparaître deux grandes familles de risques (Churchill et Dan, 2001 ; CGAP, 1998 & 1999 ; Servet, 1996).

D'une part, on distingue ceux directement liés aux activités financières d'une institution et à la manière dont ces activités sont gérées, et qui touchent les institutions financières d'une manière générale :

- *risque de taux* relatifs à la gestion des actifs et passifs selon leur degré de maturité et de transformation des actifs (problèmes de réinvestissement) ;
- *risque de crédit spécifique* (non-remboursement partiel) et/ou *systémique* (risque davantage lié à l'environnement macro touchant tous les emprunteurs) ;
- *risque lié à des activités hors bilan* (lettres de créance, promesses de paiement..., qui ne sont pas honorées) ;
- *risques technologique et opérationnel* (le premier type de risque fait référence au fait que l'institution investit dans des innovations technologiques permettant de bénéficier d'économies d'échelle ou de gamme qui peuvent ne pas donner les résultats attendus, et le deuxième

type fait référence aux dysfonctionnements de technologies employées par les institutions) ;

- *risque de taux de change* lié à la part des capitaux étrangers dans la composition du portefeuille des investissements de l'institution financière ;
- *risque lié à la souveraineté d'un pays* qui dépend du comportement des institutions du pays dans lequel l'institution financière a investi une part de ses actifs ;
- *risque de liquidité* qui dépend du comportement des épargnants et de la structure des actifs de l'institution.

D'autre part, ceux liés à la clientèle de l'institution et à son environnement sont identifiés :

- *risque économique spécifique* (qui ne concerne que le client ou son projet) ou *systémique* (touchant tous les clients), comme la rentabilité d'une activité économique ou encore risque de marché et risque de prix, chocs économiques, défaillances de l'environnement de production, etc. ;
- *technique* (non maîtrise par le client de son projet) ;
- *risque agro-climatique* généralement covariant (catastrophes naturelles...).

2.2. Instruments de gestion du risque à la disposition des EMF

Même si la plupart de ces risques montrent différents degrés d'interdépendance (risque de crédit et risque de taux sont positivement corrélés, risque de taux et risque de taux de change sont aussi fortement corrélés, comme risque économique et risque de crédit, ou encore risque économique et risque technique), ce qui rend leur gestion délicate, l'EMF dispose d'une gamme d'outils aptes à atténuer ces risques. Ainsi, les voies et moyens suivants sont à envisager comme des pistes de réflexion (Churchill, 2005 ; Miller et Northrip, 2000 ; SEEP Network, 1995) :

- *le respect des règles d'adéquation des capitaux propres.* Ces règles existent pour les institutions bancaires et sont d'utiles outils de pilotage de l'institution, mais sont-elles pour autant adaptées aux spécificités des EMF (ressources limitées, modèles différents, clientèle particulière) ?
- *la politique volontariste de collecte de l'épargne*, avec cependant toutes les limites que l'on connaît quant à une collecte effective de l'épargne qui permet une réelle intermédiation financière, au coût et à la protection de cette épargne ;
- *le recours circonspect aux lignes de refinancement* et/ou *des fonds de garantie.* Les bailleurs de fonds et/ou les États mettent des fonds de

garantie à la disposition des EMF, que celles-ci domicilient généralement dans les banques de la place. Les EMF bénéficiaires peuvent en profiter pour s'engager dans des financements plus risqués ou pour accroître leur autonomie financière. On tend, cependant, à observer des « abus » dans les situations où la prise de risque par l'opérateur ou la banque est quasi nulle, le risque de crédit étant pris en charge par les emprunteurs et les propriétaires du fonds, ce qui conduit rapidement à la disparition des fonds ;

- *le recours à des garanties* de formes diverses auprès des emprunteurs (matériel, caution sociale, combinaison des deux), tout en privilégiant une politique sociale adaptée à l'environnement ;
- *le prêt de groupe* pouvant s'apparenter soit au modèle des caisses villageoises, soit à celui du prêt collectif. Ce type de prêts a pour vertu de substituer à une caution financière inexistante des relations interpersonnelles fortes qui augmentent la probabilité que la créance ainsi contractée soit remboursée (incitation collective, sans garantie financière ou matérielle, à ce que chaque emprunteur rembourse la dette qu'il a contractée) ;
- *le travail de proximité* permettant une bonne connaissance de la clientèle passant par l'accompagnement des projets financés ;
- *la politique plus ou moins transparente de contingentement des crédits* par les taux, la durée, le montant, ou autres mécanismes de sélection de la clientèle ;
- *la stratégie de diversification du portefeuille des prêts et produits financiers offerts.* Les EMF peuvent innover leur offre pour toucher des populations variées jusque là exclues. Ceci passe néanmoins par une connaissance minutieuse des spécificités de sa demande afin d'offrir un produit/service adapté au besoin ;
- *la stratégie d'expansion géographique* qui permettrait de répartir les risques géographiquement, mais qui demande à réfléchir sur les capacités du système à gérer un fonctionnement en réseau ;
- *des innovations en matière d'assurance* (microassurance) pour l'EMF ou pour ses clients ;
- *Etc.*

Les moyens dont disposent les EMF pour gérer les risques sont relativement diversifiés, avec tous des avantages et inconvénients, et certains sont même fortement critiquables. Mais il nous semble qu'avec un certain nombre de pré-conditions, les EMF pourraient optimiser leur capacité à gérer ces risques sans occulter leur performance sociale. Avec des compétences humaines (en gestion financière, capacité à analyser l'interface EMF-clients...), des outils performants de pilotage permettant de suivre à la fois le fonctionnement interne de l'EMF (indicateurs financiers), mais aussi les changements externes de l'environnement de l'EMF (indicateurs de portée et d'interactions EMF-milieu) et une bonne politique sectorielle, la performance sociale peut s'améliorer avec celle économico-financière (Boyé et al., 2006 ; CGAP, 1999).

Conclusion

L'argument phare contre la microfinance est celui de la banalisation de pratiques financières s'inscrivant dans une démarche purement commerciale, sans se soucier des risques sur les bénéficiaires et des limites de leur impact social. Pourtant, l'une des clés de la réussite est bien de pouvoir atteindre la rentabilité en touchant des populations pauvres ou exclues des systèmes financiers. La différence entre ces deux populations (pauvres et financièrement exclues) offre justement des opportunités pour rendre rentables certains placements dans les organisations prestataires de services de microfinance.

En effet, de nombreuses EMF ont montré qu'il est possible de concilier performances sociales et performances financières. Elles ont ainsi cherché activement à remplir leur mission sociale et leurs objectifs financiers en établissant la confiance avec leurs clients ou membres, en travaillant de façon professionnelle, efficace, transparente et socialement responsable pour l'adaptation de leurs services, le renforcement des capacités de leurs bénéficiaires, leur insertion dans la communauté où elles opèrent, etc. Il est donc possible de toucher des populations pauvres tout en étant financièrement durable. L'objectif de toute institution de microfinance n'est cependant pas nécessairement de ne toucher que les plus pauvres : la demande est plus large, en particulier dans les pays du Sud, et les effets sur les bénéficiaires peuvent parfois être plus marqués sur des populations moins pauvres avec de meilleures capacités d'investissement.

Enfin, la viabilité des EMF repose aussi souvent sur une clientèle diversifiée, combinant par exemple populations rurales et urbaines, familles pauvres et micro-entreprises, etc. Au-delà des mesures prises, les outils d'évaluation et de mesure innovants développés ces dernières années sont essentiels. En effet, on ne peut gérer que ce qu'on peut définir et mesurer. D'autre part, les résultats obtenus permettent d'animer des réflexions stratégiques au sein des EMF et du secteur en général, et donnent des moyens pour la participation des différents acteurs définissant et mettant en œuvre la mission sociale des EMF. Les EMF peuvent en tout cas concilier performances sociales au sens large (ciblage des pauvres, mais aussi, adaptation des services, renforcement du capital social des bénéficiaires, responsabilité sociale des EMF vis-à-vis de leurs employés, de leurs clients, des communautés dans lesquelles elles opèrent et de l'environnement) avec des résultats financiers solides qui assurent la pérennité de leurs actions. La poursuite de la promotion des performances sociales et de la mesure de celles-ci devrait continuer à souligner ces synergies entre objectifs sociaux et financiers et renforcer les pratiques des EMF pour un meilleur impact social et un élargissement de la base de clients.

Bibliographie

ALTER S. K. (2000) *Managing the Double Bottom Line: A business Planning Reference Guide for Social Enterprises*, Paperback, Pact Publications, USA, 356 p.

BAROMETRE DE LA MICROFINANCE 2012/Convergences 2015. www.convergences2015.org

BOYE S., HAJDENBERG, JEREMY, POURSAT et CHRISTINE (2006), *Le guide de la micro finance : microcrédit et épargne pour le développement*, Préface de Maria Nowak, Paris Éditions d'Organisation. 304 p.

CAMPION A. (2000), *Improving Internal Control: A Practical Guide for Microfinance Institutions. Washington*, D.C. : Microfinance Network et GTZ.

CGAP (1998), *Audit externe des institutions de microfinance : Guide pratique. Série « outil technique » no 3*. Washington, D.C.

CGAP (1999), "External Audits of Microfinance Institutions : A Handbook" (Audit externe des institutions de microfinance : Guide pratique), CGAP, WorldBank, Washington, D.C., États-Unis, à paraître prochainement en version française.

CHURCHILL C. et DAN C. (2001), Microfinance Risk Management Handbook. Washington, D.C. : CARE et Pact Publications, Inc.

CHURCHILL C. F. (2005), Les institutions de microfinance doivent-elles proposer des services d'assurance ? Techniques Financières et Développement, *Épargne Sans Frontière*, n° 78, mars, pp.99-115.

CRÉPON B., DEVOTO F., DUFLO E. et PARIENTÉ W. (2011), "Impact of Microcredit in Rural Areas of Morocco: Evidence from a Randomized Evaluation", MIT Working Paper. *Cambridge, Mass.* : MIT

EME B., FRAISSE L., GARDIN L. (2000) Méthodes et outils de valorisation des organisations d'économie sociale et solidaire, Rencontres Européennes des Acteurs de l'Économie Sociale et Solidaire, 23-24 Novembre 2000, *Tours, France*, 26 p.

FALLETTA N. (1998) *Le livre des paradoxes*, Paris, Diderot Editeur, Col. Jardin des Sciences.

GLOBAL REPORTING INITIATIVE (2002) Sustainability Reporting Guidelines, 2002 GRI, USA, 104 p. (www.globalreporting.org).

HATCH J. (2002) *Towards a Cost-Effective System for Measuring the Social Performance of FINCA Programs*, Concept Paper, FINCA, 19 p.

HATCH J. et FREDERICK L. (1998) *Poverty Assessment by Micro finance Institutions: A Review of Current Practice, USAID Microenterprise Best Practices Project / Finca International/ Development Alternatives*, Inc.

HORN-WELCH K. (2002) *Accion Poverty Assessment Framework, Accion InSight*, 1, Boston, USA, 15 p. (www.accion.org/pubs).

JEGOUREL Y. (2008), La microfinance : entre performance sociale et performance financière, *Regards croisés sur l'économie*, vol. 1, n° 3, pp. 197-205.

KARLAN D. et ZINMAN J. (2011), Microcredit in theory and practice: Using randomized credit scoring for impact evaluation, *Science*, vol. 332, n° 6035), pp. 1278-1284

LAPENU C., ZELLER M., GREELY M., CHAO-BEROFF et VERHAGEN K. (2004), Performances sociales : Une raison d'être des institutions de microfinance et pourtant encore peu mesurées. Quelques pistes, Monde en développement, vol. 2, n° 126, pp. 51-68.

MILLER M. et NORTHRIP Z. (2000), L'assurance comme produit de microfinance, Note Technique n° 4, *SérInnovations en Microfinance*, Bamako, 18 pages.

SEEP Network (1995), « Financial Ratio Analysis of Microfinance Institutions » (Analyse des ratios financiers des institutions de microfinance), SEEP Network - Calmeadow, New York : Pact Publications, États-Unis, 40 p.

SERVET J.M. (1996), « Risque, incertitude et financement de proximité en Afrique. Une approche socio-économique. » *Revue Tiers-Monde*, vol. 37, n° 145, pp. 41-58.

Wyman O. (2007), Sizing and Segmenting Financial Needs of the World's Poor, article inédit commandé par la Fondation Bill et Melinda Gates.

ZELLER M. et MEYER M. (2002) sur le "triangle" de la microfinance : ciblage des pauvres, viabilité financière et impact social.

ZELLER M. (2004) Review of Poverty Assessment Tools, IRIS, USAID, www.povertytools.org/documents.

Annexe 1 : Répartition géographique du portefeuille de prêts et des emprunteurs du secteur de la microfinance en 2010

	Prêts		Emprunteurs	
Régions	*Montant en Milliards d'€*	*Pourcentage*	*Nombre en Millions*	*Pourcentage*
Asie de l'Est et Pacifique	18,5	34%	20	19%
Amérique Latine et Caraïbes	17,7	33%	16,5	16%
Asie du Sud	6,8	12%	58,8	56%
Europe de l'Est et Asie Centrale	6,7	12%	2,8	3%
Afrique	3,6	7%	5,1	5%
Moyen-Orient et Afrique du Nord	0,9	2%	2,2	2%
TOTAL	**54,2**	**100%**	**105,4**	**100%**

Source : Baromètre de la microfinance 2012/Convergences 2015.

Annexe 2 : Profils des emprunteurs actifs du secteur de la microfinance en 2010

Nombre d'emprunteurs actifs	***105 millions d'emprunteurs actifs***
% de femmes emprunteurs	80%
% d'emprunteurs vivant en zones rurales	70%
Taille du prêt moyen par emprunteur (€)	426
% d'emprunteurs servis par des crédits de groupe	83%
% d'emprunteurs servis par des crédits individuels	17%

Source : Baromètre de la microfinance 2012/Convergences 2015.

CHAPITRE 4

Les périls de l'inclusion financière en Afrique de l'Ouest

Ndiouma Ndour

Le renouveau de la sphère financière, particulièrement celle des systèmes financiers décentralisés, est à l'origine des dispositions stratégiques en termes de politique d'inclusion financière et sociale. L'enjeu est de massifier l'accessibilité au financement. Au cours des dernières années, dans les pays de l'UEMOA[19] en l'occurrence, la promotion de l'inclusion financière se trouve au cœur des politiques publiques. En termes de visée, il s'agit de favoriser l'auto-promotion Economique et sociale des populations locales. Au regard de son caractère multidimensionnel, l'inclusion financière et sociale constitue un canal privilégié d'insertion des couches sociales défavorisées dans le tissu économique et social. Dans l'UEMOA, les autorités se sont engagées à créer les conditions d'un accès permanent au microcrédit avec une gamme diversifiée de produits adaptés et abordables : le microcrédit, la micro-assurance, le transfert, l'épargne, etc.

Depuis la crise bancaire des années 2008 et 2009, l'on assiste à la mise à jour des politiques de financement de facilitation de l'accès au crédit. L'idée concerne une certaine catégorie de la population au regard de risques systémiques qui ont affecté le marché local. La dynamique a conduit au renforcement des dispositions prudentielles ou réglementaires et de la gouvernance pour pérenniser les activités de microcrédit dans le Système Financier Décentralisé (SFD). Le renforcement des dispositions prudentielles contribue à la fois à la viabilité financière et l'amélioration de la qualité des services ou des indicateurs de performance des Institutions de Micro-Finance (IMF). Le renforcement des dispositions réglementaires et de la gouvernance est un facteur de l'inclusion sociale. En agissant sur la digitalisation des services, via notamment le mobile-Banking et le mobile-money, il dope la culture financière auprès des populations (Barry, 2002).

Ces stratégies financières développées dans les différents pays renchérissent les innovations financières dans les SFD. L'on assiste dès lors à une exposition aux risques de viabilité financière et sociale des IMF. La finance numérique marquée par la dématérialisation et la concurrence des

---

[19] UEMOA : Union Economique et Monétaire Ouest Africain comprenant Bénin, Burkina, Mali, Côte d'Ivoire, Guinée Bissau, Togo, Sénégal, Niger.

banques commerciales ont joué un rôle influent. Tout cela soulève le problème de la concordance entre l'objectif d'inclusion sociale et l'exposition aux risques inhérents. Il devient alors nécessaire de procéder au classement des IMF suivant leur degré d'exposition au risque de viabilité dans les politiques d'inclusion sociale. La question centrale de ce chapitre est la suivante : l'inclusion sociale du microcrédit entraîne-t-elle une exposition aux risques de viabilité financière ? Spécifiquement, quelle est la nature des risques auxquels sont exposées les SFD de l'UEMOA dans leur politique d'inclusion sociale ? Comment mesurer l'impact significatif des variables d'exposition aux risques par rapport à la viabilité sociale ?

Pour mener cette recherche, nous procédons par une classification des IMF suivant le degré d'exposition au risque de viabilité. Nous abordons une littérature axée sur les théories de la viabilité des systèmes financiers décentralisés. La méthodologie porte sur une analyse de regroupement (*clustering*) ; l'enjeu de classer les IMF en fonction des différents types de risques d'exposition à l'inclusion sociale et d'en déduire l'impact significatif de cette inclusion.

1. Inclusion financière et sociale, facteur de viabilité des Systèmes Financiers Décentralisés

1.1. Inclusion financière et sociale et politique d'innovation financière des IMF

L'accumulation des ressources à travers l'épargne reste le point faible dans le paysage financier de la zone UEMOA. En effet l'épargne favorise l'accumulation du capital nécessaire pour une allocation optimale des capitaux permettant d'assurer l'offre de crédit. La constitution d'une épargne intérieure suffisante entraîne un manque de liquidité pour le système bancaire. Elle apparaît dès lors comme un facteur de blocage du financement des activités génératrices de revenus ou des entreprises.

Au cours des dernières décennies, l'accès aux services financiers s'est considérablement amélioré dans les pays africains (Dhandapani, 2009). Davantage de services financiers, en particulier de crédit, sont désormais fournis aux particuliers et aux entreprises (Al-Absi, 2016). Les innovations financières dans le domaine, à travers les plateformes numériques comme le mobile-banking, ont contribué à élargir l'accès aux services financiers. Elles ont renforcé les politiques d'inclusion et étendu l'inclusion des populations à faible revenu, dont les femmes et de jeunes entrepreneurs.

D'après Stiglitz et Weiss (1981), l'asymétrie d'information peut engendrer un rationnement du crédit et défavoriser les investissements. En Afrique, dans les années quatre-vingt, la faillite des banques était à l'origine de l'émergence des SFD. Elle avait renouvelé le système financier, avec une approche plus sociale que financière pour aider les ménages à trouver d'autres sources de financement plus flexible. Depuis plus de vingt ans, les SFD ont contribué à assurer l'auto-promotion économique et sociale des ménages. La dynamique de l'inclusion sociale s'exprime par l'offre des services financiers, qui est dopée par les stratégies financières des IMF relevant des innovations en termes de digitalisation des produits. Elle s'est traduite par une augmentation des points de services et un élargissement de la couverture géographique par l'octroi de crédit de proximité. Cela a permis non seulement de gagner en efficience ou de réduire les coûts de surveillance, mais aussi d'améliorer les taux de remboursements (Chetama et *al*, 2016). Cependant, dans la classification des IMF en termes d'exposition aux risques d'inclusion, les facteurs déterminants restent la proximité des points de services, la qualité des services, la situation des clients et la nature des projets à financer.

1.2. Appréciation de l'inclusion comme objectif de performance sociale

Les institutions de microfinance s'engagent dans une démarche pour lutter contre la pauvreté en renforçant la capacité d'achat des ménages grâce au microcrédit. Le plan stratégique relève des États et vise l'amélioration des conditions de vie des populations. Les SFD sont obligés, pour réconforter leur position dans l'échiquier des politiques de développement financier des pays, d'atteindre leurs objectifs de viabilité financière et sociale. Ces dispositions peuvent se traduire à travers le système financier décentralisé par des initiatives de formation au profit des clients. Le renforcement de la culture financière des clients, ne disposant de revenu constant et de garantie pour couvrir les risques de crédits, se trouve systématisé par l'ouverture de comptes spécifiques adaptés à une clientèle.

Cette dynamique renforce, sur le long terme, les performances sociales des IMF et leur pérennité sur le marché financier sur lequel les banques commerciales adoptent une position de complémentarité plutôt que concurrentielle (Creusot et Poursat, 2009). Les IMF, en adoptant cette démarche inclusive sociale, réduisent par la même occasion l'asymétrie d'information du fait des relations de long terme qu'elles entretiennent avec les clients. Il en découle une performance sociale ou la fidélisation des clients pour lesquels les risques de non-remboursement ont tendance à baisser. La définition de la performance sociale des IMF se résume finalement à trois éléments majeurs (Copestake, 2007) : la capacité d'atteindre le plus grand nombre durant une période donnée (*breadth of outreach*), la capacité d'atteindre des personnes dont la situation sociale est initialement défavorisée (*depth of outreach*), la capacité d'améliorer directement ou indirectement leur propre bien-être et celui de leur ménage (*quality of outreach*).

L'évaluation de la performance sociale de l'IMF repose sur des informations de nature comptable, financière et sociales internes (principes et textes fondateurs, mode d'action et plans d'affaires, système d'information et de gestion, etc.) et des informations externes liées aux clients bénéficiaires des services de microcrédit (Badri, 2013). En nous focalisant sur ces propositions, nous avons pu démontrer qu'une tarification et classification des IMF peut être effectuée avec une notation des degrés de risques d'exposition à l'inclusion sociale. L'inclusion financière et sociale est fortement corrélée aux indicateurs internes et externes de mesures. La recherche de performance sociale peut exposer les IMF aux risques d'inclusion et saper les perspectives de viabilité financière et sociale du Système financier décentralisé (Sanya et Polly, 2017).

L'amélioration du capital social des IMF par une politique de fidélisation des clients met en jeu la confiance et la mobilisation des liens socioculturels (CAPAF, 2006). Le défi consiste à réduire les coûts de transaction, à améliorer les remboursements et à minimiser les risques. Les politiques d'inclusion sociale des IMF, dans le principe, sont censées éviter l'altération de l'intégrité sociale des populations en leur imposant une culture financière incohérente avec les aléas environnementaux des zones ciblées. Les IMF sont appelées à s'adapter au contexte socio-économique et culturel des zones cibles pour pouvoir revendiquer une politique de microcrédits inclusive socialement.

1.3. La notation comme indicateur de degré d'exposition

La question de l'asymétrie d'information est au cœur des préoccupations des acteurs financiers, dont les SFD. Toutefois, la caution solidaire a été l'une des innovations majeures dans le microcrédit ces dernières années. À la suite de la réforme du système des SFD avec l'ouverture du capital à d'autres investisseurs, il y a eu un renouveau de la notion de viabilité financière du fait que les investisseurs, comme des banques commerciales, exigent le rendement des capitaux. Cette situation prend en compte les politiques d'inclusions sociales dans la zone. Elle conduit à l'identification des risques qui pourraient découler de l'inclusion financière des IMF (Lafourcade et al., 2005).

Il est intéressant d'observer que les états financiers de synthèses et les rapports financiers ne suffisent pas toujours à informer suffisamment les investisseurs sur les perspectives de viabilité des IMF locales. Une approche technique de classification de ces acteurs permettrait d'identifier les risques et l'exposition aux risques d'inclusion sociale. La notation ou la classification d'individus, suivant des critères précis, permet une meilleure visibilité des comportements individuels. Il existe des agences de notation des microfinances comme des banques commerciales. MicroRate[20] est une illustration ; c'est la première agence, conduisant plus de 750 notations d'IMF en Amérique Latine, en Afrique, en Europe et en Asie.

Toutefois, la dimension sociale dans les pratiques d'inclusion sociale reste un champ empirique à renforcer. La notation, en atténuant les problématiques d'asymétrie d'information, influe sur l'analyse de la transparence dans les pratiques d'inclusion financière et sociale. Certaines agences de notation fournissent des notes en termes d'atteinte des populations pauvres, de couverture de zone géographique et de ciblage de genre. La notation de l'inclusion se réfère à un panel d'indicateurs financiers, mais surtout sociaux relevant du ciblage des populations et de la couverture des zones géographiques avec des produits financiers de proximité. Dans le présent chapitre, considérant cette situation, l'on s'attache à proposer une méthode empirique s'appuyant sur des éléments de classification des pays de l'espace UEMOA en fonction de leur degré d'exposition aux risques dans les politiques d'inclusion sociale.

2. L'échantillonnage et l'analyse

La démarche méthodologique s'inscrit dans un paradigme positiviste avec une approche hypothético-déductive. Elle conduit à mobiliser des données quantitatives et à recourir aux méthodes de classification hiérarchique dites de *clustering*. Dans cette perspective, les pays de la zone considérée sont classifiés en fonction de leur risque d'exposition à l'inclusion sociale à travers le microcrédit. L'échantillonnage des IMF dans les huit pays concernés a permis de procéder à l'analyse de regroupement, le but étant de créer des groupes (*Clusters*) d'observation homogène en utilisant P variables de type $V_1, V_2, \ldots V_n$. Il s'agit de combiner des pays en groupes interprétables de sorte que les individus d'un même groupe soient semblables par rapport à certaines caractéristiques relatives aux différents types de risques d'inclusion sociale. L'échantillon regroupe 35 894 points de services qui représentent l'ensemble des structures de la microfinance composant le Système Financier Décentralisé (SFD) de l'UEMOA entre 2010 et 2017.

[20] Institut de notation ou de Rating des Institut de Microfinance, avec une expérience de 27 ans basée sur plus de 1700 études de cas.

Tableau 1 : Tableau de classement des risques dans l'inclusion sociale

Facteurs d'inclusion sociale	Cluster	Facteurs de Risque	Notation
Nombre Encours de crédits	CL-01	Massification de l'accessibilité au microcrédit	**A**
Femmes bénéficiaires	CL-02	Pénétration du genre féminin	**B**
Nombre d'institutions agréées	CL-03	Couverture géographique	**C**
Nombre de Dépôts	CL-04	Cautionnement social	**D**
Nombre de points de services	CL-05	Ciblage de la population démunie	**E**

L'étude prend en compte cinq facteurs de classification relevant de l'inclusion sociale des IMF. Dans cette perspective, l'idée est de mesurer la dynamique de l'inclusion sociale des IMF à travers les facteurs de performances sociales qui influent significativement sur la viabilité de long terme du secteur des SFD. Il est apparu que la « *massification de l'accès au microcrédit* » constitue un facteur de mesure du risque d'exposition à l'inclusion sociale. Le taux de « *pénétration du genre féminin* » s'analyse comme l'une des stratégies d'impact mobilisées dans la valorisation de l'entrepreneuriat féminin de la sous-région. Si les IMF cherchent à rehausser ce taux, ils peuvent être exposés aux risques d'inclusion sociale. Cette éventualité est valable si, en visant l'inclusion sociale à travers le microcrédit, elles cherchent à augmenter la « *couverture géographique* », le « cautionnement social » et le « *ciblage de la population pauvre* ». Ces paramètres sont susceptibles d'induire l'exposition aux risques d'inclusion affectant les facteurs de performance et la viabilité sociale des IMF locales.

Au-delà, les variables d'études comprennent le Nombre d'institutions agréées, les Sociétés de capitaux, le Nombre de points de services, le nombre de bénéficiaires directs, les Hommes bénéficiaires, les Femmes bénéficiaires, les Encours de Dépôts, les Encours de crédits, les Créances en souffrance et le Nombre de crédits accordés.

En termes d'analyse, la classification selon la méthode hiérarchique donne le tableau de synthèse de classification en dessous.

Tableau 2 : Notation des pays suivants leur dégrée d'exposition au risque d'inclusion sociale

Pays par Groupe	2010	2011	2012	2013	2014	2015	2016	2017
BEN	1	1	1	1	1	1	1	1
BUR	1	1	1	1	1	1	1	1
CIV	2	1	1	1	1	1	1	1
GBS	2	1	1	1	1	1	1	1
MAL	3	1	1	1	1	1	1	1
NIG	2	4	4	1	1	1	1	1
SEN	5	1	1	1	1	1	1	1
TOG	2	1	1	1	1	1	1	1

L'analyse révèle un classement des pays suivant la note A qui correspond au code de la classe 01. En dehors de l'année 2010, les pays de la zone étudiée ont obtenu la note de la classe 01 correspondant au risque « *Massification de l'accessibilité au microcrédit* ». Autrement dit, les IMF dans leurs politiques d'inclusion sociale sont exposés au risque de viabilité sociale dans la massification de l'offre de microcrédit. Cette tendance est constante dans pratiquement tous les pays de la zone sur la période 2011-2017. L'explication résiderait dans l'inadéquation des nouvelles dispositions prises dans la réforme du SFD locales. L'ouverture du capital aux autres investisseurs augmente en effet le degré d'asymétrie d'information et, par la même occasion entraîne une régression de la viabilité sociale au profit de la viabilité financière.

Ces dernières années, avec notamment la crise financière de 2008-2010, l'on a assisté à l'évolution du comportement financier des IMF dans la zone UEMOA. Les États dans leurs politiques d'aide à l'entrepreneuriat ont mis l'accent sur les politiques de massification de l'offre de microcrédit, de la couverture géographique et du ciblage des populations à faible revenu. Toutefois, avec la nouvelle tournure des innovations financières en termes de digitalisation des produits financiers de proximité, l'inclusion sociale a été d'un apport considérable pour les bénéficiaires. Tout cela a entraîné une hausse probable des taux de bancarisation et une offre de service en hausse. La situation est celle d'un risque de viabilité sociale dans la massification de l'offre de microcrédit.

En définitive, l'inclusion financière et sociale du microcrédit dans la zone UEMOA a eu un impact considérable sur les bénéficiaires dans le milieu des entrepreneurs et au sein des ménages. Pour les IMF, cette disposition n'est pas sans effets compte tenu des objectifs de performances et de viabilité. Compte tenu des aléas financiers de ces dernières décennies et des innovations financières dans le domaine, les IMF sont confrontés au besoin de rehausser l'offre de microcrédit à travers l'inclusion financière et sociale. Elles désirent également se couvrir des risques de remboursement en réduisant les risques d'impayé. Cette double contrainte stratégique a suscité une concurrence interne au sein des IMF de la zone. Elle est à l'origine de la notation par rapport à leur exposition aux risques de viabilité sociale dans leurs politiques d'inclusion sociales. L'analyse montre que la plupart des IMF de la zone sont exposés au risque de viabilité sociale dans leur politique de massification de l'offre de microcrédit. Elle conduit à considérer que l'inclusion sociale présente des limites pour assurer la viabilité des IMF. Il y a, dans ce contexte, un intérêt de procéder à des classements des IMF suivant leur degré d'exposition aux risques d'inclusion.

Bibliographie

Al-Absi, A. A. (2016), « Impact of microcredit in microfinance banks on small business spread in Yemen (Case study of Sana'a, Yemen) », *International Journal of Business and Management Invention*, 5 (11), 14-29.

Creusot A. et Poursat C. (2009)., « *Pour Une Meilleure Inclusion financière : Renforcer Les Institutions Intermédiaires* » ; Revue Tiers Monde, n° 197, pp. 17-36.

Lafourcade, Isern, Mwangi et Brown (2005), « Étude sur la portée et les performances financières des institutions de microfinance en Afrique », *Microfinance Information Exchange* - MIX, CGAP.

Badri Amira Y. (2013), « The Role Of Micro-Credit System For Empowering Poor Women », *Journal of Developing Country Studies*, Vol.3, No.5, 2013.

Barry, B. (2002), « *Social exclusion, social isolation, and the distribution of income* », In J. Hills, J. Le Grand, & D. Piachaud (Eds.), Understanding social exclusion (pp. 13–29). Oxford : Oxford University Press.

Chetama, J. C., Dzanja, Dzanja, J, Gondwe, Gondwe, S. & Maliro, D. (2016), « The Role of Microfinance on Growth of Small-Scale Agribusinesses in Malawi: A Case of Lilongwe District »., *Journal of Agricultural Science*, 8(6), pp84-93

Copestake James. (2007), «*Mainstreaming Microfinance: Social Performance Management or Mission Drift?* » World Development Vol. 35, No. 10, pp. 1721–1738, 2007.

Partie II

LOGIQUE (S) DES ENTREPRISES FAMILIALES

CHAPITRE 5

Les émotions intra-organisationnelles comme atout de management

Jean Christian Douanla

Dans le cadre de ses activités professionnelles quotidiennes, le travail mobilise l'homme dans son entièreté (corps, âme et esprit) l'incitant ainsi à s'appuyer sur des savoir-faire techniques, mais également affectifs, à engager son enthousiasme comme son envie de bien faire, à mobiliser empathie et confiance. Malheureusement, on observe, dans les entreprises, des tendances à favoriser plutôt l'idée de l'employé rationnel c'est-à-dire l'employé qui n'affiche aucune émotion, et à dissuader les salariés d'exprimer leurs émotions quand ils travaillent en équipe. Selon cette conception, l'employé idéal est tout simplement celui qui sait rester neutre face à ses émotions et qui est stoïque. Or, l'émotion est une réalité biologique. La nier provoque chez les employés une surcharge émotionnelle.

La pluralité des managers adeptes de cette perception considère que les émotions sont irrationnelles, non productives et dérangeantes et ont, pour cela, fini par adopter un comportement d'évitement du sentiment. Les racines d'une telle pensée sont lointaines. Elles proviennent d'un courant philosophique occidental issu de la pensée de Platon (429-347) avant notre ère. Selon ce courant, un esprit rationnel est distinct des émotions, qui entravent, quant à elles, la pensée rationnelle. Cette pensée a d'ailleurs été renforcée par René Descartes (1596-1650), qui liait la passion à notre héritage animal, puis, plus tard, par le courant behavioriste qui percevait les émotions comme des imperfections à la rationalité.

Vers le milieu du siècle dernier (1932), une étude citée par Véronique Tran (2014), avait pourtant montré le lien entre affects et performance, ainsi que l'influence des émotions ressenties à la maison sur le comportement au travail. Il a fallu attendre les années 1980 pour que les chercheurs en management se penchent à nouveau sur le sujet et notamment sur la compréhension de leurs conséquences sur les relations interpersonnelles dans les organisations.

Malgré cette prise de conscience récente des gestionnaires sur l'importance de la prise en compte des effets des émotions sur les comportements au travail de leurs employés et donc sur la performance de leur entreprise, le phénomène reste encore très peu connu de la pluralité des chefs d'entreprise, même si quelques-uns ont reconnu l'importance des émotions positives dans leur système managérial. Plus grave, les employés eux-mêmes n'ont pas toujours la capacité de connaitre, de comprendre et de maîtriser leurs propres émotions afin de composer avec les émotions de leurs collègues et collaborateurs. Bref, on comprend sans effort que la puissance des émotions n'est pas encore totalement révélée au sein des responsables des structures organisationnelles. C'est pourquoi, face à cette cécité, face à cette situation malencontreuse qui perdure dans le monde des entreprises et inhibe leur performance, nous nous proposons d'apporter notre modeste contribution à l'éclairage du phénomène et des conséquences de sa non-prise en compte par les managers sur la performance individuelle des salariés au travail dans les organisations.

1. Une pléthore d'émotions individuelles présentes en milieu professionnel, mais non prises en compte en temps réel par les managers

Les neuropsychologues ont l'habitude de classer les émotions en trois catégories : les émotions dites de base, les sentiments secondaires et les émotions d'arrière-plan. Les émotions de base sont constituées de six déterminants qui sont la colère, la peur, la surprise, la joie, le dégoût et la tristesse. Les sentiments secondaires, quant à eux, sont composés du désir, de la sérénité, de l'inquiétude, de la culpabilité. Enfin, les émotions d'arrière-plan qui sont : le calme, le plaisir, la fatigue, le stress ou la gêne. Malgré la pertinence de cette typologie, nous avons opté pour une classification plus simple en deux groupes à savoir, les émotions simples et les émotions mixtes.

1.1. Les émotions simples

Ces émotions dites simples sont constituées de la colère, du contentement, de l'ennui, de la haine, de l'impatience, de la nostalgie, de la peur, du plaisir ainsi que de la tristesse.

1.1.1. La colère

La colère est un état affectif violent et passager résultant du sentiment d'une agression, d'un désagrément traduisant un vif mécontentement et accompagné de réactions brutales (se mettre en colère). C'est une émotion simple qui traduit l'insatisfaction. Elle se manifeste à l'égard de ce que nous identifions, à tort ou à raison, comme étant responsable de notre frustration. Nous éprouvons donc de la colère envers ce qui fait obstacle à notre satisfaction. C'est précisément sur ce dernier point que la colère se différencie fondamentalement de la tristesse. En effet, dans la tristesse, nous sommes en contact direct avec le manque, alors que, dans la colère, nous réagissons à ce qui cause la frustration. La colère peut varier en intensité et en nature. En fait, les manifestations de la colère peuvent aller du mécontentement et de l'irritation (extrémité gauche) à l'exaspération et la fureur (extrémité droite). Chaque personne éprouve fréquemment de la colère, étant donné que la vie quotidienne réserve à chacun (e) de multiples occasions d'insatisfaction.

Chez l'homme, les émotions jouent sur le plan psychologique, un rôle plutôt d'informateur, particulièrement pour ce qui concerne le degré de satisfaction des besoins. La colère surgit lorsque l'équilibre est rompu dans un aspect de notre vie. Le déséquilibre prend la forme générale d'une insatisfaction. Cette insatisfaction peut signifier qu'un besoin est insatisfait, qu'un désir n'est pas comblé, qu'une attente est restée sans réponse, etc. C'est peut-être à ce niveau que les managers devraient développer des aptitudes à décoder les messages véhiculés par la colère de leurs employés. En fait, la colère porterait un double message : l'insatisfaction et ce que nous considérons comme faisant obstacle à notre bien-être. Pour vivre sainement notre colère, il est conseillé de nous considérer comme étant le principal responsable de notre vie, sinon, nous serons naturellement portés à accuser les autres de nos frustrations.

1.1.2. Le contentement et le désir

Le *contentement* est une émotion qui traduit la satisfaction par rapport à un souhait. Par exemple, être satisfait du but atteint, de l'effort accompli, du désir comblé, etc. Il rend compte du fait que nous avons réussi à faire ou à obtenir quelque chose qui compte à nos yeux. Il peut aussi s'agir de quelque chose que nous avons réalisé ou de quelque chose que nous avons reçu ou qui nous est arrivé. Le contentement se présente alors comme une forme de satisfaction tant recherchée par les mangers des ressources humaines pour leurs collaborateurs.

Le *désir* quant à lui, est plutôt une émotion d'anticipation. Désirer, c'est anticiper un plaisir et s'en réjouir d'avance. Le désir consiste alors à imaginer une situation concrète qui nous procurerait du plaisir, de la joie, de l'enchantement, et éprouver de l'excitation dans l'attente de sa réalisation. Vu sous cet angle, on dira que le désir nous informe d'un besoin, d'une aspiration, de conditions de satisfaction. Il révèle nos besoins, nos aspirations ainsi que tout ce qui compte à nos yeux. C'est à travers nos désirs que nos aspirations se manifestent.

1.1.3. L'ennui et la haine

L'*ennui* nous indique que ce vers quoi nous portons notre attention ne répond à aucun de nos intérêts ou besoins actuels. Contrairement à l'impatience, l'ennui ne se produit pas parce que nous ne sommes pas disponibles ou encore parce qu'un de mes besoins est frustré. L'ennui peut être occasionnel ou chronique. L'ennui, lorsqu'il est chronique, s'explique par le fait que l'on consacre peu d'énergie et de temps à nos propres besoins.

Dans ce cas, il est conseillé de s'exercer à identifier ce que l'on aime, ce que l'on désire, ce à quoi l'on tient. Parfois, c'est des personnes indécises qui sont victimes de l'ennui chronique ; elles doivent alors s'exercer à faire des choix même si elles ne sont pas sûres d'elles.

La *haine* quant à elle, est l'envers de l'amour. C'est une colère intense doublée de désirs malveillants. La haine trahit notre profonde insatisfaction. Les personnes haineuses en milieu professionnel se sont avérées être moins performantes au travail que les autres.

1.1.4. L'impatience et la nostalgie

Il faut distinguer l'*impatience* de l'impulsivité. L'impulsif est une sorte d'impatient chronique qui cherche souvent à se débarrasser de ce qu'il vit au présent. Mais ce n'est pas parce qu'il a mieux à faire qu'il s'impatiente.

La *nostalgie* quant à elle, est une forme de tristesse dont l'intensité est peu élevée ; elle est reliée à une situation de vie passée qui était satisfaisante à plusieurs égards. Elle est déclenchée par des situations ou des gestes précis dont on a gardé un bon souvenir. Comme la tristesse, la nostalgie indique un manque sur le plan affectif.

1.1.5. La peur, le plaisir et la tristesse

La *peur* est un sentiment d'angoisse éprouvé en présence ou à la pensée d'un danger, d'une menace réelle ou supposée. C'est une émotion d'anticipation. Elle informe l'organisme d'un danger potentiel. Elle est déclenchée par la perception d'un danger. Cette perception n'est pas forcément réaliste puisque l'imagination joue un rôle important dans la formation de la perception. L'opération mentale qu'est la perception est constituée de quatre éléments : des faits, des émotions, une production de l'imaginaire et un jugement. La peur nous avertit de la présence d'un danger. L'information qu'elle fournit nous permet ainsi de prendre des mesures propres à nous protéger.

L'être vivant est un être de besoins. Le *plaisir* est le nom générique donné à la satisfaction d'un besoin. Ce besoin peut être physique, affectif ou intellectuel.

La *tristesse* est une émotion simple qui révèle un manque de nature affective. La nostalgie désigne quant à elle une forme de tristesse dans laquelle nous nous remémorons un lieu, une expérience qui évoque un bien-être passé, un bonheur déjà vécu contrastant avec le présent.

1.2. Les émotions mixtes

Parmi ces émotions dites mixtes, on peut citer l'amertume, l'amour, la culpabilité, le dégoût, l'écœurement, la fierté, la honte, la jalousie, le mépris, la pitié, la rage, la rancune, la révolte.

1.2.1. L'amour, l'amertume et la culpabilité

L'*amour* est un mouvement affectif spontané vers un être qui nous procure une satisfaction. Cet attrait émotif peut s'adresser à un être vivant, à un objet ou même à une idée.

L'*amertume* est un mélange de colère et de tristesse, parfois aussi de déception, éprouvé à l'égard des souffrances qui nous paraissent injustes. Elle est le signe d'une douleur encore vive. Elle témoigne du fait que nous ne sommes pas allés au bout de l'expérience fâcheuse.

La *culpabilité* peut être saine ou être dissimulée. La culpabilité saine, c'est l'expérience que je fais quand j'agis délibérément contre mes valeurs. Elle suppose toujours deux choses : que j'aie dérogé à mes valeurs et standards, et que j'avais le choix de le faire ou non. La culpabilité saine ressemble un peu au regret. La solution se situe dans la même veine que pour ce dernier : il m'appartient d'assumer la responsabilité de mes actes et réparer réellement le mal que j'ai fait. Dans ce cadre, il faut distinguer les excuses de la réparation et du regret. Il est possible que ma culpabilité m'amène à me remettre en question et que je veuille agir aussi sur les facteurs qui ont motivé ma conduite. Par exemple, travailler sur mon impulsivité, apprendre à exprimer ma colère et ma déception autrement qu'en blessant ou en humiliant.

La culpabilité de dissimulation ou culpabilité malsaine est une manière de déguiser mon expérience pour la rendre plus acceptable aux yeux des autres. C'est un refus masqué d'assumer mes désirs, mes sentiments, mes choix, mes actes, voire mes pensées ou mes fantasmes.

1.2.3. Le dégoût, l'écœurement, la fierté et la honte

Le *dégoût* est un sentiment d'aversion, de répulsion, provoqué par quelqu'un ou quelque chose et consiste à ne plus avoir de goût pour quelque chose ou d'estime pour quelqu'un. C'est une forme de colère, parfois mêlée de peur. Il s'agit d'une réaction de trop-plein ou de répulsion. Le dégoût a parfois une connotation de lassitude. *L'écœurement* est plutôt l'expérience combinée d'un trop-plein et d'un manque. Dans l'expérience de l'écœurement, la colère domine, mais lorsque celle-ci est vécue jusqu'au bout, elle cède la place à la tristesse. Le message à décoder est celui-ci : je suis incapable de continuer à vivre ce que je vis.

La fierté est un sentiment de contentement empreint d'estime, éprouvé vis-à-vis de soi-même. La personne fière se comporte de manière à garder l'estime d'elle-même. Elle vit à la hauteur de ses propres standards. *La honte,* par contre, est une émotion mixte qui est la version sociale de la culpabilité. Nous n'éprouvons jamais de honte lorsque nous sommes seuls face à nous même. La honte est un sentiment qui est toujours vécu devant les autres à cause de leur jugement réel ou virtuel.

1.2.4. La jalousie, le mépris, la pitié et la révolte

La *jalousie* peut être décomposée en deux variantes : la jalousie-envie et la jalousie amoureuse. La jalousie amoureuse est un sentiment différent de la jalousie-envie. Elle consiste en un mélange de peur et de colère engendré par l'insécurité. L'insécurité porte parfois sur notre propre valeur, parfois sur notre valeur pour l'autre. La jalousie amoureuse trahit ma peur de perdre un bénéfice important que me procure ma relation avec l'autre ; elle révèle ma propre insécurité par rapport à ma capacité de séduction.

Il existe deux genres de *mépris* : le premier est une feinte qui sert de dissimulation, le second, l'expression d'une réaction. Le mépris de dissimulation est une émotion mixte qui contient et cache à la fois de la colère et de la peur. Il arrive qu'elle dissimule d'autres émotions, telles que la jalousie ou la peine. Le mépris-réaction traduit une réaction vive : j'exprime de la colère à l'autre qui ne me paraît pas être à la hauteur de mes exigences morales. Dans ce cas, je ne me place pas au-dessus de la situation, mais au contraire, j'exprime mon désaccord à l'égard d'un comportement qui me heurte moralement.

Dissimulée sous une apparence socialement acceptable, voire synonyme de grandeur d'âme, la *pitié* est plus facile à accepter que le mépris, autant par celui qui la vit ou par celui qu'elle vise. Il ne faut surtout pas confondre pitié et compassion. La pitié n'est pas une émotion en soi. Elle est cependant une expérience émotionnelle caractérisée par le fait qu'elle masque d'autres émotions, notamment le mépris, lui-même composé de peur et de colère. Ce n'est pas pour rien que les personnes fières refusent toute pitié ; elles sont conscientes de la fausseté qui la caractérise. Exemple : « je ne lui en veux pas de m'avoir escroqué ; il me fait plutôt pitié. »

Quant à la *révolte*, on peut dire que c'est une rage (colère intense) empreinte d'indignation. Elle apparaît dans des situations où nous sommes confrontés à l'injustice, à l'impuissance ou à des situations qui nous concernent et heurtent nos valeurs et devant lesquelles nous disposons de peu de moyens.

1.3. Les autres formes d'émotion

Nous examinerons respectivement la joie, la surprise, l'anxiété, la gêne, le stress et le découragement.

1.3.1. La joie et la surprise

La joie est une émotion ou un sentiment de satisfaction ou de plaisir qu'éprouve un individu au moment où l'un de ses désirs ou de ses aspirations vient à être satisfait. La surprise est plutôt l'état de quelqu'un qui est frappé par quelque chose d'inattendu. C'est une réaction provoquée par une information ou un évènement imprévu. C'est l'une des émotions les plus brèves qui s'ouvre généralement à d'autres émotions, comme la peur, la joie ou la colère.

1.3.2. L'anxiété et la gêne

L'*anxiété* est une peur diffuse. Elle se manifeste par un malaise qui a la forme d'un léger affolement intérieur. Elle s'accompagne d'une tension physique, une constriction au creux de l'estomac ou à la gorge. La *gêne* est le phénomène qui survient lorsque je me refuse à vivre ouvertement le plaisir et que je tente d'y substituer l'indifférence. Le compliment me fait plaisir, mais je n'ose pas le montrer. La gêne est le malaise provenant de la dissimulation de mon contentement. Elle s'accompagne souvent d'un ricanement nerveux, mais plutôt joyeux. Le ricanement permet dans ce cas d'évacuer une partie de l'intensité de l'émotion contenue.

1.3.3. Le stress et le découragement

Le *stress* survient lorsqu'il y a un déséquilibre entre la perception qu'une personne a des contraintes que lui impose son environnement et la perception qu'elle a de ses propres ressources pour y faire face. Pour les médecins, le terme stress désigne la réponse de l'organisme humain aux facteurs d'agressions physiologiques et psychologiques. Le concept d'épuisement professionnel (burn out) est considéré à juste titre comme la phase du processus de dégradation occasionné par le stress. Quant au *découragement*, c'est un état d'esprit qui nous donne l'impression que nous sommes incapables de réussir quelque chose. Nous jugeons que l'effort est trop exigeant pour le résultat escompté, ou encore que le but est impossible à atteindre. Selon le cas, le découragement peut s'accompagner d'expériences émotives diverses, telles que la tristesse, la déception ou l'amertume.

2. Reconnaître et gérer les émotions pour une performance individuelle accrue au travail

Les émotions doivent être considérées comme de véritables ressources. Elles doivent également être mieux gérées afin d'accroître la performance des employés ainsi que celle de l'entreprise.

2.1. Les émotions, une vraie ressource pour les entreprises

Les émotions de base (la joie, la tristesse, la peur, la colère, le dégoût et la surprise) sont nécessaires à notre survie dans le monde que nous connaissons. Elles nous permettent de réagir et d'éviter les dangers auxquels nous serions exposés dans le cas où nous ne les ressentirions pas. La peur, mère de la prudence, est désignée comme l'émotion la plus influente dans le cadre d'évolution sociale normale. C'est elle qui va nous préserver d'un accident potentiel et nous obliger à réagir en exploitant le maximum de notre potentiel. Elle permet par exemple de nous organiser afin de ne pas rater le rendez-vous que nous avons programmé.

L'un des intérêts de l'entreprise à prendre en considération les émotions de groupe serait de favoriser la cohésion sociale de ses employés. Pour cela, la capacité de contagion que possède l'émotion peut s'avérer être un levier considérable de communication et d'émulation. En plus, les émotions positives peuvent accroitre la créativité, favoriser l'entraide et la collaboration et réduire ainsi les comportements agressifs envers l'entreprise et son personnel. Étant donné que les émotions s'expriment physiquement, les neurosciences nous enseignent qu'il vaut mieux se montrer positif. En fait, un manager négatif ne fera qu'introduire le même état d'esprit dans son équipe. Le cerveau dispose, en effet, d'un mécanisme pernicieux : il aime avoir raison. Si vous avez un avis négatif sur un de vos collaborateurs, vous aurez beau travailler ensemble sans anicroche, il suffira d'un petit détail pour que vous pensiez « Ah j'avais raison ». À en croire les neurosciences, qui corroborent d'ailleurs l'enseignement des moines bouddhistes, l'altruisme fait du bien ! De quoi encourager chacun à écouter un peu plus ses sentiments et aussi ceux des autres.

Les émotions représenteraient alors la base de toute réflexion rationnelle. L'intelligence émotionnelle est une composante qui s'intéresse à rationaliser nos émotions pour ne pas les subir, mais pour s'en servir dans le cadre personnel et professionnel. L'émotion nous aide à prendre des décisions.

2.1.1. L'intelligence émotionnelle

L'intelligence émotionnelle a été conceptualisée en 1990 par les psychologues Peter Salovey et John Mayer, et popularisée par Daniel Goleman en 1995. Elle fait aujourd'hui l'objet d'un intérêt tout particulier de la part des dirigeants, des managers et des personnes qui composent l'entreprise. Elle a pour principal objectif de nous permettre de comprendre nos propres émotions et celles des personnes qui nous entourent pour nous rendre plus forts.

L'auteur de l'intelligence émotionnelle la décrit en trois principaux points comme étant la capacité à :

- Percevoir, identifier et exprimer les émotions ;
- Comprendre et analyser les émotions ;
- Utiliser les émotions pour faciliter la performance.

Ainsi donc, que ce soit dans un contexte professionnel ou personnel, l'intelligence émotionnelle vise à faciliter les relations et la communication grâce à une meilleure appréciation des émotions, à la reconnaissance de leur influence et à leur utilisation dans la prise de décisions mesurées. En entreprise, l'intelligence émotionnelle va permettre d'éviter les frustrations, d'appréhender au mieux les problématiques quotidiennes et les résoudre de façon efficace. Elle va aider à éviter de générer de la frustration chez nos collaborateurs et à anticiper les émotions provoquées consécutives à une action entreprise. Elle entre dans le champ du développement personnel axé sur la performance individuelle et collective en entreprise.

2.1.2. Utiliser l'émotion comme support à la performance individuelle au travail

L'émotion est un véritable allié et peut servir à la performance individuelle ainsi qu'à celle de l'entreprise. Pour ce faire, elle se définit comme support à la performance d'une part, mais également au bien-être grâce à l'activation et l'utilisation consciente des facteurs émotionnels. Mais avant d'y arriver, il nous semble important d'expliciter ce concept de performance individuelle au travail tant galvaudé.

Le concept de performance individuelle au travail. Malgré la grande pertinence de la performance individuelle et son utilisation généralisée comme mesure de résultat dans les milieux professionnels, il s'avère que peu d'efforts ont été consacrés à l'explicitation de ce concept. Il s'agit en effet d'un construit complexe relevant de plusieurs disciplines et revêtant plusieurs dimensions ; d'où son caractère polysémique. D'après Motowildo (2003), la performance au travail se définit comme la valeur totale attendue par l'organisation des épisodes comportementaux discrets qu'un individu effectue sur une période donnée.

Cette perception permet de constater que la performance d'un employé au travail correspond à l'ensemble de ses comportements visant à améliorer l'efficacité au travail sur des périodes de temps variées. On pourrait aussi dire que la performance individuelle est une activité dans laquelle un individu est capable d'accomplir avec succès la tâche qui lui est assignée, sous réserve des contraintes normales de l'utilisation raisonnable des ressources disponibles. Dans ce cas, on mettrait l'accent sur les deux composantes principales de la performance au travail à savoir l'efficacité et l'efficience. Ce qui impliquerait que la performance correspond à l'atteinte des objectifs tout en faisant bon usage des moyens déployés par l'organisation pour les atteindre.

La performance au travail peut aussi être appréhendée selon ses dimensions. Dans cette veine, on pourra faire allusion aux huit dimensions proposées par Campbell en 1990 présentées dans le tableau ci-dessous.

Tableau 1 : Les 8 dimensions de la performance individuelle selon Campbell

Dimension comportementale	Signification
Les compétences dans les tâches spécifiques à l'emploi	Niveau de compétence avec lequel un individu exécute les tâches techniques spécifiques à son emploi.
Les compétences dans les tâches non spécifiques à son emploi	Capacité à maîtriser les tâches communes à plusieurs emplois de l'entreprise. Cette aptitude relève des compétences à la polyvalence et à l'adaptabilité.
La communication écrite et orale	Capacité à communiquer clairement et efficacement, oralement ou par écrit
Les efforts au travail	Capacité à démontrer les efforts supplémentaires et à travailler efficacement dans les conditions difficiles
Le maintien d'une discipline personnelle	Aptitude à éviter les comportements négatifs ou contre-productifs (ex. infraction aux règles internes, absentéisme, retards, etc.)
Facilitation de la performance de l'équipe et des collègues	Cette qualité relève de l'aptitude d'une personne à soutenir, à aider et à développer ses collègues, et à contribuer à l'unité de l'équipe en participant à son fonctionnement collectif.
La supervision	Aptitude à influencer les personnes subordonnées par des interactions en face-à-face. Cette compétence relève des qualités du leader exprimées par l'individu ou observées dans l'art de manager une équipe.
Le management et l'administration	Aptitude à maîtriser les tâches d'allocation des ressources, d'organisation, de contrôle de l'efficacité d'une équipe (contrôle et suivi des objectifs, d'applications et des règles) et développement d'un service (accroitre les ressources humaines, financières et matérielles)

Sources : Charles-Pauvers et al. (2007)

Toutefois, au cours des dernières années, de nombreux spécialistes de la littérature managériale se sont mis d'accord sur une nouvelle classification des composantes de la performance individuelle au travail. Cette nouvelle nomenclature résumée par Koopmans et al. (2011) comporte quatre dimensions, à savoir, la performance dans la tâche, la performance contextuelle, la performance adaptative et les comportements contre-productifs.

Les indicateurs de performance concernant la tâche à accomplir sont la réalisation des tâches assignées, la quantité de travail, la qualité du travail, les compétences professionnelles, la connaissance du travail, le maintien des connaissances à jour, le travail avec précision, la planification, l'organisation, l'administration, la prise de décision, la résolution de problèmes, la communication orale et écrite, le suivi et le contrôle des ressources. La performance contextuelle, quant à elle, concerne les tâches supplémentaires, les efforts consentis, l'initiative, l'enthousiasme, l'attention au devoir, l'ingéniosité, la persévérance, la motivation, le dévouement, la proactivité, la créativité, la coopération et l'aide aux autres, la politesse, la communication efficace, les relations interpersonnelles et l'engagement organisationnel. La performance adaptative se définit comme la capacité d'un employé à s'adapter aux changements dans les rôles de travail ou dans le système de travail. Elle s'intéresse à la capacité de gérer de nouvelles idées novatrices, à l'aptitude à adapter les objectifs et les plans à la situation, à la capacité d'apprendre de nouvelles tâches et de nouvelles technologies, à être flexible et ouvert aux autres, à faire preuve de résilience, à gérer le stress, à rester calme face aux situations et à agir de manière appropriée.

Les comportements contre-productifs font allusion, par exemple aux pauses trop nombreuses ou trop longues, au comportement hors tâche, à l'absentéisme, aux plaintes, aux retards, aux tâches incorrectes, aux accidents, aux insultes ou bavardages à propos des collègues, aux abus de privilège et aux agressions et vols.

Les compétences émotionnelles sont de précieuses ressources pour agir au travail. En effet, les émotions sont au cœur de notre existence humaine, elles influencent profondément notre comportement et nos actions. Les minimiser ou les négliger dans un contexte professionnel revient à écarter l'aspect humain de la vie en entreprise. Or, l'entreprise est un système qui ne peut pas vivre et se développer sans ses employés. D'ailleurs, dès les années 1930, plusieurs études avaient montré que les émotions sont à la base de nombreux processus organisationnels, comme les dynamiques de groupe.

Les émotions sont comme des antennes qui renseignent nos actions, mais que, malheureusement nous ignorons ou avons tendance à déconsidérer. Les compétences émotionnelles reposent sur notre capacité à repérer et à reconnaître les signaux de ces antennes, chez nous comme chez les autres. Cela nous permet alors de travailler sur l'impact des émotions repérées. En d'autres termes, c'est une série de prises de conscience, mais qui va bien au-delà du « être triste ou être heureux ». Il est vrai qu'il faut avant tout reconnaître ses émotions, mais, développer des compétences émotionnelles ne se limite pas uniquement à reconnaître les émotions, c'est aussi les comprendre, pouvoir se repositionner pour comprendre toutes les étapes qui contribuent à la réaction émotionnelle. Il ne faut jamais perdre de vue que l'émotion est une information sensible qui aide à l'action. Cultiver ses compétences émotionnelles, c'est être capable de comprendre les raisons qui nous poussent à réagir de manière excessive ou à projeter nos émotions sur les autres. Cela implique de prendre le temps d'analyser nos réactions émotionnelles et de comprendre ce qui nous touche réellement, afin de pouvoir agir en conséquence.

Curieusement, on observe aujourd'hui que les rares entreprises qui ont commencé à prendre en compte l'existence des émotions en milieu professionnel se sont limitées uniquement aux émotions positives. C'est un risque. Un risque d'instrumentalisation lorsque les compétences émotionnelles sont utilisées à travers la psychologie positive pour « presser comme un citron » les personnes afin qu'elles donnent le meilleur d'elles-mêmes. Cette récupération instrumentale repose sur une vision tout à fait caricaturale, où seules les émotions dites positives sont acceptées. Une telle approche de la gestion des émotions au travail est tout à fait factice, voire dangereuse. En effet, si on annule les émotions négatives, pour ne garder que les positives, seules acceptables en entreprise, il en découle une forme de formatage de l'organisation. L'impact est alors non négligeable : en formatant et rationalisant les émotions, les personnes sont empêchées de déployer au mieux toutes leurs capacités. Il nous semble donc important que chaque manager sache gérer les émotions, qu'elles soient positives ou négatives, afin de prévenir les situations de crise au sein de l'entreprise.

2.2. La gestion des émotions en milieu professionnel

Gérer le quotidien, anticiper, obtenir des résultats et, en prime, motiver ses collaborateurs tout en prenant en considération les sentiments de chacun d'eux, requiert un sacré talent. Il semble d'ailleurs que plus on s'élève dans la hiérarchie, moins on est dans l'empathie et la compréhension de l'autre. Ceux qui sont très hauts dans la hiérarchie ont tendance à perdre leur capacité à comprendre les émotions. Les managers ont donc tout intérêt à se reconnecter à leurs salariés et à mieux les appréhender, même si chacun d'eux doit apprendre d'abord à gérer ses propres émotions.

2.2.1. Apprendre à gérer ses propres émotions

Chez les humains, une émotion inclut un comportement physiologique, des comportements expressifs et une conscience. L'émotion est aussi associée à l'humeur, au tempérament et à la personnalité d'une personne. La qualité de vie est donc intimement liée à la qualité des émotions et à la gestion de celles-ci. En effet, les émotions, comme la joie, la honte, la colère, la jalousie, la tristesse, la peur, etc., sont des réactions physiques et physiologiques normales au cœur de la communication humaine. Chacune d'entre elles joue un rôle spécifique dans l'expression d'un besoin associé au partage, à la protection, à la reconnaissance, à l'attachement, etc. La maîtrise et le développement d'une bonne stratégie de gestion de nos émotions personnelles passent par trois étapes essentielles, à savoir, apprendre à reconnaître les émotions, arrêter des scénarios et faire preuve de bienveillance envers soi-même.

Apprendre à reconnaître les émotions demande un travail sur soi qui commence toujours par une période d'observation. Il faut aller à la source du problème en prenant conscience de ses réactions, qu'elles soient physiques ou psychologiques. La puissance de la reconnaissance s'inscrit en quelques étapes : prendre de grandes respirations lorsque les émotions sont trop fortes, prendre conscience de ses émotions et les laisser s'exprimer, réussir à les identifier clairement et prendre du recul sur la situation. Pour y arriver, il faut d'abord communiquer comme suit : « je me sens en colère » et non pas « je suis en colère ».

Pour arrêter les scénarios, il est important de reconnaître que le cerveau possède une tendance naturelle à vouloir ruminer trop longtemps les émotions négatives en se questionnant sur ses agissements ou sur ceux des autres. Que ce soit la honte, la peur ou la colère, il est possible de briser les schèmes de pensées négatives en utilisant des techniques suivantes : redonner de l'oxygène à son cerveau avec d'autres pensées plus positives, réapprendre à respirer convenablement et en usant de différentes techniques de respiration, mettre ses pensées par écrit ou parler à une personne externe, que ce soit un proche ou une aide spécialisée.

La troisième étape dans le processus de gestion de ses propres émotions consiste à faire preuve de bienveillance envers soi. En effet, la façon de se parler à soi-même est parfois trop sévère, dévalorisante ou excessive. Ces discours internes favorisent les jugements et ne correspondent pas nécessairement à la réalité, ce qui peut bien souvent nuire à l'estime de soi. Avoir de la bienveillance envers soi entraîne des jugements moins sévères et permet de se sentir moins seul. Pour y arriver, voici quelques astuces pour s'engager sur le chemin de la bienveillance : apprendre de ses émotions et de ses réactions, faire des activités relaxantes, telles que la méditation, la pratique d'un sport, savoir que nous faisons toujours de notre mieux, nous parler avec respect et calme.

Au finish, on comprend qu'apprendre à gérer ses émotions n'est pas une tâche aisée et nécessite beaucoup de pratique et de contrôle de soi. Prendre du temps pour les observer, les comprendre et les accepter sont les bases de l'intelligence émotionnelle tant souhaitée aujourd'hui en entreprise et mieux, en société.

2.2.2. Utiliser les émotions comme support à la performance

Il devient évident que l'émotion est un véritable allié et peut servir à la performance de l'entreprise. Elle se présente désormais comme un support à la performance d'une part, mais également au bien-être grâce à l'activation et l'utilisation consciente des facteurs émotionnels. C'est pourquoi de nombreuses formations professionnelles sont désormais proposées autour du thème de la gestion des émotions. Ces formations ont pour objectifs essentiels de faire comprendre aux managers qu'ils doivent déceler leurs émotions et celles de leurs collaborateurs pour mieux les utiliser. On propose ainsi aux gestionnaires de manager par l'intelligence émotionnelle de maîtriser leurs émotions pour être plus efficace, de se former sur le lâcher-prise afin de profiter au mieux des compétences de leurs employés. La contagion émotionnelle pourrait s'avérer utile pour assurer des relations mutuellement bénéfiques et favoriser la dynamique de groupe ou des relations établies entre individus.

Un manager qui fait preuve d'intelligence émotionnelle dans son management aura également une meilleure **maîtrise des situations complexes**, des crises, des négociations, et saura faire preuve d'une bonne gestion du stress face aux challenges managériaux. C'est un véritable **atout dans la gestion des conflits,** dans la résolution de problèmes et dans le management de personnalités complexes.

En outre, un manager doté d'un fort quotient émotionnel sera en mesure de déployer un leadership inspirant, clair et cohérent, aligné à ses émotions réelles.

Grâce à la compréhension de ses émotions et des émotions d'autrui, il sera plus simple de prévenir les risques psychosociaux au travail. En effet, des collaborateurs qui se sentent écoutés, compris et libres d'exprimer leurs émotions seront moins sujets au burn-out, à l'anxiété et à l'absentéisme. En outre, il existe des stratagèmes tels que la technique des 4 S qui permettent de **maîtriser les communications en entreprise** et notamment d'éviter que toute situation de divergence d'opinion entre manager et employés ne devienne **conflictuelle**. Cette technique repose sur les 4 items suivants :

- **La situation** : aborder un fait ;
- **La suite** : expliquer ce que ce fait implique ;
- **Le sentiment** : exprimer votre ressenti ;
- **Le sens** : exprimer votre souhait.

De manière plus concrète, l'exemple suivant peut-être plus illustratif : **La situation** : « tu as été absent plusieurs jours ce mois-ci » ; **La suite** : « nous n'avons pas pu atteindre nos objectifs du mois à cause de ces absences » ; **Le sentiment** : « j'ai l'impression que tu es un peu démotivé en ce moment » ; **Le sens** : « dès demain, je te propose de faire un effort pour être plus assidu et de repartir sur une nouvelle base ». Ainsi, en utilisant ces bonnes pratiques, la communication entre vous et une tierce personne devrait être de meilleure qualité et permettre de désamorcer un éventuel conflit.

Dans la même veine, le manager peut choisir ses activités professionnelles ou celles de ses collaborateurs en fonction de l'état émotionnel ambiant. En effet, dans un souci permanent d'amélioration de la performance, on peut organiser une journée de travail en fonction du niveau d'énergie produit par l'état émotionnel dans lequel nous sommes. Lors des réunions, en entreprise, il est possible d'activer délibérément une émotion pour être en phase avec son auditoire. Le manager peut employer lors d'une réunion dans le but de capter l'attention de l'auditoire et tenter de le convaincre, en utilisant les déclencheurs qui participeront à les mettre en phase émotionnelle. Traduire la joie dans notre comportement aura par exemple pour intérêt de créer du lien avec l'auditoire.

Conclusion

Les émotions font partie intégrante de la vie d'une entreprise. Elles doivent être reconnues comme des ressources, au même titre que la force de travail ou les compétences techniques. Le management émotionnel présente **de nombreux avantages pour l'entreprise** et pour les managers, dirigeants, cadres et collaborateurs. Ce mode managérial permet tout d'abord de **favoriser le bien-être au travail** et **l'épanouissement personnel** et collectif, de générer de l'engagement, de la motivation et de créer une ambiance de travail sereine, conviviale et positive. Tout cela favorise finalement **la productivité** et le développement des performances opérationnelles. Cela renforce aussi le sentiment d'appartenance, la cohésion d'équipe ainsi que l'esprit d'entraide, l'intelligence collective et le sens de l'innovation. Malgré tous ces avantages, les émotions n'ont pas encore gagné leurs lettres de noblesse dans le monde du travail. Pour cela, il nous semble plausible de croire qu'un besoin pressant d'aide est encore attendu au niveau de la prise de conscience du rôle de ces émotions en contexte professionnel afin d'éviter les effets dysfonctionnels liés à la méconnaissance du phénomène.

Bibliographie

Campbell, J. P. (1990), « Modeling the performance prediction problem » in *industrial and organizational psychology. In M. D.* Dunnette & *L. M.* Hough (Eds.), *Handbook of industrial and organizational psychology* (2nd ed., pp. 687–732). Consulting Psychologists Press.

Charles-Pauvers, B. (2007), « La performance individuelle au travail et ses déterminants psychologiques », in *Méthodes & Recherches*, Vol. 1, pp. 97-150

Goleman, D. (1995), Emotional Intelligence, Bantam Dell, New York

Motowildo, S.J. (2003), « Job Performance », in Handbook of Psychology , *Industrial and Organizational Psychology,* NJ Wiley, 12, pp. 39-52

Tran, V. (2014), « Les émotions dans le monde de l'entreprise et du travail », in *Traité de Psychologie des émotions,* Dunod, pp. 344-368

CHAPITRE 6

L'entreprise publique familiale au Cameroun

Viviane Ondoua Biwolé

Le débat sur le fonctionnement des entreprises reste d'actualité et celui des entreprises publiques révèle de nombreuses controverses. En effet, bien que la nature de l'actionnariat des entreprises publiques soit spécifique, celles-ci sont soumises au même titre que les entreprises privées à l'exigence de compétitivité. Elle se compte donc parmi les entreprises d'intérêt scientifique au même titre que l'entreprise capitalistique américaine, dont la structure est assez rigide avec des règles et des fonctions préétablies de façon précise ; l'entreprise japonaise qui possède une organisation de travail souple et sans fonction figée ; l'entreprise soviétique qui présente un mode de gestion à la fois flexible et rigide, l'entreprise allemande qui, tout comme son homologue japonaise, se caractérise par des relations plus collégiales entre les différents niveaux hiérarchiques, une participation et une recherche de consensus dans les processus de décision (Walgenbach, 1994) et l'entreprise africaine aux caractéristiques communautaires[21]/familiales (Bollinger & Hofstede, 1987 ; Fokam, 1993 ; Warnier, 1993). Ces entreprises peuvent être rangées en deux catégories : celles qui sont soumises à la sanction du marché et celles qui sont influencées par des acteurs autres que le marché.

Concernant les entreprises soumises au marché, elles présentent au plan théorique, des formes différentes, car elles évoluent dans des environnements bien distincts et sont influencées par différents acteurs. Le fonctionnement de l'entreprise américaine en est l'illustration, car elle est marquée par une instabilité de l'équipe dirigeante (sanctionnée et sélectionné sur la base du marché des dirigeants dont la concurrence facilite le choix du meilleur) basée sur la primauté actionnariale et sur un contrôle externe. En effet, la conception américaine repose essentiellement sur le fait que la société est la propriété des actionnaires (Yoshimori, 1995) et il y a une séparation entre la direction et le contrôle.

Les entreprises soumises aux acteurs autres que le marché, dont les banques, l'État, les employés et les dirigeants, se distinguent par la stabilité de l'actionnariat, dominé par des actionnaires institutionnels et privés et les

[21] Dans le présent article, nous assimilons la communauté à la région d'appartenance. Nous sommes conscients qu'il s'agit d'une assimilation simpliste, elle a néanmoins le mérite de faciliter l'analyse. Elle n'a pas d'incidence particulière sur le fond.

liens étroits avec les institutions financières. Le modèle traditionnel japonais et l'entreprise soviétique en sont des exemples. Le modèle japonais est essentiellement un modèle de défense des parties prenantes reposant sur un contrôle interne. Ici, la banque principale joue un rôle important dans le contrôle du management des sociétés et elle est supposée intervenir en période de troubles (Aoki et al., 1995). En tant que créancier principal et actionnaire, la banque principale s'assure de la bonne gestion de la société. Le fonctionnement de l'entreprise soviétique s'appuie sur le contrôle des insiders (salariés et gestionnaires). Ici, les employés et l'administration tentent d'éviter la restructuration et de résister à l'acquisition du contrôle actionnarial par des acteurs externes (Aoki, 1995a, 1995b). Dans le modèle allemand, la logique du partenariat prévaut.

Dans ce contexte, la maturation des décisions est un processus inclusif et collégial qui prend du temps. Le pouvoir est donné aux représentants des salariés (Lasserre, 2005) dans les conseils d'entreprise et dans les conseils de surveillance. Ce modèle reconnaît également le rôle des banques qui assurent les fonctions d'actionnaire, de prêteur et dont les représentants siègent également au conseil de surveillance : le capitalisme rhénan est avant tout un capitalisme bancaire (Albert, 1991).

En Afrique, le fonctionnement des entreprises est beaucoup plus communautaire (Bollinger & Hofstede, 1987 ; Fokam, 1993 ; Hernandez, 1997 ; Warnier, 1993). Cette réalité n'étonne pas vraiment, puisque les principes africains retiennent que l'individu appartient à une communauté. Par conséquent, s'appuyant sur la conception de l'influence externe élargie à la communauté, presque toutes les entreprises publiques camerounaises s'y retrouvent. Elles sont pour la plupart sous l'influence d'une communauté, notamment celle dont le dirigeant est originaire. Ici, la communauté joue le rôle de la famille comme dans les entreprises familiales classiques (Bollinger & Hofstede, 1987 ; Fokam, 1993 ; Hernandez, 1997 ; Kamdem, 2017 ; Warnier, 1993). L'influence de la communauté englobe le pouvoir, la culture, l'expérience et l'impact sur les pratiques des ressources humaines et, par ricochet, sur le comportement des employés.

Cette manifestation du communautarisme est souvent qualifiée de « tributariat », terme qui souligne l'importance de l'influence communautaire sur l'entrepreneur dans la culture africaine. Ainsi, Pilon & Vimard (1997) « il faut repenser la famille au-delà de la parenté » et, de plus, « un renouvellement théorique s'impose à toute analyse de la famille africaine ». Ici, la famille dépasse le cadre de la famille nucléaire et se situe au niveau du lignage et du clan (Sawadogo, 1992).

Au regard de ce qui précède, l'analyse du fonctionnement actuel des entreprises publiques suscite au moins quatre constats :

(1) Certaines entreprises publiques camerounaises des secteurs commerciaux ou industriels exerçant dans un espace concurrentiel avec les entreprises privées fonctionnent comme les entreprises soumises au marché, pour d'autres comme des entreprises familiales ;
(2) La réglementation en vigueur s'applique à toutes les entreprises publiques sans distinction et pourtant leurs modes de fonctionnement ne sont pas identiques ;
(3) La plupart de ces entreprises sont caractérisées par des contre-performances depuis près d'une dizaine d'années ; ce qui justifie la réforme engagée en 2017 qui distingue les entreprises publiques des établissements publics, considérant chaque bloc comme homogène. Et pourtant, il existe une catégorie d'entreprises publiques qui présente des caractéristiques proches des entreprises familiales.
(4) Cette dernière réalité ne pourrait-elle pas supposer l'existence d'un type particulier d'entreprise ? Notamment l'entreprise publique de « type familial » ?

Le présent chapitre s'intéresse à l'entreprise publique de « type familial ». Son objectif est de démontrer qu'elles présentent des dysfonctionnements dus à l'inadéquation entre les fondements théoriques qui soutiennent son action et le cadre réglementaire qui lui est appliqué. Autrement dit, alors que ces entreprises présentent un caractère familial, voire communautaire, elles sont plutôt soumises aux règles du marché mobilisant les fondements des théories contractuelles. Au demeurant, si certains travaux sur l'entreprise publique existent, ceux relatifs aux entreprises publiques de « type familial » sont peu explorés d'où l'intérêt du présent chapitre dont l'objectif est d'analyser le fonctionnement des entreprises publiques de « type familial ». Il répond à la question : sur quelles bases théoriques fonctionnent les entreprises publiques de « type familial » ? La présente réflexion encore au stade de l'exploration[22] rappelle: *i)* les différents types d'entreprises et la spécificité des entreprises familiales dont se rapprochent certaines entreprises publiques ; *ii)* les caractéristiques des entreprises publiques de « type familial » et la nécessité de convoquer de nouvelles voies théoriques pour leur fonctionnement ; *iii)* la conclusion.

1. Différents types d'entreprises et spécificités de l'entreprise familiale dont se rapproche l'entreprise publique de « type familial »

La littérature met en évidence trois types d'entreprises : celles dominées par le marché, celles dominées par d'autres acteurs que le marché et les

[22] La réflexion sur le sujet se poursuit.

entreprises familiales. Il s'agit alors de distinguer pour ces entreprises, la structure de la propriété, l'intérêt de la gestion, processus et vitesse de prise de décision, le fondement de la décision et la dimension dominante dans la prise de décision.

1.1. Caractéristiques des entreprises placées sous l'influence du marché

Ces différentes caractéristiques tirent leurs sources dans un système de gouvernance reposant sur une idéologie de la Common law, différente des modèles de droits civils. Cette idéologie est basée sur un actionnariat dispersé, une forte protection des actionnaires, un rôle plus important joué par les actionnaires institutionnels et les administrateurs indépendants et un marché des prises de contrôle actif. Trois critères sont appréciés. D'abord l'intérêt de la gestion et actionnariat (l'actionnariat est mesuré en termes de pourcentage d'actions détenues par les investisseurs institutionnels ou d'autres acteurs importants).

Dans ce contexte, la concentration de l'investissement institutionnel est moins marquée et les sociétés sont gérées principalement dans l'intérêt des actionnaires, puisque le capital joue un rôle très important dans ce type d'organisation. Ensuite, le processus et la vitesse de prise de décision marquée par des principes de spécialisation rigides, des modes hiérarchiques et autoritaires de répartition des fonctions, une distinction entre la conception et l'exécution. Il n'y a pas de partage de l'information, mais une circulation de celle-ci le long de la hiérarchie, ce qui entraîne une coordination hiérarchisée de l'information. Enfin, le fondement et la dimension dominante dans la prise de décision, l'expérience acquise durant la gestion d'un évènement imprévu sera parfaitement transmise à la hiérarchie grâce à la circulation verticale de l'information et permettra d'affiner les probabilités d'occurrence des évènements, lesquelles s'intégreront dans le prochain exercice de planification. Cependant, la compétence des entreprises de cette catégorie est dépendante d'un délai d'exécution des décisions relativement lent.

1.2. Caractéristiques des entreprises placées sous l'influence d'autres acteurs que le marché

Contrairement au premier modèle basé sur le commun Law, le système de gouvernance des sociétés de droits civils est basé sur la protection des parties prenantes (stakeholders), un actionnariat plus concentré, le rôle fort joué par les banques et autres institutions financières ainsi qu'un marché des prises de contrôle moins actif. L'entreprise japonaise est souvent citée comme exemple d'entreprise de ce type. La structure de l'actionnariat des sociétés japonaises est dominée par les participations croisées entre sociétés. Ici, la plupart des grandes sociétés sont détenues par d'autres sociétés et des banques, qui sont, elles-mêmes, détenues par d'autres sociétés.

L'ensemble des actions détenues dans le cadre de ces participations croisées constitue un actionnariat de contrôle stable et pacifique (Gilson & Roe, 1993). Ces participations stables protègent l'entreprise des pressions du marché en faveur des performances à court terme, des activités de contrôle de l'entreprise et autres ; fournissent également à l'entreprise des informations privilégiées aux entreprises membres. Ces liens de participations sont complétés par d'autres liens transactionnels, qui renforcent les intérêts mutuels des parties prenantes de l'entreprise rendant encore plus improbable un comportement à court terme ou intéressé (Lincoln et al., 1992). En ce qui concerne le processus de prise de décision, le système de banque principale est une caractéristique majeure impliquant la prise de décision du système de gouvernance japonais. Ces entreprises dépendent fortement de la dette bancaire pour leurs besoins de financement.

En effet, les relations avec la banque principale garantissent la souplesse du financement ; limitent la nécessité de disposer des réserves de dette à long terme ou de liquidités (Prevezer & Ricketts, 1994). La proximité avec la banque constitue donc une source importante de contrôle, puisqu'elle contribue parfois à la gestion des sociétés en plaçant certains de leurs représentants au conseil d'administration. L'influence de la banque s'observe également par sa capacité à demander et obtenir le remplacement du management de l'entreprise ; le système de banque principale servant ainsi de substitut à l'absence de marché de prises de contrôle au Japon (Abegglen et Geoffrey, 1990).

Concernant le fondement et la dimension dominante dans la prise de décision, l'on reconnaît une faible implication directe des actionnaires et des banquiers dans le choix des dirigeants. En effet, que ce soit dans leur fonctionnement interne ou dans leurs rapports avec le contrôle financier, l'accent est mis dans les processus de décision sur les mécanismes d'incitation au détriment du rôle de la hiérarchie. Les dirigeants sont soumis à une double influence des détenteurs de capital et des employés plutôt qu'à un contrôle unilatéral des actionnaires. La direction joue ici un rôle de médiateur entre les deux.

L'une des caractéristiques des entreprises concernées ici est le système de l'emploi à vie. Qualifiés comme une norme extra-légale, selon Pejovic (2012), les termes « normes extra-légales » visent les règles qui ont évolué à travers des pratiques sociales ou traditions sans être reconnues comme des normes juridiquement contraignantes par les institutions. Le fondement de cette caractéristique réside dans la promesse des employeurs de fournir la garantie de l'emploi à leurs employés en retour de leur loyauté et de leur service « à vie ». Cette caractéristique met en avant l'aspect social et donc communautaire de ce type d'entreprise ; car, comme une communauté elle se préoccupe du bien-être de ses employés et les traite de façon plus égalitaire. (Kono, 1982). En cela, elle se rapproche des entreprises familiales.

1.3. Caractéristiques des entreprises familiales dont se rapprochent certaines entreprises publiques camerounaises

Contrairement aux entreprises décrites ci-dessus, dans les entreprises familiales, les trois acteurs principaux, dont le propriétaire, le dirigeant et le conseil d'administration sont les personnes appartenant à la même famille Salvato (2002). La séparation des rôles ne s'appliquerait donc pas à l'entreprise familiale et les caractéristiques intrinsèques de cette entité violeraient la plupart des hypothèses de la théorie de l'agence (convoquée pour comme fondement théorique du fonctionnement des entreprises). Pour Melin et Nordqvist (2000), le gouvernement de l'entreprise familiale serait un concept très particulier et différent de celui issu de la théorie de l'agence. Il s'agit " des processus, des principes, des structures et des relations qui aident les propriétaires de l'entreprise à atteindre leurs buts et objectifs ". Ainsi, le gouvernement de l'entreprise familiale devrait traiter du pouvoir et de l'influence effective de la famille sur l'entreprise et non des relations entre propriétaire et dirigeant.

De même, en ce qui concerne le processus et vitesse de prise de décision, selon Sharma et al., (1997) le processus de prise décision diffère dans les entreprises familiales et non familiales. De manière globale, l'entreprise familiale aurait une prise de décision qui renferme deux caractéristiques spécifiques : les acteurs qui influencent la décision et le style de décision. Mustakallio & Autio (2001) observent que la qualité de la prise de décision, au sein des entreprises familiales, est influencée par les mécanismes de gouvernance formels et informels : en particulier, l'existence d'administrateurs extérieurs au sein des conseils d'administration peut constituer un facteur renforçant l'orientation de changement et la mise en œuvre des stratégies (Ward & Handy, 1988). L'utilisation des éléments structurels de la gouvernance (le conseil d'administration, la direction) pour la prise de décision stratégique de l'entreprise familiale reste cependant rare.

La direction stratégique et l'exercice du pouvoir de la famille propriétaire a lieu, au contraire, le plus souvent au sein d'arènes plus informelles (Melin & Nordqvist, 2000). Ainsi, même si elles offrent l'opportunité de discuter des questions stratégiques importantes, les réunions du conseil d'administration n'en restent pas moins focalisées sur des questions de formalités (Melin et Nordqvist, 2000). Les vraies décisions se prennent ailleurs : rencontres ou réunions imprévues, interactions privées entre acteurs influents. Concernant le style de décision, le paternalisme est une caractéristique du dirigeant de l'entreprise familiale classique. Pour Dyer (1988) les entreprises familiales sont caractérisées par une prise de décision centralisée. Ainsi, la complexité de la décision et la multilatéralité de l'influence au sein des entreprises familiales justifient les thèses selon lesquelles ces entités adopteraient un comportement singulier.

Le tableau ci-après récapitule les caractéristiques des trois entreprises décrites.

Tableau 1 *:* Les caractéristiques des trois entreprises

	Entreprise capitalistique soumise au marché	Entreprise soumise à d'autres acteurs que le marché	Entreprise familiale
Actionnariat	Actions détenues par les investisseurs	Participations croisées entre sociétés.	Unique ou majoritaire
Gestion	Dans l'intérêt des actionnaires	Gestion dans l'intérêt de l'ensemble des parties prenantes	Sous l'influence familiale
Processus de décision	Circuit hiérarchique	Transversal et implication de plusieurs acteurs	Centralisé par le fondateur
Vitesse du processus de prise de décision	Lent	Moyen et soumis à la symétrie d'information entre différents acteurs	Rapide
La décision repose sur	L'argumentation rationnelle, la justification	L'avis des différents acteurs composant l'actionnariat	La conviction intime du fondateur, l'intuition, l'arbitrage.
Dimension dominante	Dimension rationnelle	Dimension rationnelle	Dimension affective

Source : *L'auteure*

Il apparaît de ce tableau que les trois catégories d'entreprises décrites fonctionnent sur la base des substrats théoriques différents. Nous nous intéressons spécifiquement à celui des entreprises familiales dont se rapprochent les entreprises publiques de « type familial ». En effet, l'analyse du rapport de la CRT (2022) dévoile au moins 11 entreprises publiques camerounaises dont le fonctionnement se rapproche de l'entreprise familiale au moins sur deux points : la longévité des dirigeants donnant l'impression d'un emploi à vie au moins de très longue durée au-delà de ce que prévoit la réglementation en la matière (soit 9 ans pour les DG et DGA et 6 ans pour les PCA) ; ces entreprises sont gérées depuis leur création par les membres de la même communauté, assimilable à la famille communautaire, et les membres de la famille/communauté occupent les principaux postes au sein de l'entreprise. Il convient d'analyser les fondements théoriques du fonctionnement des entreprises publiques de « type familial » sous la prise des entreprises familiales. C'est l'objet des développements qui suivent.

2. Caractéristiques des entreprises publiques de « type familial » et la nécessité de convoquer de nouvelles voies théoriques pour leur fonctionnement

Il s'agit ici de se référer aux fondements théoriques des entreprises familiales dont certaines entreprises publiques se rapprochent. Dans la littérature managériale, il existe de multiples théories qui sous-tendent le fonctionnement de l'entreprise publique. Bien que pertinentes, elles semblent limitées pour les entreprises publiques de « type familial » qui nécessite des référents plus proches des théories des entreprises familiales.

2.1. Principales théories sur l'entreprise publique

Le fondement de l'entreprise publique repose essentiellement sur la théorie économique politique qui renouvelle la pensée de la théorie traditionnelle jugée trop incrémentale et normative, car elle justifie l'intervention publique essentiellement par les défauts du marché. Ainsi, dans cette logique, l'État est capable de corriger pratiquement sans coût d'intervention et de manière quasi parfaite les marchés défaillants. Cette dernière étant donc réduite uniquement à un appareil tarifaire relationnel (Dupuit, 1844).

Cependant, la théorie économique de la politique vient prolonger ces analyses traditionnelles et propose de repenser le rôle de l'entreprise publique dans sa globalité. L'entreprise publique se définit ici comme toute entreprise où l'État a un actionnariat majoritaire afin de ne pas se soucier en pratique du comportement des autres actionnaires. Ici, l'entreprise publique est perçue comme une forme particulière d'intervention de l'État. En effet, la demande de contrôle dans une société apparaît à partir du moment où une coalition capable de faire prévaloir ses préférences est en désaccord avec l'ordre spontané résultant des actions individuelles. Cette coalition peut correspondre à l'ensemble de la collectivité dans le cas de « dilemmes du prisonnier » particulièrement intenses (Baumol, 1963).

De façon très « hobbesienne », l'État peut être considéré, à l'origine, comme une entreprise spécialisée dans la production d'ordre (défense extérieure, police, justice, etc.), créée par la collectivité afin de sortir de tels dilemmes du prisonnier intenses. Cette production implique le monopole de la force coercitive. De plus, l'ordre est un service que l'État ne peut se contenter de fournir sans en assurer lui-même la production. Il n'aurait pas en effet les moyens de faire respecter son monopole de fourniture face à un producteur privé et mettrait finalement en cause sa propre existence. Toutefois, l'ordre est pratiquement la seule activité dont la fourniture publique implique techniquement la production publique. Pour tous les autres biens et services, même les plus « collectifs », des systèmes de production privée, avec ou sans réglementation spécifique, sont toujours envisageables, indépendamment de la façon dont ces biens et services seront ultérieurement fournis.

L'approche traditionnelle normative consiste à dire comment l'État doit se comporter ou la société s'organiser, sans essayer de construire un modèle explicatif de la façon dont les choses se passent effectivement. En effet, cela suppose à dire que le pouvoir politique est un « dictateur bienveillant » (Wicksell, 1896) et omniscient, dont le comportement s'explique par une volonté permanente et couronnée de succès de maximiser le bien-être collectif. Or, la théorie économique de la politique est justement née du refus de cette idée : il lui semble impossible d'aller très loin dans l'explication du comportement de l'État sur la base d'un tel présupposé. Selon cette théorie, le champ d'études doit être élargi au secteur politique, et les difficultés de l'économie publique traditionnelle à fonder une théorie positive viennent précisément de la réticence des économistes face à ce nécessaire élargissement. Ainsi, la théorie économique de la politique conserve une méthode d'analyse qui, à la différence du champ d'études, demeure strictement économique. Comme pour les producteurs ou les consommateurs privés, elle suppose que les agents qui ont en charge la décision publique ont des objectifs individuels propres et des attitudes de maximisation plus ou moins élaborées. Au-delà de toutes ces considérations, notre curiosité a été attirée par l'existence d'entreprises publiques fonctionnant visiblement selon une logique familiale.

2.2. Nécessité de disposer de nouvelles voies théoriques pour les entreprises publiques de « type familial »

Il s'agit ici de proposer de nouvelles voies théoriques pour une meilleure compréhension du fonctionnement des entreprises publiques de « type familial[23] ». Il convient au préalable de présenter les caractéristiques de ces entreprises.

2.2.1. Description des entreprises publiques de « type familial »

Les données analysées sont issues de la base de données constituées par nos soins grâce d'une part aux données primaires collectées par la CTR et, d'autre part, par entretien semi-directif auprès des directions des ressources humaines des entreprises concernées et des services du Premier ministre en

[23] Ici, la famille assimilable à la communauté, ce qui est conforme à la définition de la famille africaine.

charge du traitement des dossiers de nomination des dirigeants des entités publiques. Cette base de données a permis d'identifier les 11 entreprises publiques de « type familial ». Ensuite nous avons eu en entretien d'une heure en moyenne avec 6 personnes des entreprises concernées qui étaient disponibles, notamment les responsables en charge des ressources humaines et ayant au moins 10 ans d'ancienneté dans l'entreprise.

Onze (11) entreprises publiques répertoriées parmi les 42 contenues dans le rapport de la CTR (2022)[24] peuvent être qualifiées d'entreprises publiques de « type familial » et présentent les caractéristiques ci-après :

- Elles ont un caractère communautaire en ce sens que, depuis leur création ou le 2/3 de leur existence, elles sont gérées par les dirigeants de la même communauté.
- La communauté ici se réfère à la famille élargie reconnue dans la définition de la famille africaine ; permettant ainsi de les assimiler aux entreprises de « type familial ».
- Elles sont sous l'influence manifeste des membres de la communauté des dirigeants dans le fonctionnement des entreprises publiques concernées.

[24] La Ccommission Technique de Réhabilitation des Entreprises du secteur public et parapublic (CTR) est une organisation mise en œuvre pour produire le Rapport sur la Situation des entreprises publiques et des établissements publics. Ce rapport étaye suffisamment sur le positionnement et l'impact des entreprises publiques et des établissements publics au sein de l'économie camerounaise. En tant qu'outil d'aide à la décision, ce document renseigne le Gouvernement sur les difficultés de ces entités et incite à l'adoption de solutions éventuelles pour l'amélioration de leurs performances respectives.

Tableau 2 : Présentation des entreprises publiques de « type familial » (Directeurs généraux)

Entreprises	Régions des dirigeants (DG)	Secteur d'activité	Date de création	(Durée communautaire)[25]	Effectif de l'entreprise	Nombre de dirigeants (DG)	Performance de l'entreprise en 2021	Performance de l'entreprise en 2022
A	Est	Agriculture /élevage/pêche/industries animales	18 juin 2002 (22 ans)	22 ans	109	2	- 285 252 975 FCFA	– 210 851 361 F CFA
B	Sud-Ouest	Agriculture /élevage/pêche/industries animales	1947 (77 ans)	65 ans	10359	4	- 4 929 238 185 FCFA	- 15 519 036 699 FCFA
C	Centre	Transport aerien	13 décembre 1993 (31 ans)	31 ans	1520	2	4 205 188 797 FCFA	3 226 185 490 FCFA
D	Ouest	Eau/Électricité	29 novembre 2006 (18 ans)	18 ans	295	2	572 705 982 FCFA	3 105 956 643 FCFA
E	Littoral	Industries/ Mines/Commerce	1er mars 1971 (53 ans)	50 ans	151	2	- 944 364 129 FCFA	73 718 693 FCFA
F	Extrême-Nord	Agriculture /Élevage/Pêche/industries animales	24 février 1971 (53 ans)	36 ans	390	4	- 1 405 184 832 FCFA	145 017 605 FCFA
G	Adamaoua[26]	Agriculture /Élevage/Pêche/industries animales	8 mars 1974 (50 ans)	50 ans	/	5	/	/
H	Nord	Agriculture /Élevage/Pêche/industries animales.	10 mai 1974 (50 ans)	40 ans	5745	3	8 474 014 148 FCFA	5 960 719 737 FCFA
I	Sud	Santé/emploi/sécurité sociale	07 juin 1967 (57 ans)	43 ans	1989	4	70 371 876 380 FCFA	76 289 704 780 FCFA
J	Centre	Santé/emploi/sécurité sociale	27 avril 1990 (34 ans)	34 ans	443	1	56 336 391 FCFA	- 78 387 126 FCFA
K	Centre		1993	15 ans	/	1	/	/

[25] Nombre d'années pendant lesquelles l'entreprise est gérée par la même communauté.

[26] *Les données sur cette entreprise ne sont pas disponibles en raison du blocage du fonctionnement de ses organes sociaux. En effet la désignation du PCA et la mise en conformité de ses statuts et la nomination de ses membres du conseil d'administration reste en attente.*

Source : *Notre étude*

Il ressort de ce tableau les constats ci-après :

- 9 régions sur 10 sont concernées ; seule la région du Nord-Ouest n'y figure pas ;
- L'âge des entreprises varie entre 15 et 77 ans, avec 5 entreprises sur 11 ayant plus de 50 ans, soit 55,55% ;
- La majeure partie des entreprises a déjà connu au moins deux dirigeants de la même communauté (82%) ;
- La durée des dirigeants de la communauté varie de 15 à 50 ans ;
- La région du Centre est la seule région à détenir plus d'une entreprise publique de type familial, soit exactement 4 représentant 36,36% ;
- 6 entreprises sur 11 présentent des résultats financiers en baisse et/ou négatifs traduisant ici leurs contre-performances.

Tableau 3 : Présentation des entreprises publiques de « type familial » (Présidents des Conseils d'Administration)

Entreprises	Régions des dirigeants (PCA)	Secteur d'activité	Date de création	Durée communautaire (PCA)	Nombre de Dirigeants
A	Extrême Nord	Agriculture/élevage/pêche/industries animales	18 juin 2002 (22 ans)	22 ans	4
B	Sud-Ouest	Agriculture/élevage/pêche/industries animales	1947 (77 ans)	64 ans	5
C	Littoral	Transport aerien	13 décembre 1993 (31 ans)	31 ans	2
D	Sud-Ouest	Eau/Électricité	29 novembre 2006 (18 ans	16 ans	1
E	Centre	Industries/Mines/Commerce	1er mars 1971 (53 ans	49 ans	1
F	Adamaoua	Agriculture/élevage/pêche/industries animales	24 février 1971 (53 ans)	18 ans	2

Source : *L'auteure*

Sur les 11 entreprises retenues, 6 présentent une concentration des PCA dans la même communauté, avec des durées communautaires allant de 18 à 64 ans.

Tableau 4 : Entreprises publiques de type familial avec une durée communautaire simultanément pour les DG et les PCA

Entreprise	DG	PCA
A	Est (22 ans)	Extrême-Nord (22 ans
B	Sud-Ouest (65 ans)	Sud-Ouest (64 ans)
C	Centre (31 ans)	Littoral (31 ans)
E	Littoral (50 ans)	Centre (49 ans)
F	Extrême Nord (36 ans)	Adamaoua (18 ans)

Source : *L'auteure*

Cinq entreprises sur les 11 retenues ont des dirigeants de la même communauté aux postes de DG et au poste de PCA pour des durées allant de 18 ans à 64 ans. Il ressort des deux tableaux ci-dessus que les durées communautaires s'observent pour les PCA et les DG. Avec une emphase sur les DG. Le cas de l'entreprise B est un cas spécifique où, depuis 64 ans, les DG et PCA sont de la même communauté. Ces caractéristiques qui consacrent une stabilité, voire une « confiscation » de la propriété de l'entreprise par les communautés au regard de la « durée communautaire » des dirigeants autorisent à s'éloigner des fondements des théories contractuelles dont se prévaut actuellement le cadre réglementaire. Elles autorisent de convoquer de nouvelles voies théoriques conformes au fonctionnement des entreprises familiales.

2.2.2. Nouvelles voies théoriques pour les entreprises publiques de « type familial »

Un rappel des principales théories consacrées à l'entreprise familiale est fait avant la présentation de la théorie mobilisée pour les entreprises publiques de « type familial ».

Parmi les théories les plus anciennes consacrées à l'entreprise familiale, à titre de rappel, Goter (2024) en identifie sept majeures et les décrits.

(1) Pour la Théorie de l'agence familiale (Agency Theory, début des années 1970 de Michael Jensen, William Meckling), les entreprises familiales sont considérées comme privilégiées en termes de faibles coûts d'agence ou de coûts d'agence nuls. Les Entreprises Familiales ont des systèmes complexes d'agence où les membres de la famille agissent en tant qu'agents ayant des intérêts parfois divergents. Les propriétaires (la famille) peuvent aligner leurs intérêts avec ceux des gestionnaires non familiaux pour maximiser la performance de l'entreprise.

(2) La théorie des ressources et des capacités (Resource-Based View – RBV de Jay Barney, Birger Wernerfelt, années 1980) ou processus d'accumulation des ressources de l'entreprise familiale industrielle au travers

du modèle d'intéressement met l'accent sur les ressources uniques et les capacités distinctives des EF en tant qu'avantages concurrentiels. Les ressources familiales, telles que la confiance et les relations interpersonnelles, peuvent contribuer à la performance durable de l'entreprise.

(3) La théorie du cycle de vie de l'entreprise familiale (Pramodita Sharma, James J. Chrisman, années 1980) suggère que les EF passent par des étapes spécifiques de développement, du lancement à la maturation, et que les défis et les opportunités évoluent tout au long de ce cycle de vie. La gestion efficace de ces transitions est cruciale pour la survie et la réussite à long terme.

(4) La théorie de la *stewardship* (*Stewardship Theory*) de James et Edward (1980), en opposition à l'*Agency Theory*, considère que les membres de la famille agissent comme des intendants (*stewards*) responsables, cherchant à maximiser la richesse de la famille sur plusieurs générations, en mettant l'accent sur la confiance, l'engagement et la continuité.

(5) La théorie de l'institutionnalisation (Institutional Theory de W. Richard Scott, J. W. Meyeret B. Rowan, 1980) examine comment les EF adoptent des pratiques, des normes et des valeurs institutionnalisées dans leur environnement. Ces entreprises s'adaptent aux attentes sociales et professionnelles tout en préservant leur identité familiale.

(6) La théorie des rôles familiaux (Family Roles Theory : Ivan Lansberg, Kelin Gersick, années 1990) dont l'intérêt est d'analyser comment les membres de la famille occupent différents rôles au sein de l'EF en fonction de leur position dans la famille. Les dynamiques familiales influent sur les interactions professionnelles.

(7) La théorie de la Gouvernance d'EF (Gersick et al., 1999) étudie les mécanismes et les structures de gouvernance spécifiques aux EF. Les familles mettent en place des systèmes de gouvernance pour gérer les relations familiales et professionnelles. Dans ce contexte, la gouvernance familiale est un ensemble des mécanismes et des institutions permettant de gérer la relation et l'interaction entre l'entreprise et la famille. Ces mécanismes peuvent être formels ou informels. Ils évoluent en fonction de cycle de vie de la famille et de l'entreprise. Selon les travaux de chercheurs (Brenes, Madrigal, et Requena, 2011 ; Martin, 2001) cités par Suess (2014), la gouvernance familiale fait référence à la capacité de gérer les conflits et assurer l'harmonie familiale, via la mise en place des pratiques de gouvernance telles que : les assemblées familiales, le conseil familial, et la charte familiale.

De toutes ces théories rappelées ci-dessus, la théorie des rôles familiaux est retenue comme cadre théorique permettant d'analyser le fonctionnement des entreprises publiques de type familial pour une raison principale : les données à capturer sont plus aisées et concernent principalement les rôles assumés par les membres de la communauté. Les variables de gouvernance plus pointues valorisées dans les autres théories demanderaient une immersion dans l'entreprise (privilégiant l'observation participante) ; ce qui ne nous a pas été possible.

La théorie des rôles familiaux est l'œuvre de Davis et al., (1997). Dans leur ouvrage "*Generation to Generation : Life cycles of the family business*", ils présentent un modèle multidimensionnel d'une entreprise familiale. Ce modèle est utilisé par les auteurs pour explorer les différentes étapes de la vie d'une entreprise familiale et extraire des leçons généralisables sur la manière dont les entreprises familiales devraient fonctionner. Les auteurs considèrent l'entreprise comme un système complexe composé de trois sous-systèmes indépendants, mais qui se chevauchent : la propriété, l'entreprise et la famille. Ainsi, le modèle de trois cercles est un excellent outil pour comprendre la dynamique à l'œuvre dans une entreprise familiale à un moment donné.

Figure 1 *: Modèle des trois cercles* (Davis et al., 1997)

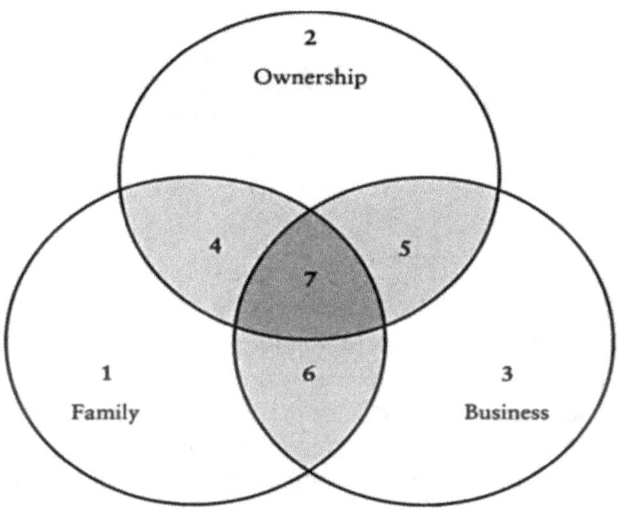

Figure I-1 ▪ The Three-Circle Model of Family Business

Dans ce modèle, tout individu de l'entreprise familiale peut être placé dans l'un des sept secteurs formés par les cercles superposés des sous-systèmes. Par exemple, tous les propriétaires (partenaire et actionnaire), les propriétaires uniques seront placés quelque part dans le cercle supérieur. Les membres de la famille vers le bas gauche, et les employés vers le bas droit du cercle. Une personne qui n'a qu'un seul lien avec l'entreprise sera dans l'un des secteurs extérieurs (1, 2, 3). Par contre les personnes qui ont plus d'un lien avec l'entreprise seront dans l'un des cercles qui se chevauchent et qui relèvent simultanément de deux ou trois cercles (4, 5, 6,7). Ainsi, spécifier les différents rôles à travers les sous-systèmes permet de comprendre et de résoudre les sources de conflits interpersonnels, les dilemmes de rôles, les priorités et les limites dans les entreprises familiales. Ce qui permet de retenir la proposition (P1) de recherche suivante : Dans les entreprises de type familial, la plupart des employés ont un lien avec le dirigeant et occupent des positions proches de lui.

Dans leurs travaux plus récents, les auteurs Gersick et al., (1999) ont jugé utile de transformer ce concept des trois cercles en un modèle de développement dans lequel chacun des trois sous-systèmes passe par une séquence d'étapes au fil du temps. Le modèle comporte ainsi trois dimensions : Le développement de l'entreprise, le développement de la famille et le développement de la propriété.

Figure 2 : *Modèle de développement* (Gersick et al., 1999)

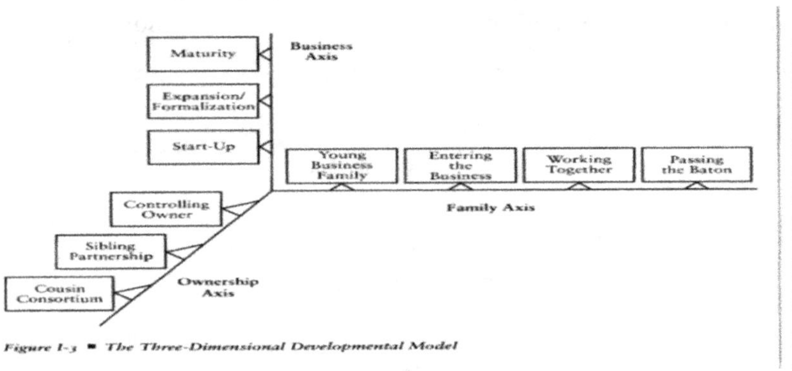

Au premier stade, un entrepreneur crée une entreprise et tente de la maintenir en tant que fondateur ou propriétaire majoritaire et en tant que dirigeant d'une jeune famille d'entrepreneurs. Au deuxième stade, les frères et sœurs entrent dans l'entreprise pour la développer. Enfin, l'entreprise atteint sa maturité en faisant travailler ensemble les cousins de la troisième génération.

Pour les auteurs, le développement de la propriété est la première dimension. Elle comporte elle-même trois stades d'évolution : le propriétaire contrôlant, le partenariat entre frères et sœurs et les consortiums de cousins.

P. 2 : Dans l'entreprise publique de type familial, le dirigeant est nommé et tente d'abord d'asseoir son autorité. On observe l'entrée progressive des frères et sœurs ; le dirigeant exerce un leadership quasi parental (trois niveaux : désignation du frère ou de la sœur influente ; choix du premier parmi les pairs, arrangement égalitaire. Plus tard, il apparaît l'implication des employés familiaux et non familiaux.

Les auteurs de la théorie des rôles familiaux arrivent à la conclusion que les transitions comportent six composantes distinctes : l'accumulation continue de pressions sur développement, l'élément déclencheur, le désengagement, l'exploration des alternatives, le choix et l'engagement dans la nouvelle structure. Les transitions ici concernent le changement à la tête de la structure. Notons que, pour les cas que nous avons retenus, il y a eu des ruptures dans les entreprises gérées par la même communauté ayant connu au moins deux dirigeants.

Ce cadre théorique permet de générer deux propositions de recherche qui présentent un intérêt scientifique certain et pouvant faire l'objet d'une exploration ultérieure : dans les entreprises de type familial, la plupart des employés ont un lien avec le dirigeant et occupent des positions proches de lui ; dans l'entreprise publique de type familial, le dirigeant est nommé et tente d'abord d'asseoir son autorité. On observe l'entrée progressive des frères et sœurs ; le dirigeant exerce un leadership quasi parental (trois niveaux : désignation du frère ou de la sœur influente ; choix du premier parmi les pairs, arrangement égalitaire. Plus tard, il apparaît l'implication des employés familiaux et non familiaux.

Conclusion

L'objectif ici est d'aller au-delà de la logique du fonctionnement habituel des entreprises publiques très souvent analysées sous le prisme des théories contractuelles dominantes, pour comprendre en profondeur les dynamiques réelles de fonctionnement de l'entreprise publique d'un type particulier, de nature familiale. Il s'agit d'une analyse théorique basée sur le fondement théorique du fonctionnement des entreprises qui autorise un renouvellement des voies théoriques pour les entreprises publiques de « type familial ». Il est désormais admis que la logique communautaire est un marqueur de certaines entreprises publiques, permettant de les caractériser d'entreprises publiques de « type familial ». Celles-ci ne sauraient être efficaces en s'appuyant sur outils des entreprises de types capitalistiques (contrôle par le conseil d'administration ou les tutelles). Une des raisons expliquant la contre-performance des entreprises publiques de ce type est le fondement théorique mobilisé, incompatible avec leur nature. En effet, les textes juridiques qui encadrent leur activité s'appuient sur les théories contractuelles de l'entreprise capitalistique américaine et notamment la théorie de l'agence. La présente recherche suggère un renouvellement du substrat théorique du fonctionnement de ces entreprises pour les rapprocher de ceux des entreprises familiales. Il en découle que toutes les entreprises publiques ne peuvent pas être gérées de la même manière. L'environnement politique et économique ayant des marqueurs communautaires, on devrait s'en référer. Dans ce contexte, le choix des membres de la communauté devrait tenir compte des compétences requises, tandis que la gestion des transitions permettra à l'entreprise de maintenir ses équilibres.

Annexe 1 : Liste des entreprises avec le nombre de dirigeants de la même communauté

Entreprises	Nominatif	Nombre de dirigeants (DG) depuis la création	Origine de la communauté
ANAFOR	A	2	EST
CDC	B	3	SUD-OUEST
ADC	C	2	CENTRE
EDC	D	2	OUEST
MAGZI	E	2	LITTORAL
SEMRY	F	4	EXTREME-NORD
SODEPA	G	5	ADAMAOUA
SODECOTON	H	3	NORD
CNPS	I	4	CENTRE
FNE	J	1	CENTRE
ANOR	K	1	CENTRE

Bibliographie

Abegglen, J. C., & Geoffrey, G. (1990). *i Stalk, G.(1985) Kaisha : The Japanese Corporation*. Basic Books, Nova.

Albert, M. (1991). *Capitalisme contre capitalisme*. Seuil.

Aoki, M. (1995a). An evolving diversity of organizational mode and its implications for transitional economies. *Journal of the Japanese and International Economies*, *9*(4), 330-353.

Aoki, M. (1995b). Controlling insider control : Issues of corporate governance in transition economies. *Corporate Governance in Transitional Economies*, 3-28.

Aoki, M., Patrick, H., & Sheard, P. (1995). The Japanese main bank system : An introductory overview. *The Japanese main bank system*, 3-50.

Baumol, W. J. (1963). *Théorie économique et analyse opérationnelle, Paris, Dunod.*

Bollinger, D., & Hofstede, G. (1987). Les différences culturelles dans le management : Comment chaque pays gère-t-il ses hommes. *Paris : Éditions L'Organisation.*

Davis, J. A., Hampton, M. M., & Lansberg, I. (1997). *Generation to generation : Life cycles of the family business*. Harvard Business Press.

Dupuit, J. (1844). De la mesure de l'utilité des travaux publics, Annales des Ponts et Chaussées 8. *Translated in AEA Readings in Welfare Economics, and published by K. Arrow and J. Scitovsky.*

Dyer, W. G. (1988). Culture and continuity in family firms. *Family business review*, *1*(1), 37-50.

Fokam, P. K. (1993). *L'entrepreneur africain face au défi d'exister*. Éditions L'Harmattan.

Gersick, K. E., Lansberg, I., Desjardins, M., & Dunn, B. (1999). Stages and transitions : Managing change in the family business. *Family Business Review*, *12*(4), 287-297.

Gilson, R. J., & Roe, M. J. (1993). Understanding the Japanese keiretsu : Overlaps between corporate governance and industrial organization. *Yale Law Journal*, 871-906.

Goter, F. (2024). Structuration des pratiques de gestion des ressources humaines dans les entreprises familiales : Entre découragement et persévérance. *Revue de gestion des ressources humaines*, *1*, 37-63.

Hernandez, E.-M. (1997). *Le Management des entreprises africaines. Paris : L'Harmattan.*

Kamdem, E. (2017). *Management et interculturalité en Afrique : Expérience camerounaise*. Presses de l'Université Laval.

Kono, T. (1982). Japanese management philosophy : Can it be exported? *Long Range Planning*, *15*(3), 90-102.

Lasserre, R. (2005). La cogestion allemande à l'épreuve de la globalisation. *Regards sur l'économie allemande. Bulletin économique du CIRAC*, *72*, 7-16.

Lincoln, J. R., Gerlach, M. L., & Takahashi, P. (1992). Keiretsu networks in the Japanese economy : A dyad analysis of intercorporate ties. *American sociological review*, 561-585.

Melin, L., & Nordqvist, M. (2000). *Corporate governance in family firms : The role of influential actors and the strategic arena.* Communication à la conférence de l'ICSB.

Mustakallio, M., & Autio, E. (2001). Effects of formal and social controls on strategic decision making in family firms. *The Family Business Network 12th Annual World Conference, Rome, October 4-6, 2001*, 15. https://research.aalto.fi/en/publications/effects-of-formal-and-social-controls-on-strategic-decision-makin

Pejovic, C. (2012). La gouvernance d'entreprise japonaise et l'acculturation du modèle américain. *Revue internationale de droit comparé*, *64*(2), 417-450.

Pilon, M., & Vimard, P. (1997). *Structures et dynamiques familiales à l'épreuve de la crise en Afrique sub-saharienne*. UCL Institut de Démographie Louvain.

Prevezer, M., & Ricketts, M. (1994). Corporate governance : The UK compared with Germany and Japan. *Capital markets and corporate governance*, 237-256.

Salvato, C. (2002). *Towards a stewardship theory of the family firm*. Communication à la 13e conférence du FBN, Helsinki.

Sawagogo, C. (1992). Famille africaine d'hier et de demain : Quelle compréhension pour quelles interrogations ? *Structure et dynamique de la formation des familles en Afrique*, 61-76.

Sharma, P., Chrisman, J. J., & Chua, J. H. (1997). Strategic management of the family business : Past research and future challenges. *Family business review*, *10*(1), 1-35.

Suess, J. (2014). Family governance–Literature review and the development of a conceptual model. *Journal of Family Business Strategy*, *5*(2), 138-155.

Walgenbach, P. (1994). *Mittleres Management, Wiesbaden, Gabler.*

Ward, J. L., & Handy, J. L. (1988). A Survey of Board Practices. *Family Business Review*, *1*(3), 289-308. https://doi.org/10.1111/j.1741-6248.1988.00289.x

Warnier, J. P. . (1993). *L'esprit d'entreprise au Cameroun. Paris : Karthala.*

Wicksell, K. (1896). *«A new principle of just taxation»-Reprinted in Musgrave-Peacock.*

Yoshimori, M. (1995). Whose company is it ? The concept of the corporation in Japan and the West. *Long range planning*, *28*(4), 2-44.

CHAPITRE 7

La défaillance au prisme du contrôle interne de l'entreprise familiale

Souleymanou Kadouamai

Le présent chapitre, dans sa vocation, s'attache à articuler le cadre intégré de la fonction contrôle interne que constitue le rapport du COSO (Nimi et al., 2021, p. 560) avec la PME familiale, qui est une forme d'organisation des plus anciennes (Beckhard et Dyer, 1983 ; Shanker et Astracham, 1996), présentant des particularités concernant le contrôle. Le contrôle interne, notion aussi ancienne, a été modernisé en permanence afin de s'adapter aux organisations contemporaines si différentes de celles qui prévalaient au temps de Fayol (1916). Assurément, Fayol avait déjà été alarmé par les déficiences que pouvaient dévoiler la fonction administrative et l'organisation au sein d'une entité. Pour cela, toute entreprise met en place un dispositif de contrôle interne lui permettant la bonne maîtrise de ses activités et le respect des consignes à tous les niveaux pour faire face à la défaillance.

La PME familiale demeure une notion difficile à clarifier (Abbo et Sangué-Fotso, 2025). Elle ne peut être définie à partir des formes juridiques spécifiques ou des critères de tailles spécifiques (Christensen, 1953 ; Agadame et Hounkou, 2020). La famille doit en outre fournir des dirigeants et être propriétaire d'une grande partie des actions. Quant à Davis et Tangiuri (1982), une entreprise familiale est « une organisation dans laquelle deux ou plusieurs membres de la famille élargie influencent la direction de l'entreprise à travers l'exercice de lien de parenté des postes de management ou de droit de propriété sur le capital ». En effet, trois critères permettent de définir l'entreprise familiale. Elle est caractérisée par la participation active de la famille dans la gestion de l'entreprise, le contrôle du capital par la famille et la transmission de l'entreprise à la génération future. Elles sont même « les organisations les plus vieilles au monde et les plus répandues » (Aronof et Ward, 1995). Elles sont le principal moteur de la croissance et sont désormais reconnues comme un acteur décisif dans la lutte contre la pauvreté. L'importance découle du fait que la famille constitue une enceinte pour la sécurité des individus face à la vulnérabilité de l'environnement économique et social. Par ailleurs, des recherches ont permis de révéler que la PME familiale est le plus grand utilisateur de la main-d'œuvre non qualifiée dans une économie en développement à l'instar du Cameroun[27] (Odo, 2014 ; Tchankam, 1998). Pour Tchankam (1998 : 9), « l'entreprise familiale au Cameroun serait celle dans laquelle les membres d'une même famille contrôlent l'activité ou le travail et participent activement à la direction, entretenant un lien durable entre famille et entreprise ». La famille participe donc pleinement à l'activité de l'entreprise. Une entreprise est donc familiale lorsqu'elle porte le nom de la famille et est imprégnée de ses valeurs et traditions. En plus de ces caractéristiques, l'entreprise familiale est celle dont les actions majoritaires ou la quasi-totalité des actionnaires sont membres d'une même famille.

Il se pose un réel problème des dispositifs qu'une entreprise familiale éprouve à cause de sa vulnérabilité. Elle doit les définir et les mettre en œuvre pour maîtriser au mieux ses activités, nécessitant l'implémentation d'un système de contrôle interne (SCI) efficace. **Il s'agit de 5 composantes suivantes : l'environnement interne favorable à la maîtrise des risques[28], une évaluation des risques, des activités de contrôle qui comprennent les dispositifs mis en place pour maîtriser les risques de ne pas atteindre les objectifs fixés, la maîtrise de l'information et de la communication, le pilotage du contrôle interne.** D'une manière générale, le contrôle au sein de l'entreprise familiale est essentiellement buté à deux raisonnements : d'un côté le monde familial affectif, qui cherche à protéger les membres de la famille à tous les prix ; et de l'autre côté, le monde de l'entreprise rationnel, qui vise seulement la rentabilité[29]. Loin d'être une évidence, l'entreprise famille est toujours marquée par le style de celui qui la dirige. Ainsi, le dirigeant propriétaire peut engager ses qualités et ses défauts dans le style de direction en disposant de manigance lui permettant d'appliquer un politique despotique et affectif en ce qui concerne le contrôle. En fait, il arrive qu'un dirigeant nomme les membres de sa famille à des postes de responsabilités même sans capacité nécessaire. Le patron privilégie les relations à la compétence.

L'étude réalisée dans le cadre de la présente recherche analyse le lien entre les composantes du contrôle interne (CCI) et la défaillance des PME familiales. Reconnues comme un moteur de la croissance en Afrique en général, et au Cameroun en particulier, les entreprises familiales ont des conséquences importantes sur le plan économique et social, notamment quand

---

27 Si au Cameroun, le taux de croissance reste encore faible, c'est en raison des difficultés inhérentes à la création et au pilotage d'entreprise. Selon le ministère de l'emploi, les PME emploient environ 48,7% des effectifs.

28 En effet, dans une entreprise familiale, **l'environnement interne est souvent dominé par le CI plus informel que formel.**

29 Cette réalité explique l'environnement conflictuel de l'employé (qui n'est pas membre de la famille) qui fonctionne de manière opposé à la famille que ce soit du côté du raisonnement, de la motivation et des relations interpersonnels.

elles font faillite. L'initiative visant à poser la problématique de cette étude est motivée par le souci d'apporter un éclairage sur la relation entre le SCI et la défaillance des PME familiales africaines. Les études actuelles sur le contrôle interne en Afrique semblent avoir mis l'accent sur l'efficacité de la structure de contrôle (Sangue, 2011), sur la manière dont le contrôle interne et l'audit influencent la gouvernance d'entreprise (Mandzila, 2004), sur la relation entre le contrôle interne et la gestion des risques pour renforcer la gouvernance (OCDE, 2016) et sur la contribution du contrôle interne et de l'audit interne à la performance financière des PME (Sadjo et Al., 2017). Ils se sont peu appesantis sur la relation entre le système de contrôle interne et la défaillance de ces PME familiales africaines. La question de la préservation du maillage économique de ces entreprises, notamment l'efficacité du SCI via les composantes face à leur défaillance, mérite d'être interpelée. Pour cela, l'objectif principal de cette étude est de comprendre en profondeur ce "fait économique" qui n'est pas particulièrement pris en considération par les travaux précédents afin de le décrire. Il s'agit de décrire l'importance des composantes du contrôle interne au regard de la défaillance des PME familiales.

Notre article est structuré en quatre parties : la première partie fait une revue de littérature pour expliciter l'objet de la recherche. La deuxième partie décrit la méthodologie adoptée. Dans la suite, nous présentons les résultats et la discussion.

1. Le cadre conceptuel du contrôle interne et de la défaillance

L'entreprise repose généralement sur un ensemble de procédés qui fonde la planification au sein de l'organisation et sur lesquels repose sa réussite. On s'intéresse au contrôle dans l'entreprise dans une approche où le pouvoir n'est possédé que par un certain nombre de personnes constituant une classe privilégiée qui impacte sur l'évolution de la PME. Nous nous intéressons donc au lien entre le contrôle interne et la défaillance de l'entreprise.

1.1. Approches théoriques du contrôle interne et de la défaillance

Selon IFACI (2005), la commission Treadway, dans son premier rapport : *Internal Control-Integrated Framework* (COSO I) « dépassait les définitions traditionnelles du contrôle interne qui le réduisaient à des procédures administratives de protection du patrimoine et de fiabilisation des informations financières et de gestion » (Pricewaterhouse, IFACI, 2004), afin de présenter une architecture radicalement nouvelle du contrôle interne permettant d'atteindre les trois objectifs (optimisations et efficacité des opérations, qualité des informations financières, conformité à la réglementation).

Selon (Cohen, 2001 : 100), la défaillance se traduit directement ou indirectement par des incidents graves de règlement qui empêchent une entreprise d'honorer les dettes qu'elle a contractées, à leur échéance normale. La défaillance économique se manifeste par une valeur ajoutée négative (Gresse, 1994). Koeing (1985) propose une définition qui se base sur le couple rentabilité/liquidité. Pour Martinet et Silem (2003 : 164), la défaillance est la carence ou le défaut de paiement d'un débiteur. La défaillance est donc synonyme de faillite au sens financier, dont la valeur des dettes est supérieure à la valeur des actifs.

À la différence de la défaillance, la faillite est la situation d'un débiteur se trouvant dans l'impossibilité de faire face aux échéances de ses dettes (cessation de paiement), dont le règlement de sa situation est déjà soumis ou en cours de soumission aux diverses procédures judiciaires. Plus spécifiquement, la faillite économique est l'état qui caractérise une entreprise dont la performance financière est moindre que celle de ses principaux concurrents (Ooghe et Van Wymeersch, 1986). Le point commun entre la défaillance et la faillite se situe au niveau financier, dont l'honneur est dû au respect de règlement de ses engagements financiers de l'entreprise. La différence se trouve au niveau des engagements et des procédures liquidatives de la situation économique, dont, pour le premier concept, les diverses procédures judiciaires ne sont pas encore engagées. Bref, les concepts expliquent la situation d'une entreprise en difficulté.

Le concept de contrôle interne s'est trouvé placé au centre des préoccupations des managers de tous bords de toute appartenance. En contexte camerounais, les résultats des travaux récents indiquent que le népotisme influe sur l'efficacité du CI dans les PME familiales (Souleymanou, 2016), mais le CI n'influence pas leur performance financière (Sadjo et al., 2017). Ce regain d'intérêt trouve sa source dans un premier temps en tant que moyen permettant au responsable de diriger les compétences parmi ses délégataires, et dans un deuxième temps, comme des dispositions pour mieux faire face à la défaillance.

Dans son acception commune et juridique, la défaillance recouvre un ensemble de situations qui concourent à la disparition de l'entreprise en raison notamment de graves problèmes financiers qui conduisent à la cessation de paiement (Jabeur et *al.*, 2014 : 1). Casta et Zerbib (1979), parlent de la défaillance de l'entreprise en se référant à une approche juridique, économique et financière. Selon ces auteurs, la défaillance juridique concerne en principe une action de dépôt du bilan pour une situation d'insolvabilité. La défaillance économique se réfère à l'absence de rentabilité et d'efficacité de l'appareil productif. Il s'en déduit une détresse financière liée à des problèmes de trésorerie et d'incapacité de remboursement des dettes. L'entité est donc menacée à partir du moment où la rentabilité devient insuffisante, puisqu'elle ne permet plus de rémunérer les fonds propres aux taux en vigueur sur le marché. L'entreprise ne trouve plus de solution pour gérer sa dette, ce qui se traduit par des incidents de paiement (Gresse, 1994).

Le concept de contrôle dans une organisation apparaît comme un état de fait existant dans l'entreprise, mais qui doit, par l'intervention humaine, devenir délibéré, c'est-à-dire constituer un système de contrôle transformé. Toute éventuelle incertitude (risque, négligence, erreurs, fraude dans le service de comptabilité) pousse à la mise en place d'un contrôle informel dans les PME familiales dans le but de fiabiliser l'information. Le contrôle interne est indissociable de la gestion des risques, car tout système de contrôle interne vise in fine à maîtriser des risques auxquels l'entité est exposée et à les ramener à des niveaux acceptables (Khalil et *al.*, 2022).

Dans son articulation avec la défaillance, le CI a certes un effet préventif sur celle-ci, mais il n'est pas bâti traditionnellement dans l'optique de la prévention, a fortiori de la détection de la défaillance. Le fait que le dispositif de contrôle interne mis en place par la direction de l'entreprise n'est pas prioritairement dédié à la prévention de la défaillance et qu'il y a lieu d'apprécier le caractère significatif des conséquences de la défaillance. Les CCI semblent donc être la base de la prospérité ou de la défaillance. Comme le montre la figure 1, il n'est plus nécessaire de démontrer la place de ces CCI dans la pérennité des PME familiales.

Figure 1 : Potentiel des composantes du contrôle interne et défaillance

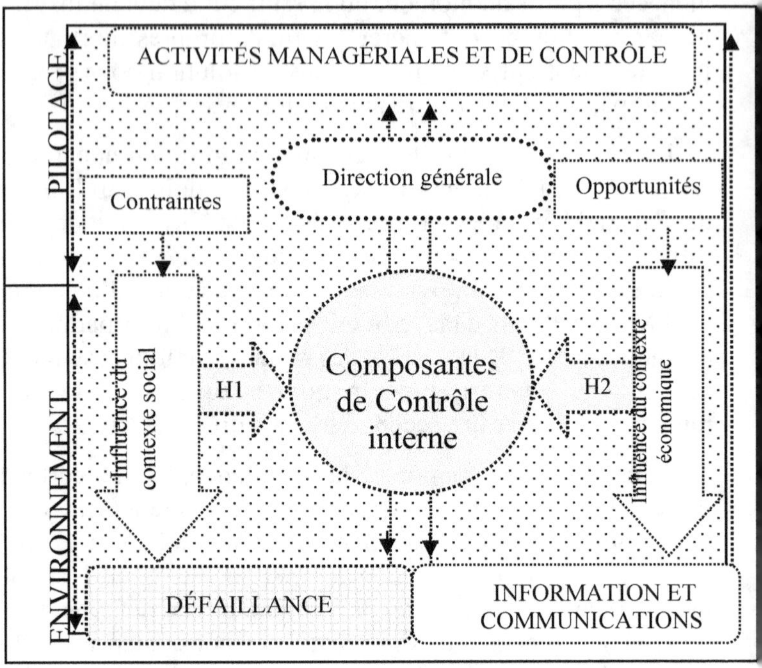

Cette figure montre que la défaillance des entreprises familiales s'explique par les opportunités ou les contraintes qui s'offrent à ces dernières, leur permettant de concevoir un système de contrôle interne formel et rigoureux. Partant de la mise en relation du CI et de la défaillance des PME familiales, l'environnement socio-économique du contrôle contribue à expliquer cette défaillance par les contraintes et les opportunités qu'il offre. Ainsi, toute activité managériale dans les PME familiales est soumise aux deux pôles d'influence au sein de ces PME, ce qui mérite qu'on l'analyse.

2. L'échantillonnage et le traitement des données

Les dirigeants et les contrôleurs internes sont interviewés grâce à un guide d'entretien exploité avec ces individus (dirigeant/propriétaire et contrôleur interne) en fonction de leur degré d'implication dans la mise en œuvre d'un SCI (plus ou moins efficace) dans la PME familiale et la perception de cette politique (tendances et sentiments). Le traitement des données recueillies s'est fait grâce au logiciel d'analyse des données qualitatives (sphinx). Le choix de quatre à dix cas est généralement motivé par une volonté de comparaison (Eisenhardt, 1989 ; Rispal, 1993). Nous préconisons de recourir au minimum de quatre cas, afin de faire varier les caractéristiques contextuelles. Les cas choisis sont présentés dans ce tableau.

Tableau 1 : Profil des PME de l'échantillon

Cas	Date	Durée	Profil de l'échantillon
Cas 1. Service (Logistique)	15/03/2023	45 mn	SA au capital de 500 000 000 FCFA, composée de deux actionnaires (frères), de directeurs d'agences, de chefs de service, de comptables, de contrôleurs internes et de responsables d'audit.
Cas 2. commerce	18/03/2023	35 mn	Cette entreprise est une Société anonyme au capital de 100 000 000 de franc CFA. Son promoteur est le seul actionnaire, propriétaire. Le directeur général de ladite entreprise est le petit frère du promoteur.
Cas 3. industrie	21/03/2023	58 mn	Dans cette SA, il y a un propriétaire, un dirigeant (DG), un comptable, un contrôleur interne. Le capital social est de 100 000 000 franc CFA.
Cas 4. industrie	22/03/2023	47 mn	Cette SA a un actionnaire (propriétaire de cette structure), un dirigeant, dont le directeur adjoint est le fils du propriétaire, un comptable, un responsable de la production, deux (2) responsables commerciaux, un contrôleur interne. Le capital social est de 200 000 000 FCFA.

Nous avons quatre cas d'entreprises, dont : deux (2) industrielles, une (1) commerciale et une (1) de service. Ces entreprises sont sélectionnées selon la procédure de choix raisonné, tout en s'assurant de l'existence d'une fonction de contrôle interne. Le recueil des entretiens a été réalisé par des enregistrements. Les retranscriptions ont fait l'objet d'environ 3,5 heures de travail. Les textes de transcription forment en moyenne un volume de 3 à 5 pages pour chaque cas. Les retranscriptions ont fait l'objet aussi de relectures successives, de notre part, et de celle des personnes interviewées. En outre, les données sont actualisées grâce aux triangulations menées de 22 et 26 juin 2023 auprès des entités ayant accepté nos interviews.

Dans un esprit « d'échantillonnage théorique » (Glaser et Strauss, 1967), nous avons sélectionné des PME susceptibles de nous apporter un matériel riche, qui mette clairement en lumière les relations entre les concepts de système de contrôle interne et de la défaillance (ce choix a fait l'objet d'importants échanges). Il s'agissait pour nous de trouver des cas « révélateurs » au sens de Gioia et *al.* (2013), c'est-à-dire, des cas présentant un fort potentiel pour développer un nouvel éclairage sur un phénomène peu étudié (Langley et Abdallah, 2011), à savoir le rôle du SCI efficace dans l'influence de la défaillance des PME familiales.

À partir du codage effectué, les éléments essentiels du système de contrôle interne sont produits pour leur lien avec les éléments qui expliquent la défaillance. C'est ainsi que nous avons la qualité de SCI face aux déterminants de la défaillance d'une PME. La synthèse est clairement ressortie ci-dessous.

Tableau 2 : Récapitulatif des observations théoriques générales et secondaires

Observation générale	Observations secondaires	Concepts	Indicateurs	Manifestations
Potentiel des composantes du CI à faire face à la défaillance des PME familiales	Les contrôleurs internes sont-ils membres de la famille ?	Environnement du contrôle interne	- Lien familial - Code d'éthique de la mission de contrôle interne	- Compétence des contrôleurs - Indépendance des contrôleurs
	Les contrôleurs internes effectuent-ils un contrôle formel ou informel ?	Potentiel d'évaluation et de maîtrise des risques	- Procédures de contrôle interne - Mode d'organisation des activités de contrôle	- Activités contrôlées par une personne désignée (ex : la caisse tenue par le dirigeant) - Moyens d'analyse des risques
	Les propriétaires / dirigeants des PME familiales évaluent-ils les risques ?	Éventualité de la cosurveillance par les propriétaires / dirigeants	- Maîtrise de la gestion des risques par le dirigeant - Communication fluide de l'information financière en interne - Règles de gouvernance (notamment pour gérer les relations entre le dirigeant et le conseil d'administration)	- Actions du propriétaire / dirigeant dans la maîtrise des risques - Taux de rotation de la direction

Dans ce tableau, la première composante, « *environnement du contrôle interne* » n'est pas adoptée selon les contrôleurs internes, alors qu'elle l'est selon les propriétaires / dirigeants. Quant aux autres composantes « *évaluation et la maîtrise des risques* » ; « *dispositifs mis en place pour maîtriser les risques par rapport aux objectifs des entreprises* » ; « *maîtrise de l'information et de a communication* » ; « *pilotage sans difficulté de co-surveillance* »), elles sont moyennent adaptées autant pour les contrôleurs internes que les dirigeants.

Le traitement des données débouche sur un ensemble de constats ou de résultats que nous avons analysés avec le plus grand soin grâce au logiciel sphinx. Analyser ces résultats par une étude de cas se fait plus sur des opinions que sur des méthodes statistiques. Il est question de rassembler les données dans un format facile à gérer et de construire un texte autour. Par la suite, l'analyse empirique est faite après les tendances des orientations et des sentiments. La démarche consiste donc à analyser la capacité des composantes du contrôle interne à faire face à la défaillance des PME familiales. Au regard de la qualité de contrôle fournie pour la maîtrise des risques de faillite de ces entreprises, l'on appréciera d'abord l'état actuel du système de contrôle interne de ces entreprises, ensuite, voire la façon dont elles se manifestent dans un environnement influencé par le lien social.

3. Les résultats de l'analyse

Les résultats de nos analyses qualitatives sont générés à l'aide du logiciel « Sphinx Quali ». Les résultats empiriques issus de l'analyse des entretiens sont présentés en mettant spécifiquement en évidence la relation entre le SCI et la défaillance des PME familiales. Les concepts correspondant aux deux axes sont expliqués par la richesse des corpus qui constituent le nombre de mots, dont si l'indice de richesse est supérieur à 1, alors les réponses de cette catégorie sont plus riches que la moyenne. Plusieurs raisons expliquent l'efficacité du CI dans les PME familiales du contexte étudié. Trois sont mises en évidence dans ce travail : l'environnement du SCI, l'opacité d'évaluation et de la maîtrise des risques, les difficultés d'application des normes et procédures de contrôle.

L'environnement interne et la maîtrise de risques. L'environnement interne est très peu favorable à la maîtrise de risques dans les PME. L'une des causes de l'inefficacité du SCI s'explique tout d'abord par son environnement social, dont les indicateurs de perception sont décrits par un contrôleur interne dans une PME. Au regard de l'importance accordée à ces signes, le *« contrôleur interne influencé »* raconte ces réalités de la manière suivante :

> *« L'environnement du contrôle est un élément très important de la culture d'une entreprise. Mais, à part le code d'éthique habituel qu'on met dans le contrat, il n'existe pas un cadre formel en ce qui concerne le contrôle interne dans notre entreprise. Tout part du chef. Le système est très centralisé. Tous les personnels sont des membres de la famille et des connaissances. Il est difficile, voire impossible, de mettre en place une culture de contrôle interne formel et efficace au sein de l'équipe pour maîtriser les risques [...] ».*

L'indicateur majeur de l'efficacité du SCI est également expliqué par le dirigeant-propriétaire d'une PME, dont l'importance accordée à la famille est préconisée. La majorité des travailleurs sont essentiellement de la famille. La préférence familiale prend le dessus sur la politique du contrôle interne. Elle peut être justifiée par des raisons convaincantes propres au dirigeant, en marge de celui du contrôleur interne.

> *« Oui, le contrôle [...], le contrôle est souvent bien fait en interne. Normalement, le contrôleur interne devrait venir de l'extérieur (être hors de la famille), on doit le solliciter pour sa compétence [...]. Mais les personnels*

que nous avons formés sur le tas [...], effectuent actuellement bien le service, et du moment où tout se fait bien, alors, pourquoi aller appeler quelqu'un de dehors, on préfère faire confiance à un proche, comme ceux qui travaillent-là, la société peut s'en sortir. En plus, le contrôle, je veille d'ailleurs beaucoup pour mieux voir ce qui et ce qui ne va pas ».

L'Opacité de l'évaluation des risques. Face aux caractéristiques du cadre social dans une structure du type familial (la partialité, l'indifférence, la préférence) l'évaluation et la maîtrise des risques deviennent difficiles. Bien évidemment, ces éléments ont un impact sur les objectifs et les missions du contrôle interne formel. Dans le cas d'espèce, cet impact a été marqué par la réaction du contrôleur interne non membre de la famille.

« Chez nous, le contrôle interne est plutôt un système multiforme. Le système ne peut pas rassurer et permettre d'évaluer les risques. Néanmoins, il existe au sein de la société des personnes de confiance [...] qui s'en chargent. Ainsi, les activités de contrôle sont menées presque à tous les niveaux. Chaque fois qu'il y a de blocages, on sait exactement à quel niveau ça se situe et ce qu'il faut faire pour débloquer la situation ».

Dans la sphère et la dynamique de considération de l'appareil social propre à la PME familiale africaine, le processus d'évaluation et de maîtrise de risque est un peu spécial et opaque, dont le système de contrôle interne est géré par le dirigeant propriétaire par les propos suivants.

« Ce sont les relations qui nous font choisir [...]. Généralement, après le contrôle, on attire immédiatement l'attention, et un rapport est fait lorsqu'on constate un manque. Sinon, lorsqu'il y a plus, il n'y a pas de problème, autrement dit, on ressent ou on constate un risque, mais, quand il y a plus que prévu, on ne cherche vraiment pas à savoir puisqu'il n'y aura aucun risque ».

Maîtriser les risques par le contrôle. Il est question pour cette 3e composante d'expliquer les activités de contrôle comprenant les dispositifs mis en place pour maîtriser les risques. Outre les réactions à la manifestation de l'opacité d'évaluation et de la maîtrise des risques dans les PME familiales, notamment l'importance accordée à la fibre familiale et ses caractéristiques, les principales difficultés observées sont relatives à l'application des normes et procédures de contrôle. Lorsque le contrôleur interne est confronté au choc relatif à la mise en application des normes et procédures de contrôle, il adopte, dans un premier temps, une attitude d'indifférence en préservant avant tout son emploi.

« Il existe des procédures internes [...] jouant souvent le rôle de régulateur des activités, mais fonctionnant avec les interventions familiales venant de tous les côtés. Lors des comptes, parfois tout est signalé, mais les sanctions ne s'en suivent pas immédiatement pour les membres de famille. Tout est géré en amont. Par ailleurs, le contrôle au niveau de la caisse est exclusivement fait par le DG lui-même. Il s'assure des disponibilités de la caisse pour que personne ne vienne toucher ».

La spécificité de la PME familiale réside également dans le recrutement des employés. Le contrôleur interne est généralement recruté par le propriétaire, au cas où il est différent du gestionnaire, le rapport du contrôle lui est tenu pour rendre compte de tout. Il convient de rechercher, d'abord d'un point de vue empirique, les propos du dirigeant de la PME familiale pour savoir, si les normes et procédures de contrôle interne spécifiques à elles, sont facilement appliquées, et dont le management n'est pas au détriment de l'efficacité du SCI.

> *« La procédure du contrôle est dictée au contrôleur par le propriétaire, même s'il fait confiance à tous. En réalité, le contrôle de la gestion de notre société n'est bien assuré. On gère en famille, sans imputer la responsabilité de la gestion à un seul membre de cette famille [...]. Mais, chacun sait que j'observe tout ce qui se passe même sans être présent. Ils savent que chacun surveille l'autre. Les responsabilités étant bien définies dans chaque poste de travail s'il y a perte, je déduis automatiquement dans le dû de celui qui en est responsable ».*

Le potentiel du contrôle interne adapté. Comme Les termes défaillance et faillite sont strictement équivalents, pour expliquer les réalités selon lesquelles les entrepreneurs prennent des décisions en fonction de prévisions établies à partir de leurs résultats antérieurs modulés par des prévisions macroéconomiques et multisectorielles. Ainsi, beaucoup reste à faire pour comprendre les causes et les mécanismes de défaillance des entreprises en général et des PME africaines en particulier. En plaçant le SCI comme un outil capital de la gestion et de la prise de décision, ce travail met en évidence, la politique managériale et la cosurveillance comme étant des réalités très caractérisées dans les PME.

Politique managériale, maîtrise de l'information et de la communication et la cosurveillance

Dans le contexte d'une politique managériale, la défaillance d'une entreprise résulte souvent de l'aboutissement d'un ou de plusieurs facteurs (défaillance des clients, baisse tendancielle de la demande, santé financière de la société, problèmes juridiques ou judiciaires, mauvaise gestion de l'entreprise, etc.). Il apparaît, à l'issue de l'interview d'un contrôleur interne, que, la manière dont le dirigeant assure le pilotage de l'entreprise familiale explique le lien de causalité entre l'efficacité du SCI et la défaillance.

> *« Les facteurs qui sont à l'origine de notre défaillance sont à 100 % du fait d'une très mauvaise gestion [...]. Lorsque le père fondateur était en vie, l'information et la communication étaient fluides. C'est après sa mort que l'entreprise a connu un changement. Même les membres de la famille sont au courant que les interventions familiales dans les affaires ne sont plus les bienvenues. Le lien de parenté c'est à la maison, fût-il mon frère ou mon fils, je suis rigoureux dans les évaluations et le rapport relatif aux sanctions ».*

Il est aussi raisonnable de se demander si le climat social est un facteur favorable ou défavorable à l'efficacité du SCI. Notre travail montre que les causes de défaillance peuvent être d'ordre macroéconomique, comme le taux d'intérêt et les conditions de crédit, le cycle économique et l'inflation, mais la dimension managériale et stratégique attribue la défaillance à l'environnement à la fois interne et externe de l'entreprise. Dans les PME de notre échantillon, l'enjeu s'identifie d'une part, par la perception de l'indifférence et d'autre part par la politique du contrôle interne mise sur pied par le dirigeant de l'entreprise familiale, qui s'explique.

> *« C'est le promoteur (propriétaire) lui-même qui laisse que la défaillance arrive. C'est parce que les normes de la politique managériale ne sont pas précises. Aussi j'évoque un aspect très important des affaires avec les membres de la famille où il n'existe pas de limite entre le travail et la famille. Tout est en relation étroite. C'est ce qui perturbe la gestion. La difficulté que rencontre mon entreprise résulte aussi bien de sa gestion que de sa politique. Si au départ tout était défini avec le moindre détail, je ne serais pas dans la situation actuelle ».*

L'engagement dans la surveillance répond à la dimension de l'impasse vécue par l'individu commis pour le contrôle interne. L'engagement est en effet une source d'expérience des interactions dans le processus de reconstruction de soi. Par ailleurs, il convient de procéder à une résolution dudit problème par des propositions pour rendre au SCI toute son efficacité.

> *« [...] Tout le monde est contrôleur ici. Les membres de la famille exercent une influence déterminante sur la stratégie de la société. L'influence va au-delà de l'immixtion intempestive des membres de la famille dans la marche fonctionnelle de l'entreprise. ».*

La politique du contrôle interne mise sur pied par le dirigeant ou le propriétaire de l'entreprise familiale se traduit à l'origine et à la signature du contrat de travail, par la détermination, la conformité, le dispositif dans la maîtrise et la gestion des risques, mais le respect en est tout autre. Les difficultés liées à l'implication des membres de famille en sont pour beaucoup dans la situation actuelle présentée.

> *« Les arrêts de nos activités sont dus au problème d'organisation. Autant d'arrêt, autant de directeur (de 2000 au 14 mai 2016, 10 directeurs ont été changés à la tête de cette société), donc, autant de difficultés. Il faut savoir une chose, ici, tout s'excuse dans le cadre de la famille et c'est la raison pour laquelle nous observons beaucoup de problèmes. Si vous observez bien les rares entreprises où tout marche bien, ce sont celles où la famille est exclue où l'environnement indexe le propriétaire comme "méchant, qui n'aide pas la famille" ».*

Les résultats des analyses qualitatives sont générés. Les résultats empiriques issus de l'analyse des entretiens, à l'aide du logiciel « Sphinx

Quali », sont présentés en mettant spécifiquement en évidence la relation entre les aptitudes des composantes du CI et la défaillance des PME familiales.

Tableau 3 : Caractérisations selon les orientations et les sentiments des répondants

	Effectifs	Longueur moyenne	Les 5 mots spécifiques	Contexte spécifique	Indice de richesse relative
Nettement positif	2	77	Contrôle - famille - interne - risque - société -...		1,09
Plutôt positif	3	72	Contrôle - familial - gestion - interne - entreprise -...		1,13
Partagé	2	49	société - procédure - propriétaire - membre de la famille - cause - ...	entretien avec Cas 5	0,76
Plutôt négatif	2	69	famille - familial - gestion - interne - procédure		0,96

Cette synthèse met en évidence les mots spécifiques, le contexte spécifique et les indices des richesses relatives des orientations et des sentiments des réponses. Les concepts correspondant aux deux axes sont expliqués par la richesse des corpus qui constituent le nombre de mots, dont si l'indice de richesse est supérieur à 1, alors les réponses de cette catégorie sont plus riches que la moyenne. À l'inverse, les réponses de cette catégorie les moins riches prédisent que la moyenne de l'indice est inférieure à 1. À la lecture de la caractérisation selon les orientations et les sentiments, les résultats de la figure 2 ci-dessous, ceux du tableau 3 ci-dessus et ceux du tableau 4 en annexe montrent que les opinions émises sont : « d'abord *nettement positifs* (74 mots le réitèrent, notamment : contrôle, familial, interne, risque, système) exprimés par les cas étudiés ; ensuite, elles s'avèrent plutôt positives ; enfin, elles sont *plutôt négatifs* (69 mots le prouvent, dont plus significativement : les mots : famille, familial, gestion, interne, procédure). Les indices de richesse respectifs supérieurs à 1 sont : 1,13 ; 1,09.

Figure 2 : Caractérisation selon les orientations et les sentiments

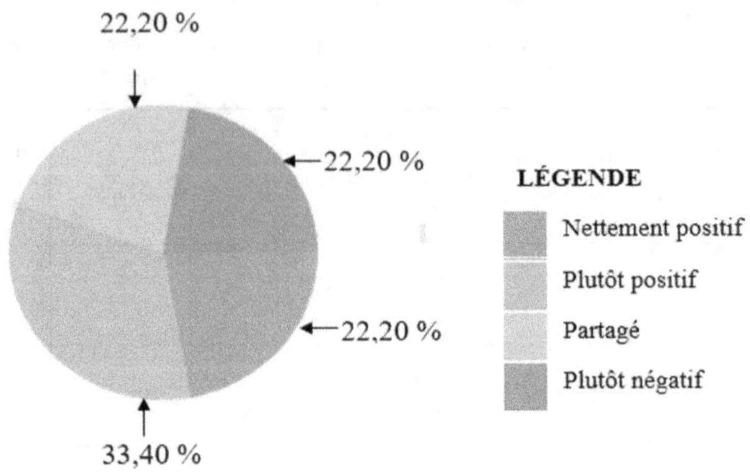

En se basant sur les indices de signification et l'analyse des réponses sur l'orientation et les sentiments, les réponses les plus courantes (55,60 %) sont caractérisées de la manière suivante : nettement positives (22,20 %) et plutôt positives (33,40 %). Leurs indices de richesses relatives sont significatifs. La caractérisation plutôt négative (0,96) est proche de la moyenne (1), mais son indice de richesse relative n'est pas significatif. Il a été déterminé dans l'ensemble du corpus, les opinions exprimant un sentiment, un jugement ou une évaluation relative à l'influence réelle et effective de l'efficacité des composantes du CI sur la défaillance de la PME. La figure 2 et sa légende ci-dessus mettent en évidence la répartition des observations en fonction de l'orientation de leurs opinions positives ou négatives. La taille moyenne de ces observations ainsi que les mots et contextes les plus représentés dans chacun des cas sont indiqués. En outre, le verbatim spécifique fournit des exemples d'opinions positives ou négatives des entretiens sur l'efficacité des composantes du CI.

Dans la caractérisation selon l'orientation, le tableau relève et attire l'attention sur ce qui caractérise des réponses. Les spécificités mettent en évidence les mots, concepts, orientations, sentiments, contextes et classes thématiques surreprésentés pour chacune des catégories d'orientation. Dans l'analyse par contexte, les mots spécifiques sont mis en évidence. Les compléments des avis des individus interrogés sont donnés, selon l'ordre chronologique d'entretiens relatifs au verbatim spécifique de la défaillance des PME. Le processus démarre par l'apparition manifeste d'un pourcentage montrant que l'efficacité des composantes du CI explique plutôt une influence plus positive à faire face à la défaillance des PME familiales. En mettant l'accent sur l'importance d'évaluer la cosurveillance par la direction en matière d'évaluation du contrôle interne en contexte d'échec dudit contrôle, mesure l'opinion des vérificateurs sur la compétence de la direction. À la suite de la description du déficit de contrôle, la compréhension du gestionnaire sur les mesures à prendre pour améliorer le contrôle interne est évaluée.

Le Rapport du Recensement général des Entreprises « RGE » (2018)

Ce rapport livre les principaux résultats du deuxième RGE. Il fait ressortir les principaux résultats, en s'attardant sur la cosurveillance, et donc, le profil des promoteurs, des principaux dirigeants et l'environnement de contrôle des affaires. Par ailleurs, les données collectées montrent que 85 % de promoteurs ont moins de dix (10) ans d'ancienneté, alors que les principaux dirigeants en ont 94 %. Dans une entité, deux cas peuvent se présenter : (i) le promoteur est différent du principal dirigeant et (ii) le promoteur est le principal dirigeant. Globalement, sur les 209 482 entités recensées, 186 481 entités sont dirigées par le promoteur qui est le principal dirigeant et, 23 001 entités par le principal dirigeant qui est différent du promoteur. Globalement, 89 % des entreprises sont dirigés par leur promoteur.

Ainsi, les faiblesses du contrôle interne sont liées à la piètre qualification des comptables et des gestionnaires, à la pratique financière des contrôleurs et à la mauvaise mise en œuvre des systèmes d'information. Dans cet ordre d'idée, notre recherche montre qu'il y a un rôle de « coordination » pour la réglementation de contrôle interne qui incite les entreprises à mettre en œuvre un système de contrôle interne plus efficace que si elles choisissent volontairement et indépendamment leur politique de régulation de contrôle interne. Nos résultats justifient également le rôle de l'intervention réglementaire dans les choix de contrôle interne de l'entreprise par la présence d'externalités. La direction doit donc être dotée d'une approche d'évaluation des systèmes de contrôle interne comprenant les cinq composantes de contrôle en y intégrant les parties prenantes externes, y compris les vérificateurs externes et les régulateurs. Lorsque les vérificateurs émettent une opinion défavorable, ils signalent aux utilisateurs des États financiers qu'ils ont identifié une ou plusieurs faiblesses matérielles dans le système de contrôle interne et qu'il existe un risque accru d'une infirmation matérielle dans les États financiers joints. Le contrôle interne d'une entreprise est ainsi considéré comme inefficace, lorsqu'il n'est pas en mesure de prévenir ou de détecter de façon opportune les États financiers de manière incertaine.

Selon le RGE (2018, p.30).

> *« L'on note déjà qu'en 2016, les avis négatifs des chefs d'entreprise relatifs au contrôle interne sont dominants. Globalement, il ressort des réponses des chefs d'entreprises interrogés que très peu ont une connaissance des composantes COSO ou desdites dispositions politiques en contrôle interne. En effet, moins de 2 opérateurs économiques sur 10 affirment en être au courant. Les Accords de Partenariat Economique (APE) récemment signés avec l'Union européenne*

en 2016, constituent l'action qui recueille le plus d'audience avec 17,8 %. Comme indiqué ci-dessus, le profil des promoteurs en termes de niveau d'instruction montre qu'on a à faire à des managers relativement peu instruits, surtout en ce qui concerne les dirigeants des PME ».

Le Rapport du Groupement Inter-patronal du Cameroun « GICAM » (2017a). En outre, les entités existantes évoluent dans un environnement de contrôle interne difficile, marqué par un manque de personnel qualifié et de processus de contrôle. Dans le même sens, nos travaux ont mis en évidence l'importance des déficiences en matière de contrôle interne sous forme de faiblesses matérielles. Pour ces auteurs, les problèmes de contrôle interne diminuent lorsque l'environnement de l'information de l'entreprise est plus riche et plus transparent. En revanche, lorsque la qualité de l'environnement de l'information est faible, il y a une incitation plus élevée à collecter des informations sur le prochain échec de contrôle interne.

Selon le GICAM (2017a, p.8 et 43, édition de février, n° 69) :

> *« Il n'est pas étonnant de constater que l'essentiel des sollicitations des chefs d'entreprise porte sur des préoccupations liées à l'environnement de contrôle des affaires, notamment (les chevauchements des contrôles administratifs ; l'élaboration des textes et règlements en matière d'application du contrôle interne ; la question des délais de paiement, dont le rallongement entraîne des défaillances en chaîne des PME/TPE ; les difficultés d'accès aux devises pour certaines transactions dans le cadre du commerce extérieur ; le respect de la réglementation et des normes environnementales dans le processus de certification, mais également de conformation aux exigences de la norme camerounaise, dans l'objectif d'en garantir une meilleure qualité en contexte camerounais et dans la sous-région) ».*

En tournant l'attention vers l'application des potentiels des composantes de contrôle interne, selon le COSO constatent que les capacités sont plus probables de 5 à 10 % lorsque les entreprises signalent des faiblesses de contrôle interne. Dans le cadre d'évaluation de la maîtrise de risque en contrôle interne d'une entreprise. Notre recherche a étudié la relation entre les risques économiques maîtrisés et les faiblesses du contrôle interne. Il souligne l'importance du jugement de la direction dans l'évaluation de l'efficacité d'un système de contrôle interne. Il explique comment les parties prenantes externes, y compris les vérificateurs externes et les régulateurs, font partie du système de contrôle interne et peuvent être considérées comme une source de détection, de maîtrise de risque et d'évaluation des déficiences du contrôle interne. Après la défaillance de nombreuses entreprises roumaines, certaines faiblesses du contrôle interne identifiées sont liées :

- à la mauvaise mise en œuvre du contrôle interne ;
- au manque de personnel suffisant avec les qualifications appropriées ;
- à la mauvaise mise en œuvre des systèmes d'information ;

- à l'absence de vérification interne ;
- à aucune évaluation du contrôle interne par la direction.

Selon le GICAM (2017b, p.5, édition de juin, n° 70) :

> *« En outre, dans le cadre d'une étude que le bureau international du travail vient de mener sur l'informel au Cameroun dans le but de mettre en place une stratégie des dirigeants pour faciliter la transition de l'économie informelle vers le formel, il apparaît que l'expansion de l'informel au Cameroun se justifie, entre autres, par un environnement de contrôle des affaires jugé inadéquat, des pratiques telles que la tolérance ou le laxisme dans l'application des réglementations. Les implications de l'informel sont importantes et s'observent à la fois sur l'activité des entreprises formelles. Avec le formel, les entreprises de l'informel entretiennent à la fois des relations de coopération, de concurrence et de complémentarité ».*

En matière de contrôle interne, le processus informel dans les PME constitue entre autres un facteur qui maintient une frange importante, voire suscite chez certaines PME formelles des intentions de migrer vers l'informel.

4. Discussions

L'analyse met en lumière une dynamique complexe entre les composantes du contrôle interne et la défaillance des PME familiales au Cameroun. Il s'avère que l'efficacité du SCI dans ce contexte spécifique est significativement influencée par trois facteurs principaux : l'opacité de l'évaluation et de la maîtrise des risques, l'environnement du SCI et les difficultés d'application des normes et procédures de contrôle. Ces constats trouvent une résonance dans le cadre conceptuel mobilisé, mettant en lumière le rôle décisif du contrôle interne dans la transmission des informations, comme le suggèrent Mikol (1991), Pigé (1997) et Renard (2002). Ils se joignent ainsi à ceux de Béninger (1986), qui rappelle qu'exercer un contrôle, c'est implicitement influencer quelqu'un ou quelque chose afin d'atteindre des objectifs, ce qui souligne l'importance d'un SCI efficace pour la pérennité des PME.

Pour ce qui est de l'environnement interne et la maîtrise des risques, nos résultats indiquent une prédominance d'un environnement social où les liens familiaux et les relations personnelles priment sur la formalisation et la rigueur des dispositifs de contrôle. Ce résultat rejoint les particularités de la PME familiale évoquées par Beckhard et Dyer (1983) et Shanker et Astracham (1996), qui soulignent les spécificités du contrôle dans ces structures organisationnelles. La difficulté à mettre en place une culture de contrôle interne formelle et efficace, mise en avant par nos interviewés, peut être analysée comme une manifestation des déficiences que pouvaient dévoiler la fonction administrative et l'organisation que Fayol (1916) avait déjà identifiées comme des sources potentielles de défaillance. De plus, la préférence accordée aux membres de la famille, même si elle entraîne une baisse des performances, souligne le conflit entre les sphères privée et professionnelle. C'est ce qu'ont mis en évidence les recherches d'Abbo et Sangue-Fotso (2025). Cette situation peut limiter l'efficacité de l'environnement de contrôle, une des cinq composantes essentielles du SCI selon le cadre intégré du COSO (Nimi et al, 2021).

La complexité de l'évaluation des risques constitue un autre obstacle majeur à l'efficacité du SCI dans les PME familiales ayant fait l'objet de nos études de cas. La partialité, l'indifférence et la préférence, inhérentes au cadre social familial, rendent difficile une évaluation et une maîtrise objectives des risques. Le contrôleur interne non membre de la famille décrit un « système multiforme » peu rassurant quant à l'évaluation des risques, où la confiance personnelle joue un rôle majeur. Le dirigeant-propriétaire reconnaît une approche sélective de l'évaluation des risques, soulignant un manque de rigueur dans l'application des principes d'évaluation des risques préconisés par le modèle du COSO. Cette opacité peut entraver la mise en place d'activités de contrôle adaptées, une autre composante cruciale du SCI, conçue pour maîtriser les risques et atteindre les objectifs fixés.

En outre, les difficultés d'application des normes et procédures de contrôle constituent un défi significatif. Le témoignage du contrôleur interne confronté aux « interventions familiales venant de tous les côtés » et au manque de sanctions pour les membres de la famille illustre la complexité de l'application formelle des procédures. La gestion directe de la caisse par le dirigeant peut également être comprise comme un signe de centralisation excessive du pouvoir. La politique de contrôle interne dictée par le propriétaire et la gestion « en famille » sans attribution claire des responsabilités peuvent atténuer l'efficacité du SCI et accroitre la vulnérabilité à la défaillance. Ces résultats renforcent l'idée que le style de direction du dirigeant propriétaire peut influencer considérablement l'application des dispositifs de contrôle. Bénedict et Keravel (1990) et Cappelletti (2004) soulignent à ce propos que la mise en œuvre d'une SCI peut être perçue comme une remise en cause de la confiance envers le personnel, ce qui peut être exacerbé dans un contexte familial.

Nos résultats vont également dans le prolongement des travaux existants sur le contrôle interne en Afrique (Sangue, 2011 ; Sadjo, 2017) et mettent en lumière, comme Souleymanou (2016), l'impact du népotisme sur l'efficacité du CI au sein des PME. Notre travail met cependant l'accent sur la relation entre les composantes spécifiques du SCI et la défaillance des PME familiales dans le contexte camerounais. Il est crucial de noter, comme le soulignent Marniese et Morisson (2000) en parlant des « aides familiaux », que les PME familiales jouent un rôle socio-économique déterminant en Afrique, en absorbant une partie de la main-d'œuvre non qualifiée. Une SCI efficace pourrait aider les dirigeants africains à mieux gérer leurs entreprises

(Berland 2009 ; Bouquin 1997, 2004, 2005). Cependant, nos résultats suggèrent que les règles sociales, caractérisées par les relations interpersonnelles au sein de la famille élargie, peuvent parfois primer sur les règles éthiques et économiques, constituant une source potentielle d'inefficacité du SCI et donc de défaillance.

Il apparaît finalement que les particularités structurelles et culturelles des PME familiales au Cameroun créent des défis spécifiques pour la mise en place et l'efficacité d'un système de contrôle interne robuste, tel que préconisé par le cadre du COSO. L'influence des liens familiaux, le manque de formalisation, l'opacité dans l'évaluation des risques et les difficultés d'application des procédures de contrôle apparaissent comme des facteurs significatifs pouvant accroître la vulnérabilité de ces entreprises à la défaillance. Ces constats et résultats soulignent l'importance d'adapter les modèles de contrôle interne aux réalités du contexte des PME familiales africaines, en tenant compte des dynamiques familiales et des défis de gouvernance qui leur sont propres.

Conclusion

L'analyse des dispositifs de COSO en contexte camerounais montre dans un premier temps que l'influence des composantes du CI sur la défaillance des PME familiales est essentiellement positive. En effet, dans les PME familiales étudiées, les employés sont essentiellement recrutés sur la base des liens sociaux. La présence du dirigeant ou d'un comptable recruté dans la famille résout le problème du contrôleur interne, si ce dernier est « l'homme » de confiance de la famille. Il devient donc indispensable dans l'exercice de la fonction du contrôle interne. Le contrôle interne étant assuré de préférence de manière plus informelle que formelle par la confiance accordée aux membres de la famille, l'efficacité organisationnelle du SCI est déterminante. Cette efficacité organisationnelle dans les PME est ainsi influencée par toutes ces composantes du CI : l'environnement interne favorable à la maîtrise des risques, une évaluation des risques, des activités de contrôle qui comprennent les dispositifs mis en place pour maîtriser les risques de ne pas atteindre les objectifs fixés, la maîtrise de l'information et de la communication, le pilotage du contrôle interne. Autrement dit, si le SCI de la PME familiale n'est pas efficace, c'est à cause du pilotage du contrôle interne (donc de la cosurveillance) remettant en cause la compétence du contrôleur interne. Pour cela, des aptitudes de changement de culture d'entreprise constituent des solutions à cette limite expliquée par l'indice d'influence négative, quoique non significative. Cette condition est donc un préalable à l'efficacité du SCI, et par conséquent, une solution à la défaillance. De ce qui précède, nous pourrons dire que, dans le contexte de cette étude, les PME familiales disposant d'un SCI quoique l'efficacité soit plus performante que celles ne l'ayant pas mis sur pied.

Bibliographie

Abbo, M et Sangué-Fotso, R. (2025). La Performance financière des PME familiales transmises : Une Analyse à partir de leurs caractéristiques opérationnelles et fondamentales. *Marché et organisations,* Pub. Anticipées (0), I124-XXXI. https://doi.org/10.3917/maorg.pr1.0124.

Agadame, T. J. et Hounkou, C.E. (2020), Mode de transmission et pérennité des PME au Bénin, *Revue Africaine de Gestion*, 2020, *3* (3), 140-163.

Beckhard, R., et Dyer, W. (1983). "Managing Continuity in the Family-Owned Business." *Organiza-tional Dynamics* 12 : 5-12.

Benedict, G. et Keravel, R. (1990). *Évaluation du contrôle interne dans la mission d'audit*, Éditions Comptables Malesherbes (95).

Beninger, J.R. (1986). *The Control Revolution.* Cambridge, MA, Harvard University press.

Berland, N. (2009). *Mesurer et piloter la performance*, e-book, www.management.free.fr

Bouquin, H. (1997). « Contrôle », *in Encyclopédie de gestion*, Y. Simon et P. Joffre : Economica, Paris, 2e édition.

Bouquin, H. (2004). *Le contrôle de gestion*, Presses universitaires de France, Collection Gestion, 6e édition, Paris.

Bouquin, H. (2005). *Les fondements du contrôle de gestion*, PUF, Paris.

Cappelletti, L. (2004). « La normalisation du contrôle interne : esquisse des conséquences organisationnelles de la Loi Sécurité financière », *Congrès de l'AFC*, Orléans.

Casta, J. F., et Zerbib, J. P. (1979). « Prévoir la défaillance des entreprises ? ». *Revue Française de Comptabilité*, 97 : 506–526.

Chan, D. (2016). "The Effects of Internal Control Reporting Regulation on Control Quality, Compensation and Audit Effort". *Working paper*. University of Hong Kong.

Chan, K. C., Farrell, B., et Lee, P. (2008). "Earnings Management of Firms Reporting Material Internal Control Weaknesses under Section 404 of the Sarbanes-Oxley Act," *Auditing: A Journal of Practice and Theory,* 27(2) : 161-179.

Christensen, C. (1953). *Management Succession in Small and Growing Enterprises.* Boston : Division of Research, Harvard Business School.

Cohen, E. (2001). *Dictionnaire de gestion*, La découverte, 405 p.

David J. et Taguiri. R (1982). « The influence of life stag on father-son work relationships in family companies », *Family business review*, 2 (1): 47-74.

Eisenhardt, K. (1989). « Building Theories from Case Study Research », *Academy of Management Review*, 14 (4): 532-550.

Fayol, H. (1916). « Administration industrielle et générale », *Bulletin de la Société de l'Industrie minérale*, 10 : 5-164.

Gao, P., et Zhang, G. (2016). "Accounting Manipulation, Peer Pressure, and Internal Control". *Working Paper*, University of Chicago.

GICAM (2017a). *De nouvelles orientations pour le groupement*, février, Bulletin n° 69, 50 p.

GICAM (2017b). *Comment aider les PME et TPE à se formaliser*, juin, Bulletin n° 70, 48 p.

Gioia, D. A., Corley, K.G., et Hamilton, A.L. (2013). Seeking qualitative rigor in inductive research: notes on the Gioia methodology, *organizational research methods,* 16 (1): 15-31

Glaser, B., Strauss, A. (1967). *The discovery of grounded theory: Strategies for qualitative research*, Chicago.

Gresse, C. (1994). *Les entreprises en difficulté*, Paris, Economica.

IFACI/PricewaterhouseCoopers, Landwell et associés (2005), « *Le management des risques de l'entreprise » ;* (traduction de « Enterprise Risk Management- Integrated Framework » du rapport COSO report II ; Editions d'Organisation.

Kasey, M., Sanders, E., Scalan, G. (2014). "The potential impact of COSO internal control integrated framework revision on internal audit structured SOX work programs". *Research in Accounting Regulation*, 26 (1): 110-117.

Keasey, K., et Watso, N.R. (1987). Non financial symptoms and the prediction of small company failure: A test of the Argenti-hypotheses. *Journal of Business, Finance and Accounting*, 14 (3): 335–354.

Khalil, A., Ajili, W., Slimene, I. B., Abdelli, M.-El.A. (2022). *Comprendre et mettre en œuvre le contrôle interne : Réglementation, concepts et applications*. Ed. Dunod, Paris, 224 p.

Khoufi, W., et Feki, R. (2004). *The macroeconomic determinants of firms failure: the case of Tunisian small and medium size industries*. AFFI.

Koenig, G. (1985). « Entreprises en difficulté : des symptômes aux remèdes », *Revue Française de Gestion*, janvier/février, 84-92.

Langley, A., Abdallah, C. (2011). "Templates and turns in qualitative studies of strategy and management". In D. Bergh et D. Ketchen (Eds.), *Building methodological bridges : Research methodology in strategy and management,* Bingley : Emerald Group 6 :105-140).

Lonescu, L. (2015). "*Corruption and Internal Control Weaknesses. Case Study Romania"*, *USH Economic Series*, Bucharest, 15(1), pp. 41-48.

M'Rabet, R., et Tazi, M. (1991). « Les causes de la défaillance des entreprises : un essai d'explication ». *Revue gestion et société*, Document en ligne.

Maksymov, E. (2017). "Do Auditors Assign More Blame for Control Failure to More Proactive Client Management?" Invited for resubmission in *Auditing: Journal of Practice and Theory* (2nd round, available at http://papers.ssrn.com/sol3/papers.cfm).

Malecot, J.-F. (1991). « Analyses théoriques des défaillances d'entreprises : une revue de la littérature. » *Revue d'économie financière*, 19 : pp. 205–227.

Mandzila, E.E.W. (2004). La Contribution du contrôle interne et de l'audit au gouvernement d'entreprise. *Thèse de Doctorat en Gestion et Management.* Université Paris XII Val-de-Marne.

Marniesse, S. et Morrisson, C. (2000). Dynamique des micro-entreprises, de nouveaux enseignements, Revue d'Économie du Développement, 4 : 3-33.

Martinet, A.C. et Silem, A. (2003), dir. *Lexique de gestion*, Dalloz, 523.

Mikol, A. (1991). "Principes généraux de contrôle interne", *Revue Française de Comptabilité* 219 (1) : 71-81.

Nimi, I., Rigar, S.M., Rkia, El I. (2021). « Le contrôle interne : un levier de performance organisationnelle », *Revue du contrôle, de la comptabilité et de l'audit*, vol. 5, n° 3, pp. 554-575.

OCDE (2016). *Le contrôle interne et la gestion des risques pour renforcer la gouvernance en Tunisie*, Rapport, 147.

Odo, G.E. (2014). *Les facteurs explicatifs de la performance des entreprises familiales au Cameroun.* Thèse présentée et soutenue publiquement en vue de l'obtention du diplôme de doctorat/ Ph.D en sciences de gestion, Université de Douala-Cameroun.

Ooghe, H., Van Wymeersch, C. (1986). Modèles prévisionnels de la faillite, Annales de Droit, Presses universitaires de Namur.

Pige, B. (1997). *Audit et contrôle interne*, Litec, Paris.

Sadjo-Kaoutoing, Maï Django Wambé, T. et Hourenatou. (2017). La Croissance de Micro et Très Petites Entreprises Féminines Au Cameroun : Une Analyse par les Modes de Financement. *Management et Avenir,* 91 (1), 65-85. https://doi.org/10.3917/mav.091.0065.

Souleymanou, 2016

Renard J., *Théorie et pratique de l'audit interne*, Préface de Gallois L., Les Éditions d'organisation, 4e édition.

Partie III

GOUVERNANCE D'ENTREPRISE

CHAPITRE 8

La résilience organisationnelle durable

Serges Messomo

Toute entreprise, qu'elle soit de petite, moyenne ou de grande taille, est confrontée aux risques et aux crises. Ces deux phénomènes affectent la continuité de l'entreprise. Malgré l'hostilité de son environnement, l'entreprise joue un rôle important dans la société à travers ses fonctions politique, sociale et économique. En tant qu'actrice politique, elle réalise des actions de responsabilité sociale pour contrer les contestations dont elle fait l'objet (Lefebvre, 2021). Comme institution sociale, elle entreprend des activités qui permettent de satisfaire ses parties prenantes sociales à l'instar de ses clients, ses employés et sa communauté (Lapenu, 2009). Comme élément économique, elle participe à la création des richesses, contribuant ainsi à répondre aux attentes de ses parties prenantes financières, c'est-à-dire les dirigeants et les actionnaires.

Selon Friedman (1916), l'entreprise existe parce qu'elle est capable de créer de la richesse pour ses actionnaires. En clair, l'entreprise est un acteur possédant plusieurs rôles, lesquels l'exposent à différents aléas qui émanent d'elle ou de son environnement. Ceux-ci sont les risques et les crises dont le facteur commun est la menace qu'ils constituent à la performance de l'entreprise. Par contre, leur émergence et leur gestion sont différentes. En effet, les risques proviennent des décisions de l'entreprise ou de son environnement externe. Par contre, les crises sont des situations soudaines impactant négativement toute l'organisation. Les probabilités de survenance des risques sont connues, ce qui n'est pas le cas des crises. Leur réalisation est incertaine et affecte le cadre opérationnel et organisationnel de l'entreprise.

Au plan organisationnel, les crises affectent les stratégies de l'entreprise et bouleversent ses chaînes d'approvisionnement, de production et de distribution. Les crises sont fatales aux entreprises. La crise financière de 2006-2007 l'a été pour plusieurs entreprises. Il en est aussi de la crise sanitaire de la COVID 19. Seules les entreprises résilientes subsistent lors des crises et en sortent plus fortes et renforcées dans leurs stratégies organisationnelles et opérationnelles. Les caractéristiques qui gouvernent ce type d'entreprise sont l'anticipation, la réaction et l'adaptation (Kone, 2021).

Toutefois, les entreprises fondant leur résilience organisationnelle sur leur capacité à gérer les crises sont restées fragiles et précaires. Leur existence reste éphémère et susceptible d'être abrégée. Ces entreprises restent vulnérables aux moindres crises dans leur environnement à l'instar des catastrophes naturelles et des crises économiques, sociales et politiques (Kone, 2021). À côté d'elles, on trouve les entreprises qui ont adopté une approche de résilience organisationnelle à long terme, qui repose sur des capacités organisationnelles durables, une vision stratégique durable, l'innovation et la compétitivité (Finousse et Pereti, 2021). Une telle approche de résilience organisationnelle durable nous suggère de nous intéresser à l'approche par les ressources (AIT-Razouk et Quenener, 2021) comme cadre d'analyse de notre réflexion.

Selon Barney (1991), les entreprises disposent de plusieurs ressources pour effectuer leurs activités. Celles-ci sont humaines, organisationnelles, physiques, technologiques, d'innovation, de réputation et financières. Elles exigent des caractéristiques spécifiques permettant de créer un avantage concurrentiel durable pour les entreprises. Ces caractéristiques sont la non-substituabilité, la non-imitation, la valeur et la rareté (Barney, 1991). Nous partons de cette conception pour analyser comment les caractéristiques spécifiques des ressources favorisent le financement de la résilience organisationnelle durable des entreprises. Par ailleurs, nous examinons comment l'allocation du financement participe à la résilience organisationnelle durable des entreprises en la différentiant de la résilience organisationnelle aux crises. Enfin, nous explorons le rôle de la contingence dans le financement de la résilience organisationnelle durable des entreprises.

1. La résilience organisationnelle durable : vision au-delà des crises

Après avoir brièvement évoqué l'origine de la résilience organisationnelle, l'on présente sa relation avec les risques et, enfin, nous la caractérisons selon une approche stratégique et durable. La résilience organisationnelle provient des travaux de Holling (1973) sur la physique consacrée à la résilience et à la stabilité des systèmes écologiques. Dans ces travaux, l'auteur évoque deux concepts principaux pour caractériser les systèmes écologiques à savoir la stabilité et la résilience. Il définit la stabilité comme « la capacité d'un système à revenir à un état d'équilibre après une perturbation temporaire. Plus il revient rapidement, et avec le moins de fluctuations possible, plus il est stable ».

Quant à la persistance, il la perçoit comme « une mesure de la capacité de ses systèmes à absorber les changements de variables d'état de variables motrices et de paramètres, et à persister encore ». Ces deux notions de stabilité et persistance vont former le fondement de la résilience organisationnelle en montrant d'une part qu'une organisation résiliente doit être capable de retrouver son équilibre initial après un choc ou une crise (Kone, 2021) et d'autre part, qu'une organisation résiliente est persistante dans ses actions, notamment sa mission et se surpasse face à l'adversité pour continuer son existence.

Par la suite, le concept de résilience est enraciné dans plusieurs disciplines, comme la sociologie et la psychologie. Elle fait son apparition dans les sciences de gestion par les travaux de Weick (1993), sur l'incendie de « Mann Gulch ». À travers cette recherche, Weick énonce les facteurs pouvant solidifier ou à défaut affaiblir la résilience du groupe. Ce travail met en lumière les facteurs de gestion des crises dans les organisations. Selon Rochet et al. (2008), la crise affecte l'organisation de trois manières. Premièrement, elle met en danger les objectifs de l'organisation. Deuxièmement, elle est urgente et, troisièmement, elle est inattendue. Selon Dauphiné et Provitolo (2007), les organisations sont vulnérables et cette vulnérabilité impacte et déstabilise leur mission et leur vision. Elles perdent le sens de leurs plans stratégiques et opérationnels pouvant les emmener à périr.

Ainsi, Weick (1993), propose quatre sources de résilience pour réguler leurs vulnérabilités à savoir « l'improvisation et le bricolage, les systèmes de rôles virtuels, l'attitude de la sagesse et l'interaction respectueuse ». Le premier point favorise l'invention ou l'innovation. Le deuxième évite de mettre les individus (employés) sous pression ; le troisième point encourage l'esprit critique ; le quatrième élément met en lumière l'importance de l'interaction et de la confiance entre les partenaires. Les travaux de Weick (1993) montrent que la résilience est un élément de politique organisationnelle de l'entreprise et que les crises sont des aléas qui menacent l'existence et le suivi des entreprises. Par conséquent, il est important de développer des mécanismes organisationnels pour les subjuguer. C'est ce que propose Mallack (1998 ; 1999).

Mallack est le premier à employer le concept de résilience organisationnelle dans ses travaux à travers son article *Putting Organisational Resilience to Works*. Il met en exergue le facteur contribuant à la résilience organisationnelle, notamment la ressource humaine stratégique composée des personnes disposant d'une culture d'innovation capable de réagir rapidement aux changements et pouvant contrôler un minimum de stress (Kone, 2021). Il énonce les facteurs de résilience organisationnelle des entreprises à savoir la recherche d'une solution orientée vers un but ; l'évitement ; la compréhension critique ; la dépendance au rôle ; l'accès aux ressources. Ces facteurs mettent en avant l'importance de la culture organisationnelle, l'aversion au risque, la compétitivité et les ressources pour asseoir la résilience organisationnelle.

Le facteur évitement est en droite ligne avec les travaux antérieurs de High Reliability Organisations (HRO) sur les organisations opérant dans des secteurs à haut risque, tels que la santé, le nucléaire, l'écosystème marin et les sapeurs-pompiers. Ces organisations sont hautement fiables parce qu'elles réussissent à éviter les erreurs et continuent d'exister malgré le niveau de risque élevé auquel elles sont exposées. Cette présentation de l'origine de la résilience organisationnelle permet d'établir sa relation avec les crises auxquelles font face les entreprises. Les crises sont des évènements inattendus et soudains affectant négativement la vie d'un individu, d'un système ou d'une organisation (Weick, 1993). Elles impactent négativement toutes les composantes de l'organisation et exigent une réaction immédiate et une mobilisation de toutes les ressources pour permettre à l'entreprise de continuer d'exister. À cet effet, on distingue deux types d'organisations ; les organisations résilientes aux crises et les organisations non résilientes aux crises.

Les organisations résilientes sont celles qui possèdent des plans de préparation, de gestion des crises et des post-crises, tandis que les organisations non résilientes n'en disposent pas et mettent l'accent sur une gestion spontanée des crises. Ce type d'entreprises n'apprend pas des crises et est incapable de transformer les crises en opportunités. Les entreprises qui ne planifient pas les crises ne disposent pas des ressources qui leur permettent de répondre efficacement à ces crises et d'en tirer profit.

De ce qui précède, la résilience organisationnelle durable peut ainsi être appréhendée et différenciée de la résilience organisationnelle aux crises. La première est fondée sur une vision stratégique à long terme alors que la deuxième repose sur une vision opérationnelle. En termes d'objectif, la première permet aux entreprises de se développer à travers le temps en créant des opportunités à partir des crises, tandis que le deuxième type de résilience permet aux entreprises de maîtriser le choc (crise) et de retrouver l'équilibre initial avant la crise. En termes d'outils, la résilience organisationnelle aux crises emploie les ressources contingentes (Weick, 1993), tandis que la résilience organisationnelle durable emploie les ressources permanentes. Cette caractérisation de la résilience organisationnelle durable amène donc à examiner l'importance des ressources financières (Sutiliffe, 2007 ; Azadda Koomson et Klutse, 2023).

2. Le financement : un facteur de résilience organisationnelle durable des entreprises

Le financement est un élément de la finance d'entreprise. Son importance pour l'entreprise dépend de son mode de mobilisation et d'affectation (Modigliani & Miller, 1957). Ainsi, cette section examine le rôle du financement à la réalisation de la résilience organisationnelle durable des entreprises. Elle est divisée en trois parties à savoir l'explication théorique de ce rôle, l'analyse empirique de cette fonction et le regard de la place des facteurs de contingence dans la réalisation de la résilience organisationnelle des entreprises.

2.1. L'explication théorique

Le financement est l'obtention des capitaux par les agents économiques en déficit de ressources financières. Il permet aux entreprises d'acquérir des actifs nécessaires à leur production de biens ou de services. Dans la perspective de cette recherche, ce financement doit contribuer à la résilience organisationnelle durable des entreprises. L'examen de la résilience organisationnelle durable a montré qu'elle se caractérise par six éléments principaux que sont l'innovation, la compétitivité, l'anticipation, la vision stratégique, la croissance de l'entreprise et la continuité de la vie de l'entreprise. Ainsi, le rôle du financement est de contribuer à la réalisation des éléments ci-dessus.

Tous ces éléments de la résilience organisationnelle durable sus évoqués ont un caractère stratégique affectant la vie à long terme de l'entreprise. Aussi, pour les réaliser, les entreprises ont besoin des ressources financières stratégiques. Celles-ci sont définies comme des ressources permettant à l'entreprise de posséder un avantage concurrentiel durable (Barney, 1991). La compétitivité est un élément qui permet aux entreprises de contrôler la menace des concurrents et de satisfaire pleinement et adéquatement ses clients et consommateurs (Porter, 1980). La compétitivité accroît la part de marché de l'entreprise et favorise ainsi sa résilience organisationnelle durable.

Aussi, les ressources financières stratégiques sont importantes pour la réalisation de la résilience organisationnelle durable. Ce type de ressources possède quatre dimensions stratégiques et durables énoncées par Barney (1991) à savoir la non-substituabilité, la non-imitabilité, la rareté et la valeur. En outre, ce type de financement emploie des ressources permanentes à l'instar des fonds propres et des dettes à long terme pour financer la résilience organisationnelle durable.

2.1.1. L'apport des dettes à long terme à la résilience organisationnelle durable des entreprises

Les dettes à long terme sont les ressources financières empruntées auprès des institutions financières (les banques d'investissement, les banques universelles, les institutions d'assurances ou les fonds d'investissement) ou des marchés des capitaux. Ce type de dette fait partie du capital de l'entreprise et contribue à la formation du levier financier de l'entreprise. Ce dernier permet d'accroître la rentabilité économique de l'entreprise lorsque le coût de la dette est inférieur au taux de rentabilité économique (ROE) selon l'approche traditionnelle de la structure du capital. Cette rentabilité est renforcée si les dettes à long terme possèdent les éléments des ressources stratégiques énoncées par Barney (1991).

La valeur est associée à la quantification monétaire de la dette en finance d'entreprise ; elle correspond au coût de la dette. Ce coût doit être le plus bas possible pour permettre à l'entreprise d'avoir une rentabilité optimale de son endettement à long terme (Wanda et Sateu, 2016). La non-substituabilité exige que le coût d'opportunité des dettes à long terme soit élevé pour les prêteurs pour qu'ils ne puissent pas utiliser ou investir leur argent dans les projets alternatifs. La non-imitabilité suppose que la source et la forme du financement sont uniques pour l'emprunteur et sont difficilement accessibles pour les concurrents de l'emprunteur. Ceci est possible dans le cadre de la finance organisationnelle où les monopoles de relations sont établis entre le prêteur et l'emprunteur. La rareté renvoie à deux choses à savoir, la spécificité de la dette et les conditions de la dette. La dette doit être mobilisée uniquement pour un investissement spécifique et les conditions entourant la dette doivent être difficilement réalisables par les concurrents de l'entreprise bénéficiaire.

A ces éléments stratégiques mentionnés, nous ajoutons la qualité de l'usage de la dette. Celle-ci doit être efficiente et optimale pour permettre aux entreprises d'être suffisamment rentables. Tous ces éléments combinés peuvent contribuer à réaliser les conditions de la résilience organisationnelle durable des entreprises, notamment la vision stratégique, l'innovation, la compétitivité, la croissance de l'entreprise, sa continuité et l'anticipation. Les dettes à long terme telles que caractérisées ci-dessus vont permettre d'une part à l'entreprise de mobiliser un volume conséquent de ressources financières et d'autre part d'avoir la confiance des prêteurs qui conduira à la baisse du coût de financement et à l'offre régulière et stable des fonds par les prêteurs.

Aussi à travers cette disponibilité constante de ressources financières à un coût bas, les entreprises peuvent planifier leurs activités dans le long terme et investir dans l'innovation technologique et managériale. Elles peuvent produire à des coûts bas et offrir des produits/services de qualité à leurs clients dans des secteurs rentables (Porter, 1980) renforçant ainsi leur compétitivité et leur croissance. En outre, un coût bas de la dette, une disponibilité des ressources financières à long terme permettent d'avoir les moyens financiers pour la recherche de l'information nécessaire pour les bonnes anticipations des risques financiers et non financiers ainsi que les crises susceptibles d'impacter négativement sur la performance des entreprises.

Les éléments du financement stratégique permettent aux entreprises d'être efficientes dans leur demande et dans l'utilisation des ressources financières obtenues du financement. Les caractéristiques stratégiques de la dette à long terme sont son coût bas comparativement aux fonds propres, son horizon, ses effets de levier, la création des monopoles de financement et des relations de long terme. Tous ces éléments contribuent à favoriser la résilience organisationnelle durable tout en permettant aux entreprises d'anticiper, d'innover, de continuer d'exister, d'être compétitives, d'avoir une vision future de leurs activités et de croître. Cette analyse nous conduit à examiner l'autre type de financement à savoir les fonds propres et leur apport à la résilience des entreprises.

2.1.2. L'apport des fonds propres à la résilience organisationnelle durable des entreprises

Les fonds propres représentent les ressources financières des actionnaires. Ceux-ci sont associés à la propriété de l'entreprise. La théorie des droits de propriété consécutive aux travaux de Berle and Means (1932) reconnaît aux propriétaires des droits spécifiques contrairement à d'autres parties prenantes de l'entreprise. Ces droits sont par exemple les droits de délégation de pouvoir, de transfert de propriété, de surveillance de l'action des directeurs et des dirigeants et le droit de dividendes générés par l'entreprise.

Le financement par les fonds propres est considéré comme étant plus risqué que la dette. Ce principe de résiduaire justifie son coût élevé pour l'entreprise eu égard à la dette. Par ailleurs, la dette a un bouclier fiscal, ce qui n'est pas le cas des fonds propres. Les fonds propres sont aussi des ressources stratégiques par leur longévité d'usage dans l'entreprise. Selon l'approche de Barney (1991), ils sont non substituables quand ils sont nécessaires à l'activité de l'entreprise. Cette situation peut se poser dans le cadre de la réglementation où un minimum de fonds propres est exigé aux actionnaires pour créer une entreprise. Ceci peut être aussi le cas pour l'emprunt où un minimum d'apport en capitaux propres est demandé pour bénéficier du financement.

L'inimitabilité des fonds propres peut être associée à l'exclusivité d'utilisation des fonds propres par l'entreprise. Celle-ci peut être garantie par les conventions établies dans les contrats de propriété. La valeur représente le coût monétaire attribué à ses fonds propres dépendant de la valeur historique ou de marché de chaque action. La rareté des fonds propres représente la difficulté d'accès à la propriété de l'entreprise. Plus l'accès au capital est fermé, plus la structure du capital est stable, moins il y a des actionnaires résiduels et plus la rentabilité par action est élevée. Il ressort donc de l'analyse des fonds propres selon les caractéristiques de Barney (1991) qu'ils doivent être nécessaires et rares pour assurer aux entreprises un volume de fonds propres important pour créer de la valeur leur permettant d'être compétitives et résilientes sur le long terme.

Par ailleurs, les fonds propres favorisent une innovation continue des entreprises renforçant la capacité d'anticipation, l'apprentissage continu et la résilience organisationnelle durable de l'entreprise. Aussi, il se dégage que les fonds propres permettent aux entreprises de construire leur résilience organisationnelle durable sur l'innovation continue de processus, tandis que la dette à long terme favorise l'innovation de produits et l'innovation managériale. Les développements ci-dessus nous conduisent à examiner quelques travaux empiriques qui confirment notre approche analytique.

2.2. La confirmation empirique

Le concept de la résilience organisationnelle a été utilisé pour la première fois par Weick en 1998 dans son article *Improvisation as a Mindset for Organizational Analysis.* Cette émergence conceptuelle a suscité de nombreux travaux sur la résilience organisationnelle, tant au niveau théorique qu'empirique. Par contre, peu de recherches ont été effectuées sur la contribution du financement à la résilience organisationnelle des entreprises. Les travaux identifiés dans la littérature sont relatifs aux fonds propres des entreprises et notamment sur le rôle des réserves des entreprises sur la résilience organisationnelle durable des entreprises (Li et Zhu, 2021 ; Jansson, 2017 ; Vogus et Sutclitte, 2007). Ainsi, les travaux de Jansson (2017) portent sur le rôle de l'équilibre financier, la rentabilité et la propriété sur la résilience financière considérée comme un élément de la résilience organisationnelle des entreprises. Les données ont été collectées sur six des plus grandes entreprises suédoises en employant les rapports annuels. Les résultats ont montré l'importance d'avoir des propriétaires orientés vers le long terme qui réinvestissent une partie de leurs profits comme réserves pour que leurs entreprises puissent surmonter facilement les périodes difficiles.

Les travaux de Vogus et Sutcliffe (2007) portant sur *Organisational Resilience : Towards a Theory and Research Agenda* sont allés dans la même direction que les travaux de Jansson (2017). En effet, selon Vogus et Sutcliffe (2007), les travaux de Lim et Rivas (2006) portant sur l'industrie du transport aérien après les attaques terroristes du 11 septembre 2001 aux États-Unis ont montré que les entreprises de transport aérien ayant accumulé les plus grandes réserves financières et possédant des niveaux d'endettement bas étaient les plus capables de retrouver et de dépasser leurs niveaux de performances antérieurs sans entreprendre des licenciements en période de crise. Les travaux de Li et Zhu (2021) ont aussi confirmé le rôle des réserves dans l'augmentation de la résilience organisationnelle durable des entreprises. Par contre très peu de travaux empiriques ont évoqué le rôle de l'endettement à long terme sur la résilience organisationnelle durable des entreprises.

Les recherches de Vogus et Sutcliffe (2007), précédemment mentionnées, confirment l'analyse effectuée sur la dette en reconnaissant qu'elle contribue au renforcement de la résilience organisationnelle durable des entreprises à l'instar de Southwest Airlines aux États-Unis après les attaques du 11 septembre 2001 (Cheggag et Mokhlis, 2024). Toutefois, ce n'est possible qu'avec un faible niveau d'endettement (Cheggag et Mokhlis, 2024). Aussi au regard de ce qui précède, deux conclusions ressortent de cette section. Premièrement, le financement est un facteur contribuant à la résilience organisationnelle durable des entreprises tant au plan théorique qu'au plan pratique et, deuxièmement, les fonds propres à travers les réserves accumulées sont les variables les plus utilisées par les entreprises pour surpasser les crises et réaliser leur développement à long terme (Jansson, 2017). L'endettement à long terme joue le rôle de levier de manière limitée. Cette conclusion partielle nous emmène au rôle des facteurs de contingence du financement dans la résilience organisationnelle durable des entreprises.

3. Le rôle des facteurs de contingence du financement dans la résilience organisationnelle durable des entreprises

La contingence organisationnelle provient des travaux de Woodward (1958). Elle souligne la spécificité de chaque organisation selon ses caractéristiques. Celles-ci sont internes et externes. En effet, les organisations varient selon leur taille, la technologie, l'environnement, la stratégie, leur culture et leurs ressources. Aussi, ces caractéristiques sont susceptibles d'influencer leur financement. Cette influence peut être perçue sous deux ordres que sont l'accès au financement et l'usage du financement. Cette section montre donc comment les facteurs de contingence liés au financement favorisent la résilience organisationnelle des entreprises.

Le financement des entreprises repose principalement sur trois éléments que sont la rentabilité du projet, la capacité de remboursement et la garantie. Ces éléments, pour qu'ils soient viables et acceptables par le prêteur, doivent être renforcés et soutenus par les facteurs de contingence de qualité permettant au prêteur d'être rassuré que l'argent octroyé sera optimisé dans le projet et contribuera à rembourser le financement reçu par l'entreprise emprunteuse.

Les facteurs de contingence de qualité favorisant le financement des entreprises sont la grande taille en termes de chiffre d'affaires, des actifs ou du capital social ; la technologie avancée contribuant à la réduction des coûts de production ; les ressources humaines compétentes et innovantes et les réserves financières élevées ; les stratégies efficaces, innovantes, compétitives et proactives. Par ailleurs, l'environnement de ces entreprises est perçu comme moins risqué. Ce sont ces éléments qui incitent les investisseurs à financer les entreprises et leurs projets. En effet, ils sont convaincus que l'argent prêté sera remboursé et qu'il augmentera leur richesse.

Les facteurs de contingence affectent aussi l'usage des financements par les entreprises. L'usage des financements est mesuré par la performance des ressources financières investies. Ainsi, trois options de rendement sont possibles à l'investissement : la performance est supérieure aux objectifs, la performance est égale aux objectifs, la performance est inférieure aux objectifs. Les deux premiers cas sont ceux des entreprises réalisant de bonnes performances, tandis que le dernier est relatif aux entreprises ayant de mauvaises performances. Aussi, les entreprises de grande taille avec les ressources élevées, une technologie avancée et des stratégies organisationnelles bien planifiées et implémentées sont susceptibles d'avoir de bonnes performances de leurs investissements (Wanda et Sateu, 2016).

Ainsi, les grandes entreprises utilisent leur expérience, leur capital réseau pour accroître leurs performances. Tout comme une entreprise possédant une technologie avancée réalise des économies d'échelle dans sa production, tel est aussi le cas des entreprises possédant des ressources stratégiques. Leur investissement leur permet d'avoir de l'avantage concurrentiel dans leurs industries. Par ailleurs, les entreprises possèdent soit la culture de marché, soit la culture innovante. Elles investissent les ressources financières dans les projets générant des chiffres d'affaires élevés pour la première culture et dans les projets innovants et rentables à forte création de valeur pour la deuxième culture.

Au regard de ce qui précède, les facteurs de contingence sont utiles pour le financement des entreprises. De ce fait, elles peuvent être les variables modératrices entre le financement et la résilience organisationnelle des entreprises. Dans cette optique, elles permettent de renforcer l'effet du financement sur la résilience organisationnelle durable. Aussi, les variables de contingence permettent de cultiver des relations de financement durable pour les entreprises. De telles relations de financement durables contribuent aussi à la résilience organisationnelle durable des entreprises.

Le financement durable permet aux entreprises d'investir dans les projets à long terme à forte rentabilité, privilégiant les conditions écologiques et sociales de chaque entreprise. Aussi, nous partons d'une relation directe entre le financement et la résilience organisationnelle durable à une relation directe entre le financement et la résilience organisationnelle durable modérée par les variables de contingence comme indiqué sur la figure 1.

Figure1 : Relation entre Financement et Résilience organisationnelle durable

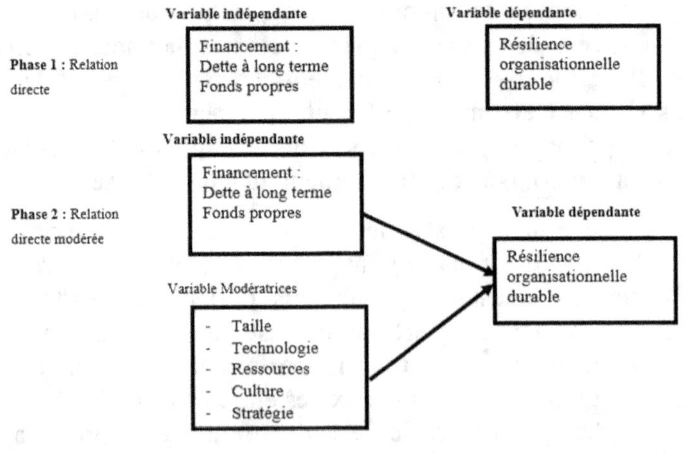

La figure 1 montre que les variables de contingence accroissent la résilience organisationnelle durable. Elles permettent au financement d'évoluer d'un financement stratégique à un financement stratégique durable fondé sur les relations de long terme intégrant les intérêts de toutes les parties prenantes que sont le prêteur, le bénéficiaire, l'écologie, les employés et les communautés.

Conclusion

L'objectif de ce travail était d'examiner le rôle du financement sur la résilience organisationnelle durable au-delà de la résilience aux crises. Pour y arriver, nous nous sommes fondés sur l'analyse des concepts en différentiant le concept de résilience organisationnelle aux crises du concept de résilience organisationnelle durable. Ensuite, nous avons examiné le rôle du financement dans la résilience organisationnelle durable en utilisant les caractéristiques des ressources stratégiques de Barney (1993). Enfin, nous avons exploré le rôle des facteurs de contingence du financement à la résilience organisationnelle durable des entreprises. Il ressort de ce qui précède que la résilience organisationnelle durable a une vision à long terme de l'entreprise et se construit sur une recherche constante des opportunités, d'innovation, de compétitivité de l'entreprise. Quant au deuxième point de cette analyse relatif au rôle du financement, il a montré que les fonds propres, notamment les ressources financières accumulées, jouent un rôle fondamental dans la résilience durable des entreprises. Elles permettent à l'entreprise de continuer d'exister, de continuer d'investir et de se développer malgré un environnement défavorable de crises et de risques. Le troisième point a montré que les facteurs de contingence du financement sont utiles à la réalisation de la résilience organisationnelle durable en ceci qu'ils permettent de la consolider. Ces résultats sont en droite ligne avec les enseignements de théories de la continuité organisationnelle, des ressources et de la contingence. L'on gagnerait, dans d'autres travaux, à approfondir l'analyse sur ces aspects en mobilisant des données empiriques.

Bibliographie

Ait-Razouk, A., & Quemener, Y. (2021). Développer les capacités de résilience : quelles pratiques de GRH ? *Questions de Management, 35*, 127-174.

Azzada, W., Koomson, S., & Klutse, S. K. (2024). Sustainable Finance and Business Risk, Resilience: A Conceptual Perspective and Suggestions for Upcoming Research. *Journal of Management, 21*(1), 66-78.

Barney, J. B. (1993). Public communications in Business Policy and Strategy . *Email Network.* .

Barney, J. B. (1991). 'Firm resources and sustained competitive advantage. *Journal of Management, 17*(1), 99–120.

Berles, A., & Means, G. C. (1932). *The Modern Corporation and Private Property.* New York : Macmillan.

Cheggag, M., & Mohhlio, C. E. (2024). Les Facteurs de la Resilience Organisationnelle : Revue de la Literature Systematique. *African Scientific Journal, 3*(22), 128-146.

Dauphine, A. & Provitolo, D. (2007). La résilience : un concept pour la gestion des risques, *Annales de géographie*, 654 (2), 115-125

Frimousse, S., & Peretti, J. M. (2021). Comment renforcer durablement la resilience organisationnelle. *Question(s) de Management, 5*(35), 127-174.

Hamel, G., & Prahalad, C. K. (1889). Strategic Intent. *Harvard Business Review, 67*, 63-76.

Kone, S. (novembre 2021). La Resilience Organisationnelle : Métaphore ou Réalité, These de Doctorat Soutenue, HESAM UNIVERSITAIRE. *Le Cnam/ISCAE*(29).

Lefebre, P. (2021). La Construction de l'Entreprise comme acteur politique de 1945 a Nos Jours. *Entreprises et Histoire, 3*(104), 55-81.

Mallak, K. L. (1998a). Putting Organaisational Resilience Process to Work. *Industrial Management*(14), 8-14.

Mallak, L. (1998b). Measuring Resilience in Health Care Provider Organisations. *Health Manpower Management, 24*(4), 148-152.

Modigliani, F., & Miller, M. H. (1958). The Cost of Capital, Corporation Finance and the Theory of Investment. *The American Economic Review, 4*(3), 261-297.

Porter, M. E. (s.d.). Competitive Strategy. New York ; Free Press.

Rochet, C., Keramidas, O., & Lugdivine, B. (2008). La Crise comme Strategie de Changement dans les Organisations Publiques. *La Revue des Sciences de Gestion, 74* (1), 71-85.

Vogus, T. T., & Sutcliffe, K. M. (s.d.). Organisational Resilience: Towards a Theory and Researcg Agenda. *Internation Conference on Systems, Man and Cybernetics* (pp. 3418-3422). Montreal, QC, Canada : IEEE. doi:10.11109/icsmc.2007.44114160

Wanda, R. et Sateu, F. A. (2016). Endettement et transparences des grandes entreprises camerounaises, *Management et Société*, 1 (12), 61-74

Weick, K. E. (1993). Collective Mind in Organisations; Heedful Interrelating on Flight Decks. *Administrative Science Quaterly, 38*(3), 357-381.

Weick, K. E. (1998). Improvisation as a Mindset for Organizational Analysis, *Organization Science*, 9(5), 543-555

CHAPITRE 9

Co-construire la transparence des entreprises minières

Serges Lenga

Les industries extractives dans l'espace de la Communauté économique et monétaire de l'Afrique centrale (CEMAC) jouent un rôle crucial dans l'économie régionale, mais sont souvent entachées de controverses liées à la transparence et à la légitimité de leurs processus de construction. Le processus dénommé Initiative pour la Transparence dans les Industries extractives (ITIE) est à l'origine élaboré par les parties prenantes occidentales à vocation d'être adressé en contexte africain. La construction de la légitimité de la transparence devient désormais un enjeu global et majeur, au moment où les parties prenantes internes et externes jouent un rôle déterminant dans le processus de son élaboration. L'auteur de ce chapitre entend explorer comment ces parties prenantes contribuent à co-construire, renforcer ou éroder la légitimité de la transparence dans ce secteur en explorant le rôle des différentes parties prenantes dans la promotion de la transparence dans les industries extractives d'une part et en évaluer les mécanismes par lesquels ces parties prenantes influencent la perception de la légitimité de la transparence d'autre part.

Les industries extractives, qui comprennent les secteurs du pétrole, du gaz, des minerais et des autres ressources naturelles, sont progressivement devenues sur les trois dernières décennies un sujet de focalisation des intérêts de nombreuses parties prenantes en termes de transparence et de réputation des transactions aussi bien suivant l'interprétation des sciences économiques (Corrigan, 2014; Gillies, 2010; Haufler, 2010 ; Morrison, 2012; Ölcer, 2009 ; Rustad et al., 2017 ; Van Alstine et Andrews, 2016) que des sciences de gestion (Aaronson, 2011 ; David-Barrett et Okamura, 2016 ; Funk et al., 2020 ; Kolstad et Wiig, 2009, 2022 ; Uldam et Hansen, 2014).

Au lendemain des travaux séminaux liés à la malédiction alléguée des ressources naturelles comme source déterminante des conflits et des dysfonctionnements des pays en disposant (Auty, 2002 ; Collier et Hoeffler, 2004 ; Humphreys et al., 2007 ; Sachs et Warner, 2001), les caractérisations nées du fameux « syndrome hollandais » ont donné cours à des lectures fondées tour à tour sur des approches contractualistes, néo-institutionnalistes et désormais néo-écologistes regroupées au sein du processus dénommé

« Initiative pour la Transparence dans les Industries Extractives »[30] (ITIE désormais). Pour autant, la dimension néo-institutionnelle reste peu abordée en contexte africain en dépit des constats émergeant du terrain (Idemudia, 2010, 2013). En effet, la nature polysémique des implications des parties engagées dans l'interprétation et la construction de ce domaine d'analyse ouvre sur des champs théoriques et thématiques qui abordent des questions telles que le développement économique (Dashwood et al., 2022b), la gouvernance mondiale et ses régulations (Dashwood et al., 2022a), la justice politique et l'équité sociale (Dashwood et al., 2022a), mais aussi l'interactionnisme symbolique entre les différents acteurs qui sont des parties prenantes actives ou passives à cette construction.

Sur ce dernier aspect qui se situe dans l'approche sociologique de construction sociale de la réalité (Berger et Luckmann, 2018 ; Giddens et Audet, 1987), le point de départ est que ce sont les interactions entre individus qui fondent les institutions, les normes et les croyances dans la société. La signification des objets, des actions et de leurs évènements s'inscrit dans ce sens. Il s'agit donc d'une co-construction des signifiants et des significations au sens de Blumer (1969) qui fixe les modalités d'implication d'une pluralité d'acteurs parfois antagoniques dans l'élaboration et la mise en œuvre d'un projet ou d'une action de gestion (Davis et al., 1997 ; Leyrie et Boivin, 2017 ; Perrin et Fabbri, 2016).

La nature du processus de co-construction, suivant Bernoux et Gagnon (2008) puis Foudriat (2016), appelle des interrogations quant à son enchâssement institutionnel et organisationnel : s'agit-il d'un processus de co-construction d'une conformité conduisant à une légitimation institutionnelle du statut de non-malédiction liée à l'ITIE (Deephouse et Suchman, 2008 ; Gifford et Kestler, 2008 ; Scott, 2008 ; Suchman, 1995) ou à l'inverse s'agit-il d'un travail institutionnel promouvant la sélection et la fixation d'une norme de rapport à l'ITIE ? (Greenwood et al., 2002 ; T. B. Lawrence et al., 2013 ; Suddaby et al., 2017).

La co-construction de la transparence au sein de l'ITIE prend appui sur des processus d'ingénierie conjuguant à la foi une cocréation de la valeur par les acteurs impliqués (Prahalad et Ramaswamy, 2004) et un modèle d'innovation

---

[30] L'ITIE a été créée en juin 2003 à Londres, lors d'une réunion de 140 délégués représentant gouvernements, entreprises, groupes industriels, organisations internationales, société civile et investisseurs. Ils ont établi les Principes de l'ITIE, formant ainsi une organisation multipartite avec une mission claire.
Son développement a été encouragé par des recherches montrant que les bénéfices des secteurs pétrolier, gazier et minier n'étaient pas pleinement exploités, et étaient liés à la pauvreté, aux conflits et à la corruption. La transparence et le débat public ont été identifiés comme des leviers essentiels pour surmonter cette "malédiction des ressources". https://eiti.org/fr/notre-mission, consulté le 10/09/2024.

ouverte qui permet aux parties prenantes de se mouvoir dans un écosystème de collaboration entre elles (Chesbrough, 2004).

D'un point de vue néo-institutionnaliste, cette co-construction s'interprète autour de deux piliers conceptuels clés : la légitimation institutionnelle et le travail institutionnel (Suddaby et al., 2017). Ces deux processus jouent un rôle central dans l'élaboration, la maintenance et la transformation des pratiques et des normes dans le secteur des industries extractives, particulièrement en matière de transparence. D'une part, la légitimation permet aux acteurs d'assurer leur crédibilité en alignant leurs actions sur des normes reconnues (O'Faircheallaigh, 2013).

D'autre part, le travail institutionnel, notamment à travers l'entrepreneuriat institutionnel, permet de façonner et de transformer les pratiques du secteur des industries extractives pour le rendre conforme à un objet sous-jacent (Idemudia, 2009). Prises ensemble, ces dynamiques conceptuelles contribuent à l'élaboration, au maintien et à l'évolution des normes de transparence dans un domaine qui, historiquement et en contexte africain, a été particulièrement marqué par une faible gouvernance, une opacité des revenus et une « malédiction des ressources » (Newenham-Kahindi, 2011).

Pourtant, ces processus demeurent essentiels pour assurer la pérennité et l'efficacité de l'ITIE dans la promotion d'une gestion plus équitable et responsable des ressources naturelles. Les significations, à l'instar de celles nées des processus ITIE, peuvent être considérées comme des objets de réalité de second ordre. Elles ne sont pas fixes, mais plutôt créées, négociées, et modifiées à travers des niveaux d'interaction sociale, de l'interprétation active, voire herméneutique. Dans le présent travail, nous explorons ces significations en nous plaçant successivement d'un point de vue de la légitimation institutionnelle de la transparence dans les ITIE avant de l'envisager sous le prisme d'une résultante d'un mécanisme de travail institutionnel. Un modèle d'analyse en est tiré et testé pour une confirmation empirique. Les résultats sont ensuite discutés et mis en perspective.

1. Revue de la littérature

Nous explorons tour à tour les deux lectures de la légitimation et du travail institutionnel dans leurs fondements selon la littérature académique idoine. Les deux points sont abordés séquentiellement.

1.1. La légitimation dans la co-construction de la transparence par l'ITIE

Depuis les travaux fondateurs de Selznick (1948) ou plus près de Zucker (1987), la légitimation institutionnelle est un processus par lequel une organisation ou une initiative acquiert, maintient ou répare sa légitimité auprès des parties prenantes (Scott et Meyer, 1983 ; Tolbert et Zucker, 1999). Cette légitimité est une ressource fondamentale pour les organisations, conditionnant leur acceptabilité sociale, leur capacité à opérer efficacement et à mobiliser des ressources. Dans le cadre de l'ITIE, la légitimité repose sur trois dimensions distinctes : pragmatique, morale et cognitive (DiMaggio et Powell, 2003 ; Suchman, 1995). La légitimité pragmatique découle de l'utilité perçue de l'initiative pour les parties prenantes – États, entreprises, société civile – en matière d'amélioration de la gouvernance des ressources naturelles (Boutilier, 2017 ; Wood et al., 2021). La légitimité morale est fondée sur l'alignement des pratiques de l'ITIE avec des normes éthiques reconnues internationalement, telles que la transparence et la lutte contre la corruption (Gilberthorpe et Banks, 2012 ; Jenkins et Yakovleva, 2006 ; Kapelus, 2002). Enfin, la légitimité cognitive découle de l'acceptation générale de l'ITIE comme une solution « évidente » aux problèmes de gestion des ressources extractives dans de nombreux contextes nationaux (Bitektine, 2011 ; Zimmerman et Zeitz, 2002).

Les travaux de Deephouse et Suchman (2008) à la suite de Dowling et Pfeffer (1975) ont largement démontré que les organisations acquièrent leur légitimité en alignant leurs actions sur les valeurs sociales dominantes et en répondant aux attentes des parties prenantes. Dans le cadre de l'ITIE, cela signifie que les gouvernements des pays membres, ainsi que les entreprises qui y participent, doivent constamment ajuster leurs pratiques pour rester en phase avec les attentes internationales en matière de transparence et de responsabilité (Gifford et Kestler, 2008). Ce processus est particulièrement évident dans l'adoption de standards et de certifications qui renforcent la crédibilité des pratiques de transparence, depuis les travaux séminaux de Meyer et Rowan (1977). Ces auteurs soulignent que l'adoption de structures formelles, même symboliques, permet aux organisations de maintenir leur légitimité, indépendamment de l'efficacité réelle des pratiques adoptées (Hybels, 1995). Cependant, la légitimation institutionnelle n'est pas sans risques. Ashforth et Gibbs (1990) ont exploré les dangers de ce processus, notamment les tensions internes et les contradictions qui peuvent en découler (Mena et Palazzo, 2012).

Dans le cas de l'ITIE, certaines entreprises et gouvernements peuvent adopter des pratiques de façade, où la transparence est simulée plutôt que réellement mise en œuvre. Cette pratique, souvent désignée comme « greenwashing » dans d'autres secteurs, peut saper la légitimité à long terme si les parties prenantes perçoivent ces actions comme hypocrites (Abrahamson et Eisenman, 2008 ; Brunsson, 1993). Cette tension est également exacerbée par l'isomorphisme institutionnel, tel que théorisé par DiMaggio et Powell *(op. cit.)*. L'isomorphisme, où les organisations adoptent des pratiques similaires pour se conformer aux attentes normatives, peut créer une uniformité de façade qui ne reflète pas nécessairement un engagement sincère envers la transparence.

Enfin, la question de la résistance au changement institutionnel est cruciale pour comprendre la dynamique de la légitimation institutionnelle. Hannan et Freeman (1984) ont montré que les organisations font souvent preuve d'inertie structurelle pour maintenir leur légitimité, même face à des pressions croissantes pour le changement (Oliver, 1991, 1997). Dans le contexte de l'ITIE, cette résistance peut se manifester par une réticence des gouvernements à adopter des réformes profondes qui pourraient compromettre leurs intérêts économiques ou politiques à court terme. La définition d'une « licence sociale à opérer » devient alors un impératif à rechercher (Demuijnck et Fasterling, 2016 ; Gifford et Kestler, 2008 ; Moffat et Zhang, 2014 ; Özkazanç-Pan, 2008 ; Prno et Slocombe, 2014).

1.2. Le travail institutionnel dans la co-construction de la transparence par l'ITIE

Le travail institutionnel, tel que conceptualisé par Lawrence et Suddaby (2006), Lawrence Suddaby et Leca (2011) et enfin Deephouse et al. (2017), renvoie aux actions délibérées entreprises par des acteurs pour créer, maintenir ou transformer des institutions (Dacin et al., 2002 ; T. B. Lawrence et al., 2013). Contrairement à l'approche passive qui conçoit les institutions comme des structures immuables, le travail institutionnel met en avant l'action des acteurs dans le façonnement des normes et des pratiques institutionnelles (Hampel et al., 2017). Dans le cadre de l'ITIE, le travail institutionnel se manifeste par la collaboration entre gouvernements, entreprises et société civile pour créer des normes de transparence, garantir leur adoption et les adapter aux contextes locaux.

Le rôle des entrepreneurs institutionnels est particulièrement central dans ce processus. Comme le montrent Maguire, Hardy et Lawrence (2004), l'entrepreneuriat institutionnel est essentiel dans les contextes émergents où les normes établies sont absentes ou insuffisantes. Dans le cas de l'ITIE, ces entrepreneurs institutionnels incluent des acteurs tels que les ONG internationales, les gouvernements réformistes et certaines entreprises multinationales, qui cherchent à instaurer des pratiques de transparence dans un secteur historiquement caractérisé par l'opacité. Battilana, Leca et Boxenbaum (2009) ont théorisé l'entrepreneuriat institutionnel comme une forme de travail institutionnel visant à transformer les institutions existantes en introduisant de nouvelles pratiques. Ce processus est particulièrement visible dans l'ITIE, où la transparence des paiements et des revenus a été progressivement intégrée dans les pratiques des entreprises extractives, souvent sous la pression des acteurs internationaux.

Le travail institutionnel ne se limite pas à la création de nouvelles normes, mais inclut également le maintien et l'adaptation des institutions existantes. Greenwood, Suddaby et Hinings (2002) ont montré comment les associations professionnelles peuvent engager un travail institutionnel pour transformer les champs institutionnalisés, un processus qui s'applique également à l'ITIE. La maintenance des normes de transparence exige une vigilance constante pour s'assurer que les pratiques ne deviennent pas obsolètes ou ne perdent pas leur efficacité face aux évolutions du secteur (Suddaby et Viale, 2011).

En outre, le travail institutionnel au sein de l'ITIE inclut la gestion des frontières institutionnelles, un aspect exploré par Zietsma et Lawrence (2010). Ces auteurs soulignent que la transformation des institutions nécessite souvent une redéfinition des rôles et des responsabilités entre les acteurs. Dans le cas de l'ITIE, cela se traduit par la nécessité d'une collaboration étroite entre gouvernements, entreprises et société civile pour garantir que les objectifs de transparence soient atteints. Enfin, le travail institutionnel est souvent une entreprise collective, comme le montrent Hargrave et Van de Ven (2006) et Ben Slimane et Leca (2010). Dans le cadre de l'ITIE, l'action collective entre différents acteurs – qu'il s'agisse de coalitions d'ONG ou de collaborations entre gouvernements – est essentielle pour surmonter les résistances au changement et garantir que les normes de transparence soient effectivement mises en œuvre et respectées (Hardy et Maguire, 2017).

2. Les aspects méthodologiques

La norme de validation ITIE[31] fixe un processus établi pour évaluer la conformité des pays membres aux principes et exigences de l'Initiative pour la Transparence dans les Industries Extractives. Elle vise à mesurer dans quelle mesure un pays met en œuvre les normes de transparence et de gouvernance dans le secteur extractif, en particulier concernant la divulgation des revenus issus des industries pétrolières, gazières et minières. La validation par le conseil d'administration ITIE assure la crédibilité et l'intégrité en garantissant que les pays respectent les engagements pris lors de leur adhésion à l'initiative.

Trois objectifs de validation sont visés dans cette dynamique : évaluer la conformité : la validation vérifie si un pays satisfait aux 12 exigences de l'ITIE, telles que la transparence des paiements des entreprises, la publication des contrats, la participation de la société civile, et la bonne gouvernance des revenus extractifs ; suivre les progrès : elle permet de mesurer les progrès réalisés par les pays dans la mise en œuvre des normes de transparence, ainsi que l'impact des réformes initiées dans les secteurs extractifs ; renforcer la

[31] La dernière publication est celle de 2023 (https://eiti.org/fr/guidance-notes/procedure-de-validation-de-litie-norme-itie-2023, vu le 10/09/2024)

gouvernance : elle encourage les pays à améliorer la gestion de leurs ressources naturelles en apportant des réformes basées sur les recommandations issues des précédents cycles de validation.

Le rapport de validation qui est établi par rapport aux travaux d'un validateur indépendant inclut des analyses des rapports publiés par le pays et des entretiens avec les principaux acteurs. Il est la principale source de collecte effectuée en « open online data » sur le site de l'ITIE[32]. Il a permis de fixer les données d'analyse et le modèle de validation retenue.

2.1. Les unités d'analyse

Nous voudrions utiliser une régression logistique multinomiale pour prédire une variable dépendante catégorielle à plusieurs modalités en fonction d'un ensemble de variables explicatives. Dans notre cas, la variable dépendante est « les composantes d'exigence », avec trois catégories : Engagement des parties prenantes ; résultats et impact ; transparence (catégorie de référence). L'objectif est de modéliser la probabilité d'appartenance à l'une de ces catégories en fonction de variables retenues, à savoir : « Progrès des exigences » ; « Catégories exigées » et « Pays ». Les données nécessaires collectées incluent les observations sur les variables explicatives et la variable dépendante. Les modalités de chaque variable sont décrites dans les étapes ci-après (EITI, 2023, p. 5) :

- « Progrès des exigences » est une variable catégorielle indépendante comprenant plusieurs modalités : 0 = N/A, 1 = Non respectée, 2 = Partiellement respectée, 3 = En grande partie respectée, 4 = Pleinement respectée, 5 = Dépassée ;
- « Catégories exigées » : une autre variable catégorielle indépendante avec plusieurs niveaux de modalités que sont 1 = MSG Oversight, 2 = Licenses and contracts, 3 = Monitoring de production, 4 = Revenue collection, 5 = Revenue allocation, 6 = Socio-economic contribution, 7 = *Outcomes and impact* ;
- « Pays » est une variable catégorielle indépendante décrivant l'appartenance à un pays avec des modalités[33] : 1 = Cameroun, 2 = Congo, 3 = Tchad.
- Les valeurs observées de la variable dépendante qui est « composants d'exigences » sont réparties entre les modalités 1 = Engagement des parties prenantes, 2 = Résultats et impact, et 3 = Transparence (modalité de référence).

---

[32] https://eiti.org/fr/donnees-ouvertes collectées le 09/10/2024

[33] Les autres pays membres de la CEMAC (Gabon, Centrafrique, Guinée Equatoriale) ne sont pas inscrit dans le processus ITIE.

2.2. Le modèle

Puisque la variable dépendante est catégorielle avec plus de deux modalités, la régression logistique multinomiale est choisie comme modèle d'analyse. Ce modèle est une extension de la régression logistique binaire et est utilisé pour des situations où la variable dépendante prend plus de deux valeurs. La régression logistique multinomiale est spécifiée en utilisant une modalité de catégorie de référence (« Transparence ») et en modélisant les log-odds (logarithmes des rapports de probabilités) pour les deux autres modalités de catégories (Engagement des parties prenantes et Résultats et impact) par rapport à cette catégorie de référence. Le modèle prend la forme canonique suivante :

$$log\left(\frac{P(Y=C_j|X)}{P(Y=C_k|X)}\right) = \beta_{0,j} + \beta_{1,j}X_1 + \beta_{2,j}X_2 + \cdots + \beta_{p,j}X_p \quad (1)$$

Où :

- $P(Y = C_j|X)$ est la probabilité de l'évènement que Y prenne la valeur C_j (une catégorie spécifique de la variable dépendante) ;
- $P(Y = C_k|X)$ est la probabilité de l'évènement que Y prenne la valeur C_k (catégorie de référence) ;
- $\beta_{0,j}$ est l'ordonnée à l'origine pour la catégorie C_j ;
- $\beta_{1,j}, \beta_{2,j}, + \cdots + \beta_{p,j}$ sont les coefficients de régression pour les variables explicatives X_1, X_2,… X_p par rapport à la catégorie C_k pour la catégorie C_J ;
- $j = 1, 2, \ldots, k-1$, car le modèle ne s'estime pas pour la catégorie de référence C_k, étant donné qu'il sert de base pour les autres catégories.

Le coefficient $\beta_{1,j}$ représente l'effet de la variable explicative X_1 sur la probabilité d'être dans la catégorie C_j par rapport à la catégorie de référence C_k. Si $\beta_{1,j} > 0$, cela signifie que l'augmentation de X_1 est associée à une augmentation de la probabilité d'être dans C_j par rapport à C_k. Le terme $log\left(\frac{P(Y=C_j|X)}{P(Y=C_k|X)}\right)$ est appelé le logarithme du rapport de probabilités (ou log-odds), comparant les probabilités d'appartenir à C_j plutôt qu'à C_k.

Analyse des résultats et discussions[34]

Les résultats des observations sont présentés dans le tableau 1 ci-dessous. Les modalités « Engagement des parties prenantes » (41,4 %) et « Transparence » (40,2 %) sont les composants d'exigence les plus importants

[34] Les résultats ont été traités sous IBM SPSS Statistics Version 26

dans le processus défini par l'ITIE. « Résultats et impact » (18,4 %) est également significatif, mais moins mis en avant par rapport aux deux autres.

Tableau 3 : Récapitulatif de traitement des observations			
Variables	Modalités	N	Pourcentage marginal
Composant d'exigence[35]	Engagement des parties prenantes	101	41,4%
	Résultats et impact	45	18,4%
	Transparence[36]	98	40,2%
Progrès des exigences	N/A	45	18,4%
	Non respectée	1	0,4%
	Partiellement respectée	19	7,8%
	En grande partie respectée	74	30,3%
	Pleinement respectée	96	39,3%
	Dépassée	9	3,7%
Catégories exigées	MSG oversight	35	14,3%
	Licenses and contracts	42	17,2%
	Monitoring production	21	8,6%
	Revenue collection	63	25,8%
	Revenue allocation	21	8,6%
	Socio-economic contribution	24	9,8%
	Outcomes and impact	38	15,6%
Pays	Cameroun	67	27,5%
	Congo	105	43,0%
	Tchad	72	29,5%
Valide		244	100,0%
Manquant		0	
Total		244	
Sous-population		78[a]	
a. La variable dépendante possède une seule valeur observée dans les sous-populations 72 (92,3%).			

Source : *l'auteur*

La catégorie « Progrès des exigences » présente une structure des modalités la contenant organisée en « Dépassées » (3,7%), « Pleinement respectée » (39,3 %), « En grande partie respectée » (30,3 %), les trois totalisant 73,3% des conformités de validation. Il demeure les « Partiellement respectée » (7,8%), tandis que seulement (0,4%) des exigences sont « Non respectées ». La modalité N/A (18,4 %) indique les cas où le progrès ne pouvait pas être évalué ou est jugé non pertinent. En ce qui concerne la variable « Catégories exigées », c'est la collecte des revenus (« Revenue

[35] Variable dépendante

[36] Modalité de référence

collection ») avec 25,8 % qui est la modalité la plus traitée. En effet, le processus de validation par transparence des revenus est central pour la crédibilité de l'ITIE. « Licenses and contracts » (17,2 %) et « Outcomes and impact » (15,6 %) sont également des domaines d'intérêt structurant la conformité du processus de validation.

Enfin, « MSG oversight » (14,3 %), « Revenue allocation » (8,6 %), « Monitoring production » (8,6 %) et « Socio-economic contribution » (9,8 %) suggèrent une pondération plus faible dans la conformité.

La plus grande partie des données provient du Congo (43,0 %), suivi du Tchad (29,5 %) et du Cameroun (27,5 %), montrant une représentation relativement équilibrée de ces pays dans les observations. Le poids du Congo s'explique par la présence d'un cycle additionnel de validation (3 ans) par rapport aux deux autres états. Le modèle de régression déterminé démontre une qualité d'ajustement final substantiel avec -2 Log de vraisemblance réduit de 489,319 à 15,096. Les coefficients de Pseudo R^2 (ou R-deux) sont respectivement de 0,857 pour le Cox et Snell R^2, 0,978 pour le Nagelkerke et 0,931 pour le McFadden confirmant que le modèle est très bien adapté pour prédire les résultats observés.

Tableau 4 : Estimations des paramètres

Composant d'exigence[a]		B	Erreur standard	Wald	ddl	Sig.	Exp(B)	Intervalle de confiance à 95 % pour Exp(B)	
								Borne inf.	Borne sup.
Engagement des parties prenantes	Constante	-0,814	6129,83	,000	1	1,000			
	[Progrès des exigences=0]	0,215	2836,06	,000	1	1,000	1,239	,000	.[b]
	[Progrès des exigences=1]	1,031	9565,54	,000	1	1,000	2,803	,000	.[b]
	[Progrès des exigences=2]	,280	3034,34	,000	1	1,000	1,323	,000	.[b]
	[Progrès des exigences=3]	,276	2664,23	,000	1	1,000	1,318	,000	.[b]
	[Progrès des exigences=4]	,211	2597,84	,000	1	1,000	1,235	,000	.[b]
	[Progrès des exigences=5]	0[c]	.	.	0	.	.	.	.
	[Catégories exigées=1]	17,667	5719,48	,000	1	,998	47066817,255	,000	.[b]
	[Catégories exigées=2]	-17,029	5687,75	,000	1	,998	4,022E-8	,000	.[b]
	[Catégories exigées=3]	-16,992	5820,83	,000	1	,998	4,173E-8	,000	.[b]
	[Catégories exigées=4]	-17,019	5651,49	,000	1	,998	4,064E-8	,000	.[b]
	[Catégories exigées=5]	-17,041	5780,20	,000	1	,998	3,972E-8	,000	.[b]
	[Catégories exigées=6]	-17,075	5769,35	,000	1	,998	3,840E-8	,000	.[b]
	[Catégories exigées=7]	0[c]	.	.	0	.	.	.	.
	[Pays=1]	-,056	1198,38	,000	1	1,000	,945	,000	.[b]
	[Pays=2]	35,495	1275,65	,001	1	,978	2,601E+15	,000	.[b]
	[Pays=3]	0[c]	.	.	0	.	.	.	.
Résultats et impact	Constante	20,267	6124,89	,000	1	,997			
	[Progrès des exigences=0]	-,676	5202,92	,000	1	1,000	,509	,000	.[b]
	[Progrès des exigences=1]	-1,427	,000	.	1	.	,240	,240	,240
	[Progrès des exigences=2]	-,515	4949,37	,000	1	1,000	,598	,000	.[b]
	[Progrès des exigences=3]	-,711	4731,34	,000	1	1,000	,491	,000	.[b]
	[Progrès des exigences=4]	-,424	4696,73	,000	1	1,000	,654	,000	.[b]
	[Progrès des exigences=5]	0[c]	.	.	0	.	.	.	.
	[Catégories exigées=1]	-3,926	4232,07	,000	1	,999	,020	,000	.[b]
	[Catégories exigées=2]	-55,259	4555,23	,000	1	,990	1,003E-24	,000	.[b]
	[Catégories exigées=3]	-55,286	5097,34	,000	1	,991	9,766E-25	,000	.[b]
	[Catégories exigées=4]	-55,228	4352,80	,000	1	,990	1,035E-24	,000	.[b]
	[Catégories exigées=5]	-55,096	5000,08	,000	1	,991	1,181E-24	,000	.[b]
	[Catégories exigées=6]	-55,052	4912,49	,000	1	,991	1,234E-24	,000	.[b]
	[Catégories exigées=7]	0[c]	.	.	0	.	.	.	.
	[Pays=1]	-,148	1198,38	,000	1	1,000	,863	,000	.[b]
	[Pays=2]	35,434	1275,64	,001	1	,978	2,447E+15	,000	.[b]
	[Pays=3]	0[c]	.	.	0	.	.	.	.

a. La modalité de référence est : Transparence. b. Un dépassement de capacité des nombres à virgule flottante s'est produit lors du calcul de cette statistique. Sa valeur est donc définie sur la valeur système manquante.

c. Ce paramètre est défini sur 0, car il est redondant.

Source *: l'auteur*

Les résultats de l'analyse de la variable « Composant d'exigence » prenant comme référence la modalité « Transparence » au regard de « Engagement des parties prenantes » et des « Catégories exigées » soulignent en premier lieu que les différentes valeurs de « Progrès des exigences » n'ont pas d'effet significatif (Sig. = 1,000 pour toutes les catégories). La constante a une estimation de B = -0,814, ce qui signifie une légère diminution de la probabilité d'un résultat lié à l'engagement des parties prenantes par rapport à la catégorie de référence (transparence), mais ce résultat est non significatif (Sig. = 1,000).

En second lieu, les coefficients sont très extrêmes pour les différentes catégories exigées (par exemple, B = 17,667 pour la catégorie 1), mais les p-valeurs (Sig.) sont toutes très élevées (0,998), indiquant que ces effets ne sont pas significatifs. Enfin, en troisième lieu, pour les pays, il y a un effet significatif pour le Pays 2 (Sig. = 0,001), avec un coefficient B très élevé (B = 35,495), ce qui donne un rapport des cotes extrêmement important (Exp(B) = 2,601E+15). Cela signifie que, par rapport au Pays 3 (catégorie de référence), le Pays 2 a une probabilité extrêmement plus élevée d'observer l'évènement étudié. Cependant, pour le Pays 1, l'effet n'est pas significatif (Sig. = 1,000), avec un coefficient très proche de zéro.

Il est à noter une singularité inattendue de certaines estimations qui montrent des résultats extrêmes ou incohérents (par exemple, des valeurs très élevées pour B et Exp(B)), ce qui pourrait indiquer que le modèle pourrait souffrir de multi-colinéarité ou de catégories non informatives. Cela pourrait provenir de variables très corrélées ou de catégories avec très peu d'observations.

En s'alignant sur les travaux de Ejiogu et al., (2019), il apparaît que le processus de validation repose sur des mécanismes de compromis institutionnel entre les experts indépendants, la commission locale chargée d'accompagner le processus de collecte et les autres parties prenantes. Cela s'est confirmé également dans d'autres études (López-Cazar et al., 2021 ; Öge, 2016 ; Oppong et Andrews, 2020). Il en découle que les multi-colinéarités dégagées, loin d'être illogiques, sont plutôt à interpréter comme les reflets de « zones grises » issues de la négociation du travail institutionnel, au sens du travail institutionnel précédemment évoqué.

Ce point de vue est conforté par les travaux de qui souligne dans le contexte nigérian que le rôle des experts techniques joue un rôle central dans la mise en œuvre de l'ITIE, notamment en ce que leur domination dans le processus peut parfois créer une déconnexion avec les parties prenantes locales (citoyens ordinaires et les organisations de la société civile) (El Hamad et al., 2024 ; Sovacool, 2020). Ce dernier point influence la substance de transparence publiée, car les informations divulguées ne sont pas toujours compréhensibles ou accessibles au public. Dans le même ordre d'idée, la transparence apparaît comme un processus de réponse en co-construction symbolique plutôt que réellement opératif en termes positifs (Oliver, 1991). Bien que les données sur les revenus soient rendues publiques, cela ne se traduit pas nécessairement par une responsabilisation accrue des gouvernements ou des entreprises impliquées, surtout quand elles se situent dans des domaines stratégiques de souveraineté (le pétrole, en particulier).

Il existe donc des limites institutionnelles, comme dans tous les pays en développement riches en ressources, qui limitent l'impact de l'ITIE. Les problèmes de gouvernance, de corruption persistante et de manque d'engagement de la société civile sont identifiés comme des obstacles majeurs à l'efficacité de l'ITIE. D'ailleurs l'absence de sanctions dans les cas de non-accessibilités aux données (NA= 18,4% dans notre cas) souligne non seulement un cas de non-respect des principes de l'ITIE, mais en plus affaiblit la capacité de l'initiative à provoquer des changements réels et durables (Furstenberg et Moldalieva, 2022 ; López et Fontaine, 2019 ; Moldalieva, 2021).

Dans sa recherche de 1997, Oliver (1997) identifiait cinq stratégies majeures que les organisations adoptent en réponse aux pressions institutionnelles : l'acquiescence dans le cas où l'organisation se conforme entièrement aux règles et normes imposées par les institutions pour obtenir de la légitimité et des ressources. Cela inclut des actions comme l'imitation ou l'obéissance passive ; le compromis, si elle cherchait à trouver un équilibre entre différentes pressions institutionnelles, en négociant des compromis pour satisfaire plusieurs acteurs ou parties prenantes ; l'évitement pour tenter de minimiser l'impact des pressions institutionnelles sans les affronter directement, notamment en créant des moyens de contournement ou en adoptant un semblant de conformité sans réelle transformation interne ; le défi pour résister activement aux pressions institutionnelles en rejetant ou en dénonçant les règles ou attentes jugées trop contraignantes ou injustes ; la manipulation pour influencer ou contrôler activement l'environnement institutionnel, par exemple en façonnant les normes ou en mobilisant des coalitions de soutien pour changer les règles institutionnelles à son avantage.

Nous qualifions la nature du compris opérant dans le cas des trois pays de type asymétrique en ce qu'il repose sur un interactionnisme symbolique coconstruit par le rapport de force des entreprises majors internationales du secteur disposant de leviers de puissance financière et politique (Dashwood et al., 2022b, 2022a ; Van Alstine, 2017).

Dans cette dernière alternative, le modèle canonique final obtenu permet de prédire correctement la catégorie des composantes d'exigence (Engagement des parties prenantes, Résultats et impact, Transparence) en fonction des variables explicatives. Les résultats de cette analyse peuvent être utilisés pour prendre des décisions basées sur les effets significatifs des variables explicatives et les relations mises en évidence par le modèle. Ils prennent alors les formes successives présentées ci-après[37] :

Probabilité pour « Engagement des parties prenantes » sera égal à :

$$log\left(\frac{P(\text{Engagement de parties prenantes}|X)}{P(\text{Transparence}|X)}\right) = -0{,}814 + \beta_{1,1}[X_1] + \beta_{2,1}[X_2] + \beta_{3,1}[X_3] \qquad (2)$$

Où $\beta_{1,1}$ = 0,215 pour progrès des exigences = 0 ; 1,031 pour progrès = 1, etc. $\beta_{2,1}$ = 17,667 pour les catégories = 1 ; -17,029 pour celles égales à 2, etc. $\beta_{3,1}$ = -0,056 pour pays = 1 ; 35,495 pour pays=2

Probabilité pour « Résultats et impacts » sera égal à :

$$log\left(\frac{P(\text{Résultats et impact}|X)}{P(\text{Transparence}|X)}\right) = 20{,}267 + \beta_{1,2}[X_1] + \beta_{2,2}[X_2] + \beta_{3,2}[X_3] \qquad (3)$$

Où $\beta_{1,2}$ = 0,676 pour progrès des exigences = 0 ; -1,427 pour progrès = 1, etc. $\beta_{2,2}$ = -3,926 pour les catégories = 1 ; -55,259 pour celles égales à 2, etc. $\beta_{3,2}$ = -1,148 pour pays = 1 ; 35,434 pour pays=2

Et probabilité pour « Transparence » sera égal à :

$$P(\text{Transparence}|X) = \frac{1}{1+ e^{(\text{log-odds Engagement des parties prenantes})} + e^{(\text{log-odds Résultats et impact})}} \qquad (4)$$

Les probabilités des composantes d'exigences selon le modèle de validation retenu par l'ITIE, et lorsque la catégorie de référence fixée est la transparence, sont surdéterminées à 59,8% (41,4%+18,4%) par les deux premières variables contre 40,2% par la transparence. Dauda (2022) en s'appuyant sur le cas du Ghana, met en avant le concept de « Social Licence to Operate » SLO comme mécanisme de réponse là où les attentes des communautés locales et des acteurs miniers sont divergentes.

Ces conflits reflètent une pratique conflictuelle dans laquelle les efforts déployés pour répondre aux attentes des communautés sont perçus comme superficiels, ce qui entraîne une légitimité précaire. D'une certaine manière, la démarche de l'ITIE y répond en proposant un travail institutionnel de conformation promouvant plus les résultats, leur impact et l'engagement des parties prenantes plutôt que la transparence qui, en fin de compte, est la variable d'ajustement au compromis. L'approche naguère affirmée par Rustad et al. (2017) qui identifiaient trois grandes catégories de buts de l'ITIE (institutionnels, opérationnels et développementaux) semble avoir laissé finalement place aux seules nécessités opérationnelles et de développement.

---

[37] X_1 = Progrès des exigences ; X_2 = Catégories exigées ; X_3 = Pays

Conclusion

Si au départ le modèle de légitimité institutionnelle était le socle de la proposition du concept ITIE en 2003, les évolutions constatées vingt-années plus tard démontrent la nécessité d'intégrer la proposition conceptuelle d'Oliver (1991, 1997) puisque la capacité d'une organisation à obtenir et maintenir un avantage concurrentiel repose non seulement sur l'accès à des ressources rares et précieuses (comme le suggère la RBV), mais aussi sur sa capacité à naviguer et à gérer le contexte institutionnel dans lequel elle évolue. Cela inclut donc un travail institutionnel sur l'intégration simultanée des normes sociales, des régulations et des relations inter-organisationnelles qui définissent ce qui est considéré comme un comportement acceptable et légitime dans un secteur. Il y a donc une rationalité normative et des mécanismes isolants institutionnels, qui permettent aux organisations de se singulariser, notamment parce que ces derniers reposent sur un interactionnisme symbolique jamais assez souligné dans les travaux. L'émergence et la croissance d'une responsabilité sociale des entreprises (RSE) soulignent en ce sens qu'une meilleure compréhension des dynamiques locales et des approches participatives permettent un sensemaking collectif (Weick, 1995) qui étend les effets d'un travail institutionnel performant à une SLO comme outil prolongeant la RSE dans la gestion des ressources minières en Afrique.

Bibliographie

Aaronson, S. A. (2011). Limited partnership : Business, government, civil society, and the public in the Extractive Industries Transparency Initiative (EITI). *Public Administration and Development*, *31*(1), 50-63.

Abrahamson, E., et Eisenman, M. (2008). Employee-management Techniques : Transient Fads or Trending Fashions? *Administrative Science Quarterly*, *53*(4), 719-744. https://doi.org/10.2189/asqu.53.4.719

Ashforth, B. E., et Gibbs, B. W. (1990). The Double-Edge of Organizational Legitimation. *Organization Science*, *1*(2), 177-194. https://doi.org/10.1287/orsc.1.2.177

Auty, R. (2002). *Sustaining development in mineral economies : The resource curse thesis*. Routledge.

Battilana, J., Leca, B., et Boxenbaum, E. (2009). 2 How Actors Change Institutions : Towards a Theory of Institutional Entrepreneurship. *Academy of Management Annals*, *3*(1), 65-107. https://doi.org/10.5465/19416520903053598

Ben Slimane, K., et Leca, B. (2010). Le travail institutionnel : Origines théoriques, défis et perspectives. *Management & avenir*, *37*(7), 53-69.

Berger, P., et Luckmann, T. (2018). *La Construction sociale de la réalité-3e éd.* Armand Colin.

Bernoux, P., et Gagnon, Y.-C. (2008). Une nouvelle voie pour réussir les changements technologiques : La co-construction. *La Revue des Sciences de Gestion*, *5*, 51-58.

Bitektine, A. (2011). Toward a theory of social judgments of organizations : The case of legitimacy, reputation, and status. *Academy of management review*, *36*(1), 151-179.

Blumer, H. (1969). L'interactionnisme symbolique. *Sociologie, textes fondamentaux*, *71*, 34-40.

Boutilier, R. (2017). *Stakeholder politics : Social capital, sustainable development, and the corporation.* Routledge. https://www.taylorfrancis.com/books/mono/10.4324/9781351279727/stakeholder-politics-robert-boutilier

Brunsson, N. (1993). Ideas and actions : Justification and hypocrisy as alternatives to control. *Accounting, Organizations and Society*, *18*(6), 489-506.

Chesbrough, H. (2004). Managing Open Innovation. *Research-Technology Management*, *47*(1), 23-26. https://doi.org/10.1080/08956308.2004.11671604

Collier, P., et Hoeffler, A. (2004). Greed and grievance in civil war. *Oxford economic papers*, *56*(4), 563-595.

Corrigan, C. C. (2014). Breaking the resource curse : Transparency in the natural resource sector and the extractive industries transparency initiative. *Resources Policy*, *40*, 17-30.

Dacin, M. T., Goodstein, J., et Scott, W. R. (2002). Institutional Theory and Institutional Change : Introduction to the Special Research Forum. *The Academy of Management Journal*, *45*(1), 43. https://doi.org/10.2307/3069284

Dashwood, H. S., Idemudia, U., Puplampu, B. B., et Webb, K. (2022a). Ghana's adoption of the extractive industries transparency initiative (EITI) : The path from data disclosure to community accountability. *The Extractive Industries and Society*, *10*, 101068.

Dashwood, H. S., Idemudia, U., Puplampu, B. B., et Webb, K. (2022b). The Extractive Industries Transparency Initiative and local institutions in Ghana's mining communities : Challenges in understanding barriers to accountability. *Development Policy Review*, *40*(5), e12606. https://doi.org/10.1111/dpr.12606

Dauda, S. (2022). Earning a social licence to operate (SLO) : A conflicted praxis in sub-Saharan Africa's mining landscape? *The Extractive Industries and Society*, *11*, 101141. https://doi.org/10.1016/j.exis.2022.101141

David-Barrett, E., et Okamura, K. (2016). Norm diffusion and reputation : The rise of the extractive industries transparency initiative. *Governance*, *29*(2), 227-246.

Davis, J. H., Schoorman, F. D., et Donaldson, L. (1997). Toward a Stewardship Theory of Management. *The Academy of Management Review*, *22*(1), 20. https://doi.org/10.2307/259223

Deephouse, D. L., Bundy, J., Tost, L. P., et Suchman, M. C. (2017). Organizational legitimacy : Six key questions. *The SAGE handbook of organizational institutionalism*, *4*(2), 27-54.

Deephouse, D. L., et Suchman, M. C. (2008). Legitimacy in Organizational Institutionalism. In R. Greenwood, C. Oliver, R. Suddaby, et K. Sahlin (Éds.), *The Sage handbook of organizational institutionalism* (SAGE Publications Ltd, p. 49-77).

Demuijnck, G., et Fasterling, B. (2016). The social license to operate. *Journal of business ethics*, *136*, 675-685.

DiMaggio, P. J., et Powell, W. W. (2003). The iron cage revisited : Institutional isomorphism and collective rationality in organizational fields. In *The New Economic Sociology* (p. 111-134). Princeton University Press. https://doi.org/10.1515/9780691229270-005

Dowling, J., et Pfeffer, J. (1975). Organizational Legitimacy : Social Values and Organizational Behavior. *The Pacific Sociological Review*, *18*(1), 122-136. https://doi.org/10.2307/1388226

EITI. (2023, juin 4). *Norme ITIE 2023*. https://eiti.org/fr/norme-itie

Ejiogu, A., Ejiogu, C., et Ambituuni, A. (2019). The dark side of transparency : Does the Nigeria extractive industries transparency initiative help or hinder accountability and corruption control? *The British Accounting Review*, *51*(5), 100811. https://doi.org/10.1016/j.bar.2018.10.004

El Hamad, W., Pupovac, S., et Moerman, L. (2024). Transparency and public accountability : Does the Nigerian extractive industries transparency initiative deliver? *The Extractive Industries and Society*, *19*, 101514. https://doi.org/10.1016/j.exis.2024.101514

Foudriat, J.-F. (2016). *La co-contruction. Une alternative managériale*. EHESP. https://journals.openedition.org/lectures/15141

Funk, C., Trevino, L., et Oriaifo, J. (2020). Emerging Market Institutional Co-Evolution, State-Owned Firm Globalization, and the Resource Curse. *Academy of Management Proceedings*, *2020*(1), 13219. https://doi.org/10.5465/AMBPP.2020.20

Furstenberg, S., et Moldalieva, J. (2022). Critical reflection on the extractive industries transparency initiative in Kyrgyzstan. *World Development*, *154*, 105880. https://doi.org/10.1016/j.worlddev.2022.105880

Giddens, A., et Audet, M. (1987). *La constitution de la société : Éléments de la théorie de la structuration*. Presses universitaires de France Paris.

Gifford, B., et Kestler, A. (2008). Toward a theory of local legitimacy by MNEs in developing nations : Newmont mining and health sustainable development in Peru. *Journal of International Management*, *14*(4), 340-352.

Gilberthorpe, E., et Banks, G. (2012). Development on whose terms? : CSR discourse and social realities in Papua New Guinea's extractive industries sector. *Resources Policy*, *37*(2), 185-193.

Gillies, A. (2010). Reputational concerns and the emergence of oil sector transparency as an international norm. *International Studies Quarterly*, *54*(1), 103-126.

Greenwood, R., Hinings, C. R., et Suddaby, R. (2002). Theorizing change : The role of professional associations in the transformation of institutionalized fields.

Academy of Management Journal, *45*(1), 58-80. https://doi.org/10.2307/3069285

Hampel, C. E., Lawrence, T. B., et Tracey, P. (2017). Institutional Work : Taking Stock and Making It Matter. In R. Greenwood, C. Oliver, T. B. Lawrence, et R. Meyer (Éds.), *The SAGE Handbook of Organizational Institutionalism* (p. 558-590). SAGE Publications Ltd. https://doi.org/10.4135/9781526415066

Hannan, M. T., et Freeman, J. (1984). Structural inertia and organizational change. *American sociological review*, 149-164.

Hardy, C., et Maguire, S. (2017). Institutional entrepreneurship and change in fields. *The Sage handbook of organizational institutionalism*, *2*, 261-280.

Hargrave, T. J., et Van De Ven, A. H. (2006). A Collective Action Model of Institutional Innovation. *Academy of Management Review*, *31*(4), 864-888. https://doi.org/10.5465/amr.2006.22527458

Haufler, V. (2010). Disclosure as governance : The extractive industries transparency initiative and resource management in the developing world. *Global Environmental Politics*, *10*(3), 53-73.

Humphreys, M., Sachs, J. D., et Stiglitz, J. E. (2007). Escaping the resource curse. *Columbia University Press*.

Hybels, R. C. (1995). *On legitimacy, legitimation, and organizations : A critical review and integrative theoretical model. 1995*(1), 241-245.

Idemudia, U. (2009). Oil Extraction and Poverty Reduction in the Niger Delta : A Critical Examination of Partnership Initiatives. *Journal of Business Ethics*, *90* (S1), 91-116. https://doi.org/10.1007/s10551-008-9916-8

Idemudia, U. (2010). Rethinking the role of corporate social responsibility in the Nigerian oil conflict : The limits of CSR. *Journal of International Development*, *22*(7), 833-845. https://doi.org/10.1002/jid.1644

Idemudia, U. (2013). The Extractive Industry Transparency Initiative and corruption in Nigeria : Rethinking the links between transparency and accountability. In *Access to Information in Africa* (p. 127-148). Brill. https://brill.com/downloadpdf/book/edcoll/9789004251892/B9789004251892-s008.pdf

Jenkins, H., et Yakovleva, N. (2006). Corporate social responsibility in the mining industry : Exploring trends in social and environmental disclosure. *Journal of cleaner production*, *14*(3-4), 271-284.

Kapelus, P. (2002). Mining, corporate social responsibility and the community : The case of Rio Tinto, Richards Bay Minerals and the Mbonambi. *Journal of Business Ethics*, *39*(3), 275-296. https://doi.org/10.1023/A:1016570929359

Kolstad, I., et Wiig, A. (2009). Is transparency the key to reducing corruption in resource-rich countries? *World development*, *37*(3), 521-532.

Kolstad, I., et Wiig, A. (2022). How Does Exposure to EITI Member Countries Affect Extractive Industry Conduct? *Academy of Management Proceedings*, *2022*(1), 14092. https://doi.org/10.5465/AMBPP.2022.14092abstract

Lawrence, T. B., Leca, B., et Zilber, T. B. (2013). Institutional Work : Current Research, New Directions and Overlooked Issues. *Organization Studies*, *34*(8), 1023-1033. https://doi.org/10.1177/0170840613495305

Lawrence, T. B., et Suddaby, R. (2006). Institutions and institutional work. In R. Clegg, C. Hardy, T. B. Lawrence, et W. R. Nord, *Handbook of organization studies* (2nd Edition, Vol. 2, p. 215-254). Sage Publications, Inc.

Lawrence, T., Suddaby, R., et Leca, B. (2011). Institutional Work : Refocusing Institutional Studies of Organization. *Journal of Management Inquiry*, *20*(1), 52-58. https://doi.org/10.1177/1056492610387222

Leyrie, C., et Boivin, S. (2017). Gestion de projet et co-construction : Utopie ou voie du succès ? Une réflexion exploratoire. *Revue Organisations & territoires*, *26*(1), 117-129.

López, L., et Fontaine, G. (2019). How transparency improves public accountability : The extractive industries transparency initiative in Mexico. *The Extractive Industries and Society*, *6*(4), 1156-1167. https://doi.org/10.1016/j.exis.2019.09.008

López-Cazar, I., Papyrakis, E., et Pellegrini, L. (2021). The Extractive Industries Transparency Initiative (EITI) and corruption in Latin America : Evidence from Colombia, Guatemala, Honduras, Peru, and Trinidad and Tobago. *Resources Policy*, *70*, 101907. https://doi.org/10.1016/j.resourpol.2020.101907

Maguire, S., Hardy, C., et Lawrence, T. B. (2004). Institutional entrepreneurship in emerging fields : HIV/AIDS treatment advocacy in Canada. *Academy of Management Journal*, *47*(5), 657-679. https://doi.org/10.2307/20159610

Mena, S., et Palazzo, G. (2012). Input and output legitimacy of multi-stakeholder initiatives. *Business Ethics Quarterly*, *22*(3), 527-556.

Meyer, J. W., et Rowan, B. (1977). Institutionalized Organizations : Formal Structure as Myth and Ceremony. *American Journal of Sociology*, *83*(2), 340-363. https://doi.org/10.1086/226550

Moffat, K., et Zhang, A. (2014). The paths to social licence to operate : An integrative model explaining community acceptance of mining. *Resources policy*, *39*, 61-70.

Moldalieva, J. (2021). Localizing transparency and accountability in extractives. *The Extractive Industries and Society*, *8*(4), 100991. https://doi.org/10.1016/j.exis.2021.100991

Morrison, K. M. (2012). What can we learn about the “resource curse” from foreign aid? *The World Bank Research Observer*, *27*(1), 52-73.

Newenham-Kahindi, A. M. (2011). A Global Mining Corporation and Local Communities in the Lake Victoria Zone : The Case of Barrick Gold Multinational in Tanzania. *Journal of Business Ethics*, *99*(2), 253-282. https://doi.org/10.1007/s10551-010-0653-4

O’Faircheallaigh, C. (2013). Community development agreements in the mining industry : An emerging global phenomenon. *Community Development*, *44*(2), 222-238. https://doi.org/10.1080/15575330.2012.705872

Öge, K. (2016). To disclose or not to disclose : How global competition for foreign direct investment influences transparency reforms in extractive industries. *Energy Policy*, *98*, 133-141. https://doi.org/10.1016/j.enpol.2016.08.019

Ölcer, D. (2009). Extracting the Maximum from the EITI. *OECD Development Centre, Working Paper n°276.*

Oliver, C. (1991). Strategic Responses to Institutional Processes. *The Academy of Management Review*, *16*(1), 145. https://doi.org/10.2307/258610

Oliver, C. (1997). Sustainable competitive advantage : Combining institutional and resource-based views. *Strategic Management Journal*, *18*(9), 697-713. https://doi.org/10.1002/(SICI)1097-0266(199710)18:9<697::AID-SMJ909>3.0.CO;2-C

Oppong, N., et Andrews, N. (2020). Extractive industries transparency initiative and the politics of institutional innovation in Ghana's oil industry. *The Extractive Industries and Society*, *7*(4), 1238-1245. https://doi.org/10.1016/j.exis.2020.05.013

Özkazanç-Pan, B. (2008). International Management Research Meets "The Rest of the World". *Academy of Management Review*, *33*(4), 964-974. https://doi.org/10.5465/amr.2008.34422014

Perrin, C., et Fabbri, R. (2016). Rôle et posture d'un manager dans la co-construction de sens commun autour du déploiement d'une démarche qualité dans une organisation de solidarité internationale. *Annales des Mines-Gérer et comprendre*, *2*, 29-40. https://www.cairn.info/revue-gerer-et-comprendre-2016-2-page-29.htm

Prahalad, C. K., et Ramaswamy, V. (2004). Co-creation experiences : The next practice in value creation. *Journal of Interactive Marketing*, *18*(3), 5-14. https://doi.org/10.1002/dir.20015

Prno, J., et Slocombe, D. S. (2014). A Systems-Based Conceptual Framework for Assessing the Determinants of a Social License to Operate in the Mining Industry. *Environmental Management*, *53*(3), 672-689. https://doi.org/10.1007/s00267-013-0221-7

Rustad, S. A., Le Billon, P., et Lujala, P. (2017). Has the Extractive Industries Transparency Initiative been a success ? Identifying and evaluating EITI goals. *Resources Policy*, *51*, 151-162.

Sachs, J. D., et Warner, A. M. (2001). The curse of natural resources. *European economic review*, *45*(4-6), 827-838.

Scott, W. R. (2008). *Institutions and organizations : Ideas and interests*. Sage.

Scott, W. R., et Meyer, J. W. (1983). The organization of societal sectors. In J. W. Meyer et W. R. Scott, *Organizational environments : Ritual and rationality* (p. 129-153). Sage.

Selznick, P. (1948). Foundations of the theory of organization. *American sociological review*, *13*(1), 25-35.

Sovacool, B. K. (2020). Is sunshine the best disinfectant? Evaluating the global effectiveness of the Extractive Industries Transparency Initiative (EITI). *The*

Extractive Industries and Society, *7*(4), 1451-1471. https://doi.org/10.1016/j.exis.2020.09.001

Suchman, M. C. (1995). Managing legitimacy : Strategic and institutional approaches. *Academy of management review*, *20*(3), 571-610.

Suddaby, R., Bitektine, A., et Haack, P. (2017). Legitimacy. *Academy of Management Annals*, *11*(1), 451-478. https://doi.org/10.5465/annals.2015.0101

Suddaby, R., et Viale, T. (2011). Professionals and field-level change : Institutional work and the professional project. *Current Sociology*, *59*(4), 423-442. https://doi.org/10.1177/0011392111402586

Tolbert, P. S., et Zucker, L. G. (1999). The institutionalization of institutional theory. *Studying organization. Theory & method*, *1*, 169-184.

Uldam, J., et Hansen, H. K. (2014). Between Transparency and Censorship : Discursive Struggles in the Extractive Industries. *Academy of Management Proceedings*, *2014*(1), 15204. https://doi.org/10.5465/ambpp.2014.15204abstract

Van Alstine, J. (2017). Critical reflections on 15 years of the Extractive Industries Transparency Initiative (EITI). *The Extractive Industries and Society*, *4*(4), 766-770. https://doi.org/10.1016/j.exis.2017.10.010

Van Alstine, J., et Andrews, N. (2016). Corporations, civil society, and disclosure : A case study of the extractive industries transparency initiative. *The Palgrave handbook of the international political economy of energy*, 95-114.

Weick, K. E. (1995). *Sensemaking in organizations* (Vol. 3). Sage Publications, Inc.

Wood, D. J., Mitchell, R. K., Agle, B. R., et Bryan, L. M. (2021). Stakeholder Identification and Salience After 20 Years : Progress, Problems, and Prospects. *Business & Society*, *60*(1), 196-245. https://doi.org/10.1177/0007650318816522

Zietsma, C., et Lawrence, T. B. (2010). Institutional Work in the Transformation of an Organizational Field : The Interplay of Boundary Work and Practice Work. *Administrative Science Quarterly*, *55*(2), 189-221. https://doi.org/10.2189/asqu.2010.55.2.189

Zimmerman, M. A., et Zeitz, G. J. (2002). Beyond survival : Achieving new venture growth by building legitimacy. *Academy of management review*, *27*(3), 414-431.

Zucker, L. G. (1987). Institutional theories of organization. *Annual review of sociology*, *13*, 443-464.

CHAPITRE 10

La gouvernance d'entreprise à l'ère de la digitalisation

Ben Boubakari

L'ère de la digitalisation a bouleversé les dynamiques des entreprises modernes et redéfini les frontières traditionnelles entre la gouvernance d'entreprise et la gestion du risque financier (Zhyvko et Vivchar, 2023 ; Wijesooriya et Basnayake, 2024). L'essor des technologies numériques a apporté des opportunités inédites pour l'amélioration des performances organisationnelles. Il est aussi à l'origine de nouveaux risques capables de compromettre la stabilité financière des entreprises (Gupta et al., 2023). Dans ce contexte, les politiques de gouvernance d'entreprise se trouvent au cœur des stratégies visant à maîtriser les risques et assurer l'adaptation à l'environnement digital (Sama et al., 2022 ; Iriani et al., 2024). La transformation numérique, caractérisée par l'intégration des technologies telles que le Big Data, l'intelligence artificielle et la blockchain, a profondément modifié les processus de prise de décision et de gestion (Ma et Chang, 2024). Ces innovations offrent des outils puissants pour l'optimisation des opérations. Elles introduisent aussi cependant des vulnérabilités significatives, notamment en matière de cybersécurité, de protection des données, et de manipulation des marchés (Möller, 2023). Les scandales financiers récents[38], souvent liés à des défaillances dans les systèmes de gouvernance (Wanda et Fomo, 2020), illustrent la nécessité d'une adaptation rapide et efficace des cadres de gouvernance pour répondre aux exigences d'une économie de plus en plus numérique (Brown et Marsden, 2023 ; Srivastava, 2023).

Le présent chapitre a vocation à analyser les défis auxquels les entreprises sont confrontées dans l'adaptation de leurs politiques de gouvernance pour gérer efficacement les risques financiers induits par la digitalisation (Brunetti et al., 2020). Alors que certaines entreprises adoptent rapidement des mesures pour renforcer leur résilience face à ces nouveaux risques (Settembre-Blundo et al., 2021), d'autres peinent, s'exposant à de graves conséquences financières (Browder et al., 2024), à aligner leurs pratiques de gouvernance avec les impératifs numériques. Par ailleurs, la digitalisation accélérée expose

[38] Notamment Wirecard, une entreprise allemande de services financiers en 2020 ; Greensill Capital, une société financière britannique en 2021 ; Archegos Capital, une société d'investissement basée aux États-Unis en 2021 ; FTX, une plateforme mondiale d'échange de cryptomonnaies en 2022 ; etc.

les entreprises à une variété de risques : les cyberattaques, la fraude numérique et l'instabilité des systèmes technologiques (George et al., 2024). Ces risques nécessitent des réponses stratégiques qui vont bien au-delà des approches traditionnelles de gestion du risque.

Ainsi, l'intégration de technologies émergentes dans les mécanismes de gouvernance devient capitale pour améliorer la transparence (Wanda et Sateu, 2016), renforcer la sécurité des transactions et optimiser la prise de décision. Cependant, l'efficacité de ces technologies dépend largement de la capacité des entreprises à en former leurs dirigeants et à adapter leurs structures organisationnelles (Wiechmann et al., 2022 ; Holbeche, 2023). En outre, les régulateurs sont également appelés à jouer un rôle clé en mettant en place des cadres législatifs adaptés à cette nouvelle réalité économique, afin de garantir un équilibre entre innovation et protection des parties prenantes (De Grandis et al., 2023).

Le sujet de la gouvernance d'entreprise à l'ère de la digitalisation est d'une importance capitale tant pour les théoriciens que pour les praticiens. Il offre un terrain fertile pour l'analyse des nouvelles dynamiques organisationnelles dans un contexte où la technologie est devenue un facteur clé de compétitivité. En outre, il a des implications pratiques profondes. La capacité des entreprises à naviguer dans cet environnement numérique détermine en effet grandement leur succès ou leur échec. Par ailleurs, les régulateurs et les décideurs politiques portent une attention croissante à l'adaptation des cadres de gouvernance pour mieux appréhender les risques émergents.

Le chapitre poursuit un triple objectif : cartographier les risques financiers émergents qui découlent de la digitalisation, en mettant en lumière les vulnérabilités spécifiques aux différents secteurs d'activité ; évaluer l'efficacité des politiques de gouvernance d'entreprise actuelles dans la gestion de ces risques, en identifiant les pratiques exemplaires et les lacunes ; examiner les défis et les opportunités liés à l'intégration des technologies numériques dans les cadres de gouvernance, en fournissant des recommandations pratiques pour les entreprises et les décideurs politiques. Pour cela, la démarche observe trois grands moments où se traite le cadre conceptuel du rapport de la gouvernance d'entreprise à la gestion du risque financier, les défis posés par la digitalisation dans la gestion du risque financier et les perspectives pour une gouvernance efficace à l'ère numérique.

1. L'analyse conceptuelle du rapport de la gouvernance au risque financier

1.1. Les principales grilles de lecture

Trois principales théories permettent d'éclairer la gestion du risque financier à l'ère de la digitalisation : la théorie de l'agence (Jensen et Meckling, 1976), la théorie de la dépendance aux ressources (Pfeffer et Salancik, 1978) et la théorie des parties prenantes (Freeman, 1984).

La théorie de l'agence postule le conflit d'intérêts entre les actionnaires (principaux) et les dirigeants (agents), ces derniers pouvant poursuivre des objectifs divergents, notamment en matière de prise de risque. À l'ère de la digitalisation, ce conflit s'intensifie avec la complexité croissante des opérations financières et la rapidité des flux d'informations qui renforcent l'asymétrie d'information. Par exemple, les transactions automatisées et les investissements dans des technologies complexes échappent souvent au contrôle des actionnaires. Toutefois, la digitalisation offre également des solutions pour atténuer ces conflits. Des outils comme la blockchain et les systèmes ERP améliorent la transparence et la surveillance, ce qui améliore la gouvernance. Ces technologies offrent aux actionnaires un accès direct à des informations pertinentes, réduisant ainsi les risques liés à l'asymétrie d'information.

La théorie de la dépendance aux ressources met en avant l'importance des relations de l'entreprise avec son environnement pour accéder aux ressources critiques. À l'ère numérique, les entreprises dépendent davantage des infrastructures technologiques, comme les services de cloud computing ou les plateformes d'intelligence artificielle. Cette interdépendance accroît leur vulnérabilité face aux défaillances technologiques ou aux cyberattaques ; cela peut sérieusement affecter leur performance financière. Une gouvernance efficace permet d'anticiper et de gérer ces risques par la diversification des ressources et des partenariats. L'audit numérique, les plans de continuité des activités et la cybersécurité renforcent également la résilience de l'entreprise face aux risques numériques.

La théorie des parties prenantes élargit le cadre d'action des dirigeants en intégrant non seulement les actionnaires, mais aussi d'autres acteurs, comme les employés, les clients et les communautés locales. Cette approche est pertinente à l'ère de la digitalisation où les interactions et la transparence sont renforcées. Les entreprises sont appelées à répondre aux attentes accrues des parties prenantes en matière de durabilité, de responsabilité sociale et de gestion éthique. Les risques liés à la réputation, à la confidentialité des données et aux normes éthiques sont amplifiés par les réseaux sociaux et la viralité des informations. En intégrant les intérêts de toutes les parties prenantes dans la gouvernance, les entreprises peuvent prévenir des crises potentielles et renforcer la confiance et la loyauté de leurs partenaires. Les plateformes numériques facilitent la gestion de ces relations et permettent une réponse proactive aux préoccupations des parties prenantes.

1.2. Les risques financiers dans un environnement digitalisé

La digitalisation croissante des processus économiques et financiers engendre de nouveaux risques financiers complexes. Bien que la transformation numérique offre des avantages en termes d'efficacité et de compétitivité, elle expose également les entreprises à des vulnérabilités accrues (Schneider et Kokshagina, 2021). Ces risques incluent le cyber-risque, la fraude numérique et la volatilité des marchés, et doivent être gérés pour assurer la stabilité financière des organisations évoluant dans un environnement digitalisé (Herrera Luque et al., 2021). Un risque financier traduit la possibilité de subir des pertes financières dues à des fluctuations de marché, des défaillances de contreparties ou des erreurs de gestion financière (Moudud-Ul-Huq et al., 2020). Il englobe les risques de crédit, de liquidité, de marché et opérationnels capables d'affecter les flux de trésorerie et la solvabilité d'une entreprise (Jorion, 2007 ; Dong et al., 2024). Dans un contexte digitalisé, ces risques prennent une nouvelle forme en raison de l'intégration des technologies numériques. Parmi les menaces identifiées, on retrouve les cyberattaques, la fraude numérique et la volatilité accrue des marchés, amplifiées par la dépendance aux systèmes numériques interconnectés (Majumder et Dey, 2024 ; Luo, 2022).

Les cyber-risques sont particulièrement préoccupants. Bahmanova et Lace (2024) soulignent que les attaques numériques, telles que les intrusions ou ransomwares, perturbent les systèmes financiers et menacent les actifs numériques. Une cyber-attaque réussie peut entraîner des pertes financières directes, des amendes réglementaires et des coûts indirects liés à la perte de réputation. Face à la sophistication croissante de ces attaques, une gouvernance renforcée est essentielle pour protéger les systèmes numériques et assurer la résilience des entreprises. La fraude numérique, quant à elle, englobe des activités malveillantes, comme le phishing, les escroqueries par e-mail et la falsification de données financières (Chhabra Roy et Sreeleakha, 2024).

Bien que la digitalisation accélère les transactions financières, elle expose également les entreprises à des fraudes difficiles à détecter en temps réel. Ces fraudes peuvent entraîner des pertes financières importantes ainsi qu'une perte de confiance de la part des clients et des partenaires. La digitalisation a exacerbé la volatilité des marchés financiers. L'utilisation croissante de systèmes de Trading automatisés et d'algorithmes sophistiqués a contribué à des fluctuations rapides et imprévisibles des marchés (Dahal, 2023). Les informations se diffusent plus rapidement, amplifiant les effets de volatilité. Cela expose les entreprises à des risques accrus de pertes financières soudaines. Pour atténuer ces risques, des stratégies d'anticipation telles que la couverture contre les fluctuations du marché et la diversification des investissements sont nécessaires (Wang et al., 2021).

À l'ère de la digitalisation, la gestion proactive des risques financiers exige une gouvernance renforcée et l'adoption d'outils technologiques avancés. L'intégration de l'intelligence artificielle, de la blockchain et d'autres innovations permet d'atténuer ces risques et de garantir la stabilité financière des organisations face aux menaces numériques émergentes (Renn, 2017 ; Bendell, 2023).

Pour mieux clarifier les liens entre la gouvernance d'entreprise et la gestion des risques financiers, faut-il insister sur l'appréhension de la transparence comme un principe clé de la gouvernance d'entreprise. Celle-ci permet aux parties prenantes de prendre des décisions éclairées grâce à des informations précises et régulières (Matheus et al., 2021). Elle joue un rôle important dans la gestion des risques financiers, en aidant à prévenir les crises et les dysfonctionnements. L'opacité dans la gestion des informations financières conduit en effet souvent à une mauvaise évaluation des risques et peut aggraver les crises financières (Healy et Palepu, 2001 ; Gonidakis et al., 2020 ; Gallemore, 2023).

La digitalisation réduit l'asymétrie d'information en facilitant l'accès en temps réel aux données financières. Les technologies numériques, telles que la blockchain et les big data, améliorent la traçabilité des transactions et renforcent la détection des fraudes (Cordella et Bonina, 2012). Selon Probst (2020), ces outils offrent une meilleure communication des données, permettant ainsi une gestion proactive des risques financiers. Grâce à cette transparence numérique, les parties prenantes accèdent à des informations fiables et actualisées servant notamment à prévenir les crises (Bhimani, 2020).

L'utilisation de la blockchain renforce la traçabilité des décisions financières, améliorant ainsi la responsabilité des dirigeants. Tapscott et Tapscott (2016) expliquent que cette technologie assure une conformité accrue aux régulations et permet une gestion plus stricte des risques. La responsabilisation des dirigeants, qui consiste à rendre des comptes sur les décisions financières, est un pilier central de la gouvernance d'entreprise (Konadu et al., 2021). En utilisant des outils numériques, les dirigeants sont incités à gérer les risques avec rigueur, limitant les comportements opportunistes et assurant une gestion saine des actifs (Jensen et Meckling, 1976). De plus, ces outils facilitent une évaluation plus précise des performances et des risques, réduisant les asymétries d'information (Al-Okaily, 2024).

Les technologies émergentes permettent de réduire les biais humains et d'assurer un traitement équitable des parties prenantes (Elliott et al., 2024).

L'équité, autre principe de la gouvernance, vise à garantir que tous les acteurs d'une entreprise soient traités de manière juste et transparente. Selon la théorie des parties prenantes (Freeman, 1984), l'équité est essentielle à la performance et à la pérennité d'une organisation. En matière de gestion des risques financiers, cette approche permet de prévenir les conflits d'intérêts qui pourraient compromettre la stabilité financière (Stulz, 2008). Les outils numériques favorisent l'inclusion en recueillant des feedbacks en temps réel et en permettant des décisions plus équilibrées, réduisant ainsi les risques liés aux décisions unilatérales (Burnett et Lisk, 2021). Les technologies comme l'analyse prédictive aident les entreprises à identifier et prévenir les risques avant qu'ils ne deviennent critiques. Elles améliorent les systèmes de contrôle interne qui jouent un rôle central dans la gestion des risques financiers (Ogwiji et Lasisi, 2022). Un contrôle interne efficace garantit la conformité et la sécurité des opérations financières tout en réduisant les fraudes et erreurs (Handoyo et Bayunitri, 2021). Avec la digitalisation, l'automatisation des processus de contrôle renforce la détection des anomalies et prévient les risques avant qu'ils ne deviennent critiques (Quatrini et al., 2020). Ainsi, les outils numériques améliorent significativement la gestion des risques financiers.

1.3. Les innovations récentes

La gestion des risques financiers est un domaine en constante évolution, surtout avec les avancées technologiques récentes qui transforment les approches traditionnelles. Des innovations, telles que la Blockchain et l'intelligence artificielle, bouleversent les méthodes de gestion des risques en offrant des solutions plus précises, rapides et efficaces. Leur adoption croissante, notamment dans les secteurs de la finance et de la banque, améliore la gouvernance des entreprises tout en réduisant les vulnérabilités (An et al., 2021). Ces technologies permettent à la fois d'optimiser la gestion des risques et de renforcer la transparence, la sécurité et la responsabilité, éléments clés pour une meilleure gouvernance.

La Blockchain (ou chaîne de blocs) est une technologie décentralisée qui permet de stocker et de partager des informations de manière sécurisée, immuable et transparente (Athanere et Thakur, 2022). Dans la gestion des risques financiers, elle joue un rôle fondamental en réduisant les risques liés aux fraudes, à la manipulation des données et aux erreurs humaines. Chaque transaction ou opération financière effectuée via une blockchain est enregistrée de manière permanente, ce qui rend impossible toute altération ou suppression des données. Cela renforce ainsi la confiance entre les parties prenantes et améliore la gouvernance d'entreprise en garantissant une plus grande transparence. Par ailleurs, la blockchain permet de suivre en temps réel les flux financiers et de garantir l'authenticité des transactions (Chen et al.,

2020). Par exemple, dans les opérations de compensation et de règlement entre banques, cette technologie élimine la nécessité d'un tiers de confiance, réduisant ainsi les coûts et les risques associés aux processus traditionnels. De plus, grâce aux *« smart contracts »* (contrats intelligents), les entreprises peuvent automatiser certaines tâches de gestion des risques, comme les audits et la vérification des contrats.

L'intelligence artificielle (IA), en particulier à travers l'apprentissage automatique (machine learning), transforme également la gestion des risques financiers. Les algorithmes d'IA peuvent analyser de vastes quantités de données en temps réel, identifier des tendances, prédire des scénarios à risque et proposer des mesures d'atténuation avant même que les évènements ne se produisent (Ganesh et Kalpana, 2022). Contrairement aux approches traditionnelles qui reposent sur des données historiques et des modèles prédéfinis, l'IA permet une approche proactive et dynamique de la gestion des risques. Par exemple, dans le domaine de la gestion du crédit, l'IA peut identifier des signaux précoces de défaut de paiement en analysant des données multiples, comme le comportement des consommateurs, les conditions du marché et les tendances économiques. Cette capacité à anticiper les risques avec précision permet aux institutions financières de mieux adapter leurs stratégies de gestion et de réduire ainsi leurs pertes et leurs vulnérabilités (Scott et al., 2024). L'IA joue également un rôle clé dans la détection des fraudes. Grâce à ses capacités d'analyse en temps réel, elle peut identifier des anomalies dans les transactions financières et les comportements suspects bien plus rapidement qu'un être humain ou un système classique. Cela renforce la sécurité des transactions et réduit les risques de fraude, tout en améliorant la qualité et la rapidité de la gouvernance d'entreprise.

Selon Jayasuriya et Sims (2020), l'adoption de la blockchain et de l'IA dans la gestion des risques financiers influence directement la gouvernance des entreprises. Ces technologies permettent d'établir des processus décisionnels plus transparents et fondés sur des données fiables. La responsabilité des dirigeants est également accrue, car les systèmes automatisés de contrôle et de suivi laissent peu de place aux erreurs humaines et aux comportements frauduleux. De plus, l'utilisation de ces innovations renforce l'équité dans le traitement des parties prenantes, car les informations sont accessibles en toute transparence et en temps réel.

2. les défis managériaux de la digitalisation

2.1. La complexité des risques financiers

La digitalisation a transformé la gestion des risques financiers tout en créant de nouvelles vulnérabilités, comme la cybercriminalité, les fuites de données et l'instabilité des systèmes numériques. Si elle apporte des gains d'efficacité et facilite l'accès à l'information, elle expose également les organisations à des menaces considérables. La cybercriminalité, l'un des principaux risques dans le secteur financier, est amplifiée par l'utilisation croissante des technologies numériques. Bahmanova et Lace (2024) observent que les attaques contre les systèmes financiers sont de plus en plus sophistiquées et menacent à la fois les institutions financières et l'ensemble de l'économie. Les fuites de données, souvent dues à des failles de sécurité, engendrent des pertes financières importantes et des dommages à la réputation des entreprises (Brunetti et al., 2020).

L'instabilité des systèmes numériques représente un autre risque important. L'interconnexion croissante des systèmes expose les entreprises à des dysfonctionnements susceptibles de déstabiliser leur situation financière. Athanere et Thakur (2022) suggèrent que l'adoption de technologies comme la blockchain pourrait sécuriser les transactions et les échanges de données. Certes la complexité technique et la dépendance à ces solutions posent également des défis. Il apparaît dès lors que la digitalisation, tout en offrant des avantages, ajoute des couches de risque nécessitant une gestion proactive. Face à ces nouvelles menaces, Bhimani (2020) souligne l'importance d'une révision des méthodes de gestion des risques financiers. Il recommande des approches plus flexibles et adaptatives pour répondre à l'incertitude générée par ces risques numériques. Brown et Marsden (2023) insistent sur la nécessité d'une gouvernance renforcée des systèmes numériques pour prévenir les crises financières causées par des défaillances technologiques. Cette gouvernance devient essentielle dans un contexte où la digitalisation redéfinit les modes opératoires des entreprises.

En Afrique, les défis liés à la digitalisation dans la gestion des risques financiers sont particulièrement complexes en raison des infrastructures technologiques en développement et des cadres réglementaires insuffisants. Bien que le mobile banking et les services financiers numériques se développent rapidement sur le continent, les institutions africaines restent vulnérables aux cyberattaques. Selon Herrera Luque et al. (2021), cette vulnérabilité est aggravée par le manque de ressources spécialisées en cybersécurité, laissant les systèmes financiers locaux exposés à des menaces plus fréquentes et difficiles à contenir. La dépendance accrue à la technologie dans les services bancaires africains expose également ces institutions à des pannes technologiques et à des failles de sécurité, exacerbant ainsi les risques.

Luo (2022) souligne que la fracture numérique entre les zones urbaines et rurales exacerbe ces problèmes, car l'accès limité aux infrastructures numériques et aux services Internet sécurisés augmente les risques de fraude dans les régions moins développées. De plus, bien que des technologies comme la *blockchain* puissent améliorer la sécurité des transactions financières, leur adoption reste faible en Afrique en raison de contraintes de coût et d'un manque de compétences techniques, comme le notent Athanere et Thakur (2022). Pour surmonter ces défis, les institutions africaines doivent investir dans des infrastructures robustes et mettre en place des cadres réglementaires adaptés à la gestion des risques financiers numériques sur le continent.

2.2. L'imperfection des systèmes de gouvernance traditionnels

Les mécanismes de gouvernance traditionnels se trouvent de plus en plus dépassés face à l'émergence des risques numériques associés à la digitalisation. La transformation digitale, bien qu'apportant des opportunités en matière d'efficience et d'innovation, expose les organisations à de nouveaux risques qui ne peuvent être efficacement gérés par les structures de gouvernance classiques. Cela est particulièrement notable dans la gestion des risques financiers où les systèmes de contrôle internes traditionnels peinent à s'adapter à l'ampleur et à la rapidité des évolutions technologiques (Srivastava, 2023). Les menaces, telles que les cyberattaques, la fraude numérique et l'exploitation des failles de sécurité, sont accentuées par la complexité croissante des infrastructures numériques souvent non anticipées par les structures de gouvernance conventionnelles (Bahmanova et Lace, 2024).

Les systèmes de gouvernance, historiquement conçus pour des environnements moins dynamiques, manquent souvent de la flexibilité nécessaire pour répondre aux exigences de la digitalisation (Bendell, 2023). La transition numérique s'accompagne de nouveaux types de vulnérabilités, comme les risques de confidentialité des données et les défaillances dans l'intégrité des systèmes. Les approches de gouvernance traditionnelles ne sont pas toujours en mesure de maîtriser ces vulnérabilités (Brown et Marsden, 2023). En particulier, les systèmes financiers, qui reposaient autrefois sur des modèles de gestion des risques linéaires et basés sur des processus prévisibles, se trouvent maintenant confrontés à des incertitudes et des anomalies que les mécanismes de gouvernance classiques ne peuvent pas pleinement absorber (Chen et al., 2020).

L'incapacité des systèmes traditionnels à s'adapter à la digitalisation se traduit souvent par une gestion inadéquate des risques émergents, comme ceux liés à la blockchain ou à l'IA. Comme l'ont souligné An et al. (2021), ces technologies, bien qu'apportant des améliorations potentielles à la sécurité des données et à la transparence des transactions, nécessitent une révision complète des cadres de gouvernance pour intégrer des processus de surveillance plus agiles et adaptés aux nouvelles réalités. En l'absence d'une telle révision, les organisations risquent non seulement de subir des pertes financières dues à des incidents de sécurité, mais aussi de voir leur réputation et leur résilience organisationnelle compromises (Browder et al., 2024). Il apparaît donc essentiel que les structures de gouvernance évoluent vers des modèles plus adaptatifs et proactifs, capables d'anticiper et de mitiger les risques numériques, en s'appuyant sur des technologies émergentes et des approches de gestion du risque plus dynamiques et intégrées (Chhabra Roy et Sreeleakha, 2024).

2.3. La transparence et la responsabilité

La digitalisation des opérations financières, bien qu'apportant des avantages significatifs en termes d'efficacité et d'innovation, pose également des défis majeurs liés à la transparence et à la responsabilité des dirigeants dans un environnement numérique. Dans cet espace, la gestion du risque financier devient plus complexe, notamment en raison de l'augmentation des informations asymétriques et des opportunités accrues de fraude. L'absence de transparence dans les opérations numériques peut exacerber les risques financiers. En effet, les dirigeants ont un contrôle accru sur la manière dont les informations sont divulguées et manipulées. Bhimani (2020) souligne que la digitalisation des données rend la comptabilité managériale vulnérable aux manipulations, augmentant ainsi les risques liés à l'opacité des informations financières. De même, la fragmentation des systèmes numériques, associée à des chaînes d'approvisionnement globalisées et à des interfaces multiples, renforce les risques de mauvaise interprétation des données financières (Luo, 2022).

Un autre défi majeur réside dans la responsabilité accrue des dirigeants pour garantir l'intégrité et la transparence des opérations numériques. Les systèmes basés sur la blockchain, comme le mentionnent Athanere et Thakur (2022), peuvent aider à résoudre ces défis en offrant des solutions semi-décentralisées qui améliorent la sécurité des données et la transparence des transactions. Cependant, la mise en œuvre de telles technologies nécessite une gouvernance rigoureuse, car un échec à cet égard pourrait aboutir à des violations graves de la sécurité et de la confidentialité, augmentant ainsi le risque cybernétique (Bahmanova et Lace, 2024). En outre, l'émergence des monnaies numériques et des plateformes de blockchain soulève des questions sur la responsabilité des parties prenantes dans la gestion des données sensibles et des transactions. Les dirigeants doivent répondre aux attentes accrues en matière de gouvernance numérique, où une surveillance stricte est nécessaire pour minimiser les risques de fraude et de détournement de fonds (Jayasuriya et Sims, 2020). Dans ce contexte, la cybercriminalité devient une menace omniprésente, et les systèmes financiers doivent être prêts à répondre aux attaques de plus en plus sophistiquées visant à exploiter les failles des systèmes numériques (Chen et al., 2020).

Ainsi, les défis liés à la transparence et à la responsabilité dans un environnement financier numérisé nécessitent des stratégies d'adaptation robustes, allant de la mise en place de cadres de gouvernance numérique à l'amélioration des systèmes de contrôle internes pour réduire les asymétries d'information et renforcer la confiance des parties prenantes.

2.4. L'adaptation de la gouvernance

La transformation numérique présente de nombreux défis pour la gestion du risque financier, en particulier dans un contexte de gouvernance d'entreprise. La réponse à ces défis passe par une approche de gouvernance adaptative. Celle-ci se caractérise par la capacité des organisations à ajuster leurs processus et leurs structures pour s'adapter aux incertitudes générées par la digitalisation croissante. Les innovations technologiques, comme l'intelligence artificielle, la blockchain et l'automatisation, redéfinissent les cadres traditionnels de gouvernance, nécessitant des systèmes plus agiles et flexibles (Browder et al., 2024). La digitalisation accentue la complexité et les risques liés à la gestion financière : l'asymétrie d'information, la fraude numérique et les cyberattaques (Bahmanova et Lace, 2024). Dans ce contexte, une gouvernance adaptative permet non seulement de répondre efficacement à ces risques, mais aussi d'améliorer la résilience organisationnelle. Browder et al. (2024) montrent comment la transformation numérique, lorsqu'elle est intégrée à des mécanismes de gouvernance flexibles, renforce la résilience des entreprises face aux perturbations financières et technologiques. Cela inclut la mise en place de systèmes de surveillance en temps réel et des modèles prédictifs basés sur le Big data, qui permettent aux organisations d'anticiper les risques avant qu'ils ne se matérialisent (Ma et Chang, 2024).

Un élément central de la gouvernance adaptative est la réactivité face aux cybermenaces, qui sont devenues omniprésentes dans le paysage financier numérique. Comme l'ont souligné Chen et al. (2020), l'utilisation de la blockchain et d'autres technologies de surveillance sécurisées peut renforcer la transparence et réduire les vulnérabilités systémiques. En outre, l'intégration d'une gouvernance numérique proactive, telle que la réglementation adaptative, permet aux entreprises de se conformer aux exigences réglementaires en constante évolution, tout en restant compétitives (De Grandis et al., 2023). Ainsi, la gouvernance adaptative s'impose comme une réponse essentielle pour atténuer les risques liés à la digitalisation. En favorisant la flexibilité, l'innovation et la transparence, elle permet aux organisations de naviguer dans un environnement numérique complexe, tout en protégeant leurs actifs financiers et en optimisant leur performance. Ces stratégies contribuent à long terme à la durabilité des entreprises dans un monde en constante mutation (Schneider et Kokshagina, 2021).

3. Les perspectives pour l'efficacité de la gouvernance

3.1. L'enjeu du renforcement des structures de surveillance

Le renforcement des mécanismes de surveillance et de gestion des risques financiers est une nécessité stratégique pour les organisations dans un contexte marqué par une digitalisation croissante des processus. À l'ère numérique, les risques financiers exigent des mécanismes de gouvernance plus robustes et adaptatifs. Les technologies émergentes, telles que la blockchain et l'IA offrent des solutions prometteuses pour relever ces défis (An et al., 2021).

En matière de surveillance, la blockchain se distingue par sa capacité à garantir la transparence et la traçabilité des transactions financières, réduisant ainsi l'asymétrie de l'information qui constitue une source majeure de risque (Chen et al., 2020). L'adoption de systèmes de surveillance financière basés sur la blockchain permet de renforcer la confiance des investisseurs en minimisant les pratiques frauduleuses et en augmentant la qualité des informations financières publiées (Al-Okaily, 2024). De plus, l'IA peut être utilisée pour la détection proactive des anomalies dans les flux de données financiers. Ce qui facilite ainsi une gestion plus rapide et plus efficace des risques (Dahal, 2023). L'amélioration des mécanismes de gestion des risques financiers passe également par la mise en place de systèmes d'audit digitalisés, capables d'analyser en temps réel les transactions et les flux de trésorerie. Ces systèmes permettent une identification plus précise des zones à risque et une intervention rapide en cas de détection de fraudes potentielles (Burnett et Lisk, 2021). En outre, la collaboration entre les entreprises et les autorités réglementaires dans la conception de normes de gouvernance numérique est capitale pour garantir la sécurité des systèmes financiers (Brown et Marsden, 2023).

Enfin, il est essentiel d'adopter une approche proactive en matière de gestion des risques, notamment par l'intégration d'outils analytiques basés sur les données massives et *le machine learning*, permettant d'anticiper les crises financières et d'optimiser les processus de prise de décision (Dong et al., 2024). Les organisations doivent donc évoluer vers une gouvernance adaptative capable de répondre aux nouveaux défis posés par la digitalisation tout en garantissant la résilience face aux incertitudes économiques (Browder et al., 2024). Ces stratégies renforcent non seulement la gestion des risques financiers, mais elles contribuent également à la pérennité des entreprises dans un environnement numérique en constante évolution.

3.2. La capacitation à la gestion des risques numériques

À l'ère de la digitalisation, la gestion des risques financiers liés aux technologies numériques devient un enjeu central pour les organisations. Une gouvernance efficace repose sur la capacité des dirigeants et employés à anticiper et à atténuer ces risques. La formation continue à la gestion des risques numériques, couplée à l'adoption d'une culture du risque, s'avère fondamentale pour garantir cette efficacité. La digitalisation des processus d'affaires expose les organisations à une variété de risques, notamment ceux liés à la cybersécurité, à la manipulation des données et aux perturbations opérationnelles (Bahmanova et Lace, 2024). Face à ces défis, la formation doit être vue comme un levier stratégique permettant de renforcer la résilience organisationnelle (Browder et al., 2024). Il est essentiel de former les dirigeants et les employés à comprendre les vulnérabilités numériques spécifiques à leur secteur et à développer des réponses adaptées aux nouvelles menaces. Une culture du risque bien ancrée dans l'organisation facilite non seulement l'identification proactive des risques, mais aussi leur gestion collaborative (Ganesh et Kalpana, 2022). La formation continue doit couvrir non seulement les aspects techniques, tels que la cybersécurité et la protection des données, mais aussi les compétences analytiques pour évaluer les risques financiers émergents. Selon Bendell (2023), une approche plus large du management des risques, intégrant les crises globales potentielles, permet aux entreprises de s'adapter plus rapidement aux évolutions technologiques.

Le développement d'une culture du risque, où les erreurs et les vulnérabilités sont anticipées plutôt que corrigées après coup, est également essentiel (Burnett et Lisk, 2021). Les entreprises doivent encourager une mentalité proactive chez leurs employés, soutenue par une gouvernance adaptative. La clé réside dans l'intégration de programmes de formation réguliers, permettant d'aborder à la fois les risques traditionnels et ceux spécifiques à la digitalisation (Chen et al., 2020). Ainsi, une formation continue axée sur les risques numériques, accompagnée d'une culture organisationnelle axée sur la prévention des risques, renforce la capacité des entreprises à naviguer avec succès dans un environnement financier de plus en plus numérisé. Une telle approche, comme le souligne Möller (2023), contribue à bâtir des organisations plus résilientes, capables de s'adapter rapidement aux défis futurs.

3.3. La collaboration entreprises/régulateurs et l'innovation technologique

La mise en place d'une collaboration renforcée entre les entreprises et les régulateurs face aux défis numériques s'impose comme une condition essentielle pour assurer une gouvernance efficace à l'ère numérique. L'ampleur et la complexité des risques émergents, notamment ceux liés à la cybersécurité et à la transparence des informations financières, exigent une réponse coordonnée entre les acteurs privés et les autorités publiques (Brown et Marsden, 2023).

La régulation des technologies numériques, telles que la blockchain et l'intelligence artificielle, nécessite une adaptation rapide des cadres législatifs, souvent en retard par rapport à l'évolution technologique. Dans ce contexte, une coopération accrue entre entreprises et régulateurs permet d'élaborer des régulations plus flexibles et proactives, répondant ainsi à des menaces en constante évolution (De Grandis et al., 2023). Une telle approche collaborative peut faciliter la mise en œuvre de solutions novatrices, tout en maintenant un cadre de conformité robuste et agile.

De plus, la coopération entre régulateurs et entreprises favorise l'émergence de régulations adaptées, capables de réduire l'asymétrie d'information et d'augmenter la qualité des divulgations financières dans un environnement numérique. L'adoption de normes de divulgation numérique peut, par exemple, améliorer la transparence financière, contribuant ainsi à une gouvernance plus efficace (Al-Okaily, 2024). Cette transparence est essentielle pour atténuer les risques financiers, notamment ceux liés à la manipulation des données et à la fraude numérique, qui se multiplient avec la digitalisation des systèmes de gestion financière (Chen et al., 2020).

Les entreprises, en travaillant de concert avec les régulateurs, peuvent également s'assurer que les technologies émergentes, telles que la blockchain, tout en offrant des avantages en termes de sécurité et d'efficacité, soient déployées de manière éthique et conforme aux normes de gouvernance (An et al., 2021). En outre, cette collaboration permet d'anticiper les enjeux futurs liés à la digitalisation, garantissant ainsi la résilience des systèmes face aux menaces numériques (Browder et al., 2024). Ainsi, la mise sur pied d'une coopération stratégique entre les entreprises et les régulateurs constitue une réponse nécessaire pour une gouvernance numérique adaptée. Elle permet de renforcer les mécanismes de contrôle et de régulation, tout en soutenant l'innovation technologique dans un cadre de transparence et de conformité. Le développement technologique représente un levier fondamental pour la transformation des pratiques de gouvernance à l'ère numérique. Les innovations, telles que l'IA, le big data et la blockchain bouleversent les paradigmes traditionnels en offrant des solutions novatrices aux problématiques de gestion des risques et de transparence. L'IA, par exemple, permet l'analyse en temps réel de grandes quantités de données. Ce qui facilite l'identification des anomalies et des tendances émergentes dans les processus financiers. Selon Dong et al. (2024), l'intégration des modèles d'apprentissage automatique comme l'ARIMA permet de prédire les risques financiers de manière plus précise, offrant ainsi aux entreprises une meilleure capacité d'anticipation.

En parallèle, le big data offre des perspectives nouvelles en matière de gestion proactive des risques. L'analyse prédictive issue des grandes données permet à la fois d'identifier des vulnérabilités potentielles et d'adapter les stratégies organisationnelles en fonction des signaux faibles du marché (Ma et Chang, 2024). En cela, l'usage des données massives renforce la capacité des organisations à réagir rapidement aux perturbations, ce qui représente un atout majeur dans la quête de résilience organisationnelle (Browder et al., 2024).

La blockchain, quant à elle, se distingue par ses capacités de renforcement de la transparence et de la sécurité dans les transactions et la gestion des informations sensibles. Athanere et Thakur (2022) ont montré comment l'architecture décentralisée de la blockchain améliore la traçabilité et réduit le risque de fraude dans les systèmes financiers. Ce type d'innovation contribue ainsi à établir un environnement de confiance, essentiel pour la bonne gouvernance des entités publiques et privées. La blockchain devient également un outil de premier plan pour les régulateurs, en facilitant la surveillance continue des transactions et des processus décisionnels (Jayasuriya et Sims, 2020).

L'intégration de ces technologies dans les pratiques de gouvernance ne se limite pas à l'amélioration des processus existants. Elle entraîne une redéfinition complète des modes opératoires. Le développement d'une gouvernance numérique adaptative, capable de tirer parti des innovations technologiques, devient donc essentiel pour faire face aux nouveaux défis posés par la digitalisation et les cyber-risques croissants (Bahmanova et Lace, 2024). Ces évolutions permettent non seulement une gestion plus efficace des risques, mais aussi un renforcement de la résilience organisationnelle face aux crises futures.

Conclusion

L'intégration de technologies émergentes, telles que l'IA, les big data et la *blockchain* transforme profondément les pratiques de gouvernance et de gestion des risques. Ce chapitre montre que ces innovations permettent une analyse prédictive efficace, en facilitant la prévention des crises financières (Dong et al., 2024). En particulier, l'IA offre des solutions d'analyse en temps réel, permettant une identification précoce des anomalies et une gestion proactive des risques (Ma et Chang, 2024). Cependant, ces avancées technologiques s'accompagnent de nouveaux défis. L'augmentation des cyber-risques, due à la digitalisation rapide, nécessite des systèmes de gouvernance plus agiles et réactifs. Bahmanova et Lace (2024) soulignent que les cyber-menaces, en particulier, requièrent des mesures de sécurité renforcées, comme l'utilisation de la blockchain, garantissant ainsi la traçabilité et la protection des données sensibles. Par ailleurs, la transformation numérique exige un investissement constant dans la formation des dirigeants et employés pour exploiter pleinement ces technologies tout en minimisant les risques (Burnett et Lisk, 2021).

Cette étude comporte des implications théoriques et pratiques multiples. D'un point de vue théorique, elle enrichit le cadre de la gouvernance en intégrant l'adaptabilité organisationnelle dans un contexte numérique en perpétuelle évolution. Les innovations, telles que l'IA et la *blockchain* remodèlent les notions classiques de transparence et de responsabilité, invitant les chercheurs à repenser les paradigmes traditionnels de la gestion des risques. Sur le plan pratique, plusieurs recommandations émergent pour les décideurs. Premièrement, l'adoption de technologies basées sur l'IA et les big data doit être une priorité dans les stratégies de gestion des risques financiers. Ces outils offrent une surveillance en temps réel et améliorent la capacité à répondre rapidement aux crises. Deuxièmement, l'intégration de la *blockchain* dans les processus de gouvernance renforce la transparence et diminue les risques de fraude. Comme l'ont souligné Athanere et Thakur (2022), la *blockchain* assure une traçabilité totale des transactions en renforçant la confiance entre les parties prenantes. La réflexion proposée est utilisable dans le milieu des organisations. Elle situe l'enjeu de développer une culture axée sur l'apprentissage continu et l'adaptation aux nouvelles technologies. Avec la rapidité de la digitalisation, il est important d'investir dans le développement des compétences numériques des employés. De plus, les gouvernements et organismes de régulation trouveront important de moderniser les cadres juridiques pour assurer une intégration sécurisée et efficace des technologies dans les pratiques de gouvernance d'entreprise. L'établissement des normes claires pour l'usage de l'IA et de la *blockchain* est possible. En outre, semble important de protéger les données et les droits des utilisateurs, dans la perspective de maintenir un cadre de gouvernance robuste.

Bibliographie

Al-Okaily, M. (2024). The influence of digital disclosure language adoption on decrease financial information asymmetry and increase its quality. *Information Discovery and Delivery*. https://doi.org/10.1108/IDD-03-2024-0045

An, Y. J., Choi, P. M. S. & Huang, S. H. (2021). Blockchain, cryptocurrency, and artificial intelligence in finance. In *Fintech with artificial intelligence, big data, and blockchain* (pp. 1-34). Singapore: Springer Singapore.

Chhabra Roy, N. & Sreeleakha, P. (2024). Proactive cyber fraud response: a comprehensive framework from detection to mitigation in banks. *Digital Policy, Regulation and Governance, 26*(6), 678-707.

Cordella, A. & Bonina, C. M. (2012). A public value perspective for ICT enabled public sector reforms: A theoretical reflection. *Government information quarterly*, *29*(4), 512-520.

Cordella, A. & Bonina, C. M. (2012). A public value perspective for ICT enabled public sector reforms: A theoretical reflection. *Government information quarterly*, *29*(4), 512-520.

Dahal, S. B. (2023). Utilizing Generative AI for Real-Time financial market analysis opportunities and challenges. *Advances in Intelligent Information Systems*, *8*(4), 1-11.

De Grandis, G., Brass, I. & Farid, S. S. (2023). Is regulatory innovation fit for purpose? A case study of adaptive regulation for advanced biotherapeutics. *Regulation & Governance*, *17*(3), 810-832.

Dong, X., Dang, B., Zang, H., Li, S. & Ma, D. (2024). The prediction trend of enterprise financial risk based on machine learning arima model. *Journal of Theory and Practice of Engineering Science*, *4*(01), 65-71.

Elliott, K., Price, R., Shaw, P., Spiliotopoulos, T., Ng, M., Coopamootoo, K. & Van Moorsel, A. (2021). Towards an equitable digital society: artificial intelligence (AI) and corporate digital responsibility (CDR). *Society*, *58*(3), 179-188.

Gallemore, J. (2023). Bank financial reporting opacity and regulatory intervention. *Review of Accounting Studies*, *28*(3), 1765-1810.

Ganesh, A. D. & Kalpana, P. (2022). Future of artificial intelligence and its influence on supply chain risk management–A systematic review. *Computers & Industrial Engineering*, *169*, 108206 ; https://doi.org/10.1016/j.cie.2022.108206

George, A. S., Baskar, T. & Srikaanth, P. B. (2024). Cyber threats to critical infrastructure: assessing vulnerabilities across key sectors. *Partners Universal International Innovation Journal*, *2*(1), 51-75.

Gonidakis, F. K., Koutoupis, A. G., Tsamis, A. D. & Agoraki, M. E. K. (2020). Risk disclosure in listed Greek companies: The effects of the financial crisis. *Accounting Research Journal*, *33*(4/5), 615-633.

Gupta, S., Tuunanen, T., Kar, A. K. & Modgil, S. (2023). Managing digital knowledge for ensuring business efficiency and continuity. *Journal of Knowledge Management*, *27*(2), 245-263.

Handoyo, B. R. M. & Bayunitri, B. I. (2021). The influence of internal audit and internal control toward fraud prevention. *International Journal of Financial, Accounting, and Management*, *3*(1), 45-64.

Healy, P. M. & Palepu, K. G. (2001). Information asymmetry, corporate disclosure, and the capital markets: A review of the empirical disclosure literature. *Journal of accounting and economics*, *31*(1-3), 405-440.

Herrera Luque, F. J., Munera López, J. & Williams, P. (2021). Cyber risk as a threat to financial stability. *Financial Stability Review/Banco de España, 40 (Spring 2021), p. 167-189.*

Holbeche, L. (2023). *The agile organization: how to build an engaged, innovative and resilient business*. Kogan Page Publishers.

Iriani, N., Agustianti, A., Sucianti, R., Rahman, A. & Putera, W. (2024). Understanding Risk and Uncertainty Management: A Qualitative Inquiry into Developing Business Strategies Amidst Global Economic Shifts, Government Policies, and Market Volatility. *Golden Ratio of Finance Management*, *4*(2), 62-77.

Jayasuriya Daluwathumullagamage, D. & Sims, A. (2020). Blockchain-enabled corporate governance and regulation. *International journal of financial studies*, *8*(2), 36 ; https://doi.org/10.3390/ijfs8020036

Jorion, P. (2007). *Value at Risk: The New Benchmark for Managing Financial Risk.* McGraw-Hill

Konadu, R., Ahinful, G. S. & Owusu-Agyei, S. (2021). Corporate governance pillars and business sustainability: does stakeholder engagement matter? *International Journal of Disclosure and Governance*, *18*(3), 269-289.

Lahsini, C., Hamdi, F. & Hamdi, O. (2024). Application de la blockchain dans la e-santé. In *Gestion de la sécurité en e-santé : Sécurité des communications, sécurité du traitement des données et respect de la vie privée des patients* (107-136), ISTE Éditions.

Luo, Y. (2022). A general framework of digitization risks in international business. *Journal of international business studies*, *53*(2), 344-361.

Ma, L. & Chang, R. (2024). How big data analytics and artificial intelligence facilitate digital supply chain transformation: the role of integration and agility. *Management Decision*. https://doi.org/10.1108/MD-10-2023-1822

Majumder, S. & Dey, N. (2024). Industry 4.0 Challenges and Risks. In *A Notion of Enterprise Risk Management: Enhancing Strategies and Wellbeing Programs* (pp. 81-107). Emerald Publishing Limited.

Matheus, R., Janssen, M. & Janowski, T. (2021). Design principles for creating digital transparency in government. *Government Information Quarterly*, *38*(1), 101550 ; https://doi.org/10.1016/j.giq.2020.101550

Möller, D. P. (2023). Cybersecurity in digital transformation. In *Guide to Cybersecurity in Digital Transformation: Trends, Methods, Technologies, Applications and Best Practices* (pp. 1-70). Cham : Springer Nature Switzerland.

Moudud-Ul-Huq, S., Akter, R. & Biswas, T. (2020). Impact of financial crisis on credit risk: Pre-and post-financial crises in an emerging economy. *FIIB Business Review*, *9*(2), 118-132.

Ogwiji, J. & Lasisi, I. O. (2022). Internal control system and fraud prevention of quoted financial services firms in Nigeria: A Smart PLS-SEM approach. *European Journal of Accounting, Auditing and Finance Research*, *10*(4), 1-13.

Probst, W. N. (2020). How emerging data technologies can increase trust and transparency in fisheries. *ICES Journal of Marine Science*, *77*(4), 1286-1294.

Quatrini, E., Costantino, F., Di Gravio, G. & Patriarca, R. (2020). Machine learning for anomaly detection and process phase classification to improve safety and maintenance activities. *Journal of Manufacturing Systems*, *56*, 117-132.

Renn, O. (2017). *Risk governance: coping with uncertainty in a complex world.* Routledge.

Sama, L. M., Stefanidis, A. & Casselman, R. M. (2022). Rethinking corporate governance in the digital economy: The role of stewardship. *Business Horizons*, *65*(5), 535-546.

Schneider S. & Kokshagina, O. (2021). Digital transformation : What we have learned (thus far) and what is next. *Creativity and innovation management*, *30*(2), 384-411.

Scott, A. O., Amajuoyi, P. & Adeusi, K. B. (2024). Advanced risk management solutions for mitigating credit risk in financial operations. *Magna Scientia Advanced Research and Reviews*, *11*(1), 212-223.

Settembre-Blundo, D., González-Sánchez, R., Medina-Salgado, S. & García-Muiña, F. E. (2021). Flexibility and resilience in corporate decision making: a new sustainability-based risk management system in uncertain times. *Global Journal of Flexible Systems Management*, *22*(2), 107-132.

Srivastava, A. (2023). Governance in financial institutions: key elements and preventing the failures. *Asian Journal of Economics and Banking*, *7*(3), 424-434.

Stulz, R. M. (2008). Rethinking risk management. In *Corporate risk management* (pp. 87-120). Columbia University Press.

Tapscott, D. & Tapscott, A. (2016). *Blockchain revolution: how the technology behind bitcoin is changing money, business, and the world.* Penguin.

Wanda, R. & Fomo, G. A. K. (2020). Caractéristiques du conseil d'administration et disparité de performance entre les grandes entreprises au Cameroun. *Recherches en Sciences de Gestion*, *140*(5), 67-94.

Wanda, R. & Sateu, F. A. G. (2016). Endettement et transparence des grandes entreprises camerounaises. *Question (s) de Management*, *12*(1), 61-74.

Wang, J., Zhao, L. & Huchzermeier, A. (2021). Operations-finance interface in risk management: Research evolution and opportunities. *Production and Operations Management*, *30*(2), 355-389.

Wiechmann, D. M., Reichstein, C., Haerting, R. C., Bueechl, J. & Pressl, M. (2022). Agile management to secure competitiveness in times of digital transformation in medium-sized businesses. *Procedia Computer Science*, *207*, 2353-2363.

Wijesooriya, C. & Basnayake, R. (2024). Digital Transformation in Redefining the Role of the Finance and Audit Professional of the Future. In *Digital Transformation in Accounting and Auditing: Navigating Technological Advances for the Future* (pp. 61-104). Cham : Springer International Publishing.

Zhyvko, M. A. & Vivchar, S. F. (2023). Strategies for navigating in the fragmentation conditions of global finance and economic digitalization: contemporary trends in TNC management. *Problemy Ekonomiky*, (3), 15-24.

CHAPITRE 11

Diriger une PME où l'on est actionnaire est-il bon pour sa performance ?

David Ngoungo

Plusieurs scandales financiers perpétrés dans les entreprises au Cameroun dans les années 2000 ont conduit à la faillite de nombreuses d'entre-elles et à l'incarcération de leurs dirigeants, interpelés dans le cadre de « l'Opération Épervier[39] ». Ces scandales relancent la problématique d'opportunisme et de *turnover* des dirigeants dans les grandes entreprises et dans les PME à capitaux ouverts. À la différence des autres, les PME à capitaux ouverts sont celles qui font appel aux apports extérieurs en capital, par conséquent, la propriété de leurs capitaux se trouve partagée entre les membres de la famille, les amis et les autres apporteurs externes. Elles peuvent alors faire face aux problèmes de séparation des fonctions à l'image des entreprises managériales. Face à ces problèmes, les investisseurs, les actionnaires et même les salariés peuvent être tentés d'agir avec prudence pour ne pas être victimes de ces comportements, lesquels sont souvent à l'origine de la faillite de nombreuses entreprises. Et en faisant preuve de résilience, ces parties prenantes (ou *stakeolders*) vont davantage s'intéresser aux entreprises bien gouvernées et remplissant les critères de bonne gouvernance de l'OCDE.

Certains travaux montrent qu'au Cameroun, par exemple, les causes de la faillite des PME sont nombreuses, plus de 36 % disparaissent dans leurs 5 premières années d'existence (INS, 2013 ; Evou, 2020 ; Boubakary, 2020). Parmi ces causes on peut citer la corruption (Josée et al., 2015), la taille et le niveau d'études du dirigeant en place (INS, 2016), le manque de liquidité, le faible niveau d'endettement et l'incompétence stratégique des dirigeants en place (Boubakary, 2020). Cependant, on observe que plusieurs PME se pérennisent et soutiennent substantiellement l'économie nationale, et elles ne représentent pas moins de 20,6 % de l'effectif des entreprises, 21,7 % des emplois et 21,8 % du chiffre d'affaires hors taxes global (GICAM, 2020). Cette contribution nous impose à nous intéresser aux déterminants de leur performance en continuité des travaux existants. Célinas et al. (1996) montrent que les déterminants de succès juste-à-temps des PME dans les pays

[39] L'Opération Épervier est une vaste opération judiciaire initiée dans le cadre de la lutte anti-corruption au Cameroun, lancée par le gouvernement en 2006 sous la pression des bailleurs de fonds internationaux.

industrialisés dépendent de leur flexibilité, de la valeur de leurs réseaux relationnels et de leur capacité d'adaptation à l'environnement. Pour Chameni et Fomba (2015), c'est l'appartenance des dirigeants à des réseaux d'associations familiales et amicales qui détermine la performance des PME camerounaises. D'autres travaux montrent qu'un lien existe entre les facteurs clés de succès de la PME, l'enracinement de leurs dirigeants et la performance financière réalisée. Nous pensons que l'enracinement du dirigeant par le biais de son actionnariat peut influencer la gouvernance et constituer le signal de performance de la PME en direction du marché des capitaux.

Par actionnariat du dirigeant, on entend sa prise de participation dans le capital de l'entreprise qu'il dirige en tant que salarié. Pour les théoriciens de l'agence, cet actionnariat favorise l'alignement de ses intérêts sur ceux des actionnaires et constitue un indicateur de bonne gouvernance de l'entreprise (Jensen et Mecklin, 1976). La gouvernance d'entreprise est entendue au sens de Schleifer et Vishny (1997) comme l'ensemble des mécanismes par lesquels les apporteurs des capitaux garantissent, eux-mêmes, la rentabilité des actions. Pour Charreaux (1997), ces mécanismes organisationnels et institutionnels encadrent l'espace discrétionnaire du dirigeant et influencent son pouvoir de décision. Et dans le sens de la présente étude, la définition de cet espace discrétionnaire se fait avec la participation du dirigeant lui-même, d'où l'intérêt que nous accordons au type de performance de la gouvernance et de performance financière induites.

La performance de la gouvernance s'analyse en considérant que les décisions du dirigeant actionnaire visent l'atteinte des objectifs de l'ensemble des parties prenantes (Caby et Hirigoyen, 2001). Son évaluation se fait par le recours aux méthodes dites « des scores de gouvernance » ou « *Corporate Governance Scores* » de la Standard & Poor's (2002), ou encore d'indices de gouvernance de l'Institutional Shareholders Sercices (ISS, 2003). À côté de ces méthodes, les agences de notation comme Moody's, Fitch Ratings, Dow Jones et FTSE utilisent des méthodologies qui mettent de l'avant les critères de « bonne gouvernance ». Ces méthodes se servent des indicateurs comme la structure du capital, la géographie du capital, la politique de rémunération des dirigeants, les « pilules empoisonnées » et la structure de propriété. S'agissant de la rémunération des dirigeants, celle-ci peut prendre plusieurs formes, notamment son actionnariat souvent utilisé pour minimiser les inconvénients de la séparation des fonctions (Berle et Means, 1932) et favoriser la performance de la gouvernance (PG) et la performance financière (PF) de l'entreprise (Jensen et Meckling, 1976).

Toutefois, les résultats des travaux ne font pas l'unanimité bien que des essais de clarification aient été faits. Pour certains, un effet positif de la participation du dirigeant dans le capital est possible (Bouras et Gallali, 2017 ; Morck et al., 1988 ; Holderness et al., 1999 ; Mc-Connell et Servaes, 1990).

Pour d'autres, par contre, cet effet est négatif (Mandaci et Gumus, 2011). D'un autre point de vue, l'actionnariat favorise le cumul des fonctions de décision et de président de conseil d'administration entre les mains du dirigeant, lequel lui permet de s'affranchir des mécanismes de gouvernance. Le cumul des fonctions réduit l'efficacité des mécanismes de gouvernance et de contrôle de la gestion, d'où l'impact négatif (Charreaux, 1991), positif (Mohammadi et al., 2015), ou encore nul (Brickley et al., 1997).

L'absence de consensus conduit à étendre l'étude à des catégories particulières, les PME camerounaises à capitaux ouverts. L'intérêt de l'étude prend en compte le fait que les travaux existants ne portent généralement que sur les grandes entreprises marquées par la séparation des fonctions. Dans les PME, cette séparation n'est pas évidente à cause de la proximité du dirigeant avec les propriétaires (actionnaires), d'où un semblant de cumul. Nous estimons que cette particularité des PME peut fournir de nouveaux facteurs explicatifs de la nature du lien entre l'actionnariat du dirigeant, la performance de la gouvernance et la performance financière. L'objectif assigné au présent chapitre consiste à livrer des résultats d'une étude du lien de causalité entre la participation du dirigeant dans le capital de la PME, les scores de performance de la gouvernance de cette PME et la performance financière réalisée. La question fondamentale est la suivante : existe-t-il un lien de causalité entre le pourcentage de participation du dirigeant en place dans le capital, le score de performance de la gouvernance et la performance financière ?

Le reste des développements traite de la revue de la littérature, de la méthodologie de recherche et de l'analyse des résultats obtenus.

1. L'état de l'art

Le lien entre la participation du dirigeant dans le capital et son lien avec la performance en général est un sujet théoriquement controversé. La revue de la littérature, objet de cette section, distingue les travaux examinant la relation entre la participation du dirigeant dans le capital et la gouvernance d'entreprise de ceux qui étudient la nature du lien entre la performance de la gouvernance d'entreprise et la performance financière de l'entreprise.

1.1. La performance de la gouvernance d'entreprise

Le débat sur l'actionnariat du dirigeant date depuis les travaux de Berle et Means (1932) et des rapports de Jensen et Meckling (1976). Berle et Means qui trouvent pour source au problème d'agence la séparation des fonctions, s'interrogent sur l'efficacité des mécanismes de gestion des conflits. La structure de propriété est considérée comme le mécanisme efficace de gouvernance d'entreprise et de création de la valeur de l'entreprise (Faccio et Lang 2002 ; Shleifer et Vishny, 1997). Selon Berle et Means (1932), une propriété managériale faible et une dispersion forte des actionnaires donnent la latitude aux dirigeants d'utiliser les actifs de l'entreprise pour satisfaire leurs propres intérêts. Pour Jensen et Meckling (1976), la solution consiste à augmenter la propriété du dirigeant pour diminuer les coûts d'écart par rapport à l'objectif de la maximisation de la valeur de l'entreprise.

Certains travaux théoriques et empiriques ont étudié la nature de la relation, notamment ceux de Demsetz et Lehn (1985), qui ne trouvent aucun lien significatif et découvrent plutôt une relation endogène, de même que Himmelberg, Hubbard et Pilia (1999), et ceux de Morck, Shleifer et Vishny (1988) qui évoquent une relation non linéaire. Cette relation entre la propriété managériale et la performance trouve ses sources dans les premiers essais de Jensen et Meckling (1972) sur l'existence d'une relation linéaire.

La relation linéaire. Selon Jensen et Meckling (1975), la propriété managériale permet d'assurer l'alignement des intérêts du dirigeant sur ceux des actionnaires. Si le dirigeant détient un pourcentage important de la propriété de l'entreprise, il devient plus soucieux de l'influence de ses décisions sur la richesse de l'entreprise. C'est l'hypothèse de la convergence des intérêts selon laquelle, une propriété managériale importante du dirigeant est associée à une valeur élevée de l'entreprise, puisque le dirigeant réduit sa tendance à profiter de sa position, ou à exproprier les actionnaires. Cette hypothèse est critiquée par Fama et Jensen (1983), qui montrent que la propriété managériale permet au dirigeant de s'enraciner et de bénéficier du pouvoir acquis pour neutraliser les mécanismes de contrôle, réduisant ainsi la performance.

La relation non linéaire. Morck, Schleifer et Vishny (1988) sont les premiers à formuler une modélisation non linéaire du lien entre la propriété managériale et la performance de l'entreprise. Pour eux, seul un pourcentage faible de la propriété managériale assure l'alignement des intérêts des dirigeants sur ceux des actionnaires, alors qu'un pourcentage élevé conduit inévitablement à l'enracinement des dirigeants. La non-linéarité est due à la coïncidence de deux hypothèses opposées, l'hypothèse de « la convergence des intérêts » et l'hypothèse de « l'enracinement ». Les résultats justifiant la relation non linéaire se basent sur la valeur de Q de Tobin, qui croît lorsque les dirigeants détiennent entre 0 et 5 % du capital, décroît lorsque les dirigeants ont entre 5 et 25 % et augmente lorsque les dirigeants détiennent plus de 25 % du capital. Les travaux de Hermalin et Weisbach (1988), McConnel et Servaes (1990) montrent que la relation entre l'actionnariat du dirigeant et la performance est non linéaire. Selon Hermalin et Weisbach (1988), il existe une relation positive entre la performance et la propriété du dirigeant située entre 0 et 1 %, la relation est négative entre 1 et 5 %, positive entre 5 et 20 % et négative à plus de 20 % de détention du capital par le dirigeant. Pour McConnel et Servaes (1990) la relation est curviligne entre la performance et l'actionnariat du dirigeant, car les résultats montrent que la valeur Q de Tobin croît dans un premier temps et atteint le niveau où le pourcentage de détention du capital est de 38%, décroît dès lors que les dirigeants et les salariés détiennent toute la propriété. Kole (1995) montre que la taille de l'entreprise justifie la différence entre les résultats de Morck et al. (1988) et ceux de McConnel et Servaes (1990). Lorsque le capital est fortement diffus, le dirigeant n'a pas besoin d'un pourcentage élevé du capital de l'entreprise pour s'enraciner. Mais Short et Keasy (1999) montrent, pour les entreprises du Royaume-Uni, que la relation est curviligne et que les dirigeants enracinés sont ceux qui détiennent le capital entre 16 % et 42 %.

La relation endogène. Demsetz et Lehn (1985) ont démontré que la propriété managériale est déterminée de manière endogène et change en fonction de la volatilité de la valeur boursière de l'entreprise. Par conséquent, il ne peut exister un lien significatif entre la concentration de la propriété et la valeur de l'entreprise. Lorsqu'un dirigeant possède une part importante du capital de son entreprise, il devient difficile qu'il diversifie le risque de son portefeuille, d'où la tendance des dirigeants à accepter de détenir les actions des entreprises plus risquées. Pour Himmelberg, Hubbard et Palia (1999), la propriété managériale est une variable endogène qui dépend de la taille, des dépenses en recherche et développement, des frais de publicité, des taux d'investissement et des cash-flows de l'entreprise. La structure de la propriété managériale est donc fortement déterminée par les types de contrats présents dans l'entreprise (les contrats de financement, la structure du capital, le type de rémunération). Selon ces auteurs, seul le niveau de propriété managériale susceptible de favoriser l'alignement des intérêts du dirigeant sur ceux des actionnaires doit être défini, il s'agit de son niveau optimal. Cho (1998) et Chen et Steiner (2000) montrent que c'est plutôt la performance de l'entreprise qui impacte significativement la propriété managériale et non l'inverse, car les dirigeants des entreprises performantes ont tendance à vouloir détenir une part importante du capital de celles-ci.

1.2. La dimension financière de performance de la gouvernance

L'idée soutenant le lien entre la performance de la gouvernance et la performance financière est qu'une bonne structure de propriété et des mécanismes de gouvernance bien structurés impactent positivement la rentabilité de l'entreprise et ses performances économiques. Comment ce lien est-il souvent approché ?

Approches contractuelles. Selon Berle et Means (1932), les processus de gouvernance d'entreprise sont des systèmes de régulation des comportements des dirigeants d'entreprises. Il s'agit des règles de jeu managérial qui préservent, défendent et restaurent les intérêts des actionnaires (Charreaux et Desbrières, 1997 ; Charreaux, 2004). Il s'agit des systèmes de gouvernance conçus et orientés pour « discipliner » les différentes parties prenantes afin de « maximiser » l'efficience, la performance et la valeur de l'entreprise. Les objectifs des approches contractuelles sont sous-tendus par la théorie des droits de propriété et la théorie de l'agence.

La théorie des droits de propriété est l'approche initiale du domaine de la gouvernance d'entreprise (Charreaux, 2004), qui se distingue des thèses de Berle et Means (1932) par sa position. Elle montre que la diversité de la propriété influence le comportement des agents et l'efficience de l'entreprise. Ainsi, les échanges, les interactions économiques et sociales sont des échanges de droits de propriété négociables sur des objets. De ce point de vue, l'incertitude des comportements des salariés et l'incomplétude de leur contrat de travail donnent lieu à un droit de contrôle résiduel (Alchian, 1987) et donc à une théorie des droits de propriété (Hart, 1995). L'entreprise est une forme d'organisation efficiente de production en équipe et dont l'employeur propriétaire a le pouvoir de diriger les membres de son équipe (les salariés), de les embaucher, de les licencier et de les contrôler. La présence des systèmes de droits de propriété au sein de l'entreprise fait développer des moyens de contrôle ou encore des incitations dont le rôle est de combattre de manière efficace les problèmes d'information imparfaite ainsi que d'aléa moral. C'est pour cette raison que les théoriciens des droits de propriété soutiennent que la société par actions est celle dont l'organisation de la production et du travail soit la plus efficiente pour exploiter les gains potentiels de la spécialisation (Alchian, 1987).

La théorie de l'agence, quant à elle, est une synthèse de la théorie des droits de propriété et de la conception dominante de la gouvernance d'entreprise (Jensen et Meckling, 1976 ; Fama et Jensen, 1983). Pour ces auteurs, l'entreprise est un « nœud de contrats » entre les actionnaires et les managers (agents). Les problèmes d'agence naissent de l'asymétrie d'information et de l'incomplétude des contrats qui découlent des relations contractuelles entre les actionnaires (principaux) et les managers (agents). Ces problèmes engendrent des coûts d'agence, d'où la nécessité de mettre en place des systèmes d'obligation et de contrôle. Dans cette circonstance, il convient de se focaliser sur le « système contractuel », c'est-à-dire, les règles du jeu, les droits des contractants et les systèmes d'évaluation de la rémunération des agents (Fama et Jensen, 1983). Le système de gouvernance performant est alors le dispositif de sélection permettant de discipliner les dirigeants (Charreaux, 2004) et, donc de sécuriser les investissements en assurant aux propriétaires une valeur actionnariale optimale[40].

---

[40] - Shleifer et Vishny (1997, p. 737) posent le problème dans des termes on ne peut plus clairs : « *Corporate governance deals with the ways suppliers of finance to corporations assure themselves of getting a return on their investment. How do the suppliers of finance get managers to return some of the profits to them? How do they make sure that managers do not steal the*

Approches partenariales. Suite à la question « la performance pour qui ? » se sont développées les approches partenariales de la gouvernance d'entreprise par opposition à l'analyse financière contractuelle dominante (anglo-saxonne), dont l'objectif est la recherche exclusive de l'intérêt des actionnaires. L'intérêt des approches partenariales est de montrer que la qualité de « créancier résiduel » n'est pas du droit exclusif des actionnaires, par conséquent, il faut étendre l'objectif de maximisation de la performance à l'ensemble des parties prenantes. Ces dernières doivent donc apporter leur contribution aux mécanismes de gouvernance pour le partage de la rente entre tous ceux qui ont apporté les ressources ayant servi à la production. Le système de gouvernance ainsi défini a un double objectif, qui est de maintenir durablement le « nœud de contrats » qu'est l'entreprise, puis d'optimiser la « latitude managériale » (Charreaux, 2004). On peut dénombrer trois principales approches partenariales qui sont la théorie des contrats incomplets (Hart et Moore, 1988), la stakeholder-agency theory (Hill et Jones, 1992) et la théorie transactionnelle de Williamson (1996).

La théorie des contrats incomplets stipule que les informations imparfaites et les défaillances institutionnelles justifient alors l'incomplétude des contrats. Selon Grossaman et Hart (1986), Hart et Moore (1988), les juges ou ceux assurant l'exécution du contrat ne sont pas capables d'évaluer correctement le niveau d'effort des contractants qui peuvent être amenés à exploiter les défaillances du contrat. Grossman et Hart proposent donc de faire aux parties prenantes un engagement les contraignant à investir au niveau optimal. Dans cette perspective, le système de gouvernance doit définir clairement toutes les règles, dont celles de détention des droits décisionnels, celles de partage de la richesse créée et celles d'assomption des risques. Cela permettrait de prévenir les conflits entre les parties prenantes et la destruction de la performance (Rajan et Zingales, 2000).

La stakeholder-agency theory a été développée par Hill et Jones (1992), elle est un élargissement des théories transactionnelles de la gouvernance d'entreprise, appelée « théorie de l'agence généralisée » (Charreaux, 1997). Elle considère tous les agents ayant une créance légitime sur l'entreprise comme des stakeholders. Ainsi, la gouvernance d'entreprise sera performante si elle favorise la coalition des stakeholders représentant l'entreprise, les satisfait pour pérenniser l'entreprise.

L'approche transactionnelle de Williamson, quant à elle, opère un changement de paradigme par rapport aux autres théories en plaçant les coûts

---

capital they supply or invest it in bad projects? How do the suppliers of finance control managers? ».

de transaction[41] et les actifs spécifiques[42] au centre de la problématique de la performance de l'entreprise. Au lieu que ce soit les conflits d'intérêt et les relations d'agence qui définissent la performance, ce sont plutôt les coûts de transaction et la présence des actifs spécifiques qui la déterminent (Williamson, 1975, 1985, 1988, 1991,1996). Cela élargit également la portée de la gouvernance d'entreprise sur les parties prenantes, mais avec pour spécificité que, in fine, ce sont toujours les intérêts des actionnaires et des dirigeants qui priment, car c'est grâce à eux que l'entreprise obtient le capital financier et la capacité managériale respectivement.

Après la présentation des différentes approches, à présent, nous abordons les différents types de mécanismes de gouvernance d'entreprise.

1.3. L'univers des mécanismes de gouvernance d'entreprise

Il existe des travaux qui examinent le lien entre les mécanismes de contrôle du gouvernement, la performance de la gouvernance et la performance financière en s'intéressant à la performance des mécanismes de contrôle « interne » ou à celle des mécanismes de contrôle « externe ».

Les mécanismes de contrôle interne sont définis par le législateur pour être implémentés par les parties prenantes pour protéger leurs intérêts, conformément à la définition faite par le gouvernement d'entreprise. On distingue le conseil d'administration, l'exercice des droits de vote par les actionnaires et le contrôle des créanciers et des salariés.

Le conseil d'administration est le premier mécanisme « interne » de gouvernance d'entreprise (selon Charreaux et Pitol-Belin, 1992 ; Charreaux, 2000). La performance du conseil d'administration comme mécanisme de contrôle interne est évaluée par différents travaux qui s'interrogent sur son rôle, sa forme, sa taille ainsi que sa composition. La théorie d'agence et la théorie des coûts de transaction accordent au CA le pouvoir de contrôle et de ratification des décisions des dirigeants[43] (Fama et Jensen, 1983 ; Williamson,

---

[41]- On peut associer à toute transaction un coût incompressible que le système des prix ne permet pas de supprimer totalement. Ce « coût de transaction » représente alors le coût de fonctionnement du système d'échange. Il est intrinsèque à la transaction à la fois avant que celle-ci ne soit effective (en raison des coûts induits par la recherche du co-contractant potentiel, par la négociation et par la rédaction du contrat de transaction), mais également pendant son exécution (coûts liés à la supervision du respect du contrat, à la gestion des conflits éventuels, à la recherche préventive de contractants alternatifs ou à une éventuelle renégociation du contrat).

[42]- Généralement, on dit d'un actif qu'il est spécifique lorsqu'il a été spécialement conçu pour la transaction, lorsqu'il est difficilement redéployable vers d'autres usages, lorsque son coût est irrécouvrable ou lorsque sa valeur est plus faible dans des utilisations alternatives que dans son utilisation spécifique.

[43]- En réalité, le rôle disciplinaire du conseil d'administration s'observe essentiellement dans les entreprises managériales, beaucoup moins dans les entreprises familiales ou contrôlées par

1985). C'est également le CA qui recrute les dirigeants ou les remplace en cas de mauvaise performance de l'entreprise. Pour certains travaux, comme Merle (2000) et Lapointe (2000), le degré d'indépendance des membres du CA garantit sa performance. Cette indépendance du CA est mesurée par la présence dominante d'administrateurs « externes ou indépendants » (Charreaux, 1991 ; Byrd et Hickman, 1992 ; Lipton et Lorsch, 1992 ; Daily et Dalton, 1993 ; Hambrick et Finkelstein, 1995). La taille optimale est un critère d'évaluation de la performance du CA lorsqu'elle respecte les limites légales (Zhara et Stanton, 1988).

L'exercice des droits de vote et les propositions en assemblée générale par les actionnaires sont de puissants mécanismes de gouvernance, de contrôle et de discipline des dirigeants d'entreprise. L'exercice de ces mécanismes par les actionnaires permet d'apprécier leur activisme, lequel a un effet disciplinaire sur les dirigeants, réduit les problèmes d'agence, par ricochet contribue à la maximisation de la performance financière de l'entreprise (Merle, 2000). Cependant, John et Klein (1995) trouvent que l'activisme des actionnaires minoritaires est une activité plus importante pour les entreprises peu performantes. Strickland, Wiles et Zenner (1996) trouvent que l'exercice des droits de vote et des propositions en assemblée générale représente les mécanismes de contrôle des dirigeants les plus efficaces.

À l'image des actionnaires, les créanciers et les salariés militent souvent pour que l'entreprise soit performante, car leur revenu en dépend. En effet, si l'actionnaire s'attend au dividende et le créancier à l'intérêt, le salarié, quant à lui, vise le salaire. Le dividende, l'intérêt et le salaire sont les fractions du bénéfice réalisé par l'entreprise performante. Pour atteindre un tel résultat, les créanciers doivent se rassurer qu'ils seront remboursés par l'entreprise, par conséquent, vont veiller à ce que les sommes prêtées à l'entreprise ne soient pas utilisées à d'autres fins (Charreaux, 1995). La performance de l'entreprise va ainsi dépendre de l'avenir de ses salariés qui attendent une rémunération du fait de leur capital humain (Charreaux et Desbrières, 1998). Selon ces auteurs, les mécanismes encadrant la relation créancier-débiteur sont relativement contraignants et pèsent sur la capacité de l'entreprise à maximiser sa valeur. Pour Fama (1980), le degré du contrôle exercé par le salarié est d'autant plus fort que la valeur de son capital humain est élevée et que ses investissements spécifiques le sont aussi.

Par ailleurs, les mécanismes de contrôle externes concernent traditionnellement le marché des fusions et acquisitions, et le marché du travail des dirigeants d'entreprise.

---

un actionnaire majoritaire où il fait davantage office de « chambre d'enregistrement », selon Charreaux et Pitol-Belin, (1992).

Le marché joue à la fois un rôle incitatif, disciplinaire et curatif. Ainsi, tout actionnaire qui n'est pas satisfait du niveau de performance obtenue par le dirigeant peut décider de vendre tout ou partie de ses actions sur le marché financier. La menace d'une prise de contrôle joue donc un rôle disciplinaire parce qu'elle incite les dirigeants en place d'être performants au risque de faire l'objet de turnover. Dans son rôle curatif, selon l'expression « *court of last resort* » de Jensen (1986), le marché financier permet de rétablir la performance. Plusieurs travaux ont tenté de vérifier ces différents impacts de la prise de contrôle (Husson, 1987 ; Jensen, 1988, Walsh et Seward, 1990).

Le marché de travail des dirigeants d'entreprise, l'action sur la rémunération du dirigeant en place ou leur menace de révocation (« *turnover* ») sont des mécanismes externes de gouvernance d'entreprise. La théorie présente les avantages du marché comme déterminant de la valeur des managers d'entreprise et d'aligner leur rémunération sur la performance de l'entreprise (Miller et Scholes, 1982 ; Smith et Watts, 1983). Il constitue la réserve où les actionnaires vont recruter les nouveaux dirigeants (Morck, Shleifer et Vishny, 1989).

La majorité des travaux réalisés soutiennent que la performance de l'entreprise permet de prédire partiellement les changements de comportement opportuniste des dirigeants (Charreaux et Pitol-Belin, 1990 ; Coughlan et Schmidt, 1995 ; Pigé, 1997).

2. La Méthodologie de recherche

Le projet est de vérifier si l'actionnariat dirigeant est un facteur déterminant de la performance de la gouvernance et la performance financière des PME camerounaises à capitaux ouverts. La littérature sus évoquée est à l'origine des cinq hypothèses de recherche suivantes :

- **H1** : Un bon fonctionnement du conseil d'administration impacte positivement la performance dans les PME camerounaises avec actionnariat dirigeant ;
- **H2** : La performance (de la gouvernance et financière) est positivement liée à la politique de rémunération des dirigeants des PME camerounaises à capitaux ouverts :
- **H3** : La performance (de la gouvernance et financière) est positivement corrélée au processus d'audit mis en place au sein des PME camerounaises à capitaux ouverts ;
- **H4** : Les PME camerounaises avec actionnariat dirigeant les plus performantes sont celles qui présentent une bonne structure de propriété ;

- **H5** : La performance (de la gouvernance et financière) est positivement liée à un bon respect des droits de tous les actionnaires.

L'enquête réalisée procède des méthodes modernes d'évaluation de la gouvernance d'entreprise qui sont : la méthode d'évaluation des principes de gouvernance d'entreprise de l'OCDE (1999) ; les méthodes de notation et des codes de bonnes pratiques en matière de gouvernance.

Le questionnaire mobilisé a été conçu en s'appuyant sur 5 thèmes de la gouvernance d'entreprise : le fonctionnement du conseil d'administration (son indépendance, ses activités, sa composition, la qualité des administrateurs, etc.) ; la politique de rémunération (salariés, administrateurs, etc.) ; La structure de propriété (le type d'actionnaires, la présence d'un actionnaire dirigeant et ses interactions avec les autres actionnaires, etc.) ; les droits et l'information des actionnaires (droit de vote des actionnaires, la divulgation des informations sur la gouvernance d'entreprise, l'information des actionnaires et des créanciers, etc.) ; le processus d'audit (performance du comité d'audit sur les rapports faits concernant le contrôle interne, les finances, etc.).

L'étude porte sur 65 PME camerounaises à capitaux ouverts dont on connait la participation de leur dirigeant au capital au cours de cinq ans au moins. Pour minimiser les biais, toutes les informations sur la gouvernance d'entreprise ont été tirées des rapports annuels et des entretiens avec les responsables de la PME. Certaines PME ont été exclues de notre échantillon. Il s'agit notamment de celles dont les informations financières ou sur la gouvernance d'entreprise étaient indisponibles et celles appartenant à la catégorie d'institutions financières (les microfinances, les PME de l'assurance…). Les thèmes retenus ont été pondérés en fonction de leur importance pour les parties prenantes. Les points ont été attribués aux critères (cf. annexe). Pour tester les hypothèses, nous avons extrait les informations financières et celles concernant la performance des rapports annuels et des documents synthèses (bilan, compte de résultat) et des déclarations statistiques et fiscales (DSF).

3. Analyse des résultats et discussions

L'analyse se fait en deux temps permettant d'une part de procéder à l'évaluation et au calcul des scores de performance et d'autre part de faire l'évaluation de l'impact des pratiques de gouvernance sur la performance financière.

3.1. Scores de gouvernance des PME camerounaises

Tableau 1 : Les scores de performance de la gouvernance des PME

Thèmes	Scores de performance en %
Le fonctionnement du conseil d'administration	71,7
La politique de rémunération	66,4
La structure de propriété	72,5
Les droits et l'information des actionnaires	68
Le processus d'audit	80,2
Total des scores de la performance de la gouvernance	**71,8**

Source : *une élaboration de l'auteur à partir des informations reçues*

Les résultats du tableau n°1 montrent que le score moyen de performance de la gouvernance de notre échantillon de 65 PME est de 71,8 % et que tous les scores de la performance de la gouvernance sont supérieurs à la Moyenne. Le processus d'audit obtient le score le plus élevé, soit 80,2 %, suivi de la structure de propriété (72,5 %) et du fonctionnement du conseil d'administration (71,7 %). La politique de rémunération est le thème qui réalise le score le plus faible, lequel semble ainsi incorporer les critères de gouvernance d'entreprise qui ne sont pas encore très respectés par les PME camerounaises à capitaux ouverts. Le classement que nous obtenons après l'analyse de ces thèmes semble être influencé par l'impact des orientations impératives concernant les thèmes ayant plus d'importance en matière de gouvernance d'entreprise. Pour mesurer l'impact réel de chacun des thèmes, il est important d'évaluer les scores réalisés par les différents critères constitutifs du thème.

Tableau 2 : Le fonctionnement du conseil d'administration (CA)

Les critères du fonctionnement du conseil d'administration	Score en %
Composition du CA	82
Séparation des fonctions de président et de directeur	68
Présence des administrateurs indépendants	77
Effectif d'administrateurs indépendants	78
Nombre de réunions du CA	80
Effectif des participants à l'assemblée générale	72
Comité de nomination	54
Mandat des administrateurs	50
Présence des administrateurs représentants des salariés	76
Niveau de formation des administrateurs	79,8
Total des scores	**71,7**

Source : *l'auteur*

Il ressort du tableau n°2 que les critères du thème de fonctionnement du CA réalisent en moyenne et dans l'ensemble un bon score de performance de la gouvernance (71,7 %). Sa composition est le critère le plus respecté par les PME camerounaises en matière de gouvernance d'entreprise. 82 % des PME respectent la composition du CA. 78 % des administrateurs sont indépendants et leur présence lors des conseils est évaluée à 77 %, ce qui montre que ceux-ci jouent efficacement leur rôle. On note aussi une forte présence des représentants des salariés (76 %) dans les conseils. Ce résultat peut être justifié par le fait que les dirigeants, supérieurs hiérarchiques des salariés, sont soucieux d'un bon climat social favorable pour la rentabilité des actions, d'où la prise en compte des intérêts des salariés. Il en ressort également que de plus en plus les CA des PME à actionnariat dirigeant combinent une diversité des bons profils académiques et professionnels (79,8 %) et une forte présence des administrateurs indépendants (78 %).

Tableau 3 : La politique de rémunération

Les critères de la politique de rémunération	**Score en %**
Comité de rémunération	74,9
Missions du comité	60
Dimension du comité	74,1
Nombre des administrateurs indépendants	65
Nombre des réunions du comité	58,6
La part variable	75,2
Composition de la part variable	68,7
Jetons de présence	55
Total des scores	**66,4**

Source : *l'auteur*

La politique de rémunération est le thème qui influence plus la performance de la gouvernance des PME camerounaises à capitaux ouverts selon le tableau n°1 ci-dessus. En analysant les données du tableau n°3, il ressort un score plus élevé en ce qui concerne la part variable de la rémunération du dirigeant. En ce qui concerne la dimension du comité, 74,1 % des PME ont un comité fonctionnant avec 2 à 4 membres et plus de 1 administrateur indépendant dans 65 % de PME. Le comité intervient sur divers points de la rémunération (60 %), avec une insistance sur le salaire fixe, la rémunération variable et l'actionnariat des dirigeants et des salariés. Pour ces PME, les jetons de présence ne sont pas liés à la performance réalisée. Cela permet d'éviter que les administrateurs non exécutifs entrent en conflit d'intérêts avec les autres. Nous notons par ailleurs que 55 % des PME accordent des jetons de présence dont le montant est inférieur à 100 000 FCFA.

Tableau 4 : La structure de propriété

Les critères de la structure de propriété	Score en %
Structure de l'actionnariat	93,5
Part détenue par le dirigeant	58
Part détenue par les salariés	78,1
Part détenue par les administrateurs	60,2
Total des scores	**72,5**

Source : *l'auteur.*

Le tableau n°4 fait ressortir que 93,5 % des PME à actionnariat ouvert déclarent en détail leur structure de l'actionnariat. Ces informations sont plus détaillées dans les rapports annuels. Par ailleurs, les informations obtenues nous permettent d'avoir une vision complète sur les autres éléments de la structure de propriété qui sont : la structure de l'actionnariat, l'exercice des droits de vote et des droits de vote double. Globalement, les PME concernées fournissent les informations concernant la fraction du capital détenu par le dirigeant en place et celles des autres administrateurs. On peut aussi noter l'absence des administrateurs institutionnels et étrangers.

Tableau 5 : Les droits et l'information des actionnaires

Les critères des droits et l'information des actionnaires	Score en %
Pouvoir de l'actionnaire	87
Informations sur la politique d'endettement	75
Informations concernant l'orientation stratégique de la PME	68,2
Information sur la rémunération des dirigeants	63
Principe d'une action un droit de vote	56
Propositions des actionnaires en Assemblée générale	74
Délais de publications des résultats	65,4
Vote par procuration	67,1
Vote cumulatif	62,5
Vote par mail	61
Total des scores	**68**

Source : *l'auteur.*

L'exploitation des résultats du tableau n°5 permet de relever un score total de 68% pour les droits et l'information des actionnaires. Celui-ci reste l'un des thèmes qui requièrent encore des améliorations pour les PME dont on sait que les dirigeants détiennent eux-mêmes des parts du capital de leur entreprise. En tant qu'actionnaires, ils doivent aussi partager toutes les informations avec les autres actionnaires, ce qui favorisera la transparence. Le principe « une action, un droit de vote » n'est pas appliqué dans 44 % des PME, ce qui constitue une entorse au principe de bonne gouvernance d'entreprise. Sur l'ensemble des autres domaines, l'on note cependant que les actionnaires ont globalement un pouvoir important, car dans 87 % des PME, les actionnaires détenant plus de 5 % des parts du capital sont capables de convoquer une assemblée extraordinaire ou inscrire une proposition à l'ordre du jour. Concernant l'exercice des droits de vote par les actionnaires, on note aussi que les PME camerounaises ont réalisé des progrès en permettant qu'un actionnaire puisse voter soit en assemblées générales, soit par correspondance, par procuration ou alors via Internet.

Tableau 6 : Le processus d'audit

Les critères des droits et l'information des actionnaires	**Score en %**
Comité d'audit	96
Taille du comité	66
Nombre de réunions du comité	74
Nombre d'administrateurs indépendants	85
Total des scores	**80,2**

Source *: l'auteur.*

Le comité d'audit a toujours été considéré comme un organe indispensable pour le bon fonctionnement d'une entreprise. Ses missions sont multiples et concernent l'examen des comptes avant la saisie de conseil d'administration, la réalisation de l'audit interne et externe de l'entreprise. Le tableau n°6 montre que 96 % des PME à capitaux ouverts ont mis en place un comité d'audit et que 66 % des PME ont un comité d'audit d'une taille supérieure à 3 membres et qui se réunit régulièrement (au moins 3 fois par an) dans 74 PME. Le travail du comité d'audit est essentiellement axé sur la recherche de la pertinence dans l'application des méthodes comptables, le renouvellement du mandat des commissaires aux comptes, le respect des procédures de collecte des informations, la veille sur la participation des commissaires aux comptes dans les réunions. Les scores de performance de la gouvernance étant déterminés pour chaque thème, l'on peut chercher à établir le lien entre ces scores de gouvernance et la performance réalisée par les PME à capitaux ouverts.

3.2. L'impact des scores de performance de la gouvernance

Nous rappelons que le but du présent paragraphe est de montrer que les scores de performance de la gouvernance impactent la performance financière de la PME. Pour cela, nous nous inspirons des résultats des études précédentes pour mesurer la performance financière de la PME par l'*Economic Value Added* (EVA) qui permet de mesurer la création de valeur pour l'actionnaire, dont le dirigeant actionnaire. Ainsi, l'EVA est dans ce cas la différence entre le résultat opérationnel de la PME et les capitaux investis. Il permet aussi de voir si les objectifs de retour sur investissement (ROI) ont été atteints par la PME.

$$EVA = (ROCI - CMPC) \times IC$$

- ROCI est la rentabilité opérationnelle des capitaux investis ;
- CMPC est le coût moyen pondéré des capitaux (dettes et fonds propres) ;
- IC représente les investissements consentis.

Un autre indicateur lié à la performance est la taille de l'entreprise qui est ici identifiée par le logarithme de la valeur comptable de l'actif total, lequel permet d'éviter le problème d'échelle de mesure. Le tableau n°7 permet de recenser les différentes variables et leurs mesures.

Tableau n°7 : Les variables et leurs mesures

Les variables	**Les mesures**
Le fonctionnement du conseil d'administration (CA)	Le score de fonctionnement du CA
La politique de rémunération	Le score de la politique de rémunération
La structure de propriété	Le score de la structure de propriété
Les droits et l'information des actionnaires	Le score des droits des actionnaires
Le processus d'audit	Le score d'audit
EVA	EVA= (ROCI-CMPC) X IC
Taille de l'entreprise	Log (total actif)

Source *: l'auteur*

Après avoir présenté les variables et leurs mesures, il reste à trouver des réponses à notre objectif et, pour cela, nous estimons la régression suivante :

$$PERFI = \alpha_0 + \alpha_1 FCA + \alpha_2 PRE + \alpha_3 SPR + \alpha_4 DIA + \alpha_5 PAU + \alpha_6 TAI + \varepsilon$$

PERFI = performance financière, FCA = score du fonctionnement du conseil d'administration, PRE = score de la politique de rémunération, DIA = score des droits et information des actionnaires, PAU = score du processus d'audit, TAI= taille.

Pour procéder à l'analyse multivariée, nous présentons la matrice des corrélations entre différentes variables pour éviter les variables explicatives fortement corrélées entre elles, introduisant des biais dans l'estimation des coefficients. Le tableau n°8 présente la synthèse des résultats des régressions linéaires.

Tableau n°8 : Les résultats des régressions multiples

Mesures	Coefficients	Écart-type	Seuil de signification
FCA	0,3627	0,1733	0,0231
PRE	0,1231	0,3521	0,0425
SPR	0,3214	0,1721	0,8321
DIA	0,4531	0,1551	0,5123
PAU	0,2412	0,1453	0,0311
TAI	0,1417	0,2532	0,4357
CONSTANTE	-3,4132	3,1024	0,4102
R2 AJUSTE = 0,3416			
STATISTIQUE F = 8,1841			
N = 65			

Les résultats du tableau n°8 montrent que le score de performance de la gouvernance lié à la politique de rémunération (PRE) a l'effet significatif le plus élevé sur la performance financière des PME à capitaux ouverts. Le coefficient de son score est positif (0,1231) et significatif (p=0,0425), cela justifie que cette variable a un impact sur la performance financière des PME à capitaux ouverts. Ainsi, un processus de rémunération visant à encourager le dirigeant à prendre une part du capital est susceptible de le motiver à favoriser une croissance de la gouvernance puisque son revenu en dépend. Ce résultat confirme ceux des études de Berles et Means (1932), Jensen et Meckling (1976) et Caby et Hirigoyen (2001) concernant le rôle de la politique de rémunération sur les mécanismes de gouvernance d'entreprise.

Le processus d'audit (PAU) joue aussi un rôle important sur l'amélioration de la performance financière, car cette variable a obtenu un score positif (0,1453) et a un impact significatif sur la performance financière (p=0,0311). Ce résultat est justifié par le fait qu'un dirigeant actionnaire serait plus intéressé qu'un dirigeant non actionnaire au contrôle des comptes annuels et à la pertinence, la permanence des méthodes comptables et aux procédures de collecte et de contrôle des informations.

On observe aussi qu'un bon fonctionnement du conseil d'administration d'une PME à capitaux ouverts a un impact aussi significatif sur la performance de la PME. Selon les résultats du tableau n°8, le coefficient lié au score du fonctionnement du CA est aussi positif (0,1733) et significatif (p=0,0231), attestant que ce thème a aussi un impact sur la performance financière de la PME. Ce résultat confirme donc ceux des études antérieures.

Par contre, les hypothèses H4 et H5 sont infirmées. La structure de propriété et les droits et l'information des actionnaires ne semblent pas avoir un impact significatif sur la performance financière des PME. Les résultats montrent que les coefficients relatifs à ces deux variables sont positifs, mais malheureusement non significatifs pour avoir un impact sur la performance :

H4 est infirmée. Ce résultat corrobore ceux de Mork, Schleifer et Vishny (1988), McConnell et Servaes (1995), Short et Keasey (1999) qui trouvent que la relation entre la propriété managériale et la performance est non linéaire. Il réconforte aussi le point de vue de Onomo, Ayou Bene et Seck Fall (2019) qui soutiennent que la propriété étrangère agit négativement sur la performance des entreprises camerounaises. Il contredit certains travaux, notamment ceux de Lazzem (2017) qui montrent que la structure de propriété influence positivement la performance en situation d'opportunités de croissance. H5 a aussi été infirmée, car les droits et l'information des actionnaires n'influencent pas la performance de l'entreprise. Selon Mard, Marsat et Roux (2014), l'influence des droits et de l'information des actionnaires sur la performance varie selon que le principal actionnaire est familial ou non, minoritaire ou majoritaire. L'information détenue par l'actionnaire varie selon qu'il est institutionnel, familial, minoritaire ou majoritaire.

Discussion et portée

Les résultats obtenus après analyse peuvent être interprétés de différentes manières. L'indicateur relatif à la politique de rémunération présentant un coefficient positif (0,12) et significatif (0,04) est interprété comme le facteur le plus incitatif des dirigeants enracinés des PME. Ainsi, contrairement aux grandes entreprises, l'enracinement du dirigeant de la PME est un facteur incitatif du dirigeant à s'intéresser à la performance, puisqu'il fait de la création de valeur son objectif, puisque son revenu en dépend. D'autre part, le fait que le capital de la PME soit ouvert expose d'office le dirigeant au « *turnover* » en présence d'actionnaires influents, d'où son activisme. On peut donc considérer que l'actionnariat contribue à un enracinement positif du dirigeant. L'indicateur du processus d'audit réalise aussi un score positif (0,14) et significatif (0,031) donc impacte positivement la performance dans les PME à capitaux ouverts. Pour les mêmes raisons de l'interprétation ci-dessus, les dirigeants actionnaires participent au contrôle de la mise en place pertinente des procédures comptables et de collecte des informations utiles pour lui-même en tant qu'actionnaires, mais aussi pour les autres actionnaires. Un exemple que nous avons observé sur le terrain est que, dans la plupart des PME enquêtées, le client qui est servi traverse plusieurs contrôles de conformité entre le reçu obtenu du cassier et les quantités servies ou livrées. Certains clients trouvent ces contrôles trop nombreux et cela leur fait perdre du temps et de l'énergie. Dans les PME à capitaux ouverts, on observe aussi un bon fonctionnement du CA favorable à une bonne performance. Ce critère réalise aussi un score positif (0,17) et significatif (0,023) attestant que toutes choses égales par ailleurs, les dirigeants actionnaires veillent à un respect minimum des conditions de fonctionnement du CA d'où leur impact positif sur la performance réalisée. Les thèmes relatifs à la structure de propriété (SPR) et aux droits et informations des actionnaires présentent des scores positifs, mais non significatifs, justifiant que les dirigeants actionnaires ne font pas d'effort suffisant pour améliorer ces aspects. Le niveau d'étude du dirigeant et l'absence des marchés financiers constituent également des obstacles pour l'exploitation et la diffusion des informations financières de l'entreprise.

Enfin, pour conclure, le chapitre à travers l'étude réalisée visait à contribuer à une meilleure compréhension de l'effet de l'actionnariat dirigeant sur la performance de la gouvernance et la performance financière des PME camerounaises à capitaux ouverts. La quasi-absence des études empiriques sur le sujet est due en partie au fait que les précédents travaux ne trouvaient pas de pertinence d'analyse un tel lien dans les PME dont les fonctions de propriété et de décision se trouvent souvent détenues par la même personne : le dirigeant. L'essentiel des études antérieures porte alors sur les grandes entreprises managériales avec une séparation tranchée entre la fonction de décision et la fonction de propriété. En nous intéressant aux PME à capitaux ouverts spécifiquement, notre travail a permis de collecter les données concernant la participation des dirigeants dans le capital, la performance de la gouvernance et la performance financière de ces PME. Cela nous a permis de calculer les scores relatifs aux différents thèmes de la gouvernance de ces entités et d'estimer l'équation de régression de la performance financière en fonction des scores des thèmes de la gouvernance. Les résultats obtenus après le test de régression montrent que la politique de rémunération (PRE), le processus d'audit et le fonctionnement du conseil d'administration influencent positivement la performance financière des PME camerounaises à capitaux ouverts. Par contre la structure de propriété et les droits et informations des actionnaires n'ont aucun impact sur la performance des PME à capitaux ouverts. Les enjeux managériaux de l'analyse ne manquent pas. Peut-on suggérer qu'au sein des PME dont les capitaux sont ouverts, l'on encourage l'actionnariat du dirigeant. Cela pourrait en effet favoriser l'alignement de leurs intérêts sur ceux des autres actionnaires considérés *a priori* comme non impliqués dans la gestion. Les dirigeants des PME camerounaises à capitaux ouverts devraient améliorer certains aspects de la gouvernance d'entreprise. Il s'agit en l'occurrence de celles qui ont réalisé les scores de gouvernance les plus faibles sur les aspects concernant les droits et l'information des actionnaires et la structure de propriété.

Bibliographie

Alchian A.A., (1987), « Property Rights », In: Eatwell J., Milgate M., Nowman P. (eds.), *The New Palgrave: A Dictionary of Economics*, Macmillan, London.

Berle, A., & Means, G., (1932). *The Modern Corporation and Private Property*. New York : Harcourt, Brace & World.

Boubakary, B., (2020), « Contribution à la compréhension de la défaillance des PME au Cameroun : une modélisation des multiples facteurs explicatifs de phénomène », *Revue congolaise de gestion*, 30(2), 121-168.

Bouras M. et Gallali M., (2017), « Earnings Management, Equity-based Compensation, Economic Conjuncture and Governance Mechanisms: A Comparative Study between France and the United States », *International Journal of Economics and Finance Issues*,7(2),585-600.

Brickley J.A., Coles J.L., Jarell G., (1997), « Leadership Structure : Separating the CEO and Chairman of the Board », *Journal of Corporate Finance*, (3), 189-220.

Byrd J., Hickman K., (1992), « Do Outside Directors Monitor Managers? Evidence From Tender Offer Bids », *Journal of Financial Economics*, *32*, 195-221.

Caby J. et Hirigoyen G., (2001), *La création de valeur de l'entreprise*, 2e éd., Paris, Economica.

Célinas R., Halley A., Jacob R. et Drolet J., (1996), « Les caractéristiques et les spécificités de la PME : favorables ou défavorables au juste-à-temps ? », *Revue internationale PME*, *9*(2), 81-101.

Chameni Nembua, C. & Fomba Kamga, B. (2015). *Rapport général de l'étude sur les déterminants de la performance des entreprises en Afrique subsaharienne francophone. Cas du Cameroun, de la Côte d'Ivoire et du Sénégal.* Rapport du Cameroun, *Centre de recherches pour le développement international* [CRDI].

Charreaux G. (1997), « Vers une théorie du gouvernement des entreprises », In : Charreaux G. (ed.), *Le gouvernement des entreprises*, Economisa, 421-469.

Charreaux G., Desbrières P., (1997), « Le point sur le gouvernement des entreprises », *Revue Banque & Marchés*, juillet-août, (29), 28-34.

Charreaux, G. ; Pitol-Belin, JP., (1992). « Le conseil d'administration, lieu de confrontation entre dirigeants et actionnaires », *Revue française de Gestion, Dossier spécial Actionnaires et Gestionnaires*, *87*, 84-92.

Cho M., (1998), « Ownership structure, investment and corporate value : an empirical analysis », *Journal of Financial Economics*, *47*, 103-121.

Core J.E., Holthausen R.W., Larcker D.F., (1999), « Corporate Governance, Chief Executive Officer Compensation and Firm Performance », *Journal of Financial Economics*, *51*(3), 371-406.

Coughlan A., Schmidt R., (1985), Executive Compensation, managerial turnover and Firm Performance, *Journal of Accounting and Economics*, *7*, 43-66.

Daily C.M., Dalton D.R., (1993), « Board of Directors Leadership and Structure: Control and Performance Implications », *Entrepreneurship Theory and Practice*, l(17), 65-81.

Demsetz H. & Villalonga B., (2001), « Ownership structure and corporate performance », *Journal of Corporate Finance*, 7(200), 209–233.

Evou J-P., (2020), « Durée de vie et chances de survie des PME au Cameroun », *Revue Économie, Gestion et Société*, *1*(22), https://doi.org/10.48382/IMIST.PRSM/regs-v1i22.19706

Faccio M. et Larry H.P_Lang L. H. P., (2002), « The ultimate ownership of Western European corporations », *Journal of Financial Economics*, *65*(3), 365-395.

GICAM (Groupement Inter-Patronal du Cameroun), *Bulletin du patronat N° 78 - juin 2020*.

Fama, E., & Jensen, M. (1983). Separation of Ownership and Control. Journal of Law and Economics , *26* (2), 301–325.

Hermalin B., Weisbach M., (1991), « The Effects of Board Composition and Direct Incentives on Firm Performance », *Financial Management*, *20*, Winter, 101-112.

Hill C.W., Jones T.M., (1992), « Stakeholder-Agency Theory », *Journal of Management Studies*, *29*(2), March, 131-154.

Himmelberg C.P., Hubbard R.G., Palia D. (1999), « Understanding the Determinants of managerial Ownership and the Link between Ownership and Performance », *Journal of Financial Economics*, *53*, 353-384.

Holderness C., Kroszner R. S. et Sheehan D. P. (1999), « Were the Good Old Days that Good?: Evolution of Corporate Ownership and Governance Since the Great Depression », *The Journal of Finance*, *LIV*(2), 435-469.

Husson B. (1987), *La prise de contrôle d'entreprises*, Presses universitaires de France, Paris.

INS (Institut National de la Statistique), 2013.

Jensen M. C., (1986), « Agency costs of free cash-flow, corporate finance, and take-over », *American Economic Review*, *76*(2), May, 323-329.

Jensen M. C., (1988), « Takeovers : their causes and consequences », *Journal of Economic Perspectives*, winter, 21-48.

Jensen M. C et Meckling W. H., (1976), « Theory of the firm, managerial behaviour, agency costs and ownership structure », *Journal of Financial Economics*, *3*, October, 305-360.

John K., Senbet L.W., (1998), « Corporate Governance and Board Effectiveness », *Journal of Banking and Finance*, *22*, 371-403.

John K., Klein A., (1995), « Shareholder Proposals and Corporate Governance », *Working Paper*, New York University.

Kole S. R, (1995), « Measuring managerial ownership : A comparison of ownership data », Journal of Corporate Finance, 1, p. 413-435.

Lapointe P., (2000), « Structure de propriété, investisseurs institutionnels et performance de l'entreprise : Le point des connaissances », *Working Paper, École de Comptabilité*, Faculté des Sciences de l'Administration, Université Laval, Québec, 28 p.

Lipton M., Lorsch J., (1992), « A Modest Proposal for Improved Corporate Governance », *The Business Lawyer*, *48*(1), 59-77.

McConnell J.J. et Servaes H., (1990), « Additional Evidence on Equity Ownership and Corporate Value », *Journal of Financial Economics*, *27*, 595-612.

Merle I. (2000), *Gouvernance d'entreprise et performance : Une revue de la littérature empirique*, Commissariat général au Plan, Paris, 93 p.

Miller M.H., Scholes M.S., (1982), « Executive Compensation, Taxes and Incentives, In: Sharpe W.F., Cootner C.M. (eds.), Financial Economics: Essays in Honor of Paul Cootner », *Prentice-Hall, Englewood Cliffs*, 139- 159.

Mohammadia A., Hashemib M., et Masoud Hosseini S., (2015), « Chitosan nanoparticles loaded with Cinnamomum zeylanicum essential oil enhance the shelf life of cucumber during cold storage », *Journal homepage : www.elsevier.com/locate/postharvbio.* 203-2013.

Morck, R., Shleifer, A., & Vishny, R., (1988), « Management ownership and market valuation: An empirical analysis », *Journal of Financial Economics*, 27(2), 595-612.

Pigé B., (1997), « Les systèmes d'incitation à la performance : Rémunération et révocation des dirigeants », In : Charreaux G. (ed.), *Le gouvernement des entreprises*, Economica, 241-271.

Rajan R., Zingales L., (2000), « The Governance of the New Entreprise », In: Vives X. (ed.), *Corporate Governance*, Cambridge University Press, Cambridge, 201-232.

Shleifer, A., & Vishny, R., (1997), « A Survey of Corporate Governance », *Journal of Finance, 52*(2), 737-83.

Short H., Keasy K., (1999), « Managerial Ownership and the Performance of Firms: Evidence from the UK », *Journal of Corporate Finance*, *5*, 79-101.

Smith C.W., Watts R., (1983), « The Structure of Executive Compensation Contracts and the Control for Management », *Working Paper*, University of Rochester.

Strickland D., Wiles K.W., Zenner M., (1996), « A Requiem for the USA: Is Small Shareholder Monitoring Effective? », *Journal of Financial Economics*, *40*, 319-338.

Walsh J.P., Seward J.K., (1990), « On the Efficiency of Internal and External Corporate Control Mechanisms », *Academy of Management Review*, *15*(3), 421-458.

Williamson O. E., (1975), Markets and hierarchies: Analysis and antitrust implications, The Free Press, New York.

Partie IV

FINANCE PUBLIQUE

CHAPITRE 12

Le partenariat public-privé et l'État-actionnaire

Dieudonné Bondoma

Si l'on s'accorde avec la plupart des économistes[44] que le développement économique est inextricablement lié au développement des infrastructures et équipements publics, il devient dès lors urgent pour les pays en voie de développement en général, à l'instar de pays africains, et le Cameroun en particulier, de maximiser les efforts pour rattraper leur retard dans le domaine des infrastructures, dans la perspective de l'émergence de leurs économies dans un horizon à moyen terme. En effet, dans son rapport annuel « *Perspectives économiques en Afrique 2018* », la Banque africaine de Développement (BAD) situait le besoin de financement des infrastructures en Afrique, pour rattraper le retard dans ce domaine, dans l'ordre de 130 à 170 milliards de dollars US, chaque année, pendant 10 ans de manière ininterrompue.

Pourtant, à cette date-là et probablement aujourd'hui encore, environ 62 milliards USD seulement sont investis, principalement par les gouvernements, créant un gap à combler de l'ordre de 68 à 108 milliards USD. Ces chiffres, qui décrivent l'état des lieux du retard infrastructurel du continent, croissent chaque année à un rythme soutenu. Bien avant la BAD, l'Agence française de Développement (AFD) et la Banque mondiale, quelques années plus tôt, ont établi, pour le même diagnostic, un besoin de financement de l'ordre de 93 milliards USD par an, pendant 10 ans,[45] le financement de ces infrastructures constitue donc une véritable préoccupation. Il ressort de la littérature que les États disposent de plusieurs moyens pour assurer la modernisation des infrastructures : les fonds propres (recettes publiques diverses), l'endettement bancaire et auprès des autres États amis, les emprunts obligataires et le partenariat public-privé (Fabozzi et al, 2006 ; Marty et al. (2006) Viviani, 2001).

En matière de modernisation des infrastructures, les partenariats public-privé constituent aujourd'hui une opportunité à exploiter pleinement pour plusieurs raisons. Tout d'abord, c'est une forme de gouvernance destinée au développement des infrastructures dans les pays qui présentent un déficit en la matière. Ensuite, ce développement des infrastructures est notamment permis par l'implication du secteur privé dans le financement des projets, une

---

[44] Touna Mama : *L'économie camerounaise : pour un nouveau départ*. Afrédit, 2008.
45 Banque Mondiale : *Infrastructures africaines : une transformation impérative*, 2010.

rémunération et une gestion basées sur les résultats. Bien plus encore, le PPP permet surtout le transfert d'une partie substantielle des responsabilités de mise en œuvre, afin que les finances publiques ne supportent plus pleinement les charges et les risques associés. La mise en œuvre des PPP appelle ainsi l'application de l'ingénierie financière, qui a constitué l'un des champs de prédilection des nombreux enseignements dispensés par le Professeur Robert Wanda dans diverses institutions universitaires.

Marty et al. (2006) définissent le partenariat public-privé comme toutes les formes d'association du secteur public et du secteur privé destinées à mettre en œuvre tout ou partie d'un service public. Ces relations s'inscrivent dans le cadre de contrats de long terme. Les investissements nécessaires à la fourniture du service sont financés pour tout ou partie par le partenaire privé. Celui-ci se rémunère, pendant la phase d'exploitation, par un paiement qui est assuré soit par les usagers, soit par une collectivité publique, ce qui permet de couvrir l'amortissement des investissements réalisés. Le PPP, dans sa mise en œuvre, est souvent l'apanage des entités privées, qui peuvent soumissionner en groupement. Une fois qu'elles se sont vu attribuer le projet, ces entités privées mettent généralement en place des véhicules pour exécuter le contrat. Ces véhicules prennent la dénomination de société de projet, ou encore de SPV (*Special Purpose Vehicle*). C'est la SPV qui devient le partenaire privé cocontractant de l'État (plus largement de la personne publique), et qui porte le projet pendant toute la durée du contrat.

Le constat qui se dégage finalement est que, outre l'ingénierie financière qui est mise en mouvement, la formation de la SPV appelle les enseignements du Professeur Robert Wanda, relatifs à la microéconomie de la création d'entreprise. On note cependant une propension des États à vouloir participer au capital de la SPV en tant qu'actionnaire. Ce faisant, ils se dédoublent à la fois comme autorité contractante, et comme actionnaire de leur cocontractant. Mais, alors même qu'ils sont déjà confrontés aux exigences de la soutenabilité budgétaire notamment, et dans un contexte de la stagnation de la mobilisation des ressources propres internes, quelles pourraient être les motivations de cette forte propension des États africains, notamment, à une participation dans le capital de la SPV ? Un parcours préalable des fondements du recours au partenariat public-privé permettra, dans la suite, d'esquisser quelques éléments de réponse à cette interrogation.

1. Aux fondements du partenariat public-privé

Les partenariats public-privé apparaissent désormais comme un outil complémentaire dont les pouvoirs publics peuvent se servir pour stimuler les investissements. Dans les pays industrialisés comme dans les pays en développement, la mise en œuvre des partenariats public-privé participe d'un nouveau paradigme en matière de management public, caractérisé, entre autres, par la mise en place de nouvelles règles contractuelles applicables aux investissements publics.

1.1. L'approche traditionnelle

Les investissements en infrastructures, leur mise en place et leur fonctionnement exigent d'importants moyens financiers. Le budget de l'État est très souvent mis à contribution à cet effet, à travers sa composante « budget d'investissement public ». Dans ce cadre, les ressources internes ordinaires de l'État, et celles provenant de la coopération internationale, sont fortement sollicitées pour le financement des infrastructures. Les ressources internes ordinaires proviennent principalement de la fiscalité au sens large, et de quelques services générant des recettes à l'État. Ces ressources sont reflétées annuellement dans le budget de l'État, et ont pour contrepartie des dépenses publiques, que l'on retrouve aussi bien en fonctionnement, en investissement, qu'en paiement du service de la dette. Les investissements en ressources internes ordinaires sont réalisés à partir de ces revenus de l'État. Ces revenus apparaissent cependant largement insuffisants, pour répondre aux énormes besoins d'un pays qui voudrait moderniser ses infrastructures.

S'agissant du Cameroun, par exemple, ces besoins sont estimés à 88 000 milliards de FCFA, et se décomposent comme illustré par le schéma ci-dessous.

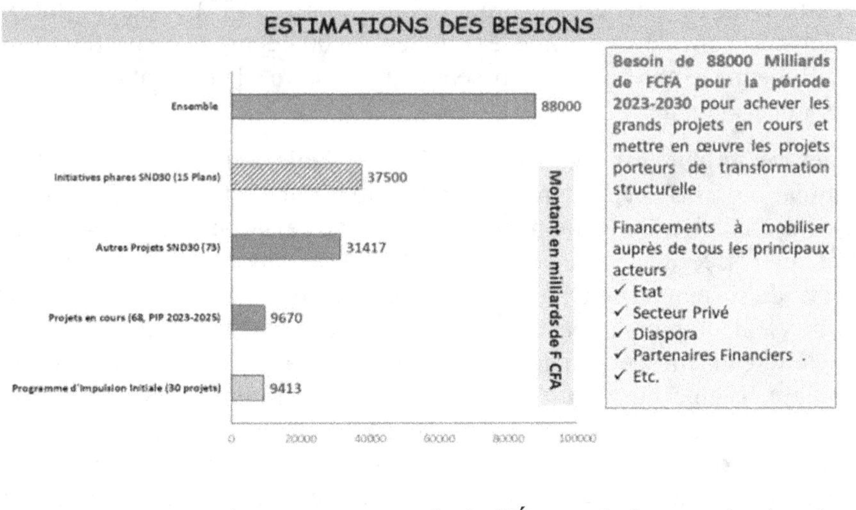

Tenant compte des revenus actuels de l'État et de leur projection à moyen terme, à politique économique inchangée, il apparaît qu'il serait très difficile d'atteindre l'ambition d'émergence à l'horizon 2035. En effet, il subsisterait un important gap à combler, qui est illustré comme suit :

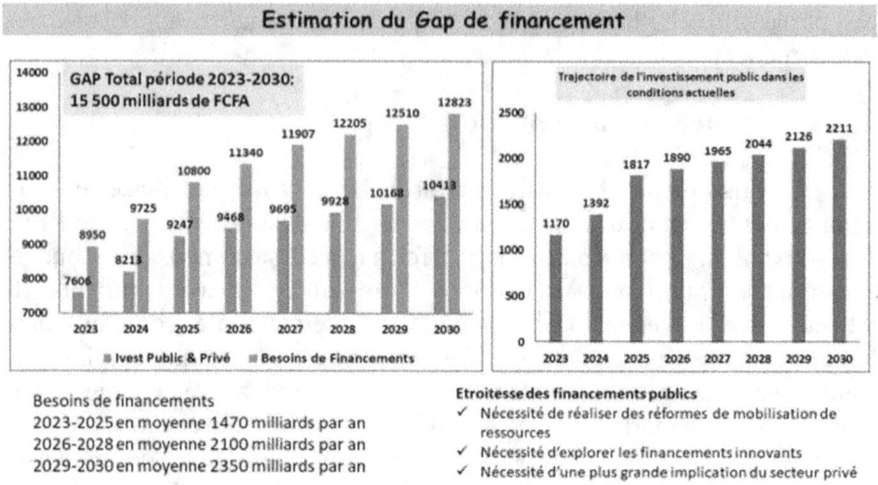

Source : Ministère de l'Économie, de la Planification et de l'Aménagement du Territoire.

Au titre de la coopération internationale, les dons reçus et l'endettement extérieur constituent les sources de financement de l'investissement en général, et des infrastructures en particulier, dont les prévisions de décaissement sont reflétées dans le budget de l'État par les ressources externes. S'agissant particulièrement de l'endettement extérieur, l'on sait, avec les travaux de Chenery et Strout (1966), Loser (1977), Takagi (1981), que la dette est considérée comme le complément de l'épargne domestique qui permet d'obtenir le niveau d'investissement nécessaire à la réalisation du taux de croissance souhaité.

La dette extérieure est dès lors un moyen privilégié pour le financement de l'accumulation. Elle a cependant des limites, dont l'une est le surendettement, assimilable à la crise d'endettement dans l'analyse keynésienne. Celle-ci s'est en effet intéressée à la capacité de transfert d'un pays, définie comme le maximum de revenu transférable à l'étranger sans qu'il soit porté atteinte au niveau de vie de la population, autrement dit au revenu des ménages (Poulon, 1985). Cette capacité de transfert a été plus tard élargie dans le cadre de la théorie keynésienne du circuit, d'abord par Touna Mama (1985), puis par Bondoma Yokono (2001), ce dernier ayant introduit dans l'analyse, les recettes de privatisations, pour un pays sous ajustement structurel. Présentement, de nombreux ratios permettent d'effectuer le monitoring du niveau d'endettement d'un pays. Le taux d'endettement est cependant celui qui est le plus fréquemment utilisé. Dans certains espaces régionaux, il fait l'objet d'un encadrement spécifique avec un plafond qui est généralement défini, et dont l'atteinte constituerait une situation de dérapage. Ceci conduit à des recommandations relatives à la décélération du rythme d'endettement, notamment lorsqu'on se rapproche du plafond fixé dans un espace donné.

Compte tenu à la fois de la stagnation des ressources publiques internes, du faible niveau de l'aide publique au développement doublée de son efficacité relative, de la nécessité d'une décélération du rythme de l'endettement extérieur, il devient nécessaire d'envisager une solution alternative au financement des infrastructures. Face à l'approche traditionnelle de plus en plus limitée, le choix est désormais porté sur des modes alternatifs. Aussi, le recours au secteur privé participe-t-il de ces mécanismes et techniques innovants. Dans cette perspective, le partenariat public privé (PPP) apparaît comme l'un des véhicules pour amener vers le secteur public, les financements et l'expertise privés. Il faut dire que cette technique contractuelle, qui est en même temps une modalité de financement de l'investissement public, s'appuie sur de nombreux développements théoriques qui tendent à magnifier le caractère rationnel du secteur privé.

1.2. L'enjeu des outils de management privé dans la gestion publique

Dans la définition du partenariat public-privé présentée supra, la place du financement est essentielle. Le partenaire privé doit apporter tout ou partie du coût de l'investissement. Ce que l'on retient, c'est que la contribution de l'État n'est pas totalement à exclure dans le cadre du financement d'un projet en PPP. Mais, plus que le financement, c'est la capacité managériale et d'innovation du secteur privé qui est recherchée dans un PPP. Cette capacité managériale et d'innovation trouve son ancrage théorique dans une très grande diversité de travaux scientifiques, depuis la théorie des coûts de transaction, jusqu'au *New Public Management*. Dans la théorie des coûts de transaction (Coase, 1937), il est question de comprendre pourquoi les individus choisissent de former des partenariats, des sociétés et d'autres entités commerciales, plutôt que de négocier de manière bilatérale. L'auteur fait valoir que les entreprises émergent parce qu'elles sont mieux équipées pour faire face aux coûts de transaction inhérents à la production et aux échanges que les individus. Pour l'auteur, le recours au marché, c'est-à-dire la coordination par les prix, entraîne des coûts qui sont notamment constitués de coûts d'information, de négociation, d'exécution des contrats, etc. Ce sont ces coûts du marché qu'il considère comme les coûts de transaction, ce qui remet évidemment en cause l'hypothèse néoclassique d'information parfaite. C'est pourquoi il est important de faire recours à l'entreprise. Cette théorie connaît un approfondissement avec Williamson (1979), qui montre que le risque d'opportunisme augmente les coûts de transaction.

En conséquence, le recours à l'entreprise se justifie pour se protéger contre le risque d'opportunisme. Par extension, et relativement aux PPP, l'analyse économique des coûts de transaction est évoquée pour justifier le fait que les organisations publiques sont inefficientes. En effet, elles ne sont pas toujours capables de minimiser leurs coûts de transaction. Contrairement aux organisations publiques, les firmes privées disposent de structures adaptées, où un nombre limité d'agents prennent les décisions stratégiques importantes qui engagent l'avenir de l'organisation et contrôlent ses grandes fonctions (financière, comptable, commerciale, marketing, ressources humaines, etc.), ce qui les aide à minimiser leurs coûts de transaction.

La théorie des droits de propriété part de l'hypothèse de la supériorité de la gestion de l'entreprise privée par rapport à l'entreprise publique. Aussi, Alchian (1965) et Demsetz (1967) ont-ils axé leurs développements sur la primauté d'une gestion privée par rapport à une gestion publique, ce qui leur a permis de justifier les opérations de privatisations. Les PPP diffèrent des privatisations en ce que dans ceux-là, le transfert des actifs au partenaire privé est temporaire, alors que dans celle-ci, ce transfert est définitif, le point commun étant la prise en main de la gestion d'un service public par le privé.

Dans le cadre de la théorie de l'efficience-x (Lebenstein, 1966), il ressort principalement que les entreprises disposant de la même composition de main-d'œuvre et de la même technologie peuvent parvenir à des performances inégales en termes de productivité des hommes et de qualité des outputs obtenus. Il existe donc un facteur x, différent des facteurs de production traditionnels, qui explique l'efficience ou l'inefficience des firmes. En ce qui concerne spécifiquement les organisations publiques, les sources d'inefficience se trouvent justifiées par les comportements inadaptés de l'État et de ses agents, d'une part, et par la structure fortement bureaucratisée desdites organisations, d'autre part. Aussi, les PPP pourraient-ils contribuer à réduire les sources d'inefficience-x dans les organisations publiques. Ils devraient ainsi permettre de soustraire les organisations publiques d'éventuelles influences politiques négatives.

La théorie des choix publics (Buchanan et Tollison, 1972) postule que l'inefficience des entreprises publiques en général, et la faiblesse de leur productivité en particulier, est due notamment aux groupes d'intérêts et aux jeux politiques qui caractérisent les administrations publiques. Au regard des dysfonctionnements de l'État, cette approche propose un recours au secteur privé, celui-ci devant par ailleurs assurer, sans contrainte, la production des biens et des services à la collectivité. De plus, en raison de l'inefficacité de l'État pour des considérations partisanes et bureaucratiques, il est impérieux de soumettre à la sanction du marché, le plus grand nombre d'activités gouvernementales.

La théorie de l'agence (Jensen et Meckling, 1976) aborde les relations entre les actionnaires d'une firme et leur mandataire. Il existe une relation d'agence lorsqu'une personne, le principal, a recours aux services d'une autre personne, l'agent, en vue d'accomplir en son nom une tâche quelconque qui implique une délégation d'un certain pouvoir à l'agent. Il faut cependant reconnaître que cette relation se déroule dans un contexte d'asymétrie d'information. Celle-ci, combinée à la divergence d'intérêts qui existe entre le mandant et le mandataire, engendre des coûts, qualifiés de « coûts d'agence ». À travers le contrat de PPP, l'État concède au partenaire privé, une partie des missions de service public. Bien plus, l'inefficacité des organisations publiques génère des coûts engendrés par les manœuvres et luttes menées par les différentes parties prenantes pour faire prévaloir leurs préférences. Il en résulte des distorsions induites dans les décisions stratégiques et financières. Ainsi, le recours au privé dans les ententes contractuelles de PPP constitue une possibilité pour l'État de minimiser ses coûts d'agence.

Le *New Public Management* apparaît comme un référentiel initié par la Banque Mondiale dans les années 1990, devant servir de guide pour la modernisation des services de l'État. Il propose la substitution d'une approche gestionnaire à une approche réglementaire, par référence à la notion de contrat afin d'accroître l'efficacité et la flexibilité des services publics. Cette théorie se focalise sur le principe de donner une nouvelle dimension aux organisations publiques pour mieux renforcer le secteur public, par l'introduction des techniques managériales des entreprises privées. Elle part de l'idée que la modernisation de l'administration publique, l'amélioration de la gestion des organisations publiques, et même la réforme de l'État, sont des processus qu'il faut engager afin de permettre aux services publics de renouer avec l'efficience et l'élimination des énormes déficits accumulés au cours des dernières décennies.

2. La société de projet et l'exécution du partenariat public-privé

La mise en œuvre d'un projet en partenariat public-privé nécessite la création d'une société de projet dont la formation obéit, à quelques exceptions près, aux règles gouvernant toutes les sociétés commerciales. La dénomination anglo-saxonne d'une telle société est « *Special Purpose Vehicle* » (SPV). C'est d'ailleurs cet acronyme qui est le plus utilisé. Si, dans sa formation, elle est généralement entièrement détenue par le groupement d'entreprises adjudicataire du projet, il est de plus en plus observé une forte tendance des États à entrer dans le capital de ladite société.

2.1. La *Special Purpose Vehicle* : formation et fonctionnement

La SPV est une société *ad hoc*. Comme son nom l'indique, il s'agit d'une société créée spécialement pour porter et développer le projet. Cette société n'a pour seul objet social que la réalisation du projet pour lequel elle a été créée, mieux encore, l'exécution du contrat de partenariat public privé qui en découle. La SPV est créée par le groupement d'entreprises /consortium adjudicataire du contrat de partenariat public privé, juste avant la signature de celui-ci. C'est la SPV qui signe le contrat en qualité de partenaire privé. À ce titre, elle est la responsable principale de l'opération objet du contrat, vis-à-vis de la personne publique. Malgré la multitude d'acteurs pour l'opérationnalisation du projet, la SPV est l'unique interlocutrice de la personne publique contractante. Ce faisant, sa mise en place induit une réduction substantielle des risques d'interface que l'on retrouve systématiquement dans les contrats traditionnels, tels que les marchés publics, du fait d'un grand nombre potentiel d'acteurs différents intervenant pour le même marché, notamment lorsque celui-ci est alloti. Il est important de préciser que le concept de SPV n'est pas une exclusivité des PPP. Cependant, il est recommandé d'en créer une, dans la mise en œuvre d'un projet en partenariat public-privé.

La SPV est une société soumise au régime de droit commun des sociétés commerciales. Pour le cas des projets de PPP à réaliser au Cameroun, la SPV sera nécessairement une société de droit camerounais. Ses actionnaires ont donc la latitude de choisir la forme qu'ils souhaitent parmi les différentes formes de société (SA, SAS, SARL, etc.). En principe, sa durée de vie est légèrement supérieure, ou égale à la durée du contrat de partenariat.

Au plan pratique, la création d'une SPV est une exigence habituellement imposée par les prêteurs, afin de bénéficier de la technique de « financement de projet » (Project Finance). En effet, dans cette technique, le financement provient en grande partie de la dette, s'agissant d'un projet de construction de grande taille. Ce financement est octroyé par les prêteurs, sous le couvert d'une société créée exclusivement pour ce projet, avec une garantie de remboursement de la dette qui repose essentiellement sur les actifs du projet et les flux de recettes futurs escomptés dudit projet. Les prêts, sans droit de recours ou avec droit de recours limité, sont donc accordés directement à une entité ad hoc, qui est la SPV.

Par ailleurs la personne publique bénéficie aussi de l'existence d'une SPV ; car l'on fait l'hypothèse que son partenaire se consacrera uniquement à l'exécution du contrat de PPP concerné, à l'exclusion de toute autre activité. L'autorité contractante aura ici un interlocuteur unique, en lieu et place du groupement adjudicataire qui ne jouit pas d'une personnalité juridique. Seul un accord de groupement lie ses membres. Il ne leur confère pas une personnalité juridique.

Enfin la création d'une SPV induit une séparation comptable par rapport aux sociétés-actionnaires, avec pour avantage une efficacité fiscale relativement à l'impôt sur les sociétés ou à la prise en compte d'un régime fiscal spécial (cas du Cameroun)[46]. Comme cocontractant de l'État, il revient à la SPV de passer des sous-contrats opérationnels avec des industriels, pour matérialiser le projet. Il va d'abord s'agir des contrats de financement pour lesquels la SPV va mobiliser, via la technique de Financement de Projet, les ressources nécessaires pour le projet[47]. Ces ressources proviennent d'une part des fonds propres de ses actionnaires (pacte d'actionnaires), et d'autre part de la dette bancaire, via un contrat de prêt à signer avec les institutions financières. La SPV va également conclure des contrats de conception-construction de l'ouvrage. Puis éventuellement des contrats d'exploitation, et de maintenance. D'autres contrats, tels que les assurances, les fournitures et autres, sont également conclus à cet égard. Cet écosystème relationnel est illustré par le schéma simplifié ci-dessous :

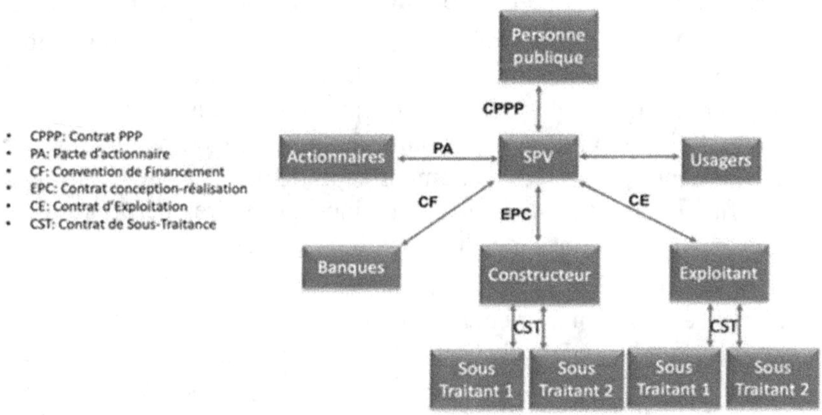

Si la SPV a principalement pour actionnaires les membres du groupement adjudicataire qui l'a créée, il n'est pas rare de voir une ouverture de son capital à des tiers. Aussi observe-t-on une tendance de plus en plus forte des États, à vouloir prendre des participations dans l'actionnariat de la SPV. Se pose alors la question de savoir qu'est ce qui peut motiver une telle démarche ?

2.2. L'actionnariat public et dans la SPV

Aucun texte ni aucun principe ne font obstacle à la prise de participation dans le capital de la SPV, par l'État ou par toute autre autorité contractante. À cet égard, quelques exemples de prises de participation dans les SPV au Cameroun peuvent être cités. C'est le cas notamment du projet de barrage

[46] Loi n° 2008/009 du 16 juillet 2008 fixant régime fiscal, financier et comptable applicable aux contrats de partenariat.

[47] Voir à cet effet I. Benichou et D. Corhia : *Le financement de projet - Project finance*. Ed. ESKA, 1996.

hydroélectrique de Nachtigal, structuré en PPP, dans lequel l'État est présent dans le capital de la SPV (Nachtigal Hydro Power Corporation) à hauteur de 15%. Dans la même veine, nous pouvons également citer la société de distribution d'électricité, ENEO, qui est une SPV issue d'une concession, et dans laquelle l'État est présent à hauteur de 46%.

Trois éléments de motivations pour l'État à être présent dans le capital de la SPV, peuvent être relevés, à savoir :

- La motivation liée au besoin d'un contrôle accru ou resserré de l'État sur le projet. En effet, la personne publique entend souvent exercer un contrôle plus actif auprès de son cocontractant, notamment en ce qui concerne les données et informations financières de l'exploitation du service ou de l'ouvrage, et pense de ce fait que seule sa présence dans la gestion de la SPV peut lui permettre d'atteindre cette fin.
- La motivation liée à la profitabilité du projet. Ici, la personne publique peut vouloir participer à la profitabilité de l'opération, c'est-à-dire à un meilleur partage des bénéfices du projet. Aussi, pense-t-elle pleinement en bénéficier en tant qu'actionnaire de la SPV. Cela va notamment se vérifier dans des projets hautement capitalistiques et générant de gros cash-flow (exemple dans les domaines portuaire, aéroportuaire, de l'électricité, des mines, des hydrocarbures, etc.).
- La motivation liée au relèvement des chances de la bancabilité du projet. Il en sera notamment ainsi pour certains projets dont la faisabilité commerciale est faible. L'État estimera, en prenant des participations dans le capital de la société de projet, que cela va contribuer à renforcer la confiance du projet auprès des prêteurs, et donc à faciliter la bancabilité du projet.

Cependant ces motivations présentent tout aussi des limites, qui montrent finalement que l'État peut atteindre les mêmes résultats en procédant autrement. La prise de participation de l'État dans le capital de la SPV fait de lui un actionnaire à part entière. Il doit donc, à cet égard, participer à tous les efforts financiers sollicités des actionnaires, dans l'optique d'un bon fonctionnement de la SPV, et d'une bonne exécution du contrat de PPP. Ce statut ne manque pas de présenter des contraintes, dont la principale est la soutenabilité budgétaire de l'opération, toutes choses restant égales par ailleurs. En effet, il est souvent établi (en pratique tout au moins) que l'État recourt au PPP pour la réalisation d'un projet parce qu'il manque de budget nécessaire pour le financer directement à travers le budget d'investissement public. Dans un tel contexte, sa participation dans le capital de la SPV viendrait ajouter une contrainte budgétaire nouvelle à celles qui existent déjà.

Par ailleurs, il est aisé de démontrer que la prise de participation dans l'actionnariat de la SPV n'est pas indispensable pour atteindre les buts ci-dessus évoqués. En effet, grâce à une bonne rédaction du contrat et à la mise en place d'un bon mécanisme de son suivi, l'État peut assurer un contrôle efficace de l'exécution du contrat de PPP, et s'assurer de la disponibilité en temps réel, ou du moins dans un délai raisonnable, de toutes les informations dont il a besoin de la part du partenaire privé. L'État peut également, à travers les redevances de partenariat fixées dans le contrat (redevances fixes et redevances variables), et qu'il devra bien négocier, profiter des bénéfices du projet sans nécessairement être actionnaire de la SPV.

Il suffit pour tout cela de prêter la plus grande attention à la phase de préparation du projet (une bonne évaluation préalable du projet), de même qu'à la phase de la négociation des termes du contrat (avec des ressources humaines de qualité, capables d'examiner et discuter attentivement l'offre assortie du modèle financier du candidat adjudicataire), et enfin de mettre en place des outils efficaces de suivi du contrat. Par ailleurs, il n'est pas superflu de faire remarquer que, prendre des participations dans la SPV revient pour l'État, à faire partie intégrante de la SPV, et donc finalement à conclure le contrat de PPP avec lui-même. Dans une telle situation, l'État manquera du recul et de l'objectivité nécessaires pour faire un bon management du contrat, et surtout pour appliquer des sanctions adéquates à la SPV en cas de manquement à ses obligations contractuelles, l'État ne pouvant se sanctionner lui-même.

Conclusion

En guise de conclusion, faut-il observer que le partenariat public-privé est en Afrique et particulièrement au Cameroun une politique publique en pleine expansion. Elle semble d'ailleurs irréversible, tant il est établi que bien structuré et bien maîtrisé, le PPP produit des résultats indéniables en termes notamment d'accélération du développement des infrastructures, et d'amélioration de la qualité du service public subséquent. L'activité de PPP se déroule autour de deux acteurs principaux : la personne publique et la SPV dont les rôles, les missions et les responsabilités sont clairement stipulés dans le contrat. Après avoir précisé la notion de PPP dans cette réflexion, nous avons mis en exergue la grande inclinaison des États à entrer dans le capital des SPV en devenant actionnaires de ces dernières. Les motivations de cette démarche ont été expliquées. Et bien que recevables, voire pertinentes, elles ne manquent pas de présenter des limites, dans la mesure où les buts poursuivis par une telle démarche sont atteignables par d'autres moyens, sans nécessairement assumer les risques de tout actionnaire dans une société commerciale. Aussi, il y a davantage lieu pour les États, de bien s'approprier le régime des PPP, et d'augmenter continuellement leurs efforts de renforcement des capacités de leur personnel, afin que ce dernier sache identifier les bonnes solutions qui préservent l'intérêt public au moindre coût. Le renforcement des Unités PPP se trouve au premier rang de cette exigence.

Bibliographie

Abecassis C. (1997). « Les coûts de transaction : état de la théorie ». *Réseaux*, vol. 15, n°84, pp. 9-19.

Alchian A.A. (1965). « The basis of some recent advances in the theory of management of the firm ». *The Journal of Industrial Economics*, n° 14, pp. 30-41.

Banque Mondiale (2010). *Infrastructures africaines : une transformation impérative*, Washington, D.C.

Benichou I. et Corhia D. (1996). *Le financement de projets - Project finance*. Eska, Paris.

Bondoma Yokono D. (2001). *Surendettement, croissance économique et ajustement dans les pays en développement*. Thèse pour le doctorat d'État en Sciences Economiques, Université de Yaoundé 2.

Bondoma Yokono D. (2019). *Les partenariats public-privé au Cameroun : état des lieux et esquisse de perspectives pour la modernisation des infrastructures nationales et transnationales*. Afrédit, Yaoundé.

Buchanan J.M. et Tollison D. (1972). *Theory of public choice: political applications of economics*. University of Michigan Press.

Chenery H.B. et Strout A.M. (1966). « Foreign assistance and Economic development ». *The American Economic Review*, vol. 56, n° 4, pp. 679-733.

Coase R.H. (1937). « The nature of the firm ». *Economica*, vol. 4, n° 16 pp. 386-405.

Demsetz H. (1967). « Towards a theory of property rights ». *The American Economic Review*, vol. 57, n° 2, pp. 347-359.

Fabozzi, F., Focardi, S. & Kolm, P. (2006). *"Financial Modelling of the Equity Market"*, Wiley Finance.

Jensen M.C. et Meckling W.H. (1976). « Theory of the firm: managerial behavior, agency costs and ownership structure ». *Journal of Financial Economics*, vol. 3, n° 4, pp. 305-360.

Jensen M.C. et Meckling (1979). « Rights and production functions: an application to labor-management firms and codetermination ». The *Journal of Business*, vol.52, n°4, pp. 469-506.

Kapucu N. (2006). « New Public Management : theory, ideology, and practice », in *Handbook of Globalization, Governance, and Public Administration*. A. Farazmand and J. Pinkowski Ed., New York, pp. 883-898.

Lebenstein H. (1966). « Allocative efficiency vs x-efficiency ». *American Economic Review*, n° 56, pp. 392-415.

Loser C.M. (1977). « External debt management and balance of payments policies ». *Staff Papers*, International Monetary Fund, vol. 24, pp. 168-192.

Maatala N., Benabdellah M., Lebailly P. (2017). « Les Partenariats Public-Privé : fondement théorique et analyse économique ». *Revue Marocaine des Sciences Agronomiques et Vétérinaires*, n° 5, pp. 192-199.

Marty F., Voisin A., Trosa S. (2006). *Les partenariats public-privé*. Collection Repères, La Découverte, Paris.

Marty F. (2013). « L'évolution des conditions de financement des contrats de PPP : quels impacts de la crise financière » ? *Discussion Paper* N° 2013 03, Chaire EPPP, IAE Panthéon-Sorbonne.

Poulon F. (1985). *Les écrits de Keynes*. Dunod, Paris.

Takagi Y. (1981). « Aid and debt problems in less-developed countries ». *Oxford Economic Papers*, 2(33), pp. 323-337.

Touna Mama (1985). *L'endettement supportable pour un pays en développement*. Thèse de doctorat d'État en Sciences économiques, Université de Bordeaux 1.

Touna Mama (2008). *L'économie camerounaise : pour un nouveau départ*. Afrédit, Yaoundé

Viviani, J.L. (2001). *Gestion de Portefeuille*, Dunod.

Williamson O.E. (1979). « Transaction-costs economics: the governance of contractual relations ». *Journal of Law and Economics,* n° 22, pp. 233-261.

CHAPITRE 13

La fiscalité de l'écart de réévaluation en contexte de crise

Augustin Mbangala Mapapa

La pandémie de la Covid-19 est considérée comme une crise sanitaire de grande amplitude provoquée par la corona virus et qui a fait plus de 695 millions de morts dans le monde (WHO, 2023). Au regard de sa dangerosité due à la facilité avec laquelle il se transmet d'une personne à l'autre, ce virus a déstabilisé tous les systèmes de santé, même les plus performants du monde. Au-delà des conséquences sanitaires, comme le souligne le rapport de la Banque Mondiale (2023), cette pandémie a eu un impact considérable sur l'économie mondiale. Cependant, nous affirmons avec Bouët et al. (2021) que cette pandémie due au corona virus a été moins marquée en Afrique, néanmoins elle a perturbé l'économie africaine. En effet, du fait des mesures de confinement prises pour lutter contre la propagation du virus, l'économie de la plupart des pays africains a été impactée. L'effondrement des échanges avec les entreprises des pays occidentaux et de la Chine, et le recul des investissements en provenance de ces pays ont été à la base de la dépréciation monétaire ainsi que de l'inflation observée dans la plupart des pays africains (OCDE, 2020). Il va sans dire que cela a fragilisé la valeur patrimoniale des entreprises et a, à coup sûr, accru leur risque de faillite.

Cet article examine les dispositions fiscales prises par le gouvernement des pays africains en 2022 relatives à la réévaluation d'actif immobilisé pour faire face à cette crise économique. Ces mesures ont- elles contribué à améliorer la situation financière des entreprises africaines touchées par les conséquences économiques de la COVID-19 ? C'est en cherchant des éléments de réponse à cette question que cette étude conceptuelle procède à une comparaison transversale des dispositions fiscales prises en 2021 sur la réévaluation de l'actif immobilisé pour l'exercice 2022 dans deux pays de l'Afrique Centrale appartenant à l'espace OHADA[48] : le Cameroun et la RDC.

L'analyse est structurée en trois points. Le premier rappelle brièvement le traitement comptable de la réévaluation conformément aux articles 62 à 65 de l'AUDCIF[49]. La comparaison des mesures fiscales prises par chacun de ces

---

[48] Organisation pour l'Harmonisation en Afrique du Droit des Affaires.

[49] Acte Uniforme relatif au Droit Comptable et à l'Information financière.

deux pays en utilisant la réévaluation d'actif immobilisé comme incitant économique et/ou outil d'allégement fiscal afin d'aider les entreprises à faire face à cette asphyxie économique est examinée dans le deuxième point. L'article s'achève par une conclusion suivie des pistes de réflexion sur les normes comptables relatives au traitement de l'écart de réévaluation dans l'espace OHADA.

1. Réévaluation du bilan dans l'espace OHADA

Dans le référentiel comptable OHADA, les actifs immobilisés sont enregistrés au bilan à leurs valeurs d'acquisition conformément à l'article 35, 1er alinéa de l'acte uniforme relatif au droit comptable et à l'information financière. Pour une raison ou une autre, les éléments immobilisés apparaissant à l'actif du bilan peuvent avoir une valeur comptable inférieure à leur valeur du marché. En vue de continuer à assurer l'image fidèle du patrimoine, un traitement comptable correctif s'impose pour passer de la valorisation au coût historique à la valorisation à la juste valeur (Jaggi and Tsui, 2001 ; Poulard, 2008).

Sur le fondement de l'article 62 du droit comptable OHADA (2017), la réévaluation doit être opérée en vue d'actualiser la valeur comptable de tous les actifs immobilisés corporels et financiers ayant un caractère certain et durable. Cela veut dire que l'écart de réévaluation est justifié par la rentabilité de l'activité de l'entreprise (Aboody et al., 1999 ; CNC, 2021)[50].

L'écart de réévaluation ainsi exprimé à l'actif du bilan doit avoir comme contrepartie un poste distinct du capital, il ne peut être incorporé au résultat de l'exercice de réévaluation (article 65 de l'AUDCIF) ; cela implique que l'enregistrement comptable initial de l'écart de réévaluation n'influence que le bilan et non le compte de résultat.

Le référentiel comptable OHADA a prévu deux types de réévaluation. La réévaluation légale et la réévaluation libre. La réévaluation libre est celle qui n'est pas imposée par l'État. Toute entreprise a la possibilité de réévaluer son bilan dans le respect des dispositions générales des articles 62 à 65 de l'Acte Uniforme relatif au droit comptable et à l'information financière. D'un point de vue général, les pays de l'espace OHADA de la zone monétaire CFA[51] (UEMOA[52] et CEMAC[53]) privilégient la réévaluation libre[54] alors que la RDC

---

[50] Cette rentabilité suffisante est nécessaire pour supporter les charges d'amortissements supplémentaires découlant de la réévaluation des actifs amortissables.

[51] Franc de la Communauté financière africaine.

[52] Union Économique et Monétaire Ouest africain.

[53] Communauté Économique et Monétaire de l'Afrique Centrale.

[54] La réévaluation légale (sans taxation) n'est possible qu'en cas de circonstances économiques particulières (dévaluation du CFA en 1994 ou crise financière de 2008, par exemple) : c'est le

recourt à la réévaluation légale (Suffrin et Mbangala, 2021)[55]. Il est bien entendu que la promulgation par l'État de la réévaluation légale s'accompagne d'une interdiction de réévaluation libre durant une certaine période.

Lors de la réévaluation légale, la plus-value de réévaluation n'est pas taxée et, en même temps l'augmentation corrélative de chaque annuité d'amortissements n'entraîne pas de diminution du bénéfice comptable ni fiscal, assurant ainsi la neutralité fiscale de l'opération (Bhar, 2011 ; Mbangala et Wanda, 2022). La réévaluation libre des actifs immobilisés amortissables entraîne en principe l'imposition immédiate des plus-values et l'amortissement supplémentaire qui en résulte est déductible de charge.

Dans ce contexte, quel que soit le type de réévaluation appliqué, on peut se permettre de dire que la neutralité fiscale, l'un des aspects fondamentaux de la réévaluation, est assurée (Sambe et Diallo, 2017).

Le présent article limite son analyse à l'écart de réévaluation d'actifs immobilisés amortissables exprimés en faisant abstraction de l'écart de réévaluation réalisé (Malherbe et al., 1997).

2. Analyse comparative du traitement comptable et fiscal de l'écart de réévaluation au Cameroun et en RDC

L'analyse comparative porte sur les dispositions fiscales prises en 2021 pour l'exercice 2022 en relation avec la réévaluation d'actifs immobilisés amortissables.

2.1. Cas du Cameroun

En 2021, le gouvernement camerounais a pris des mesures incitatives dans le but d'améliorer la situation financière des entreprises impactées par les conséquences économiques de la pandémie de la COVID-19[56] dont les modalités d'application pour l'exercice 2022 sont fixées dans une note circulaire[57]. Ces dispositions constituent des mesures incitatives d'allégement du régime fiscal de la réévaluation libre des immobilisations amortissables. Elles sont exprimées en ces termes : « Les entreprises qui procèdent à la réévaluation libre de leurs immobilisations, conformément aux dispositions de l'Acte uniforme OHADA relatif au droit comptable et à l'information financière, peuvent réintégrer l'écart de réévaluation afférent aux

ministre des Finances qui décide alors d'autoriser, dans un délai de 2-3 ans, les entreprises à réévaluer leurs actifs immobilisés.

55 Code général des impôts, Article 19 de l'ordonnance -loi n° 89-17 du 18 février 1989.

56 Loi n° 2021/026 du 16 décembre 2021 portant la loi de finances de la République du Cameroun pour l'exercice 2022.

57 Note circulaire n° 12/MINFI/DGI/LRI/L du 13 juillet 2022.

immobilisations amortissables dans leurs bénéfices imposables, à parts égales sur une période de cinq (05) ans ».

La rédaction de la loi de finances précitée précise que « les annuités d'amortissement des exercices ouverts à compter de la réalisation de la réévaluation sont calculées proportionnellement au nombre d'années restant à courir, conformément au plan d'amortissement initial de chaque élément. Il en résulte des amortissements supplémentaires à comptabiliser en charge déductibles ».

Au regard de ce qui précède, trois leçons peuvent être tirées pour les entreprises camerounaises qui ont procédé à cette réévaluation : allégement fiscal, amélioration de la capacité de financement et neutralité fiscale.

Cette mesure peut être illustrée par un exemple conceptuel. Le 31 décembre de l'exercice N, l'entreprise camerounaise XYZ a procédé à la réévaluation d'une machine acquise à 100 000 000 F d'une durée de dix ans et qui a déjà fait l'objet d'un amortissement linéaire sur cinq ans[58]. L'indice de réévaluation est de 1,5. Le calcul de l'écart de réévaluation est présenté dans le tableau 1.

Tableau 1 : Détermination de l'écart de réévaluation

Rubriques	Valeur brute	coefficient	Valeur réévaluée	Écarts
Valeur d'origine	100 000 000	1,5	150 000 000	50 000 000
Amortissements	50 000 000	1,5	75 000 000	25 000 000
Valeur nette comptable	50 000 000	1,5	75 000 000	**25 000 000**

La plus-value de réévaluation 25 000 000 F est inscrite au compte « Écart de réévaluation » en franchise d'impôt.

Les dispositions de l'article 6, alinéas 1 et 2 du Code général des impôts du Cameroun (2021) soulignent que, lorsqu'une entreprise procède à la réévaluation libre de l'ensemble de ses actifs, il est tenu compte de l'écart de réévaluation constaté pour la détermination du résultat imposable de l'exercice au titre duquel l'entreprise procède à la réévaluation. Cela signifie que l'imposition de la plus-value de réévaluation est payable immédiatement. Cependant, en application de la loi de finances de 2021, cet écart de réévaluation des immobilisations amortissables doit être réintégré au bénéfice imposable à parts égales sur une période de cinq ans. Cet échelonnement de l'impôt constitue une mesure d'assouplissement du régime fiscal en faveur des entreprises camerounaises, comme cela est montré dans le tableau 2.

[58] En ce compris, l'année N.

Tableau 2 : Allégement du régime fiscal de l'écart de réévaluation et neutralité fiscale

Années	**Échelonnement**	**Annuité d'amortis***	**Économie d'impôt****
1re année	-1 650 000	5 000 000	+1 650 000
2e année	-1 650 000	5 000 000	+1 650 000
3e année	-1 650 000	5 000 000	+1 650 000
4e année	-1 650 000	5 000 000	+1 650 000
5e année	-1 650 000	5 000 000	+1 650 000
Total	**-8 250 000**	**25 000 000**	**+8 250 000**

*Annuité d'amortissement. **5 000 000 x 0,33 = 1 650 000 F d'économie d'impôt qui vient contrebalancer la première franche d'imposition de la plus-value de réévaluation au taux d'imposition des sociétés.

2.2. Cas de la RDC

Contrairement aux pays de l'espace OHADA de la zone CFA, la RDC impose la réévaluation légale au pied de l'article 19 de l'ordonnance-loi n°89-17 du 18 février 1989 relative à la réévaluation de l'actif immobilisé des entreprises (Mbangala et Suffrin, 2021). En vertu de cette loi et dans son article 6, « la constatation des plus-values de réévaluation doit rester sans influence sur le résultat imposable de l'entreprise ». L'écart de réévaluation ainsi constaté doit être enregistré à l'actif du bilan avec une contrepartie dans un compte des capitaux propres « plus-value de réévaluation des immobilisations amortissables » au passif du bilan (article 65 de l'AUDCIF). La même ordonnance-loi assure la neutralité fiscale dans ce sens que le traitement comptable des amortissements supplémentaires provenant de l'écart de réévaluation (article 9, point 2) n'a aucun impact sur le résultat comptable, tout comme fiscal.

Cependant, en 1998, l'Arrêté ministériel n° 017/CAB/MIN/FIN/98 du 13 avril 1998 a modifié, à titre intérimaire, certaines dispositions de l'ordonnance-loi n° 89-17 du 18 février 1989. Il s'agit principalement de l'ajout de l'article 9 bis qui stipule : « il est institué une taxe spéciale d'incorporation de la plus-value de réévaluation au capital des entreprises dont le taux est fixé à un pour cent (1 %) ». Le point 2 de l'article 9 est modifié comme suit : « … la déductibilité des amortissements réévalués est subordonnée à l'incorporation de la plus-value au capital ; à la souscription de la déclaration de réévaluation indiquant clairement le montant de la plus-value incorporée au capital et le montant de taxe spéciale d'incorporation due ».

Du point de vue scientifique, cet arrêté ministériel n'a aucun effet sur l'ordonnance-loi de 1989 relative à la réévaluation de l'actif immobilisé, car les textes de loi ainsi que les règlements administratifs (décrets, arrêtés) ne peuvent être modifiés que par un texte ayant même valeur : une loi sera modifiée par une autre loi, un décret par un autre décret, etc. (Braudo et Baumann, 2021).

Par contre, la loi de finances de 2021 pour l'exercice 2022 de la RDC a abrogé, dans son article 44, le point 2 de l'article 9 de l'ordonnance-loi n° 89-17 du 18 février 1989 relative à la réévaluation de l'actif immobilisé des entreprises. Ce faisant, il accorde un avantage fiscal considérable aux entreprises qui ont réévalué leurs actifs immobilisés amortissables. Sur fondement de l'article 44 précité, la réévaluation se caractérise par l'absence d'imposition de la plus-value de réévaluation. Qui plus est, la dotation aux amortissements supplémentaires due à l'écart de réévaluation participe à la diminution de l'assiette de l'impôt de l'exercice 2022. Cette économie d'impôt est obtenue par le produit du taux d'imposition des sociétés et de l'annuité d'amortissement supplémentaire due à l'écart de réévaluation.

En reprenant l'exemple précédent avec un taux d'imposition des sociétés de 30 % appliqué en RDC, le tableau 3 met en lumière un avantage fiscal dû à la réévaluation légale d'un montant de 7 500 000 F dont bénéficie l'entreprise.

Tableau 3 : Avantage fiscal dû à la réévaluation des immobilisations amortissables

Années	**Impôt sur l'écart**	**Annuité d'amortis***	**Économie d'impôt***
1re année	0	5 000 000	+1 500 000
2e année	0	5 000 000	+1 500 000
3e année	0	5 000 000	+1 500 000
4e année	0	5 000 000	+1 500 000
5e année	0	5 000 000	+1 500 000
Total	**0**	**25 000 000**	**+7 500 000**

Le résultat net de l'entreprise diminue du fait de la déductibilité des amortissements supplémentaires. Par ailleurs, il s'observe une baisse au niveau des taux des rentabilités économique et financière à cause de la baisse du résultat et de l'augmentation des capitaux propres.

2.3. Conséquences économique et financière des dispositions fiscales

Le développement qui précède permet de comparer les conséquences économique, fiscale et financière des mesures prises par ces deux pays.

Les dispositions fiscales prises par le Cameroun et la RDC en 2021 indiquent que la réévaluation a permis aux entreprises de renforcer leurs capitaux propres et de rendre facile le financement des activités par endettement du fait de l'embellie du ratio de l'autonomie financière.

Dans le cas du Cameroun, la réintégration, dans le résultat, de l'écart de réévaluation afférant à un élément amortissable est neutralisée[59] par la dotation aux amortissements supplémentaires dus à la réévaluation. Par ailleurs, l'échelonnement sur cinq ans de la recette fiscale constitue un allégement important du poids financier de l'entreprise. Il n'en demeure pas moins qu'il s'agit d'une recette pour l'État étalée sur 5 ans.

Dans le cas de la RDC, la plus-value de réévaluation n'est pas imposable conformément à la loi de finances de 2021 pour l'exercice 2022. Les amortissements supplémentaires résultant de la réévaluation participent de manière substantielle à la diminution du résultat imposable et à la détérioration de la rentabilité financière du fait notamment de l'augmentation des capitaux propres. En même temps, il convient de reconnaître que ces amortissements supplémentaires contribuent à améliorer la capacité financière des entreprises à renouveler aisément leurs outils de production. Loin d'assurer la neutralité fiscale, il s'agit d'un transfert des flux financiers de l'État vers l'entreprise.

Cette analyse comparative est résumée dans le tableau 4.

Tableau 4 : Analyse comparée des dispositifs fiscaux

Éléments de comparaison	**Cameroun**	**RDC**
Type de réévaluation	libre	légale
Contrepartie comptable de l'écart de réévaluation	Capitaux propres	Capitaux propres
Avantage fiscal d'amortissement de l'écart	Néant	Économie d'impôt
Conséquence sur le résultat de l'exercice	Neutralité fiscale	Pas de neutralité fiscale
Amélioration ratio d'endettement	OUI	OUI
Impact sur la rentabilité financière	Moins défavorable	Plus défavorable
Imposition de la plus-value de réévaluation	OUI	NON
Conséquence fiscale pour les entreprises	Allégement fiscal	Avantage fiscal

3. Conclusion et recommandations

En conclusion, il ressort de cette étude que la réévaluation permet aux entreprises d'avoir une image fidèle de leur patrimoine, procédant ainsi à limiter l'asymétrie d'information entre l'entreprise et les autres stakeholders. Par ailleurs, l'analyse comparative montre que la réévaluation a été utilisée comme instrument incitatif d'amélioration du ratio d'endettement dans le contexte de la crise du COVID-19. Il n'en demeure pas moins que les dispositions fiscales relatives à la réévaluation prises par ces deux pays sont diamétralement opposées. Au Cameroun, les mesures incitatives liées à la

[59] Selon la durée de l'amortissement du bien.

réévaluation d'actif immobilisé contenues dans la loi de finances de 2021 ont permis d'alléger le poids fiscal des entreprises frappées par la crise financière en échelonnant le paiement de l'impôt sur la plus-value de réévaluation tout en assurant la neutralité fiscale. En RDC, l'article 44 de la loi de finances 2021 a choisi une autre direction, celle d'accorder un avantage fiscal aux entreprises frappées par la crise économique due à la pandémie à Corona Virus. Cela s'explique par la non-imposition de la plus-value de réévaluation et la déductibilité des amortissements supplémentaires de charge. Il convient de signaler que la loi de finances de 2022 pour l'exercice 2023 de la RDC a réintroduit la neutralité fiscale liée à l'opération de réévaluation, abrogeant ainsi l'immunisation fiscale de l'écart de réévaluation contenue dans la loi de finances de 2021 (Suffrin et Mbangala, 2023). Au regard de ce qui précède, les réflexions suivantes peuvent être formulées :

1. En principe, la réévaluation – légale ou libre - n'est pas censée avoir un impact fiscal positif ou négatif, elle doit être neutre fiscalement. Par contre, le législateur peut décider de l'immunisation de l'écart de réévaluation pour répondre à des mesures de relance économique dans un cadre bien précis et pour une durée bien définie. Pour éviter toute controverse, en cas d'immunisation, les dispositions fiscales adoptées doivent être soutenues par une note circulaire explicative. En outre, les avantages fiscaux tirés de la réévaluation doivent être accompagnés d'un encadrement rigoureux pour assurer leur réinvestissement dans l'outil de production ;
2. L'évaluation au prix du marché des actifs immobilisés est une opération lourde et délicate. Sa mise en œuvre doit s'appuyer sur une démarche rigoureuse et demande parfois une expertise qu'on ne trouve pas toujours à l'intérieur de l'entreprise. C'est à ce titre qu'il paraît judicieux, comme le soulignent Jacquart et Herenberg (2021), de recourir à un expert-comptable qui doit accompagner l'entreprise dans ce processus ;
3. La réévaluation des titres de participation détenus dans une filiale nécessite qu'on évalue dans sa globalité cette filiale en intégrant même la valeur de ses immobilisations incorporelles alors qu'elles ne seraient pas réévaluables si elles étaient directement détenues dans la société-mère. Cela pose, au regard du droit comptable OHADA, la pertinente interrogation de l'exclusion des actifs incorporels dans l'opération de réévaluation d'actif immobilisé (Barth and Clinch,1998).
4. Enfin, dans le cas d'une réévaluation libre des actifs amortissables, la neutralité fiscale de la plus-value de réévaluation n'est assurée que lorsque le rythme d'amortissement des biens est identique à celui de l'étalement de cet écart de réévaluation.

Bibliographie

Aboody D., Barth M.E. & Kasznick R. (1999), Revaluations of fixed assets and future firm performance: Evidence from the UK, *Journal of Accounting and Economics*, p. 149-178.

Barth M. & Clinch G. (1998), Revalued financial, tangible and intangible asset: associations with share prices and non-market-based values estimates, *Journal of Accounting Research*, vol. 36 Supplement.

Bhar A. (2011), Réévaluation d'actifs : cadre juridique, *L'Expert-comptable*, avril, p. 1-12.

Braudo S. & Baumann A. (2021), *Dictionnaire du droit privé français* in https://www.dictionnaire-juridique.com>serge-braudo.

Bouët, A., Laborde, D.& A. Seck (2021), The Impact of COVID-19 on agricultural trade, economic activity, and poverty in Africa", in Bouët, A., Tadesse, G., et C. Zaki, *The African Agriculture Trade Monitor*, Akademiya2063 and IFPRI, Washington DC.

Commission des normes comptables (2021), Le nouvel avis CNC n° 2021/13, Belgique.

Jacquard C. & Herenberg J. (2021), La technique d'évaluation au cœur du nouveau dispositif de réévaluation libre des actifs, *Revue française de comptabilité*, n° 554, p. 2-4.

Jaggi B. & Tsui J. (2001), Management motivation and market assessment; revaluations of fixed assets, *Journal of International Financial Management and Accounting*, n° 12, vol. 2, p. 160-187.

Malherbe J., De Wolf M. et Schotte M. (1997), *Droit fiscal. L'impôt des sociétés.* Éditions Larcier, Bruxelles.

Mbangala M. & Wanda R. (2022), *Comptabilité générale OHADA selon le SYSCOHADA révisé*, Éditions Droit Afrique, Paris.

OHADA (2017), *Acte uniforme relatif au droit comptable et à l'information financière*, 26 janvier, Brazzaville.

Poulard B. (2008), La réévaluation des actifs à leur juste valeur : quel(s) enjeu(x) pour les sociétés françaises ? *Revue française de comptabilité*, 411, p. 36-40.

République Démocratique du Congo (1998), *Arrêté ministériel n° 017/CAB/MIN/FIN/98* du 13 avril.

République Démocratique du Congo (2021), *Loi de finances n° 21/029* du 31 décembre 2021 pour l'exercice 2022.

République Démocratique du Congo (2021), *Loi de finances n° 22/071* du 28 décembre 2022 pour l'exercice 2023.

République du Cameroun (2021), *Code général des Impôts mis à jour au 1er janvier 2022*, Édition officielle, DGI, Cameroun.

République du Cameroun (2021), *Loi de finances n° 2021/026* du 16 décembre.

République du Cameroun (2022), *Note circulaire n° 12/MINFI/DGI/LRI/L* du 13 juillet.

Sambe 0. & Diallo M. I. (2017), *Le praticien comptable. Système comptable OHADA*, Éditions Comptables et Juridiques, 4e édition, Dakar.

Suffrin G. &Mbangala M. (avec la collaboration de) (2021), *Code général des impôts de la RDC*, Éditions Droit Afrique, Paris.

CHAPITRE 14

Capaciter les Collectivités Territoriales Décentralisées

Bernard-Raymond Guimdo Dongmo

La gouvernance locale met l'accent sur la nécessité de s'affranchir ou d'affranchir les collectivités territoriales décentralisées de l'emprise de l'État. C'est la raison pour laquelle l'État du Cameroun s'est lancé dans un ensemble de réformes visant à aménager un système de promotion et de valorisation de la décentralisation[60]. Entamé avant l'indépendance, notamment à partir de 1922, par l'autorité « coloniale » britannique pour la partie occidentale, et en 1941 dans la partie orientale administrée par la France, le développement de l'institution locale a connu une montée en puissance au plan constitutionnel en 1996[61].

L'importance de la décentralisation s'est amplifiée avec la création du ministère de la Décentralisation et du Développement local par le décret n° 2018/449 du 1er août 2018. L'article 1er alinéa 2 dudit texte dispose que ce ministère est chargé, sous l'autorité du Président de la République, de l'exercice de la tutelle de l'État sur les Collectivités territoriales décentralisées. Le ministre de la Décentralisation et du Développement local est responsable de l'élaboration, du suivi, de la mise en œuvre et de l'évaluation de la politique du Gouvernement en matière de décentralisation, ainsi que de la promotion du développement local.

Le mouvement de réforme s'est poursuivi avec la loi n° 2019/024 du 24 décembre 2019 portant Code général des collectivités territoriales décentralisées, pour donner un souffle nouveau à la décentralisation au Cameroun.

Dans ce Code, la décentralisation est appréhendée comme « *l'axe fondamental de promotion du développement, de la démocratie et de la bonne gouvernance au niveau local* »[62]. Elle se ramène à faire gérer le maximum

---

[60] J. T. HOND, « État des lieux de la décentralisation territoriale au Cameroun », in Magloire ONDOA (dir), *L'administration publique camerounaise à l'heure des réformes*, éd l'Harmattan, Paris, 2010, p.102

[61] Lire B.-R. GUIMDO DONGMO, « Constitution et décentralisation au Cameroun depuis la réforme constitutionnelle du 18 janvier 1996 », *Revue juridique et Politique des États francophones* n° 2, 2005, pp.20528.

[62] Article 5 de la loi n° 2019/024 du 24 décembre 2019 portant code général des collectivités territoriales décentralisées.

d'affaires par les intéressés eux-mêmes ou par leurs représentants[63]. Les organes des collectivités territoriales décentralisées sont ainsi appelés à initier une véritable politique de développement de leur localité, ce d'autant plus que ledit Code confère aux régions, comme aux communes, de nombreuses compétences et renforcent, en théorie, la responsabilité des exécutifs locaux.

Mais, tout ceci n'est possible que si ces entités locales décentralisées disposent des moyens financiers adéquats. Leur capacité à exercer de façon autonome leurs compétences est donc conditionnée par les moyens financiers dont ils disposent. En effet, « *La décentralisation est réelle si la collectivité est véritablement maîtresse de ses finances* »[64]. C'est dire qu'une décentralisation effective et efficace est conditionnée par les moyens financiers mis à la disposition des collectivités décentralisées[65]. D'ailleurs, pour Maurice Hauriou, les raisons de la décentralisation territoriale ne sont pas d'ordre administratif, mais politique et financier[66]. Les finances publiques sont donc un enjeu majeur dans la décentralisation.

Les finances publiques peuvent être comprises comme une discipline du droit public, et plus précisément du droit public financier. Mais, de manière technique, il s'agit de l'ensemble des ressources ou des recettes et des dépenses ou des charges des personnes publiques. Ainsi, les finances publiques sont plurielles, elles se concentrent sur le régime des deniers de l'État et des collectivités territoriales[67]. Lorsqu'elles concernent les collectivités territoriales décentralisées, on parle de finances publiques locales. Celles-ci renvoient « *aux finances des administrations publiques locales, c'est-à-dire des collectivités territoriales et de leurs démembrements. Elles n'incluent pas les finances des services déconcentrés de l'État* »[68]. Les finances publiques locales sont donc constituées de l'ensemble des ressources financières et des charges des collectivités territoriales décentralisées. Elles sont l'une des manifestations essentielles de la décentralisation, laquelle doit se traduire par la capacitation des collectivités territoriales décentralisées à assumer les responsabilités qui sont leurs, ou à être l'expression de cette capacitation.

La capacitation est un processus d'accroissement intrinsèque d'autonomisation et de responsabilisation d'une personne relativement à son pouvoir d'agir sur son environnement et les situations vécues, et qui l'amène

[63] G. VEDEL, *Droit administratif,* Paris, PUF, Coll. « Thémis », 1973 p. 639.
[64] P.-M. GAUDEMET et J. MOLINIER, *Finances publiques*, Tome 1, Domat-Montchrestien, 7 éd., Paris, 1996, p. 176.
[65] É. OLIVA, « La décentralisation et les finances publiques », *cahier du Conseil constitutionnel*, n° 9, octobre 2022, p.1.
[66] M. HAURIOU, *Précis de droit constitutionnel*, 2e éd., Paris : Sirey, 1929, (Rééd. CNRS, 1965), pp. 189 et s.
[67] F. WASERMAN, *Les finances publiques*, La documentation française, 8e édition, avril 2016, p.13.
[68] P.217.

à prendre en charge par elle-même sa destinée. En matière de décentralisation, elle est le processus par lequel les collectivités territoriales décentralisées acquièrent leur autonomie et se responsabilisent en tant que sujet de droit, dans le but d'être en mesure d'agir sur leur environnement et les situations qu'elles vivent, qu'elles sont appelées à traiter ou à résoudre. Elles prennent ainsi en charge par elles-mêmes leur destinée, comme le prescrivent ou l'envisagent les textes qui les régissent.

La Constitution du 18 janvier 1996 a, en effet, effectué une réforme fondamentale en consacrant la commune et la région comme des collectivités territoriales décentralisées. Elle dispose en son article 55, alinéa 1 que : « *Les collectivités territoriales décentralisées de la République sont les régions et les communes. Tout autre type de collectivité territoriale décentralisée est créé par la loi* ». L'article 62, alinéa 2 de ladite constitution, ajoute que : « *Sans préjudice des dispositions prévues au présent titre, la loi peut tenir compte des spécificités de certaines Régions dans leur organisation et leur fonctionnement* ». C'est ainsi que les régions du Nord-ouest et du Sud-ouest ont été érigées en régions à statut spécial par la loi de 2019[69]. Toutes les 360 communes et 14 communautés urbaines d'une part, et les 10 régions, d'autre part, sont, des personnes morales de droit public, jouissant de l'autonomie administrative et financière pour la gestion des intérêts régionaux et locaux.

La gestion des intérêts locaux n'est possible que si et seulement si les collectivités territoriales décentralisées possèdent les moyens adéquats. Les finances publiques locales devraient donc leur permettre d'assumer leurs compétences et responsabilités en vue de la réalisation de leur développement, notamment économique, social, culturel, sanitaire et sportif.

Au regard de ce qui précède, *on peut se demander s'il existe un lien entre les finances publiques locales et la capacitation des collectivités territoriales décentralisées au Cameroun.*

La question ne manque pas d'intérêt quand on sait que les finances publiques pèsent plus largement sur la politique et le fonctionnement des collectivités territoriales décentralisées, leur existence et effectivité étant l'expression de la volonté de modernisation de l'action publique. Elles sont la marque d'une réelle volonté de décentraliser, puisqu'une véritable décentralisation est aussi un vecteur décisif du développement, non seulement à l'échelle locale, mais également à l'échelle nationale.

Le prétexte est donc tout trouvé pour analyser les relations réelles entre l'État et les collectivités territoriales décentralisées. Il s'agit de voir si le desserrement des liens juridiques est accompagné d'un espace accru de liberté

---

[69] Article 3 de la loi n° 2019/024 du 24 décembre 2019 portant Code général des collectivités territoriales décentralisées.

financière au profit des collectivités territoriales décentralisées, créées, organisées et régies par l'État. Au demeurant, l'État ne peut embrasser à lui seul tous les détails de la vie de la collectivité nationale. C'est ce qui a amené la doctrine à penser que la décentralisation a été conçue *« non comme des pouvoirs politiques locaux pouvant entrer en conflit avec le pouvoir central au nom de la défense des intérêts locaux, mais principalement comme des administrations destinées à servir les intérêts nationaux à l'échelon local »*[70].

De ce qui précède, il résulte de l'analyse de l'existant juridique et factuel que les finances publiques locales constituent un instrument de capacitation des CTD et, que cette dernière est un facteur d'amélioration des finances publiques locales.

1. Les FPL, un instrument de capacitation des CTD

Il ne fait aucun doute que les finances publiques locales ont un impact positif ou négatif sur la capacitation des collectivités territoriales décentralisées. Leur simple existence est déjà une expression de leur capacitation et leur évolution est un indicateur de sa consolidation.

1.1. L'existence des FPL, expression de la capacitation des CTD

L'existence des finances publiques locales est un moyen du détachement des collectivités territoriales décentralisées par rapport à l'État qui les a créées et, par conséquent, la traduction de leur autonomie.

1.1.1. Le moyen du détachement des CTD de l'État

De l'avis de Stéphanie Damarey, l'existence des finances publiques locales permet de limiter « *une dépendance excessive de ces collectivités à l'égard des dotations qui leur sont versées par l'État. Il convient donc d'en limiter le poids au sein des budgets locaux* »[71]. À cet effet, la question des finances locales a beaucoup évolué, aussi bien s'agissant du contrôle, de la fiscalité locale, que des dépenses locales et de l'endettement des collectivités territoriales[72]. L'objectif a toujours été de détacher le plus possible les CTD de l'emprise de l'État.

La décentralisation, entendue comme le transfert par l'État et sous son contrôle, de compétences et moyens aux collectivités territoriales

---

[70] C. MINGASSON, « Les restructurations communales et le système politico-administratif français, in a ménagement du territoire et développement régional », Revue de l'IEP de Grenoble, vol. II, p.139

[71] S. DAMAREY, *L'essentiel des Finances publiques*, 8e édition, Gualino, 2020, p.105.

[72] X. CABANNES, « Trente ans après ou à la recherche de l'autonomie financière des collectivités territoriales », *BJCL* 2012, no 4, p.266.

décentralisées[73], implique absolument la mise en place des finances publiques locales qui sont la condition de la réalisation des compétences transférées. Il s'agit de la « *revanche du local sur le central marqué par un retrait de l'État* »[74].

En tant que politique publique de réforme de l'État[75], la décentralisation permet de reconnaître non seulement la personnalité morale de droit public[76] aux CTD en leur reconnaissant des droits et des obligations qu'elles exercent ou y sont astreintes[77], mais encore, elle vise à les transformer en centres d'impulsion locale[78]. Ainsi, le transfert des compétences que la décentralisation implique nécessite la mise en place des finances locales afin de permettre aux CTD d'échapper, pour leur développement, à la trop grande rigidité des finances publiques nationales. L'existence des finances publiques locales empêche que les CTD soient accrochées sur des décisions des autorités étatiques pour la mise à disposition de leurs ressources. La politique de transfert des attributions et des ressources de l'État vers les collectivités territoriales consacre ainsi ce détachement et renforce conséquemment leur capacitation.

Le détachement de l'État est un processus envisagé et consacré par la Charte africaine des valeurs et des principes de la décentralisation, de la gouvernance locale et du développement local. L'article 6 al 1 dudit texte dispose que : « *le Gouvernement central crée les conditions propices à la prise de décisions, à l'élaboration, à l'adoption et à la mise en œuvre des programmes et des politiques aux niveaux inférieurs du gouvernement, où les gouvernements locaux ou les autorités locales offrent une meilleure garantie de pertinence et d'efficacité* ».

Cependant, il convient de rappeler que le détachement des CTD de l'État, garant de paix et de l'intérêt général, n'est jamais total. Bien que, comme le disent si bien Jean Rivero et Jean Waline, « *la reconnaissance d'une catégorie des affaires locales, distinctes des affaires nationales, est la donnée première de toute décentralisation* »[79], elle n'est pas la reconnaissance d'une indépendance sans aucun contrôle de l'État[80]. C'est dire que, si l'existence des

---

[73] Article 5 de la loi de 2019

[74] M. BOUVIER, L'autonomie financière locale a-t-elle un avenir ? « Sous la direction de Jean-Marie Monnier, La documentation FrançaiseP.201.

[75] E. GUERIN LAVIGNOTTE, « La décentralisation au Cameroun : perspectives et enjeux », In sous la coordination technique de la Fondation Paul Ango Ela, *Les politiques de la décentralisation au Cameroun. Jeux, enjeux et perspectives,* 2013, p.65.

[76] Article 55, alinéa 2 de la Constitution

[77] A. G. DELION, « La notion d'entreprise publique », *AJDA*, 1979, p.14.

[78] S. ALIYOU, « Décentralisation territoriale et développement au Cameroun », Anales de FSJP Uds, T20, 2018, p. 277.

[79] J. RIVERO et J. WALINE, *Droit administratif,* 14e éd, Précis Dalloz, Paris, 1992, p. 267.

[80] P. LALUMIERE, *Finances publiques*, 7 éd., Armand Colin, 1983, p. 153.

finances publiques locales est l'expression du détachement de la CTD de l'État, il reste que ce dernier conserve un regard sur ses activités, bien qu'elle soit gérée de façon autonome.

1.1.2. La traduction de l'autonomisation des CTD

L'existence des finances publiques locales est la traduction de l'autonomisation des CTD. L'autonomie des CTD implique que celles-ci soient libres de se gérer comme elles l'entendent, sous réserve du respect des lois et règlements de la République[81]. C'est dire que l'autonomie financière est indissociable de la libre administration[82].

D'ailleurs l'article 11 du CGCTD est assez clair à ce sujet. Il dispose, en effet, que, « *les collectivités territoriales disposent de budgets et de ressources propres pour la gestion des intérêts régionaux et locaux* ». À ce titre, précise-t-il, « *elles élaborent et votent librement leur budget et disposent de ressources propres ; bénéficient des ressources provenant de l'État et des autres personnes publiques ou privées ; reçoivent tout ou partie du produit tiré de l'exploitation des ressources naturelles sur leur territoire dans les conditions fixées par la loi ; produisent des ressources propres nécessaires à la promotion du développement économique, social, sanitaire, éducatif, culturel et sportif de leur territoire* ». La décentralisation consiste alors dans le fait que les collectivités territoriales soient dotées d'un budget propre, non incorporé à celui de l'État ou de toute autre collectivité à laquelle elles peuvent être rattachées[83].

À la lecture de l'article 11 du CGCTD, il en ressort que, *« l'autonomie financière a d'abord été déduite du principe de libre administration, impliquant une personnification des collectivités locales dont la traduction se manifeste par l'existence d'un budget propre, c'est-à-dire autonome et distincte de celui de l'État* »[84]. Elle est une liberté de disposer d'une part déterminante de ressources propres[85]. Par ailleurs, conformément à l'alinéa 1 de l'article 69 du code général de la décentralisation, « *les collectivités territoriales ou les regroupements de collectivités territoriales acceptent librement les dons ou legs qui leur sont faits sans charge, condition, ni affectation immobilière* ».

---

[81] Article 6, alinéa 1 de la loi de 2019 en ces termes « les Collectivités territoriales s'administrent librement (…) dans les conditions fixées par la loi ».

[82] P. L. FRIER, J. FERSTENBERT, J.-M. PONTIER, M. VERPEAUX, R. HERTZOG, M. DEGOFFE, H. RIHAL, « Les nouvelles libertés et responsabilités locales », *AJDA*, 2004, p.1960.

[83] L. CONSTANS (L.), Recherche sur la notion et la classification des personnes morales administratives, Th., Bordeaux, 1964, p. 126.

[84] É. OLIVA, « La décentralisation et les finances publiques », *op. cit.,* p.4.

[85] L. FAVOREAU, *Droit constitutionnel,* Dalloz, campus LMD, 14e édition.2011, pp.501-532.

L'existence des finances publiques locales permet et favorise la gestion libre des ressources dans les conditions fixées par la loi[86]. Les CTD ont ainsi la liberté de gérer leurs propres recettes et dépenses[87]. Cette liberté est, selon le Conseil constitutionnel français, la première liberté locale[88]. Elle se manifeste également par l'exercice d'une compétence fiscale et d'un pouvoir budgétaire au niveau local[89], qui se traduisent par l'existence d'un impôt local, d'un pouvoir de décision fiscale local ou régional[90].

L'existence des finances publiques locales fait que la gestion financière locale devrait relever intégralement de la compétence locale[91]. Il y a, en effet, un renforcement de leur indépendance financière[92]. Mieux, les finances publiques locales permettent de responsabiliser davantage les CTD dans la gestion des affaires locales.

L'existence des finances publiques locales renforce également la liberté d'action reconnue aux collectivités locales[93]. Leur évolution est aussi un indicateur de cette capacitation des CTD.

1.2. L'évolution des FPL, indicateur de la capacitation des CTD

Si l'existence des finances publiques locales est l'expression de la capacitation des CTD, leur évolution en est un indicateur. Pour Yves

---

[86] Article 11 (2) de la loi de 2019.

[87] M. BOUVIER, « Autonomie fiscale locale et libre administration des collectivités locales », RFFP, n° 81, mars 2003, p.27-28.

[88] CC, n° 2010-12 QPC, 2 juillet 2010, Commune de Dunkerque. Le juge constitutionnel offre la possibilité aux collectivités territoriales, dans le cadre d'un procès ordinaire, de contester une loi qui affecterait leur autonomie locale. X. MAGNON, « La question prioritaire de constitutionnalité, un instrument de défense des libertés locales ? », p.1. Le Conseil d'État a érigé le principe de libre administration des collectivités territoriales au rang de liberté fondamentale à l'occasion de l'ordonnance de référé Commune de Beaulieu-sur-Mer contre ministre de l'Intérieur, en 2002 (CE, 24 janv. 2002, no 242128, Commune de Beaulieu-sur-Mer contre ministre de l'Intérieur), position réitérée par une ordonnance de 2006 (CE, 1er mars 2006, no 290417, ministre délégué aux collectivités territoriales).

[89] L. PHILIP, « Les garanties constitutionnelles du pouvoir financier local », *RFDA,* 1992, p. 454.

[90] B.-R GUIMDO DONGMO, « Les bases constitutionnelles de la décentralisation au Cameroun (Contribution à l'étude de l'émergence d'un droit constitutionnel des collectivités territoriales décentralisées) », *Revue générale de droit,* 29 (1), 1998, p.86.

[91] É. OLIVA, « La décentralisation et les finances publiques », *op. cit.,* p.3.

[92] À l'exemple de l'Article C48 du code général des impôts du Cameroun qui dispose que : « Le produit de la taxe foncière sur les propriétés immobilières prévue par le Code général des Impôts est affecté en totalité à la commune du lieu de situation de l'immeuble ». De même que l'article C49 du même code en vertu duquel : « Le produit des droits de mutation d'immeubles prévus par le Code Général des Impôts est affecté en totalité à la commune du lieu de situation de l'immeuble ». Lire aussi l'article C50 du même code.

[93] A. A. ATANGANA ONDIGUI, *Le régime de la fiscalité locale au Cameroun : Contribution à l'étude de l'autonomie financière des collectivités territoriales décentralisées*, thèse de doctorat Ph.D. en droit public, Université de Yaoundé II, 2017, p.232.

Gaudemet, « *l'autonomie n'est réelle que si la collectivité a des recettes autonomes abondantes, telles que les recettes domaniales ou les impôts librement levés. Au contraire, si une Collectivité n'a pas de ressources propres, il n'y aura pas pour elle d'autonomie réelle* »[94]. Ainsi, l'évolution des FPL facilite le déploiement des CTD et favorise le développement local.

1.2.1. La facilitation du déploiement des CTD

Les CTD ne peuvent être véritablement autonomes que dans la mesure où elles disposent des moyens suffisants devant faciliter leur déploiement dans ses limites physiques. L'évolution des finances publiques locales ou leur prospérité est de nature à donner aux CTD les coudées franches leur permettant de réaliser les objectifs et missions qui sont les leurs. Le poids des recettes locales est donc le critère d'autonomie financière. En effet, l'importance ou le poids des finances locales favorise l'autonomisation des CTD, puisqu'elles ne vont plus ou pas absolument recourir à l'État pour le solliciter des financements. Les ressources dont elles disposent permettraient d'approfondir leur détachement de l'État et de mieux garantir les intérêts locaux et les affaires locales[95].

Les finances publiques locales contribuent au renforcement des capacités locales, notamment à travers les possibilités qu'elles offrent en termes de réalisation des missions de service public. Le renforcement des capacités des administrations locales est donc possible lorsque la CTD dispose suffisamment des ressources. Elles peuvent mieux planifier leur développement.

1.2.2. La stimulation du développement local

Lors de la deuxième session du Conseil national de la décentralisation qui s'est tenue en 2009, le Premier ministre rappelait l'engagement du Gouvernement afin de conduire une stratégie plus efficace et plus efficiente du développement local avec une meilleure participation des populations impliquées dans la quête de leur bien-être[96]. C'est dire que le développement local passe nécessairement par une autonomisation véritable des populations locales. Les finances publiques locales jouent à cet effet un rôle important. Le développement local est celui dans lequel s'affirme d'abord la conception d'un développement endogène et ascendant, qui s'oppose à la conception d'un

[94] P. M. GAUDEMET et J. MOLINIER, *Finances publiques…, op. cit.,* p.168.

[95] B. EDOUA BILONG (B.), « Les notions d'affaires locales et d'intérêts locaux en droit de la décentralisation au Cameroun », *RADP*, Vol VII, n° 12, janvier - juin 2018, p.56.

[96] Lire le discours du Premier ministre Chef du gouvernement à l'ouverture de la deuxième session du Conseil national de la décentralisation le 5 août 2009.

développement exogène et descendant[97]. Il consiste alors pour les CTD à s'organiser et à assumer le pilotage et la maîtrise du développement.

La loi n° 2019/024 du 24 décembre 2019 portant code général des collectivités territoriales décentralisées, fait de la décentralisation « *l'axe fondamental de promotion du développement, de la démocratie et de la bonne gouvernance au niveau local* ». Ainsi, selon l'article 55 de la Constitution du 18 janvier 1996, « *les Conseils de collectivités territoriales décentralisées ont pour mission de promouvoir le développement économique, social, sanitaire, éducatif, culturel et sportif de ces collectivités* »[98]. Si l'autonomie administrative et financière est déterminante pour la gestion des intérêts régionaux et locaux, le développement n'est possible que si les CTD disposent des moyens suffisants.

Grâce aux revenus issus de l'exploitation des domaines et des services rendus, des ressources fiscales, comme les impôts communaux ; les centimes additionnels communaux sur les impôts et taxes de l'État ; les taxes communales ; les impôts et taxes des Régions et tout autre typé de prélèvements prévus par la loi, notamment la taxe de développement local[99], les CTD peuvent financer leurs infrastructures[100]. Il peut ainsi leur offrir des opportunités d'investissement, de création d'emplois et de développement. D'un autre côté, la capacitation des CTD est un facteur d'amélioration des FPL.

2. la capacitation des CTD, un facteur d'amélioration des FPL

L'état des finances locales conditionne dans une large mesure l'effectivité, voire l'efficacité de la décentralisation et de la démocratie locale[101]. À ce titre, la capacitation des CTD est un facteur d'amélioration des FPL en ce qu'elle peut être un levier de développement et une source de leur accroissement.

---

[97] M. BOUVIER, *Les finances locales*, 16e éd, LGDJ, 2016, p.13.

[98] Préambule de la Constitution qui indique que « Résolu à exploiter ses richesses naturelles afin d'assurer le bien-être de tous en relevant le niveau de vie des populations sans aucune discrimination, affirme son droit au développement ainsi que sa volonté de consacrer tous ses efforts pour le réaliser et se déclare prêt à coopérer avec tous les États désireux de participer à cette entreprise nationale dans le respect de sa souveraineté et de l'indépendance de l'État camerounais ».

[99] Article C57 al 1 : code général des impôts

[100] Article C57 al 3 : code général des impôts

[101] Ch. PIERUCCI et G. SUTTER, *Manuel de Finances publiques*, PUF, Paris, 2020, p. 273, n° 278.

2.1. la capacitation des CTD, levier du développement des FPL

La capacitation des CTD est un levier du développement des finances publiques locales en ce qu'elle renforce le pilotage du système financier local, d'une part en facilitant la production des ressources au plan local, et, d'autre part, en améliorant l'utilisation des finances publiques locales.

2.1.1. La facilitation de la production des ressources

Le financement des CTD est le maillon le plus faible dans la chaîne du processus de décentralisation au Cameroun. Cela est dû à cette tendance à l'assèchement observable et progressif, pour ne pas dire généralisé, des ressources publiques nationales. L'autonomie financière des collectivités territoriales décentralisées s'explique par l'échec des stratégies de développement axées sur l'interventionnisme étatique, mais aussi par l'insuffisance des ressources affectées à la décentralisation.

La capacitation des CTD devrait donc leur permettre de produire des ressources supplémentaires en marge de celles que l'État met à leur disposition. Il s'agit d'une conséquence de leur autonomie financière qui, selon André Roux, « *revêt une double dimension. En premier lieu, c'est la reconnaissance d'une capacité juridique de décision qui, en matière de recettes, implique un véritable de lever l'impôt et, qui en matière de dépenses, implique la liberté de décider d'affecter les ressources à telle ou telle dépense. En second lieu, c'est la possibilité pour les Collectivités régionales ou locales d'assurer le financement de leurs dépenses par des ressources propres en volume suffisant* »[102].

Les finances publiques locales ne peuvent connaitre un essor que dans la mesure où les CTD mettent véritablement en œuvre les pouvoirs qui leur sont reconnus. Il s'agit notamment du pouvoir fiscal, qui s'analyse comme une liberté d'action reconnue aux CTD dans la détermination des règles relatives, en particulier, au recouvrement des impôts locaux[103]. La question de la gouvernance financière locale se cristallise alors autour du débat portant sur l'étendue et la qualité du pouvoir fiscal local[104]. Plus le pouvoir est grand, plus les CTD ont la capacité de produire les ressources nécessaires à leur croissance.

Une meilleure répartition du pouvoir entre l'État et les CTD, avec pour objectif leur responsabilisation accrue, devrait permettre aux CTD de mieux générer leurs ressources. Malheureusement, les CTD au Cameroun ne

---

[102] A. ROUX, « L'autonomie financière des Collectivités locales en Europe », *Rapport introductif, Annuaire international de justice constitutionnelle,* 2006, p. 499.
[103] A. A. ATANGANA ONDIGUI, *Le régime de la fiscalité locale au Cameroun : Contribution à l'étude de l'autonomie financière des collectivités territoriales décentralisées, op. cit.,* p.232.
[104] M. BOUVIER, « L'autonomie financière locale a-t-elle un avenir ? », *op. cit.,* p.204

jouissent pas de l'autonomie fiscale, puisque la fiscalité est une compétence régalienne. Elles doivent se contenter de collecter les impôts qui lui sont reconnus par l'État. Une responsabilisation des CTD dans la création des impôts peut pourtant leur permettre de renflouer leurs finances publiques. En l'état actuel, la décentralisation fiscale permet juste aux CTD de percevoir et de gérer leurs propres recettes fiscales ajoutées aux transferts financiers provenant de l'État.

La capacitation des CTD peut également libérer l'esprit d'initiative et d'entreprise des CTD. Bien plus, elle est une condition du développement de l'investissement public local, qui va permettre une augmentation des dépenses locales, afin de générer des ressources supplémentaires à venir. La capacitation des CTD doit également permettre une meilleure utilisation des finances publiques locales.

2.1.2. L'amélioration de l'utilisation des FPL

La responsabilisation financière des CTD est nécessaire pour accroitre les ressources financières. Elle l'est également pour une meilleure utilisation de celles-ci. La responsabilisation par le transfert de compétences de l'État aux collectivités n'est pas suffisante. Il faut encore que les CTD se trouvent intégrées dans une culture de gestion publique conçue comme le moteur de la modernisation de l'État[105]. Leur capacitation va donc influencer le rendement et l'efficacité des systèmes administratifs et politiques à l'échelon local et régional.

Au demeurant, la performance des finances publiques locales dépend plus des compétences et attitudes des gestionnaires publics que des systèmes et des procédures. Il est question de trouver des ressources financières suffisantes et d'en assurer une bonne gestion[106]. La responsabilisation des organes des CTD peut les inspirer à implémenter le modèle de l'entreprise qui permet d'assurer et de garantir une gestion efficace des ressources. La capacitation vise, en effet, à améliorer la qualité, la rentabilité et l'efficacité des finances publiques locales. Elle permet également d'accroitre les finances publiques locales.

2.2. La capacitation des CTD, source d'accroissement des FPL

L'accroissement des finances publiques locales passe par le renforcement de la capacité d'action des CTD. En effet, la capacitation des CTD favorise le renforcement du recul de l'État et l'implémentation des possibilités de création de richesses par les CTD.

---

105 *Ibid.*, p.202.
106 *Ibid.*

2.2.1. Le renforcement du recul de l'État

Si aucun développement n'est concevable sans une certaine intervention de l'État, il convient de dire que ce dernier ne peut tout seul atteindre cet objectif. La décentralisation lui offre un ensemble de leviers à ce sujet. Il est donc important que l'État s'adapte à son environnement interne et facilite son retrait dans ce domaine, car « *la décentralisation est réelle si la collectivité est véritablement maîtresse de ses finances* »[107].

En l'état actuel de la décentralisation au Cameroun, l'emprise de l'État, si elle a connu une certaine atténuation, n'en est pas moins présente. Elle fragilise encore l'autonomie des CTD. En effet, comme l'indique le Conseil constitutionnel français, « *si la loi peut fixer les conditions de la libre administration des collectivités territoriales, c'est sous la réserve qu'elle respecte les prérogatives de l'État* »[108]. À cet égard, « *le rôle des gouvernants devra se borner au contrôle de gestion du service ; ils interviendront pour que le service fonctionne conformément à la loi qui l'organise et règle son fonctionnement, pour empêcher que le service ne soit interrompu ne fût-ce qu'un jour* »[109]. En matière de finances publiques locales, les contrôles de l'État constituent un impératif du maintien du caractère unitaire de l'État[110]. Il y a donc une certitude, c'est que l'État ne peut être totalement absent, mais il convient de relever que la décentralisation véritable appelle un changement des relations entre lui et les collectivités territoriales décentralisées. Ces dernières doivent véritablement être en mesure d'assurer leurs missions et ceci passe inéluctablement par le renforcement du retrait de l'État dans le cadre de la décentralisation.

L'État doit davantage être en retrait en matière de décentralisation par l'accroissement et l'accélération du transfert des ressources au profit des CTD. Leur transférer plus de ressources est le gage de leur plus grande capacitation qui peut améliorer la performance des finances publiques locales, puisque les CTD disposeraient ainsi de ressources suffisantes et de plus de responsabilité dans leur utilisation.

Malheureusement, à l'état actuel de la décentralisation, les CTD sont fortement dépendantes des finances nationales et en particulier des transferts financiers de l'État. Cette dépendance affecte leur autonomie et c'est la raison pour laquelle elles sont dépendantes, dans le domaine financier, aux contrôles de l'État[111]. Ainsi, les transferts financiers de l'État sont une condition de

---

[107] P.-M. GAUDEMET et J. MOLINIER, *Finances publiques*, *op. cit.*, p. 176, n° 123.

[108] : Cons. const., déc. n° 82-137 DC du 25 fév. 1982, Loi relative aux droits et libertés des communes, des départements et des régions, cons. 4.

[109] L. DUGUIT, *Traité de droit constitutionnel,* t. 1, Paris, BOCCARD 1927, p.99.

[110] É. OLIVA, « La décentralisation et les finances publiques », *op. cit.,* p.6.

[111] *Ibid.*

réalisation de l'autonomie financière locale[112] et de l'approfondissement de la décentralisation.

Par ailleurs, le recul de l'État peut se manifester par la possibilité donnée aux CTD d'agir directement sur la fiscalité. En effet, le renforcement de la capacité des CTD peut passer par la reconnaissance du pouvoir de déterminer l'assiette, le taux ou les modalités de recouvrement de l'impôt. Il est aussi possible de leur reconnaître la faculté de créer un impôt ou même d'exonérer certains contribuables en dehors des cas prévus par la loi. La capacitation des CTD passe aussi par l'implémentation des possibilités de création de richesses par les CTD.

2.2.2. L'implémentation des possibilités de création de richesses par les CTD

La libre administration des CTD, couplée à l'autonomie, leur donnent un pouvoir propre de décision et de gestion nécessaire pour l'exercice de leurs compétences[113]. Le Code général des collectivités territoriales décentralisées confère aux régions, comme aux communes, de nombreuses compétences et renforce, en théorie, la responsabilité des exécutifs locaux. Ce qui implique, ne serait-ce que sous l'angle formel, une forte autonomisation desdites collectivités territoriales. Parmi ces compétences, figure la possibilité pour les CTD de créer de la richesse. Elles peuvent créer des établissements et des entreprises publics qui pourront générer des devises, lesquelles seront à leur tour reversées dans leur caisse[114].

C'est dire que les organes des CTD sont appelés à initier une véritable politique de développement de leur localité. En outre, ils peuvent exploiter les possibilités de l'interdépendance financière.

La création des richesses peut se faire par le développement de l'interdépendance financière. En d'autres termes, les CTD peuvent accroitre leurs finances publiques en développant des synergies entre elles, mais aussi, au-delà, entre elles et le secteur privé[115]. L'association ou la solidarité entre les collectivités territoriales décentralisées peut renforcer leur capacité et, en conséquence, améliorer la gestion de leurs finances publiques. Cette possibilité est d'ailleurs prévue dans le CGCTD.

Les CTD seraient plus fortes si elles sont solidaires ou participent ensemble aux projets de développement commun. Elles peuvent, en tant que de besoin, s'associer pour la réalisation d'objectifs communs ou de projets d'utilité

---

[112] *Ibid.*
[113] V. DUSSART, *L'autonomie financière des pouvoirs publics constitutionnels*, Paris, CNRS Editions, 2000, p. 12 et 13.
[114] Article 38 du code général de la décentralisation au Cameroun
[115] M. Bouvier, « L'autonomie financière locale a-t-elle un avenir ? », *op. cit.*, p.204

publique[116]. Elles peuvent librement entretenir entre elles des relations fonctionnelles et de coopération. Ainsi, elles peuvent se regrouper pour l'exercice des compétences d'intérêt commun, en créant des organismes publics de coopération par voie conventionnelle[117].

Que ce soit dans le cadre de la coopération décentralisée, de la solidarité interrégionale, ou des syndicats des communes, l'interdépendance financière qui en découle est de nature à favoriser non seulement la responsabilisation des CTD, mais aussi, un accroissement des poches de revenus de nature à renforcer les finances publiques locales.

En définitive, les finances publiques locales et la capacitation des CTD entretiennent des rapports d'influence réciproque dans la mesure les premières comme la seconde permettent leur meilleure réalisation. Cependant, ces rapports révèlent une complexité marquée par la nécessité de concilier l'autonomie des CTD avec le caractère unitaire décentralisé de l'État et non régional ou fédéral. Il est cependant important de refonder l'autonomie financière locale dans un contexte national de crise et de pauvreté ambiante, car l'avenir économique et financier du pays tout entier en dépend dans une large mesure.

---

[116] Article 94, alinéa 1 et Article 97 (1) de la loi de 2019.

[117] Article 98 (1) de la loi de 2019. P. Bernard, « La coopération entre l'état et les collectivités locales. Réflexion sur la co-administration », *CURAPP,* La loi du 28 pluviôse an VIII, PUF, 2000. pp.123-128.

CHAPITRE 15

La gouvernance de l'entreprise publique : contingences et complexité

Jules Roger Feudjo

Dans ce chapitre pensé pour honorer la mémoire de mon très estimé collègue et ami Robert Wanda, j'ai choisi de traiter, suivant une logique interprétativiste, de la gouvernance d'entreprise publique qui était l'un de ses principaux objets d'investigation. L'idée est de montrer que les entreprises publiques, particulièrement dans le contexte camerounais de l'étude, ont une gouvernance caractérisée par des contingences plurielles qui la rendent finalement très complexe et parfois paradoxale. La multiplicité des organes de contrôle au périmètre de compétence parfois enchevêtré, l'unicité de la source de la légitimité du pouvoir des mandataires sociaux et des détenteurs du pouvoir de régulation et de contrôle, l'absence d'un détenteur réel de droit de créance résiduelle, l'absence d'une structure de coordination des acteurs du processus de surveillance et de contrôle, la primauté de la représentativité administrative sur la logique cognitive dans la composition du conseil d'administration, l'aveu de faiblesse ou d'échec des institutions, etc., constituent de véritables germes qui tétanisent et constipent l'exercice et le contrôle du pouvoir au sein de ces entités.

La question de la gouvernance dans les Entreprises publiques (EP) au Cameroun reste cruciale et lancinante. Des faits saillants, largement diffusés par les chercheurs, les médias et les rapports officiels, stigmatisent régulièrement ces entités dans la persistance des dysfonctionnements et des maux divers, dans leur processus d'exercice et de contrôle du pouvoir. Des 184 entités qui composent le portefeuille de l'État, en la matière, très peu font preuve d'une gestion rationnelle et produisent des performances acceptables. Pourtant, l'objectif d'efficacité figure en lettre d'or dans leur statut. Par ailleurs, l'obligation d'atteindre un certain niveau de performance économique et financière n'est rarement prise en compte dans la mesure de la qualité de leur gestion, par les institutions et les autorités de contrôle. De ce fait, des voix se lèvent, de plus en plus, pour dénoncer une certaine irrationalité dans la gestion et le contrôle du pouvoir dans ce secteur (Tchankam, 2008 ; Ondoua et Tcheuwa, 2018 ; Ondoua, 2019 ; Feudjo et al, 2020 ; FMI, 2013 - 2019). Outre le diagnostic récurant de leurs malingres performances, caractérisées par des pertes financières dramatiques, deux observations notoires peuvent être évoquées pour comprendre cette déconvenue.

D'une part, l'incapacité de l'État à discipliner les acteurs dans le processus de gestion et de contrôle, la récurrence et la persistance du triptyque « enracinement-rotation-opportunisme » des dirigeants et des administrateurs desdites entreprises, d'autre part. En effet, plusieurs scandales défraient la chronique dans ce secteur et sont irrégulièrement suivis de corrections et de sanctions. Ces scandales découlent incontestablement des pratiques transgressives et délictueuses, dans un contexte organisationnel considéré comme à faible puissance des institutions. On peut citer pour illustrer, le dépassement de l'âge de départ à la retraite ou de la durée de fonction de nombreux Directeurs généraux (DG) et Présidents de Conseil d'Administration (PCA), les conflits ouverts entre le PCA et DG dans bien de ces entreprises avec pour cas saillant, celui de la Camair-co en 2018.

D'autres cas singuliers peuvent également être relevés pour illustrer et justifier les bases du questionnement sur la gouvernance desdites entreprises. Le premier, c'est celui de la Société Nationale des Hydrocarbures (SNH), qui malgré la clarté et la précision du cadre réglementaire, persiste dans l'illégalité. En effet, la loi N° 99/016 du 22 décembre 1999, révisée en 2017, portant statut général des entreprises publiques au Cameroun, stipule que le mandat des directeurs généraux est limité à trois ans, renouvelable deux fois (soit au plus trois mandats). Force est de constater que, malgré l'insistance de la réglementation et des médias, le directeur général de cette entreprise est à son onzième mandat. Le deuxième cas est celui de la Camair-Co, créée en 2008 et inaugurée en 2011, qui présente une situation économique et financière alarmante.

Malgré des subventions régulièrement payées aux dirigeants de cette entreprise, pour le redressement et son fonctionnement optimal, elle a toujours brillé par des performances médiocres (CTR, 2019-2023)[118]. Elle a connu entre 2011 et 2020 sept directeurs généraux, soit un taux de rotation ultra rapide d'environ 70%. En principe, aucun directeur général dans cette entreprise n'a pu faire un mandat entier. Il faut aussi noter que le DG de la période 2018-2019 de cette entreprise était précédemment PCA. L'arbitrage des conflits ouverts entre ce dernier et le DG sortant s'est soldé par sa descente du poste de PCA à celui de DG. Cette rotation ultra rapide des dirigeants dénote également une instabilité dans la gestion de cette entreprise. On peut citer, en troisième lieu, le cas de la Société de Presse et d'Éditions du Cameroun (SOPECAM) dont le DG actuel est en poste depuis 2002 et accumule déjà huit mandats au lieu de trois, conformément à la règlementation en vigueur. Le cas du Fond national de l'Emploi (FNE) n'en est pas du reste. En effet, le PCA de cette entreprise décédée depuis le 11 mars 2020 n'a pas

[118] Voir le rapport 2023 du Comité Technique de Réévaluation (CTR) des entreprises publiques.

toujours été remplacé jusqu'aujourd'hui. Ces cas singuliers renforcent la gravité de la problématique de la gouvernance dans ces entités publiques. L'acuité de cette problématique a été déjà soulignée, à grand trait, par le Fonds monétaire international (FMI), dans son rapport de 2013 et 2019 et par nombre d'auteurs, donc ceux cités plus haut.

En effet, le Cameroun ne dispose pas d'un code avéré de gouvernance des EP. On note néanmoins l'existence un cadre juridique assez dense[119] et une chaine de contrôle assez structurée. La persistance des problèmes véhiculés par les faits susmentionnés (enracinement des DG et PCA, ultra-rotation chez les autres, conflits ouverts entre PCA et DG, conflits d'autorité entre les différentes instances du pouvoir, capture du pouvoir du Conseil d'administration [CA] par les DG, etc.) témoigne suffisamment de la faiblesse ou de l'aveu d'échec des autorités, des institutions et des organes responsables du suivi et du contrôle du pouvoir des mandataires sociaux dans ces entreprises.

Au regard de ce qui précède, l'objet de cette recherche est de questionner les mécanismes de gouvernance déployés dans les EP au Cameroun et leur fonctionnement effectif. Ce questionnement vise à comprendre le niveau de contingence ou de la complexité desdits mécanismes. La finalité ici est de trouver une alternative susceptible de renforcer l'effectivité et l'efficacité de la gouvernance dans le secteur des EP au Cameroun. Le fil conducteur des idées est matérialisé par la question de savoir si le problème de la gouvernance dans les EP relève de sa contingence ou de sa complexité. Et si tel est le cas, quelle pourrait être la solution alternative efficace.

1. Le cadre conceptuel de l'étude

L'exercice de conceptualisation auquel l'on s'attache d'une part à clarifier de quoi sont faites l'entreprise publique et la gouvernance d'entreprise en général et à rappeler, d'autre part, les grilles de lecture constituant l'essence de la gouvernance.

1.1. L'entreprise publique : de quoi est-elle faite ?

Les EP recouvrent des formes variées. Elles peuvent être des établissements publics industriels et commerciaux gérant un service public dans des conditions assez proches de celles d'une entreprise privée et sont soumises à un contrôle étroit de l'État (Charreaux, 1997). Selon Tchankam

---

[119] La loi n° 99/016 du 22 décembre 1999 portant statut général des établissements publics et des entreprises du secteur public et parapublic. Cette loi a été renforcée par celles relatives à l'organisation et au contrôle de ces entreprises (la Chambre des Comptes de la Cour Suprême du Cameroun). Il existe, en supplément, des lois qui organisent les autres organes de contrôle, comme celles relatives au Conseil Supérieur de l'État (CONSUPE). Toujours dans le domaine des EP, deux lois importantes ont été promulguées en 2017.

(2008), l'inexistence dans la loi, et dans la jurisprudence de nombreux pays, d'une définition générale de ce concept, a entraîné une prolifération de conceptions. Il souligne que plusieurs études ayant pour ambition de décrire les EP ont eu des conclusions disparates. Conformément aux dispositions combinées de la loi n° 76/18 du 5 décembre 1974[120] et le décret n° 86/656 du 3 juin 1986[121], l'ordonnance n° 95/003 du 17 août 1995[122] et surtout en référence à la loi n° 2017/011 du 12 juillet 2017, portant statut général des EP au Cameroun, une EP est « *une unité économique dotée d'une autonomie juridique et financière, exerçant une activité industrielle et commerciale et donc le capital social est détenu entièrement ou majoritairement par une personne morale de droit public* ».

De cette définition, découlent deux notions : les Sociétés à Capitaux publics (SCP) et les Sociétés d'Économie mixte (SEM). Un regard sur ces deux concepts permet de comprendre qu'on parle d'EP lorsque son capital est entièrement ou majoritairement détenu par l'État. Toutefois, ces différentes perceptions rendent complexe le regroupement dans une formule définitive de la définition de cette entité (Tchankam, 2008). De ce fait, plusieurs éléments caractérisent les EP au Cameroun, comme le présente la figure ci-après.

Figure 1 : Les caractéristiques propres aux EP au Cameroun

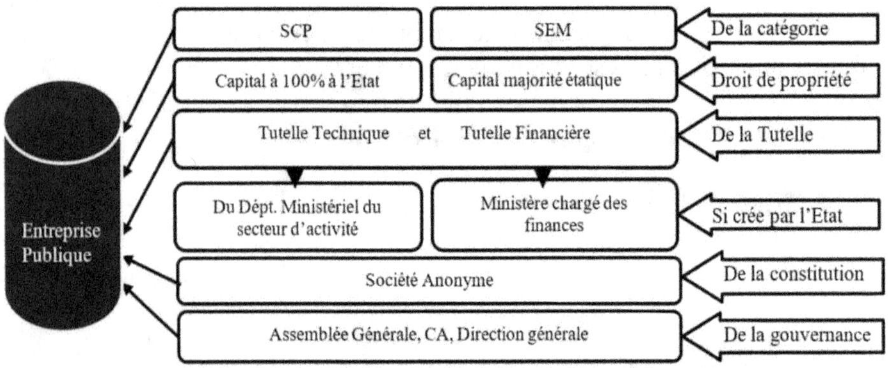

Source *: auteurs*

La figure 1 ci-dessus permet de comprendre qu'une EP peut être soit une SCP, soit une SEM. De plus, le capital est majoritairement ou entièrement étatique, et cette catégorie d'entreprise est sous la tutelle technique du département ministériel du secteur d'activité et sous la tutelle financière du

---

[120] Relatif au contrôle des ordonnateurs gestionnaires et gérants des crédits publics et des entreprises de l'État

[121] Portant création d'une mission de réhabilitation des entreprises du secteur public et parapublic.

[122] Portant statut général des entreprises du secteur public et parapublic.

ministère chargé des finances. Cette appartenance de l'entreprise au portefeuille de l'État, sous une double tutelle technique et financière, associée à l'existence d'une Assemblée générale des Actionnaires (AGA), d'un CA, d'un Commissaire aux Comptes (CAC) et sa soumission au contrôle de la Chambre des Comptes (CC) et du Contrôle supérieur de l'État (CONSUPE), font générer des contingences et des complexités diverses, susceptibles de faire déroger la gouvernance de ces entités des principes caractéristiques en la matière.

1.2. La gouvernance d'entreprise

La gouvernance d'entreprise. Ce concept a été largement débattu et défini dans la littérature par différents auteurs (Fama et Jensen, 1983 ; Zingales, 2000 ; Charreaux, 2002 ; Feudjo, 2009 ; OCDE, 2015 ; etc.,). Elle fait référence à l'ensemble des règles, pratiques et processus par lesquels une entreprise est dirigée et contrôlée. Elle englobe aussi l'ensemble des mécanismes qui régissent les relations entre la direction de l'entreprise, son conseil d'administration, ses actionnaires, et d'autres parties prenantes, en vue de minimiser les conflits d'intérêts et d'optimiser la performance de l'entreprise. Dans cette perspective, elle vise un management équitable des intérêts de toutes les parties prenantes.

Dans l'entreprise publique, la gouvernance désigne aussi l'ensemble des mécanismes, des processus, des acteurs et des relations mis en place pour exercer et contrôler le pouvoir. Il s'agit donc de l'ensemble des mécanismes d'allocation, d'exercice et de contrôle du pouvoir entre les parties prenantes au sein d'une entreprise. Dans cette perspective, la gouvernance vise la délimitation des pouvoirs et des compétences des différentes parties prenantes, la mise en relief des règles de fonctionnement, de transparence, de justice et d'équité, dans la gestion des intérêts. La gouvernance dans l'EP doit aussi et surtout définir et indiquer la source de la légitimité du pouvoir des différents acteurs et des parties prenantes impliquées ainsi que les normes élevées de conduite et d'intégrité. La gouvernance est donc, par essence, source de contingence dans la mesure où l'efficacité de ses mécanismes peut varier au cas par cas. D'ailleurs, Crozier (1977) appréhende l'organisation comme un produit contingent des relations de pouvoir entre des acteurs contraints par des situations d'interdépendance. De ce fait, la gouvernance d'entreprise, et en particulier celle des EP est par essence contingente.

Les concepts de contingence et de complexité sont couramment utilisés dans la théorie des systèmes et même en management des organisations. La contingence désigne ce qui pourrait être autrement. Ce qui n'est pas nécessairement universel ou idéal (Woodward, 1965). La théorie de la contingence, qui postule qu'il n'existe pas de structure universelle optimale, mais que celle-ci dépend des conditions spécifiques de chaque organisation, comme la technologie ou l'environnement, a été développée par Woodward (1965) et Lawrence et Lorsch (1967). Un fait contingent n'est pas déterminé par une loi ou une cause absolue, mais dépend de circonstances extérieures ou contextuelles. La complexité, quant à elle, fait référence à une situation ou un système qui comprend de nombreux éléments interconnectés de manière telle que le comportement global du système ne peut être facilement prédit ou expliqué par la somme de ses parties. Un système complexe peut impliquer des interactions non linéaires, des rétroactions, et une imprévisibilité générale.

La complexité se définit ainsi par la variété des éléments composant un système et par les interactions entre ces derniers. Elle tient aussi au fait que, dans un système richement organisé, on observe une part d'incertitude, tenant soit aux limites de notre connaissance, soit aux caractéristiques du phénomène observé. Elle désigne le caractère « d'un système qui, en raison de l'hétérogénéité des processus qui s'y déroulent, possède la capacité d'évoluer dans différentes directions (Levy et Lussault, 2003, p.188) ». L'étude de la complexité exige de prendre en compte de multiples déterminations, enchaînements, interactions et rétroactions (Brunet et al, 1993), parfois enchevêtrés.

Certes, la complexité augmente généralement le degré de contingence. Mais, il faut surtout noter que la contingence est source de complexité. La contingence introduit des éléments imprévisibles dans un système. Lorsqu'un système ou une situation comporte de nombreux facteurs contingents, chacun ayant la capacité d'influencer les résultats de manière différente, cela complique la compréhension, la gestion ou la prédiction de ce système. Ce qui augmente la complexité, car il devient difficile de prévoir comment les différents éléments interagiront entre eux. Par exemple, un marché financier est complexe en grande partie à cause de l'incertitude liée aux décisions humaines, aux crises économiques ou aux innovations technologiques contingentes. Ces évènements non prévus accroissent le niveau de complexité du marché ; car ils rendent le comportement du marché difficile à anticiper.

La contingence ne se contente pas d'accroître la complexité, elle peut, en être une source majeure. C'est dans ce sens que nous déployons ces deux concepts dans cette réflexion. Contingence et complexité de la gouvernance dans les EP visent à analyse les facteurs environnementaux, contextuels ou factuels, imprévisibles ou prévisibles, qui créent et/ou amplifient la complexité, l'ineffectivité et l'inefficacité des mécanismes d'allocation, d'exercice et de contrôle du pouvoir.

1.3. L'essence théorique de la gouvernance

L'entreprise est un nœud de contrats entre divers acteurs caractérisés par un jeu d'intérêts multiples et contradictoires. Cette situation s'est développée autour des travaux d'Adam Smith (1776), Berle et Means (1932) et Jensen et Meckling (1976) relatifs à la segmentation des fonctions de propriété et de direction.

La Théorie des Droits de Propriétés (TDP) s'est constituée lorsqu'est apparue la nécessité de s'interroger sur l'effet des formes de propriété sur le fonctionnement des organisations. Elle s'est développée en mettant en relief la supériorité des systèmes de propriété privée sur toutes les formes de propriété collective (Furubotn et Pejovich 1972). Toutefois, Alchian et Demsetz (1972) déclarent que deux mobiles permettent de comprendre la contingence des contrôles dans les EP : d'abord, l'État ne peut céder ses droits de propriété ; ensuite, le dirigeant n'assume pas les résultats de l'entreprise. Cette contingence, source de complexité dans la gestion et le contrôle, découle même du statut de l'EP. En effet, dans l'EP, propriété de l'État, l'usus est détenu collectivement par l'ensemble des citoyens (et donc définitivement par personne), alors que le fructus et l'abusus sont possédés par l'État, en tant qu'institution publique n'appartenant à la collectivité des citoyens et donc définitivement à personne. Ce type d'entité et sa gouvernance sont, plus particulièrement dans les pays en développement d'Afrique, avec des institutions faibles et inefficaces, par nature contingentes. Cette contingence tire davantage sa source du fait qu'aucun citoyen propriétaire ne détient le pouvoir d'action directe sur les décideurs. Ces derniers, par ailleurs, n'assument ni leurs décisions ni les résultats de l'entreprise. Ainsi, le comportement opportuniste et discrétionnaire des dirigeants de droit public sur les ressources mises à leurs dispositions constitue le soubassement de la supériorité du système de propriété privée sur celui de droit public. Dans les EP, la rente résiduelle revient à l'État et les dirigeants agissent, pour bien de cas, en créanciers résiduels.

La Théorie de l'Agence (TA) développée par Jensen et Meckling (1976) stipule que, dans les sociétés managériales, il existe une divergence d'intérêts entre principal et agent. Cependant, dans les EP, qui constituent le cadre d'analyse de cette recherche, la relation d'agence dispose de deux acteurs : l'État-actionnaire « le principal » et le dirigeant, agent de l'État, « l'agent ». Selon Charreaux (1997), la relation d'agence dans les entreprises privées est considérée comme simple. En effet, l'objectif assigné à l'agent est unique et sa réalisation est facilement mesurable par des indicateurs tangibles et sans aucune forme de discrétion. Toutefois, cette relation est plus complexe dans les EP, en raison du statut propre de la propriété publique. Il s'agit, en fait, et au sens mathématique, d'une relation réflexive de l'État envers lui-même. Puisque « l'agent » est « agent fonctionnaire » de l'État. Comme le note Moungou (2017), cette relation est impersonnelle à plus d'un titre. Le premier tient à la nature de l'État, qui exerce des fonctions dites régaliennes au travers des institutions qui le représentent et au moyen des ressources propres. En second point, le dirigeant est agent de l'État, non seulement au sens d'un fonctionnaire, mais également au sens de la TA.

Cette analyse met en évidence le caractère aléatoire de la relation de représentation « État-Dirigeant ». Cette relation est en effet marquée par une grande complexité découlant du fait que le dirigeant est dans une seconde relation d'agence avec l'État, qui est représenté par d'autres agents et non identifiable directement. Ceci constitue, en raison d'un jeu complexe de relations d'agence caractérisé par la multiplicité des intérêts contradictoires, une absence de détenteurs réels de droit de créances résiduelles présent dans l'entreprise et intéressés par ses résultats. De ce fait, les agents de l'État se livrent, presque à une compétition à la maximisation de leur propre fonction d'utilité. Ce qui rend également contingent, mais aussi complexe, le déploiement des recommandations de la TA dans les EP.

Ainsi, il nécessite de préciser avec Charreaux (1997) que le pouvoir décisionnel est, *a priori,* plus éclaté et les décisions sont apparemment soumises au jeu d'intérêts multiples et contradictoires des différents agents représentant l'État. Il se dégage, de fait, que ces situations alambiquées ont, comme paroxysme, la jouissance par les dirigeants d'une plus forte latitude discrétionnaire. Ce qui les destine à gérer l'entreprise en fonction d'objectifs autres que l'intérêt général des citoyens propriétaires. Ainsi, la TA, appliquée à l'EP, nous conduit à la découverte d'une gouvernance plus complexe. Cette complexité de la gouvernance dans ces entreprises engendre des coûts directs associés à la mise en place et au fonctionnement de la panoplie des mécanismes de contrôle ; mais, également des coûts indirects liés aux manœuvres et aux luttes engendrées par différentes parties prenantes afin de faire prévaloir leurs préférences. Convient-il de préciser que Charreaux (1997) avait déjà relevé la complexité de ces relations de pouvoir en martelant que « *le lien entre la performance et l'intensité du contrôle dans les EP n'est pas linéaire* ». La Théorie des Choix Publics (TCP) infère dans le même ordre d'idée.

La (TCP) de Buchanan et Tollison (1972) postule que la faiblesse de la productivité des EP est due aux groupes d'intérêts et jeux politiques qui caractérisent les administrations publiques. L'argumentaire avancé par les tenants de l'école du *public choice* est que les personnes qui sont supposées prendre les décisions publiques le font ; mais, dans un sens contraire aux intérêts de la société en général. On est en raison de penser que l'axiomatique de l'intérêt (*self interest*), le goût du prestige et la quête du pouvoir seraient davantage leur leitmotiv.

Ainsi, la TCP se veut dans son essence, une espèce de critique du *New Welfare Economics*, où l'État, en réalité, n'entretient que le mythe de l'engagement et du dévouement envers l'intérêt général et la chose publique. Elle affirme que les membres du gouvernement et les bureaucrates agissent dans le sens de la maximisation de la fonction d'utilité personnelle, ou celle des groupes de pression plutôt que les intérêts du public en général (Mueller, 1989 ; Johnson, 1991 ; Udehn, 1996 ; Kane, 2002). Selon Ehrlich et al. (1990), plusieurs faits expliquent la productivité moindre des EP. D'abord, les décideurs des EP subissent faiblement, voire pas du tout, les conséquences monétaires et financières (ou non) de leurs actions et décisions. Ensuite, sachant que les droits de propriété publique ne peuvent faire l'objet d'un échange sur le marché, il s'ensuit que les coûts de contrôle des mandataires sociaux seront nettement plus élevés que ceux des agents privés. Ce qui conduit inéluctablement à une fonction décroissante de leur productivité.

En résumé, il apparaît que la propriété publique, que ce soit dans le monde en général ou au Cameroun en particulier, est soumise à un jeu aléatoire et complexe de relations d'agence. Ces relations impliquent une multitude d'organes et de mécanismes de contrôle, ainsi qu'une variété de groupes d'influence (comme le gouvernement, les cercles politiques, éthiques, familiaux ou claniques, la bureaucratie publique, etc.). Le paroxysme étant que les DG et les PCA deviennent plus puissants et jouissent d'une plus forte latitude discrétionnaire, en fonction de leur niveau d'insertion dans les groupes de pression les plus dominants. Ce qui est source de contingence et de complexité dans le processus d'allocation, d'exercice et de contrôle du pouvoir.

2. Posture épistémologique et méthodologie de l'étude

Face à la flopée de réflexions sur les EP au Cameroun, en relation à la batterie des faits renvoyés au-devant de la scène par les chercheurs et les médias, l'originalité de cette étude tient, entre autres, de son approche épistémologique et méthodologique. Même si la question de la frontière entre l'interprétativisme et le constructivisme est loin d'être tranchée, il ne faut pas perdre de vue que le niveau de déploiement cognitif du sujet dans l'interprétation et l'analyse des faits rapproche davantage les deux écoles. Pour mieux comprendre et projeter la réflexion dans cette recherche, nous restons ancrés dans l'interprétativisme, tout en ayant conscience de sa complémentarité avec le constructivisme. Suivant ce choix, et compte tenu de l'objectif principal associé à la nature des données disponibles, cette étude s'est raisonnablement inscrite dans une approche qualitative. Elle analyse les faits stylisés et les documents qui découlent des cas étudiés.

2.1. Sélection des cas étudiés et collecte des données

En conséquence de la ligne méthodologique adoptée, nous avons retenu dix (10) cas saillants. Le choix de ces entités comme unité d'analyse se justifie par le fait qu'elles présentent des caractéristiques disparates. Leur sélection a tenu compte de leur réputation dans la sphère économique camerounaise. Cette réputation se mesure par la médiatisation dont ces entités ont fait objet. Pour cette raison, la technique par choix raisonné a été mise en perspective. Les cas sont suffisamment hétérogènes, de par leur âge, la structure de leur capital, l'ancienneté observée à la direction et la typologie de leur activité, comme l'indique le tableau ci-dessous.

Tableau 1 : Caractéristiques des cas étudiés

Cas	Âges	Structure du capital	Capital (FCFA)	Nombre de DG/Durée moyenne du mandat	Nombre de PCA/ Durée moyenne du mandat	Secteur / activité
Cameroon Airlines Corporation (CAMAIR-CO)	15 ans	100% à l'État camerounais	21 856 milliards	7 DG entre 2011 et 2020 soit 1,67 ans	6 PCA en 15 ans / 2,5 ans	Tertiaire / Transport aérien
Société de Développement du Coton (SODECOTON)	49 ans	État du Cameroun (59%) ; GEOCOTON (30%) ; Société Mobilière d'Investissement du Cameroun (11%)	23,6 milliards	4 DG depuis 1974 / 12,5 ans	4 PCA en 49 ans / 12,25 ans	Mixte / Production et commercialisation du coton
Société Nationale de Raffinage (SONARA)	50 ans	État du Cameroun : 81,95% ; SNH : 6,06% ; CSPH : 4,22% ; SNI : 3,77% et Total Outre-Mer : 4%	19,6 milliards	4 DG depuis 1973 / 12,75 ans	3 PCA en 50 ans / 16,67 ans	Mixte / Production et Commercialisation du pétrole brut
Société Nationale d'Investissement (SNI)	59 ans	100% à l'État camerounais	23 855 milliards	8 DG depuis 1964 / 7,5 ans	8 PCA depuis 59 ans / 7,375 ans	Tertiaire / Produits financiers
MAGZI	49 ans	100% à l'État camerounais	1,5 milliard	3 DG depuis 1974 / 16,33 ans	1 PCA depuis 49 ans	Mixte / concevoir et de réaliser des zones industrielles
Caisse Nationale de Prévoyance Sociale (CNPS)	56 ans	100% à l'État camerounais	593,3 milliards	6 DG depuis 1967 / 9,5 ans	6 PCA en 56 ans / 9,33 ans	Tertiaire / Prestations familiales
Fonds National de l'Emploi (FNE)	34 ans	100% à l'État camerounais	7,5 milliards	3 DG depuis 1990 / 11,33 ans	1 PCA en 34 ans	Secteur institutionnel ou secteur public/ financement des actions en faveur de l'emploi, de la formation professionnelle et de l'insertion socioprofessionnelle
Société Nationale des Hydrocarbures (SNH)	44 ans	100% à l'État camerounais	302,6 milliards	3 DG depuis 1980 / 14,67 ans	17 PCA en 44 ans / 2,59 ans	Primaire/Exploration et production d'hydrocarbures
Office National du Cacao et du Café (ONCC)	33 ans	100% à l'État camerounais	295,16 milliards	3 DG depuis 1991 / 11 ans	1 PCA en 33 ans	Tertiaire / Régulation, promotion et commercialisation des produits
Société de Presse et d'Édition du Cameroun (SOPECAM)	47 ans	100% à l'État camerounais	2,56 milliards	7 DG depuis 1977 / 6,71 ans	3 PCA en 47 ans / 15,67 ans	Tertiaire / Presse, Édition

Les données ont été collectées dans les rapports du contrôle supérieur de l'État (CONSUPE), multiples médias du Cameroun (Investir au Cameroun, Le Quotidien l'Économie, Actu Cameroun, Ecomatin, etc.), les textes réglementaires, les rapports des commissaires aux comptes, les rapports du FMI, les rapports statistiques de la CCAA et les résultats des travaux sur la gestion des EP. En référence à Wacheux (1996), « *l'analyse des documents et archives est une opération de structuration d'informations éparses, pour aboutir à des résultats originaux, utilisables pour le chercheur* ». La légitimité de ce procédé conduit le chercheur à un accès rapide aux données déjà disponibles. Une analyse de contenu a été effectuée suivant une approche thématique.

3. Analyse des résultats

La gouvernance d'entreprise, au cours des années précédentes, et même encore aujourd'hui, est non seulement au cœur des débats, mais constitue un axiome ; les enjeux sont donc louables et légitimes. De ce fait, les contingences observées dans les EP conduisent à s'interroger sur la capacité de multiples organes de contrôle à discipliner les dirigeants, afin de sécuriser et de rentabiliser les investissements de l'État. L'abrogation en 2017 au travers du couple de lois (loi n°2017/010 et loi n° 2017/011), de la loi n°99/16 de 1999[123], s'inscrit dans cette vision et constitue, dans un cadre réglementaire, une progression vers l'optimisation de la gestion et du contrôle des EP au Cameroun. Dans la même vitrine, le décret n° 2019/320 du 19 juin 2019 vise, en son article 2, l'assurance d'une meilleure compréhension des deux textes de 2017, en vue de garantir la compétitivité et la rentabilité desdites entreprises.

La chaine de contrôles dans les entreprises publiques. Il se dégage de Feudjo et al (2020) que dans le cas spécifique des EP au Cameroun, le contrôle est réservé aux structures étatiques et classiques de gouvernance d'entreprise. Ces différentes structures sont illustrées comme suit :

[123] Portant statut général des établissements publics et des entreprises du secteur public et parapublic.

Figure 2 : les mécanismes de gouvernance des dirigeants d'entreprise publique au Cameroun

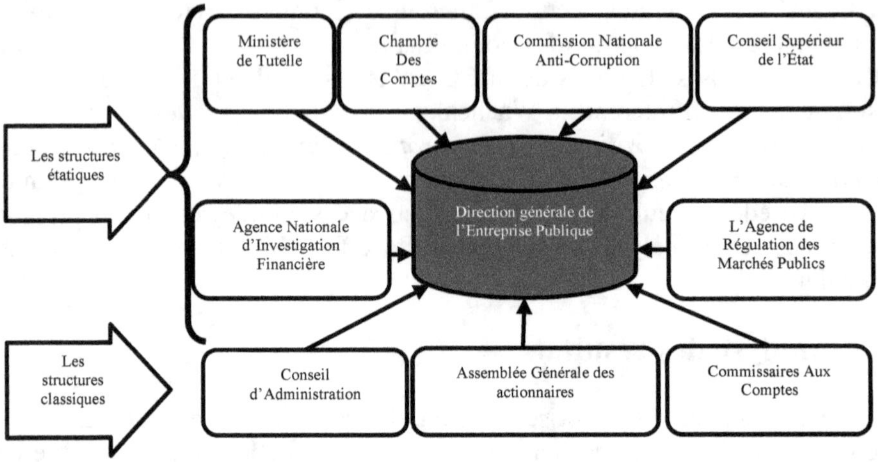

***Source :** auteurs*

Il se dégage, de la lecture de cette figure, que l'État a mis sur pied un chapelet d'organes de contrôle dans les EP. Ces organes sont déployés dans toutes les entreprises étudiées dans cette recherche. La superposition des organes classiques (Assemblée générale des Actionnaires (AGA), le Conseil d'Administration (CA) et le Commissariat aux Comptes (CAC)) et des structures étatiques (six au total) constitue ici une première source de contingence et de complexité. Les organes classiques sont supposés, au regard des théories classiques de la gouvernance et du cadre réglementaire spécifique au Cameroun, travailler dans une logique d'optimisation et de rationalisation, pour garantir la cohérence entre les décisions des mandataires sociaux et l'intérêt général de l'entreprise. Les structures étatiques, en s'engageant dans la même logique, sont dotées d'une mission d'implémentation et de contrôle de la politique sociale de l'État. Cette double logique est une source de contingence qui génère également de la complexité dans le processus de prise de décision et contrôle.

Si l'État estime que la démultiplication des mécanismes engendre un suivi correct et efficace de l'exécution de la mission assignée à l'EP, l'expérience a montré que ces organes n'ont pas su collaborer dans cette finalité. Au total, dans la chaine, on en dénombre neuf structures et organes de contrôle. En terme absolu, ce nombre est élevé, et la multiplicité des contrôles qu'ils organisent constitue une source de contingence et de complexité.

La somme des opérations de contrôle effectuées devrait logiquement conduire à un résultat global de contrôle plus efficace. Les responsables et les membres de chacune de ces structures ayant, dans la logique des théories contractualistes, et individuellement, un intérêt particulier à évaluer et à optimiser dans l'entreprise, leur multiplicité accroit les centres d'intérêts et de conflits ainsi que les horizons possibles de décisions. Le modèle REMM de Jensen de 1994 le démontre suffisamment[124]. L'impossibilité pour le dirigeant de concilier ces différents centres d'intérêt rend ambigus les choix et l'oblige à se centrer sur lui-même et sur les parties prenantes et les groupes de pression les plus puissants. Les contradictions que l'on trouve dans plusieurs rapports (rapport du CA, rapport du CONSUPE, rapport de la Chambre des comptes [CC], etc.) sont suffisamment nombreuses pour témoigner de l'existence de dissonances entre ces structures. Dans le cas, par exemple, de la SODECOTON, pour la période (2005-2010), les rapports et décisions du CA ont été remis en cause par le CONSUPE.

Cette remise en cause intervenue des années plus tard (notamment en 2013), après la validation du rapport de gestion du DG, a entraîné son arrestation et sa condamnation en 2015. Ceci est d'autant plus contingent que le DG est responsable devant le CA et le CA responsable devant l'AGA. Ces deux organes de gouvernance ayant validé le rapport de gestion du DG, sa condamnation créée de l'incertitude et de l'inquiétude dans la gestion et la gouvernance de l'EP en général. En effet, même dès lors que le CA approuve et valide le rapport de gestion du dirigeant, sa quiétude ne va de soi. Cette ambiguïté vient de l'incertitude qui entoure et caractérise le contrôle ex-post des organes étatiques, comme le CONSUPE, la CC ou les tutelles technique et financière. Cette incertitude et cette inquiétude sont des sources de contingence et de la complexité dans la gouvernance desdites entités.

L'arbitrage des conflits entre les différentes parties prenantes (tutelle technique et tutelle financière, CONSUPE et CA ou CC, etc.,) relève de la compétence de la Présidence de la République. Le délai d'arbitrage est subordonné aux contraintes de l'agenda de cette dernière, indépendamment de l'importance ou de l'urgence de la situation. Le délai d'attente peut, en laissant les parties prenantes indifférentes, favoriser l'incertitude et la continuité de la détérioration de la situation. Le cas saillant, en la matière, est celui du Fond National de l'Emploi (FNE), qui malgré plusieurs rapports du DG, n'a pas toujours vu nommer son PCA par le Président de la République, depuis le

---

[124] Le **modèle REMM (Resourceful, Evaluative, Maximizing Model)** proposé par **Michael C. Jensen** en 1994 est un cadre théorique issu des sciences économiques et managériales. Ce modèle repose sur l'idée que les individus sont rationnels, cherchant à maximiser leurs ressources tout en évaluant constamment les options disponibles pour améliorer leur situation. Ce modèle s'oppose à des modèles plus simplistes du comportement humain, comme l'Homo Economicus ou d'autres modèles qui se focalisent sur des aspects purement financiers ou utilitaires. Par exemple, pour illustration, le DG de la SODECOTON pour la période 2005-2010 (rapport du CONSUPE) a cumulé une augmentation illégale de son salaire de 51 millions de FCFA. Pour le cas de la Camair-co, entre 2010-2012 (Rapport du CAC, OKALLA AHANDA et associés), le DG de cette entreprise, après avoir externalisé la fonction comptable de l'entreprise, sans l'avis du CA, a régulièrement perçu un salaire largement supérieur à sa dotation contractuelle.
Ce modèle REMM a enregistré des critiques sur sa capacité à capturer la **complexité du comportement humain**, notamment en raison de sa vision centrée sur la maximisation individuelle, trouve un champ d'application dans les EP au Cameroun.

décès du sortant en mars 2020. Cette incertitude, ce vide, constitue une contingence, elle-même génitrice de la complexité et de l'inefficacité.

En effet, la loi de 2017 a mis sur pied une organisation complexe au regard du nombre plus important d'acteurs impliqués et des interactions exigées. La chaine de contrôle elle-même, au regard de sa configuration et des interactions exigées, est par essence complexe. La multiplication des centres d'intérêt dans la chaine de contrôle entraîne systématiquement une multiplication des logiques de raisonnement, des choix et des conflits. Les relations de pouvoir et d'influence entre ces acteurs, de même que l'enchevêtrement de leurs champs de responsabilité, créent souvent des tensions, entravent la prise de décision, donnent parfois lieu à des coalitions idéologiques, politiques, claniques ou d'intérêt financier. Ces alliances qui se tissent parfois hors de l'entreprise ont une emprise sur l'exercice du pouvoir au sein de cette dernière. Toutes ces tyranniques rendent d'avantage complexe et inefficace l'exercice et le contrôle du pouvoir dans ces EP.

En effet, comment comprendre et expliquer la multiplicité des fautes de gestions enregistrées par les dirigeants dans les EP au Cameroun, face à cette batterie de structures et organes de contrôle (cas, SODECOTON, SONARA, CNPS, Camair-co, etc.,) ? Comment comprendre et expliquer le contrôle et l'emprisonnement de certains directeurs généraux (SODECOTON, Chantier Naval du Cameroun, etc.) alors que leurs rapports de gestion avaient été validés par le CA et l'AGA ? Comment expliquer le dépassement de la durée de mandat de certains DG (CNPS, MAGZI, SODECOTON, etc.,) alors que la réglementation en la matière est claire et précise et que leur CA fonctionne ? Ces interrogations mettent en relief le niveau de contingence et de complexité de la gouvernance dans les EP au Cameroun. Cette contingence et cette complexité constituent ici des déterminants saillants de son inefficacité.

L'absence d'une entité de coordination comme une source de contingence et de complexité. Dans la chaine de contrôle des EP, on distingue neuf pôles de pouvoir indépendants les uns des autres. Qui coordonne lesdits pôles dans leur mission ? Que ce soit les structures classiques ou étatiques, elles rendent chacune leur rapport au président de la République et attendent. La nécessaire collaboration entre les responsables de ces structures dans l'accomplissement de leur mission, qui est celle du contrôle de l'entité publique, ne va pas de soi. L'absence d'une coordination et d'une collaboration efficace dans le fonctionnement de ces organes a engendré, dans la plupart des cas, des redondances couplées aux coûts très élevés de contrôle (El Hadji, 2003). « *Je pense qu'il y a manque de coordination entre les organes de contrôle des entreprises publiques. De même, les sanctions interviennent généralement beaucoup d'années plus tard. Tout dépend de la puissance du réseau auquel on appartient* » (Enquêté d'une EP). Neuf entités de contrôle, dans une même entreprise, qui fonctionnent et opèrent en électron libre, sans unité de coordination et sans collaboration appropriée, ne peuvent, de notre point de vue, qu'être source d'incertitude et donc, de contingence et de complexité. Cette contingence et cette complexité sont d'autant plus tétanisantes, que tous ces acteurs doivent leur légitimité à la même source.

La source de la légitimité des mandataires sociaux et des autorités des organes de contrôle. La source de la légitimité du pouvoir des différents acteurs au sein de l'EP au Cameroun est un facteur de contingence et de complexité. En effet, force est de constater que, dans les EP au Cameroun, les directeurs généraux, les responsables des organes et des structures de contrôle et leurs membres doivent leur légitimité à la même source à savoir : le Décret du Président de la République. Cette unicité de la source de la légitimité de tous ceux qui exercent ou contrôlent un pouvoir dans l'EP est une contingence qui rend complexe ce travail. La première conséquence de l'absence de coordination et de la suprématie du pouvoir présidentiel dans le choix, la désignation et la révocation des mandataires des pouvoirs exécutifs et de contrôle est l'autoneutralisation desdits organes. En effet, selon El Hadji (2003), « les contrôles exercés dans les EP sont soit passifs (de routine), soit intempestifs (policiers), soit inadaptés (par rapport aux priorités) et par conséquent, ils ne sont ni stratégique, ni d'efficacité ».

Pour la SODECOTON (1984-2013), le DG a passé 9,66 mandants au lieu de trois seulement, sous le regard croisé et impuissant de tous les acteurs de la chaine de contrôle. Cette prolongation de mandant à la tête de l'entreprise pose sans anicroche un problème de tricherie, de ruse et d'opportuniste du dirigeant. Ce comportement montre bien que ce dernier a réussi à capturer et à neutraliser le pouvoir de la chaine de contrôle, et en particulier celui du CA. Dans le cas de la Camair-co (2010-2012)[125], le DG, pendant 29 mois, a délocalisé la tenue de la comptabilité de l'entreprise hors du Cameroun. Pendant cette période, le compte d'exploitation de l'entreprise a cumulé une perte de 21 milliards avec, 193 millions de trop-perçus sur salaire et plus 48 millions de bonus et autres avantages cumulés par le DG. Tout comme le cas précédent, ce comportement perpétré sous le regard impuissant des différents acteurs de la gouvernance est un indicateur de la capture de leur pouvoir par le dirigeant. Il faut bien comprendre ici que la délocalisation de la comptabilité participe d'une stratégie opportuniste de consommation du pouvoir et de maximisation de la rente perçue.

Si l'enracinement des DG et des PCA est admis comme le dépassement de la durée légale de fonction, ou de l'âge de départ à la retraite, comment peut-on, en toute logique ou en toute rationalité, expliquer la durée au poste des DG et PCA de la CNPS, de la MAGZI, de la SODECOTON (voir tableau N° 1 ci-dessus) ? La mesure du timing pour examiner un rapport, pour nommer,

[125] Rapport du CAC, OKALLA AHANDA et associés (2012), commis par l'État pour une contre évaluation des comptes de l'entreprise.

révoquer ou remplacer un acteur relève de l'agenda du détenteur de la source de la légitimité à savoir le président de la République. On peut d'ailleurs constater que la CNPS a connu six PCA en 56 ans, le MAGZI un PCA depuis 49 ans et la SODECOTON quatre PCA en 49 ans[126]. Au sein de la compagnie aérienne Camair-Co, l'espérance de vie des directeurs généraux (DG) et des présidents-directeurs généraux (PCA) ne dépasse pas trois ans. Elle s'établit à 1,6 an pour les DG et à 2,5 ans pour les PCA. Ce qui est contrastant avec les autres cas étudiés. Ce contraste est un indicateur saillant du niveau de contingence et de complexité de la gouvernance de ces entités. L'unicité de la source de la légitimité des principaux acteurs est également source d'affaiblissement et de capture du pouvoir des acteurs de contrôle par le dirigeant actifs au sens de la théorie de l'agence.

Dans ce cas précis, le dirigeant, qui se trouve au centre du système d'information et de l'information de l'entreprise, capture et neutralise le pouvoir des organes classiques et se retranche à la tête de l'entreprise pour en jouir. Comme l'indique la théorie du cycle de vie du dirigeant (Parrino, 1997 ; Paquerot, 1997 ; Feudjo, 2009), cette phase de jouissance ou de consommation du pouvoir est d'autant plus préjudiciable lorsque ce dernier bénéficie de plus de deux mandants. Le cas de la Camair-co montre bien le niveau de contingence, source de complexité dans la gouvernance des EP au Cameroun. En effet, l'espérance de vie des mandataires sociaux et des PCA est inférieure à un mandat entier.

Comment différents acteurs du processus d'exercice et de contrôle du pouvoir peuvent-ils devoir leur légitimité à une seule et unique source qui, indépendamment de la réglementation, est juge du temps, de l'urgence et de la compétence ? Cette circonstance aléatoire est aussi une source inépuisable de complexité dans la gestion de ces sociétés. Comme le montrent les exemples de la SODECOTON et de la Camair-co, l'unicité même de la source de légitimité des acteurs, la contingence et la complexité qu'elle entraîne, constituent des facteurs contribuant à l'inefficacité de la gouvernance dans ces entreprises.

Légitimité et compétences des administrateurs. Dans les EP, la plupart des membres du CA doivent leur légitimité à la confiance de leur administration. Le CA est composé des membres qui viennent représenter leur administration[127]. Ceux-ci n'ont investi et ne détiennent un droit quelconque dans l'entreprise. Bref, ils ne supportent de quelque manière que ce soit, ou à quelque niveau que ce soit, les décisions et les résultats de l'entreprise. Il s'agit donc des agents fonctionnaires de l'État, que ce dernier envoie, en son nom, pour administrer l'entreprise. Comme nous l'avons vu, la relation entre

[126] Il faut signaler ici que la durée de mandat des PCA, prévue par la réglementation en vigueur, est de trois ans renouvelables une seule fois, soit six ans au plus.

[127] Le représentant de la présidence de la république, le représentant du premier ministère, le représentant du ministère de finance, le représentant du ministère de la tutelle technique, etc.

l'administrateur de l'agent de l'État et l'État, qui est aussi actionnaire, est une relation mathématiquement réflexive. L'État ne mettant à leur disposition aucunes ressources supplémentaires d'investigation, ils ne peuvent engager des coûts de transactions nécessaires au contrôle et à la surveillance du dirigeant. Bref le CA est composé suivant une logique administrative et disciplinaire.

La logique cognitive et prospective est reléguée. Ceci est davantage justifié par l'absence d'un profil d'administrateurs dans les EP au Cameroun. Le CA est, dans la quasi-totalité des cas, composé des représentants de l'administration centrale indépendamment du métier, du secteur d'activité et/ou de l'environnement de l'entreprise. Il n'est donc pas conçu comme un vecteur de compétence pour l'entreprise. Les investigations montrent que la relation entre les administrateurs et le DG se caractérise, entre autres, par une asymétrie et une incomplétude de l'information. Les dirigeants usent de l'asymétrie informationnelle ou de son incomplétude afin de rendre difficiles la lecture et l'interprétation des décisions et des performances de l'entreprise.

Selon Lauenstein (1977), les DG peuvent facilement « *manipuler* » les administrateurs en développant des relations amicales et cordiales au sein des conseils, et cherchant souvent à détourner leur attention sur des problèmes secondaires ou futiles. L'auteur note également que, dans certains cas, une abondante quantité d'informations est transmise aux administrateurs pour qu'ils soient dans l'incapacité d'émettre des avis ou poser des questions sur des points centraux pouvant gêner les DG. Selon une étude de la Banque Mondiale en 2014, réalisée sur un échantillon de 33 EP au Cameroun, « *plus de 2/3 des administrateurs relèvent du gouvernement* ». En référence aux experts du FMI, « *ce type de représentation peut aussi affaiblir les capacités économiques de ces entreprises dans la mesure où ces fonctionnaires n'ont pas forcément l'expérience et les compétences pratiques nécessaires pour gérer une entreprise* ». Comme l'indique d'ailleurs Mfouapon (2016) « ... *la plupart des administrateurs ne savent lire les états financiers* ».

Dans le cas, par exemple, de la SODECOTON, aucun rapport du CA n'avait jusqu'en 2013 mentionné les faits et les manquements, qui ont été à l'origine de la condamnation du DG et du commissaire aux comptes de cette entreprise. De même, à la Camair-co, les administrateurs n'avaient pas vite compris que la délocalisation du système d'information comptable hors de l'entreprise faisait partie d'une stratégie de rétention et de dissimulation des informations utiles au contrôle des décisions et des performances de l'entreprise. Que ce soit à la Camair-co ou à la SODECOTON, les travaux des CAC pourtant examinés et validés par le CA ont été remis en cause par le Contrôle Supérieur de l'État (CONSUPE) ou par la Chambre des Comptes. Les opérations de contre audit ont régulièrement confirmé les manquements retenus par la CC et le CONSUPE.

La légitimité administrative et décrétée des administrateurs dans les EP au Cameroun, l'absence d'un profil de compétence et surtout le fait de ne supporter aucun risque lié aux décisions et aux résultats de l'entreprise, constituent des contingences qui rendent complexe la gouvernance. Sinon, comment comprendre, par exemple, qu'en août 2019, le président-directeur général (PDG) et le président du conseil d'administration (PCA) de la Camair-Co, qui avaient tous deux été nommés en 2018, ont mis fin à leur conflit en échange de la nomination du PCA au poste de PDG ? Cette prise de pouvoir du DG par le PCA a suscité assez d'interrogations. En effet, il s'agit là d'une sorte de « job-option », comme on peut le voir dans le domaine de l'audit légal. Ce fait singulier met également en relief la contingence et la complexité de la gouvernance dans ces entreprises publiques.

L'analyse du mandat des directeurs généraux. Quant à la question relative à la durée du mandat, le cas des EP au Cameroun est très atypique. En effet, la rotation et l'enracinement des mandataires sociaux révèlent une complexité croissante. Cette complexité amène à s'interroger sur leur caractère paradoxal ou contingent. En effet, la Camair-Co enregistre à son compteur entre 2011 et 2020 sept (07) DG, soit un taux de rotation d'environ 70 %. Cette forte rotation est-elle signe de rigueur, de rationalité ou d'efficacité de la gouvernance ? Les performances médiocres de cette entreprise (Feudjo et al, 2020 ; CTR (2019 - 2023) permettent de répondre à cette question. Cette rotation ultra rapide et ces performances médiocres, qui se situent en contre-courant de la littérature sur le sujet (Paquerot, 1997 ; Parrino, 1997) sont-elles des signes de la contingence, de la complexité ou d'un paradoxe ?

La SODECOTON, la SONARA, la MAGZI, quant à elles, se caractérisent par un enracinement aigu des DG, phénomène opposé à la forte rotation précédente. Dans les trois entreprises, la durée moyenne de fonction des DG est de 12,25 ans pour les deux premières sociétés et 16,33 ans pour la troisième[128]. Au regard de ces faits, doit-on parler de la contingence, de la complexité ou du paradoxe ? Parlant de leur légitimité technocratique, sont-ils nommés pour leur compétence ? Durent-ils au poste pour la légitimité de leur travail et leur performance ? Sont-ils révoqués et remplacés pour leurs manquements ou parce qu'ils sont arrivés au terme de leur mandat ? On a bien affaire ici à une situation particulière et paradoxale. La difficulté de trouver de réponses logiques et cohérentes à ces interrogations confirme la contingence et la complexité de la gouvernance dans ces entreprises.

---

[128] La durée minimale de fonction est de trois ans et celle maximale est de neuf ans, soit une moyenne de six ans.

Tableau 2 : Quelques cas extrêmes d'enracinement des DG dans les EP au Cameroun

Sociétés	**Date de prise de fonction**	**Ancienneté du DG en 2024**	**Nombre de mandats illégitimes en 2024**	**Situation en 2024**
Fonds National de l'Emploi (FNE)	1991	33 ans	8 mandats	Toujours en fonction
Société Nationale des Hydrocarbures (SNH)	1993	31 ans	Plus de 7 mandats	Toujours en fonction
Société Nationale d'Investissement (SNI)	2003	21 ans	4 mandats	Toujours en fonction
Société de Presse et d'Édition du Cameroun (SOPECAM)	2002	22 ans	Plus de 4 mandats	Toujours en fonction
Caisse Nationale de Prévoyance Sociale (CNPS)	2008	16 ans	Plus de 2 mandats	Toujours en fonction

***Source** : auteurs*

Au regard de cette analyse, de multiples interrogations taraudent notre esprit. Les institutions chargées de faire respecter la loi existent-elles toujours ? Le CA de ces entreprises fonctionne toujours ? Les organes de contrôle et de surveillance de ces entreprises existent - ils toujours ? À la fin de leur mandat pourquoi les DG ne sont-ils pas remplacés ? N'y a-t-il pas de ressource dans le vivier ? Ne peuvent-ils pas démissionner à la fin de leur mandat ? Où sont les neuf instances de la chaine de contrôle de ces entreprises ? S'agit-il d'un aveu de faiblesse ou d'échec des institutions et de l'État propriétaire ? Finalement, qui assume les conséquences ? La densité de ces questionnements prouve suffisamment, le caractère contingent et complexe de la gouvernance des EP dans ce contexte singulier.

Le pouvoir du conseil d'administration : absurdité ou contingence ? Pour les théoriciens de l'agence, le CA est l'outil par excellence destiné à inciter les dirigeants à s'aligner aux objectifs des actionnaires. Que ce soit dans la théorie de l'agence ou des coûts de transaction, le CA est chargé de représenter les intérêts des actionnaires. Il apparaît comme le mécanisme privilégié de contrôle des dirigeants. Cette mission du CA a été reprise et soutenue par de nombreux auteurs (Fama et Jensen, 1983 ; Rapport Vienot, 1995 ; etc.). Il doit élaboration des stratégies efficaces pour la gestion disciplinaire des dirigeants.

Depuis plus d'une vingtaine d'années, des questionnements au sujet du rôle du CA, font l'objet d'un débat permanent entre les acteurs au sujet de la gouvernance des entreprises. Selon Mfouapon et Feudjo (2015), la permanence de ces questionnements s'explique par l'intensité des déviances financières et des faillites d'entreprises administrées par un CA. Ainsi, la prise en compte de ce paradoxe a conduit à réétudier la composition et le fonctionnement de ce mécanisme de gouvernance afin de protéger l'intérêt des ayants droit. Le tableau suivant illustre la composition du conseil d'administration des établissements publics au Cameroun, telle que définie par la loi n° 2017/011 du 12 juillet 2017.

Tableau 3 : Les caractéristiques du CA dans les EP au Cameroun

Selon la loi n° 2017/011 du 12 juillet 2017	
Du Conseil d'Administration	
Taille du CA	Entre 5 et 12 membres (Art 42)[129]
Nomination des administrateurs	Par décret du PR si l'État est l'actionnaire unique
	Si plusieurs actionnaires, l'AG des actionnaires (Art 46)
Durée du mandat	3 ans renouvelables une fois, soit 6 ans
Rémunération des membres	Indemnité de session fixée par l'AG sous proposition du CA
Du Président du Conseil d'Administration	
Nomination	Par les membres du CA
Durée du mandat	6 ans
Rémunération	Allocations mensuelles et avantage fixés par l'AG sous proposition du CA

***Source** : auteurs*

La nomination des administrateurs : dans une recherche conduite par Begne (2012), il se dégage que les membres du CA sont tous nommés par décret du Président de la République. Tout comme les DG, les PCA, ils doivent leur légitimité à la discrétion et au décret du président de la République. En d'autres termes, ils sont tous responsables devant la même autorité. La presque totalité de ces administrateurs représente leur administration au sein du CA. Cette forme de représentation affaiblit les capacités économiques de ces entreprises (Sangue, 2011 ; Begne, 2012 ; Mfouapon, 2016). Pour Ondoua (2018), une fine analyse des responsables aboutit très souvent à un écart, voire une incompatibilité, entre le profil et la compétence de l'occupant nommé selon le principe discrétionnaire.

La nomination du PCA : comme le note Mfouapon et Feudjo (2015), la nomination du PCA par les pouvoirs publics influence négativement l'efficacité du CA. Un tel PCA doit sa légitimité en dehors du CA et n'est pas responsable des décisions et des résultats de ses actes devant le CA ou devant l'AGA. Comme ils ont l'habitude de dire pour se dédouaner de leur responsabilité, « je rends compte à qui de droit ». « *Il n'existe pas toujours de corrélation entre la durée au poste et les performances* » (Ondoua, 2018) de ces responsables. En plus, dans les EP au Cameroun en général, « *85 % des PCA sont hors la loi (*Ondoua, 2023). Le tableau qui suit présente d'autres cas extrêmes d'enracinement des PCA.

[129] Il comprend obligatoirement un représentant du personnel élu par ses pairs.

Tableau 4 : Quelques cas extrêmes d'enracinement des PCA

EP	Date de nomination	Ancienneté des PCA en 2024	Nombre de mandats illégitimes en 2024	Situation en juin 2024
SNI	1988	31 ans	Plus de 8 mandats	Un nouveau PCA depuis 2020
ONCC	1991	28 ans	Plus de 7 mandats	Toujours en fonction en 2024
ARSEL	2000	19 ans	Plus de 4 mandats	Un nouveau PCA depuis 2021
MAGZI	1974	45 ans	13 mandats	Toujours en fonction en 2024
FNE	2000	19 ans	Plus de 4 mandats	Pas de PCA depuis 3 ans

Source : *auteurs*

À la lecture de ce tableau, il se dégage que, dans ces EP, les PCA ont en moyenne fait plus de 7 mandats illégitimes. Cependant, en référence à Mfouapon et Feudjo (2015), l'enracinement des PCA accroit la probabilité que le CA devienne inefficace dans l'accomplissement de ses missions. Ce résultat confirme la théorie du cycle de vie du dirigeant (Paquerot 1997 ; Feudjo 2009) qui limite le nombre de mandats à deux. Ce qui est d'autant plus contingent et complexe ici dans la compréhension est le cas du FNE, qui n'a pas de PCA depuis 3 ans.

Toutes ces analyses permettent de conclure à la contingence, la forte complexité et l'inefficacité de la gouvernance dans les entreprises publiques au Cameroun. Faut-il observer que les mécanismes de gouvernance des entreprises de droit privé ne sont pas exempts de telles difficultés. Celles-ci sont plus ancrées, plus notoires et engendrent plus d'effet dans la gouvernance des acteurs du secteur public. La privatisation des entreprises du portefeuille de l'État n'ayant pas connu de prouesse, dans le cas singulier du Cameroun, il convient de repenser, dans ce contexte, une véritable stratégie pour sortir ces entités de l'emprise du pouvoir présidentiel.

Bibliographie

ADAM S., (1776). The Wealth of Nations, Edition de Londres.

ALCHIAN A. A., DEMSETZ H., (1972). Production, Information Costs, and Economic Organization. *American Economic Review*, 62, 5, 777-795.

BEGNE J-M., (2012). Relation d'agence et comportement déviants : le cas des entreprises publiques au Cameroun. *Management International*, 163, 165-173.

BERLE A., MEANS G., (1932). *The modern Corporation and Private Property.* New York, Mac Millan.

BRUNET, R., FERRAS, R. et THERY, H. (1993). Les mots de la géographie, dictionnaire critique. Montpellier-Paris, Ed. Reclus, La Documentation Française, 3e éd. p.119.

BUCHANAN J., TOLLISON R., (1972). *Theory of Public Choice: Political Application of Economy.* The University of Chicago Press.

CHARREAUX G., (2002). Variation sur le thème : « À la recherche de nouvelles fondations pour la finance et la gouvernance d'entreprise ». *Finance contrôle stratégie*, vol. 5, n° 3, p. 5-68

CHARREAUX G., (1997). L'entreprise publique est-elle nécessairement moins efficace.

CTR (2019, 2020, 2021, 2022, 2023). Rapport sur la situation des Entreprises Publiques et des Etablissements publics au Cameroun.

CROZIER, M. (1977). L'acteur et le système, les contraintes de l'action collective, Paris, Seuil.

EHRLICH I., GALLAIS-HAMONNO G., LUTTER R., (1990). Performance comparée des entreprises publiques et privées : l'exemple des grandes compagnies aériennes. IOF.

EL HADJI F., (2003). Les contre-performances des entreprises publiques sénégalaises : un problème de gouvernement ? *Revue Africaine de Gestion*, 1, 1-17.

FAMA E., JENSEN M., (1983). Separation of Ownership and Control. *Journal of Law and Economics*, 301-326.

Partie v

QUESTION(S) DES (TRÈS) PETITES ENTREPRISES

CHAPITRE 16

L'essence et les défis opérationnels de la fiscalité de l'informel

Rovier Djeudja

L'optimisation des recettes fiscales issues des unités de production informelles demeure une préoccupation majeure dans de nombreuses économies en développement (*World Bank*, 2021). Il en va de même pour l'élargissement de l'assiette fiscale aux contribuables non professionnels. En effet, la transition d'une économie informelle vers une économie structurée, fondée sur une participation accrue à l'effort fiscal, témoigne d'un intérêt croissant pour une meilleure gouvernance économique. Depuis les premières réflexions du Bureau international du Travail (BIT, 1972), qui associaient le secteur informel à des pratiques de subsistance propres aux populations les plus vulnérables, ce dernier a connu d'importantes transformations. Il s'est progressivement mué en un secteur dynamique, porteur de perspectives économiques significatives.

Dans cette optique, l'économie informelle est désormais perçue comme un levier potentiel de mobilisation des ressources fiscales[130]. Elle contribue à la création d'emplois, à la génération de revenus, à l'innovation frugale, ainsi qu'au renforcement des capacités économiques locales. Par-delà l'émergence des services fiscaux décentralisés et de nouvelles formes de gestion plus adaptées à la réalité locale, une idée s'est consolidée au fil du temps : la fiscalité représente un instrument essentiel de redistribution, en adéquation avec la capacité contributive des citoyens. Il devient donc impératif de bâtir un système fiscal fondé sur un périmètre suffisamment large pour garantir des recettes soutenues. Dans ce cadre, le secteur informel apparaît comme un

---

[130] En ce qui concerne spécifiquement le Cameroun, la masse entrepreneuriale informelle compte à ce jour 4762 unités de production informelles, soit un taux de couverture de 96,1% (EESI, 2023). La comparaison du chiffre par rapport aux entreprises formelles rend compte de la dimension de l'informalité au Cameroun. Suivant le type d'activité, les entreprises informelles se répartissent entre les secteurs de l'industrie (34,1%), le commerce (33,7%) et les services (30,4%). Les branches d'activités les plus saturées sont le commerce de détail (30,4%), la restauration (9,7%), le transport (6,7%) et enfin l'agro-alimentaire (1,9%). Ces entreprises sont généralement des petites tailles (unipersonnelles) et quelques-unes emploient des personnes (EESI, 2023).

réservoir fiscal encore sous-exploité, au regard de son poids dans les économies des pays en développement (Kerrouch et al., 2018).

Au Cameroun, les données issues du dernier Recensement général des Entreprises (EESI, 2023) mené par l'Institut National de la Statistique (INS), comparées à celles des contribuables enregistrés par la Direction générale des Impôts (DGI), révèlent un écart préoccupant. Cette asymétrie reflète une faible couverture fiscale et souligne l'urgence de redéfinir les méthodes de recouvrement. Elle se traduit également par une pression accrue sur les rares entreprises dont les activités sont traçables, sans pour autant générer un rendement fiscal à la hauteur des attentes publiques. Dans ce contexte, il devient crucial pour l'État de concevoir des stratégies innovantes afin de renforcer la mobilisation fiscale, notamment à travers une intégration progressive, mais efficace des entreprises informelles dans le système fiscal formel.

Dans un contexte où les enjeux de redistribution des revenus occupent une place croissante dans les politiques publiques, plusieurs gouvernements s'interrogent sur les modalités d'une collecte fiscale plus équitable et efficiente (Dao et Godbout, 2014). Au Cameroun, cette dynamique s'inscrit dans une logique d'élargissement de l'assiette fiscale que nous qualifions ici d'« élargissement fiscal contributif ». À ce titre, la loi de finances 2024, à travers l'article 74 bis du Code général des Impôts (CGI), réintroduit l'obligation faite aux « contribuables non professionnels » de souscrire une déclaration annuelle récapitulative de leurs revenus. L'objectif de cette disposition est explicite : étendre l'obligation fiscale à l'ensemble des citoyens et soumettre l'intégralité des revenus de source mondiale des ressortissants camerounais à l'impôt. Cette orientation soulève néanmoins une série d'interrogations fondamentales. L'optimisation de la fiscalisation de l'ensemble des citoyens – y compris des unités de production informelles – constitue-t-elle un idéal théorique ou une réalité adaptable aux spécificités du tissu économique camerounais ? Plus encore, la structure fiscale actuellement en place est-elle conçue de manière cohérente et suffisamment robuste pour accueillir cette ambition ?

Afin d'éclairer ces questionnements, le présent article s'articule en trois sections complémentaires. La première propose un cadre conceptuel visant à mieux identifier et caractériser les unités de production informelles. La deuxième analyse l'inconstance de l'action publique fiscale à l'égard des contribuables non professionnels, et plus spécifiquement des acteurs de l'économie informelle au Cameroun. Enfin, la troisième section met en évidence les conditions préalables à une réduction effective de cette inconstance, en vue de construire une fiscalité plus inclusive et plus équitable.

1. Le cadre conceptuel d'identification des unités de production informelles

Un cadre conceptuel mal défini ou mal opérationnalisé par les services en charge du recouvrement des impôts issus du secteur informel limite le rendement fiscal de ces unités. Pour y remédier, il importe que ces institutions comprennent les spécificités organisationnelles, fonctionnelles et économiques des unités de production informelles, et soient capables d'en distinguer clairement les contours par rapport à d'autres formes d'activités économiques proches.

1.1. L'informel : organisation et fonctionnement

Bien qu'essentielles à l'économie nationale, les unités de production informelles présentent une organisation et une gestion distinctes des structures formelles. Cette section analyse les spécificités de leur fonctionnement, notamment en matière de rationalité économique, de capitalisation, et de gestion des ressources humaines.

1.1.1. Rationalité et cadre administratif de l'entreprise informelle

Les activités informelles s'inscrivent davantage dans une logique de subsistance que dans une logique de marché. Leur principal objectif est souvent d'assurer la survie économique d'un individu ou d'un groupe familial. Dans cette perspective, De Soto (2000) considère que les entrepreneurs informels adoptent une forme de rationalité économique contextualisée, en dépit de leur exclusion du cadre légal. Ils prennent des décisions rationnelles à leur échelle, bien que celles-ci ne répondent pas nécessairement aux standards de la rationalité formelle (Pesqueux, 2021 ; Eta, 2023). Ainsi, leur comportement peut paraître atypique comparé aux entreprises classiques (Portes et Haller, 2010). C'est dans cette optique que Schneider & Enste (2000) soulignent que les entreprises informelles adoptent des stratégies qui ne correspondent pas aux attentes de rationalité économique des entreprises formelles.

1.1.2. Capital et financement de l'entreprise informelle

Les entreprises informelles mobilisent des capitaux limités, souvent insuffisants pour acquérir des équipements nécessaires à leur projet. Abbaoui (2023) souligne que l'absence de reconnaissance juridique prive ces acteurs de l'accès aux financements classiques, notamment bancaires. Cette situation limite leur capacité d'accumulation et de croissance. Les ressources sont généralement utilisées au jour le jour, en fonction des urgences de trésorerie, ce qui accentue leur fragilité.

1.1.3. Gestion de la main-d'œuvre de l'entreprise informelle

La gestion des ressources humaines repose sur des mécanismes informels : recrutement par affinité sociale, liens familiaux ou ethniques, absence de contrat ou de couverture sociale. Selon Portes (1995), ce mode de gestion s'éloigne des normes professionnelles établies. Alter (2005) et Hurtado et al. (2017) mettent en évidence l'exclusion des travailleurs informels des régimes de protection sociale, accentuant leur vulnérabilité. Le modèle relationnel prime sur le modèle contractuel.

Ainsi, l'entreprise informelle se caractérise par une organisation peu capitalistique, une gestion souple, mais précaire, et une rationalité spécifique, souvent incomprise des structures fiscales classiques.

1.2. Caractérisation et distinction des unités de production informelles

Les unités de production informelles se distinguent par plusieurs traits structurels qui complexifient leur intégration dans le système fiscal : précarité des conditions de travail, faiblesse des rémunérations, absence de protection sociale et de comptabilité formelle.

1.2.1. Conditions de travail précaires

Les entreprises informelles sont fragiles et exposées à une forte instabilité. Meagher (2018) souligne que les environnements de travail y sont souvent dégradés, sans normes de sécurité, ni garanties d'emploi. Cette précarité découle aussi d'une gestion aléatoire des ressources, notamment de la trésorerie, ce qui rend ces entités vulnérables aux chocs économiques.

1.2.2. Faibles rémunérations

Les rémunérations dans le secteur informel sont généralement très faibles et ne s'accompagnent d'aucun avantage lié au travail (protection sociale, congés, indemnités, etc.). Les écarts salariaux entre les entreprises informelles et formelles sont notables, et s'expliquent en grande partie par les différences structurelles qui caractérisent ces deux types d'organisations. Comme le soulignent Baker (2021) et Dharejo et al. (2023), les travailleurs du secteur informel sont souvent rémunérés à des taux particulièrement bas, ce qui constitue une forme d'exploitation systématique. Les employeurs profitent de l'absence de régulation pour réduire leurs charges, souvent au détriment des droits fondamentaux des travailleurs.

Par ailleurs, les recrutements au sein des unités informelles répondent davantage à une logique sociale qu'à une logique fondée sur les compétences, ce qui limite la valorisation de l'expérience professionnelle. Ce mode de sélection contribue à banaliser les écarts salariaux, perçus comme secondaires. Enfin, ces disparités sont aussi liées aux conditions de fonctionnement de ces entreprises : faiblesse des capitaux, absence d'accumulation, et fragilité financière chronique.

1.2.3. Absence de protection sociale

Hurtado et al. (2017) relèvent que les travailleurs du secteur informel ne bénéficient que très rarement d'une protection sociale. Au Cameroun, Okolouma (2018) note leur exclusion des principales branches gérées par la CNPS. L'absence de contrat, le manque de dispositifs de prévention et la faiblesse des mécanismes de régulation renforcent cette vulnérabilité.

1.2.4. Absence de comptabilité formelle

Les unités de production informelles gèrent généralement leurs finances de manière non structurée, sans dispositif comptable rigoureux. Kumar et al. (2021) soulignent que nombre d'entre elles ne tiennent aucun registre comptable, rendant difficile le suivi des flux de trésorerie, des revenus et des dépenses. Cette absence d'organisation comptable nuit à la gestion financière, accroît le risque d'inefficacité et peut entraîner des pertes économiques considérables.

1.2.5. Délimitation conceptuelle du secteur informel

Les frontières entre le secteur informel et certaines activités économiques voisines restent souvent floues, rendant leur identification complexe. Les distinctions les plus couramment retenues reposent sur une typologie articulée autour de trois catégories : l'économie non observée, l'économie souterraine et l'économie non formelle.

- **L'économie non observée** désigne les activités économiques qui devraient être intégrées dans les déclarations officielles, mais qui échappent aux mécanismes de collecte de données administratives (Schneider, 2000). Elle comprend, par exemple, les cas où une entreprise sous-déclare ses bénéfices afin de réduire sa charge fiscale. L'écart entre les revenus effectivement perçus et ceux déclarés constitue alors une part de cette économie non observée.
- **L'économie souterraine** englobe des activités légales sur le plan productif, mais volontairement dissimulées aux autorités fiscales pour échapper à l'imposition. Selon De Soto (1989), cette économie représente une réponse stratégique des entrepreneurs face aux rigidités du système formel. Schneider (2002) la définit comme l'ensemble des activités non déclarées, bien qu'éligibles à l'imposition. Il s'agit, par exemple, d'une entreprise bien structurée, avec une capacité productive élevée, qui choisit délibérément de rester en dehors du cadre fiscal légal.

Une telle entreprise ne relève pas du secteur informel au sens strict, mais participe d'une logique d'évitement fiscal.

Ces deux formes d'économie parallèle sont souvent perçues comme des réponses à l'inefficacité ou à l'iniquité des régulations publiques, mais elles comportent des risques majeurs pour l'équilibre économique et la justice sociale.

- **L'économie non formelle** (ou illégale) regroupe les activités explicitement prohibées par la loi, telles que la production et la commercialisation de stupéfiants, le trafic d'armes ou encore les services exercés sans autorisation légale. Elle comprend aussi des biens ou services habituellement légaux, mais rendus illégaux par l'absence d'agrément de leurs producteurs ou distributeurs. Varese et Federico (2010) analysent comment certaines activités illicites peuvent s'organiser autour de logiques similaires à celles de l'économie domestique, brouillant encore davantage les frontières avec le secteur informel.

Pour assurer une couverture fiscale effective des unités de production informelles, il est impératif que les principaux acteurs du système fiscal (l'État et les collectivités territoriales décentralisées) disposent d'une compréhension fine de leurs spécificités structurelles et fonctionnelles. Cela suppose des actions ciblées, basées sur une connaissance approfondie de leur organisation interne, ainsi qu'une clarification rigoureuse des distinctions entre entreprises informelles et autres formes d'activités économiques proches.

Par ailleurs, bien que l'État soit en principe habilité à exercer ses prérogatives fiscales sur l'ensemble des entités opérant sur son territoire, on observe une incohérence dans l'application de cette fiscalité vis-à-vis de certaines activités informelles. Ce décalage témoigne d'un déficit de volonté politique, de moyens ou d'outils adaptés pour intégrer efficacement ces entreprises dans le champ fiscal. En l'absence de mesures concrètes et cohérentes, l'informel demeure ainsi largement en marge du système contributif national.

2. Fiscalisation « universelle » et Loi de finances 2024

La volonté d'atteindre une fiscalisation « universelle » soulève de nombreux défis, en particulier en ce qui concerne la définition des catégories de contribuables et l'application effective des dispositifs fiscaux. Cette section analyse les dispositions de la Loi de finances 2024 afin d'en apprécier la portée et les limites.

2.1. Que recouvre la notion de « contribuable non professionnel » ?

Selon les articles 74 bis et 93 ter du Code général des Impôts (CGI)[131], la notion de « contribuable non professionnel » désigne les personnes physiques percevant certains types de revenus, notamment : les traitements, salaires, pensions et rentes viagères ; les revenus des capitaux mobiliers ; les revenus fonciers ; ainsi que les plus-values non professionnelles. La loi précise également que cette catégorie englobe de manière générale l'ensemble des revenus dits passifs, c'est-à-dire ceux ne résultant pas de l'exercice d'une activité professionnelle.

Une ambiguïté persiste toutefois : les revenus issus des traitements et salaires peuvent-ils être assimilés à des revenus non professionnels ? La question mérite d'être posée, notamment au regard de la définition même du terme « salaire ». L'Insee (2020)[132] définit le salaire comme « *le paiement du travail convenu entre un salarié et son employeur au titre du contrat de travail, tant dans le secteur privé que pour les agents contractuels de la fonction publique, ou de l'emploi pour les fonctionnaires* ». De manière similaire, le dictionnaire Larousse[133] le décrit comme une somme versée en contrepartie d'un travail réalisé dans un cadre contractuel. Ces définitions insistent sur la relation contractuelle qui lie l'employeur à l'employé, ce qui positionne clairement le salaire comme un revenu d'origine professionnelle.

L'introduction du terme « salaire » dans une disposition visant à fiscaliser les « revenus passifs » révèle donc une forme de contradiction. Elle suggère, de manière implicite, une volonté d'élargir au maximum l'assiette de l'impôt, dans l'objectif d'atteindre une fiscalisation généralisée, voire totale. Une telle ambiguïté conceptuelle soulève des interrogations sur la cohérence du dispositif fiscal et sur sa capacité à distinguer clairement les catégories de revenus.

2.2. La fiscalisation de tous dans la pratique

Le système fiscal camerounais repose sur un principe déclaratif, selon lequel les contribuables sont tenus de déclarer spontanément leurs revenus. Dans ce contexte, plusieurs interrogations s'imposent : quels contribuables non professionnels sont réellement en mesure de déclarer volontairement leurs revenus ? L'État dispose-t-il d'un fichier exhaustif des contribuables non professionnels ? Peut-il effectivement l'établir et le maintenir à jour ? Les

---

131 Voir aussi pour plus de précision la circulaire n° 00000003/MINFI/DGI/LRI/L DU 20 MARS 2024 précisant les modalités de mise en œuvre de la déclaration annuelle des revenus des contribuables non professionnels.

132 https://www.insee.fr/fr/metadonnees/definition/c1211

133 https://www.larousse.fr/dictionnaires/francais/salaire/70629

revenus issus des unités de production informelles doivent-ils être considérés comme professionnels ou non professionnels ? Les mesures répressives prévues à l'encontre des contrevenants seront-elles applicables et efficaces ?

Parmi les principales mesures coercitives prévues par la loi figurent :

- La publication de la liste des défaillants dans le journal officiel *Cameroun Tribune*. Toutefois, l'efficacité de cette mesure dépend de la capacité à disposer d'un répertoire exhaustif et fiable des défaillants, ce qui reste incertain.
- L'application d'une amende fiscale de 250 000 FCFA, non susceptible de remise. Même en supposant une identification complète des contribuables concernés, la question qui se pose est celle de leur réelle capacité à s'acquitter de cette amende, compte tenu de leur profil socio-économique.
- La désactivation du fichier actif à la Direction générale des Impôts, empêchant notamment l'édition de l'attestation d'immatriculation ou de conformité fiscale. Cette mesure concerne avant tout les entités formelles, tandis que les unités de production informelles échappent, pour beaucoup, à toute forme d'enregistrement préalable.
- L'impossibilité d'obtenir un visa auprès d'une représentation diplomatique. Cette disposition reste difficile à mettre en œuvre, dans la mesure où les unités informelles et de nombreux contribuables non professionnels sont peu concernés par de telles démarches.

Ces dispositifs révèlent des intentions louables, mais aussi de nombreuses limites : flou conceptuel, faisabilité incertaine, inégal accès à l'information, et inadéquation des sanctions à la réalité socio-économique des cibles. La volonté d'instaurer une fiscalisation de tous, bien que légitime, demeure encore largement théorique.

Dans cette perspective, Saez et Zucman (2019) soulignent l'importance d'une réforme fiscale cohérente, visant à clarifier les catégories de contribuables et les mécanismes déclaratifs, tout en assurant une fiscalisation équitable, progressive et adaptée aux capacités contributives réelles. Sans un tel réajustement, les objectifs de justice fiscale et de lutte contre les inégalités risquent de demeurer hors de portée.

3. La réduction de l'inconstance fiscale : les préalables

Le système fiscal camerounais, tel qu'il est actuellement structuré, engendre une inconstance manifeste dans l'action des acteurs impliqués dans la chaîne fiscale, notamment à l'égard des unités de production informelles et des contribuables dits « non professionnels ». En pratique, ces acteurs interviennent de manière irrégulière : certaines entreprises informelles sont affiliées à l'impôt, tandis que d'autres, pourtant similaires en taille et en potentiel économique, ne font l'objet d'aucun suivi fiscal. Cette hétérogénéité dans l'application des règles fiscales génère des inégalités de traitement, alimente la subjectivité des décisions administratives et accroît le risque de contentieux.

Pour remédier à cette situation, l'État se doit de corriger les distorsions existantes, en fluidifiant les processus d'affiliation aux registres fiscaux et administratifs. Il s'agit notamment de mettre en place des mécanismes adaptés à la diversité des profils du secteur informel. Comment recenser et contrôler les revenus d'acteurs, tels que les *bayam-sellam*, les vendeurs ambulants, les braiseurs de soya, les commerçants de pétrole lampant, les transporteurs à pousse-pousse, les cordonniers ambulants ou encore les vendeurs de vin de raphia ou de bois de chauffe au détail ? Ces figures typiques de l'informel ne peuvent être appréhendées à travers les dispositifs classiques de recensement ou de fiscalisation.

Par ailleurs, la notion même de « contribuable non professionnel » demeure floue. Comment la distinguer clairement de celle de « contribuable professionnel » ? Les catégories mentionnées par la loi (traitements, salaires, pensions, rentes viagères, revenus de capitaux mobiliers ou fonciers) nécessitent une clarification terminologique et fiscale. Une redéfinition précise de ces revenus est indispensable afin d'éviter toute confusion et d'assurer une application cohérente de la législation.

Dans la majorité des cas, les unités de production informelles échappent aux services fiscalo-administratifs pour plusieurs raisons :

- La méconnaissance des obligations fiscales ;
- L'absence d'information sur les démarches d'enregistrement ;
- Le manque de ressources financières pour satisfaire aux exigences administratives ;
- La lourdeur et la complexité des procédures d'inscription (registre de commerce, CNPS, etc.).

Face à ces obstacles, un préalable essentiel réside dans la simplification des démarches d'enregistrement. Cela permettrait de réduire les frictions administratives qui dissuadent les acteurs informels de se formaliser. En complément, l'État devrait instaurer une politique de communication active, fondée sur des campagnes régulières de sensibilisation et d'information. La mise en place de plateformes de dialogue entre les autorités fiscales et les contribuables potentiels s'avère également cruciale. Ces espaces d'échange favoriseraient l'écoute des préoccupations, la diffusion de conseils juridiques, l'organisation de formations ciblées, et la fourniture de services fiscaux adaptés.

Vers une fiscalisation plus réaliste et équitable

Au terme de cette analyse, il convient de reconnaître que la fiscalisation des unités de production informelles et la captation des revenus des personnes sans activité professionnelle formelle peuvent constituer des leviers importants pour certaines économies. Cependant, dans un système fiscal de type déclaratif comme celui du Cameroun, les mécanismes de contrôle s'avèrent relativement efficaces dans le secteur formel, mais demeurent difficilement transposables à l'univers informel, en raison de la nature éclatée et peu structurée de ce dernier.

Les tentatives de captation des revenus informels, bien que pertinentes sur le plan théorique, se révèlent souvent insuffisantes et inefficaces sur le terrain. Les difficultés techniques et structurelles qui en découlent entravent la mise en œuvre de politiques fiscales inclusives. Ces limites renvoient aux enseignements de la courbe de Laffer (1980), qui postule qu'au-delà d'un certain seuil, l'augmentation des taux d'imposition engendre une baisse des recettes fiscales. Lorsque l'impôt est perçu comme excessif par les contribuables, ceux-ci adoptent des comportements de dissimulation pour préserver un revenu jugé insuffisant après prélèvement. Le sentiment de ne plus avoir d'intérêt à travailler ou produire pousse certains à se réfugier dans la clandestinité afin d'échapper aux contraintes administratives.

Ce phénomène met en évidence le caractère dissuasif d'un impôt mal calibré. Il rappelle qu'au-delà d'une pression fiscale excessive, la motivation des acteurs à se conformer aux obligations fiscales s'effondre. Cette dynamique se retrouve également dans les cas où l'élargissement précipité de l'assiette fiscale repose sur une définition imprécise de la base imposable et un champ d'application mal circonscrit. Une telle approche engendre plus de confusion que d'efficacité.

Bibliographie

Abbaoui, l. (2023). Les défis des politiques publiques selon l'organisation internationale de travail pour une transition de l'économie informelle vers l'économie formelle. *Journal of social science and organization management*, *4* (2), 147-161.

Alter Chen, M. (2005). *Repenser l'économie informelle : liens avec l'économie formelle et l'environnement réglementaire formel* (n° 2005/10). Document de recherche WIDER.

Baker, L. (2021). Everyday experiences of digital financial inclusion in India's 'micro-entrepreneur'paratransit services. *Environment and Planning A: Economy and Space*, *53*(7), 1810-1827.

Business in Cameroon. (2021). *Government Encourages Informal Sector Formalization through Tax Incentives.* Business in Cameroon. Récupéré de www.businessincameroon.com.

Cameroon policy analysis and research center. (2019). Optimisation du potentiel fiscal du Cameroun : premier levier pour réussir le décollage dans le cadre de la seconde phase de la vision 2035, série d'études n° 8, Décembre 2018, www. Camercap-parc.org.

Dao, H. et Godbout, L. (2014). Le rôle de la fiscalité dans la réduction des inégalités : doit-ton se soucier de la structure fiscale servant à prélever les recettes ? *l'actualité économique*, 90 (4), 303-327.

De Soto, H. (1989). *L'autre chemin* (p. 17133). New York : Harper & Row.

DGI news (2023). Les recettes fiscales du premier trimestre 2023, n° 001, mai 2023.

Dharejo, N., Siddiqui, M. B., & Memon, Z. A. (2023). Legal And Illegal Informal Workers In Pakistan's Sindh Province. *Pakistan Journal of International Affairs*, *6*(4).

EESI (2023). *Troisième enquête sur l'emploi et le secteur informel au Cameroun*, Rapport principal, phase 2 enquête sur le secteur informel, aout 2022, www. Ins-cameroun.cm.

Eta, E. G. (2023). *Cinquantenaire du secteur informel urbain et le marché du travail en Afrique francophone.* Le Lys Bleu Éditions.

Hurtado, D. A., Hessel, P., & Avendano, M. (2017). The hidden costs of informal work: lack of social protection and subjective well-being in Colombia. *International journal of public health*, *62*, 187-196.

Kerrouch, H., Hamid, F., Bousseta, M., & Boubrahimi, N. (2018). L'analyse de relation entre l'économie informelle, l'inflation et les recettes fiscales au Maroc : une évaluation empirique basée sur des techniques de modélisation Var et de causalité au sens de Granger. *Revue du contrôle, de la comptabilité et de l'audit*, *2* (3).

Laffer, A. B. (1980). The International Impact of a Value.Added Tax', (6), 119.

Mbonteh, R. (2020). *The Struggle of Cameroon's Informal Sector Amidst COVID-19. Cameroon Business News.* Récupéré de www.cameroonbusinessnews.com.

Meagher, K. (2018). Taxing times: Taxation, divided societies and the informal economy in Northern Nigeria. *The Journal of development studies*, *54*(1), 1-17.

MINPMEESA (2022). Les PME catalyseurs du développement de l'économie camerounaise, *Perspectives économiques* n° 001/2022, www.minpmeesa.gov.cm.

CHAPITRE 17

Les motivations du conjoint-créancier dans l'entrepreneuriat féminin

Laurent Ndjanyou

L'entrepreneuriat féminin dans les pays en développement est un enjeu prioritaire tant pour les pouvoirs publics que pour les organisations non-gouvernementales. Malgré cette importance, la femme entrepreneure est plus encline au problème de financement que son homologue masculin. Les difficultés d'accès au financement restent donc un problème crucial auquel doit faire face l'entrepreneure (Rosa et Sylla, 2018). Au Cameroun, plusieurs structures d'accompagnement de l'entrepreneuriat féminin à l'instar la MUFFA (Mutuelle financière des Femmes africaines) ont ainsi été créées. Malgré cette effervescence, le problème de financement demeure une barrière majeure entravant le processus entrepreneurial des femmes d'autant plus que plusieurs entrepreneures ne satisfont pas aux critères de financement, notamment l'apport personnel représentant un certain pourcentage du prêt sollicité. Par ailleurs, les institutions prêteuses perçoivent les entreprises détenues par des femmes comme étant plus risquées que celles appartenant à des hommes. Comme le font remarquer Coleman (2000), Bosse et Taylor (2012), ces institutions sont alors plus susceptibles de refuser du financement ou de l'accorder à des conditions moins avantageuses aux femmes entrepreneures. Peut-on observer de plus en plus, dans le contexte du Cameroun, l'appui financier de l'époux à la création et au développement des activités de son épouse.

Pourtant, l'on note en dehors de quelques études dans le contexte camerounais (Djodjo et Gervais, 2021 ; Onana, 2009) un désintérêt de la recherche académique sur le financement de l'entrepreneure par le conjoint. Les Mélanges en l'honneur de Robert Wanda, dans lequel s'inscrit le présent chapitre, m'offrent l'opportunité de traiter de cette problématique. Il s'agit de comprendre les facteurs qui conduisent l'époux à accompagner financièrement le projet d'entreprise de son épouse. En d'autres termes, quelles sont les motivations sous-jacentes au financement par le conjoint de l'activité génératrice de revenu portée par son épouse ?

Pour ce faire, un plan suivant est adopté. La première section dresse un état des lieux de la littérature sur les rôles respectifs des hommes et des femmes au sein de leur couple. La deuxième présente la méthode d'accès au réel. La troisième section expose les résultats et les discussions qu'ils suscitent font l'objet de la quatrième section.

1. L'entrepreneuriat féminin : le rôle du couple en question

Plusieurs travaux scientifiques s'accordent sur l'importance de la relation conjugale et plus précisément du soutien du conjoint dans le processus entrepreneurial des femmes. Le conjoint est une partie prenante indispensable à l'entreprise détenue par la femme en ce sens qu'il détient l'ultime décision sur l'engagement du financement initial souvent issu du patrimoine commun (Gundry et Welsch, 1994). Aussi, Davidson et Honig (2003) relèvent l'importance du conjoint comme facilitateur ou, au contraire, barrière à la décision de création d'entreprise. Cependant, ces auteurs ne mettent pas en perspective les éléments permettant au conjoint de faciliter, sinon d'entraver le processus entrepreneurial. Les études menées par Brush (1992) et Kirkwood (2009) confirment qu'en entrepreneuriat, le soutien du conjoint est plus important pour les femmes entrepreneures que pour leurs homologues de sexe masculin. Pour ces auteurs, les femmes consultent leurs époux avant toute prise de décision concernant leurs activités professionnelles, ce qui n'est pas le cas chez les entrepreneurs hommes. Cet accompagnement du conjoint est abordé dans la littérature principalement de deux manières.

La première grille de lecture est celle des travaux qui s'attellent à identifier les moments dans lesquelles ce soutien intervient. Ainsi, le soutien du conjoint apparaît dans les moments de stress professionnel (Blanchard et al., 2009) et lorsque les deux conjoints exercent chacun une activité professionnelle (Parasuraman et al., 1992). La seconde grille est celle qui s'intéresse à la typologie de soutien en distinguant l'accompagnement émotionnel, moral, l'aide aux membres de la famille, le support dans la carrière professionnelle et la participation du conjoint aux travaux domestiques (Ezzedeen et Ritchey, 2008). Cependant, en dépit de l'importance du support apporté par le conjoint à l'entrepreneuriat féminin, peu de travaux se sont véritablement intéressés au soutien financier apporté par ce dernier et encore moins aux conditions d'apparition de cet accompagnement. Dès lors, pour le comprendre, il est important de convoquer dans ce travail l'idéologie du partage des rôles selon le sexe dans la société en général et les ménages en particulier.

L'idéologie en matière de partage des rôles selon le sexe se définit comme la manière par laquelle un être humain s'identifie par rapport à son genre et aux rôles de chacun des deux genres dans le ménage (Minnotte et al., 2010). Elle impacte la relation de couple et en particulier l'indépendance économique de la femme (Sayer et Bianchi, 2000), mais aussi, le rôle joué par le conjoint de la femme dans la recherche de l'indépendance financière de l'épouse (Mickelson et al., 2006). Il s'agira donc dans la suite de cette étude de présenter les différents angles d'analyse du partage des rôles selon le sexe dans une relation conjugale, de l'approche traditionnelle et culturaliste (Hofstede, 1980), à l'approche économique (théorie économique du mariage) de Yoram Weiss (1994) et, l'impact de ces différentes approches sur l'entrepreneuriat féminin et l'accompagnement du conjoint. Cette partie s'achève par la présentation de la théorie du contrat de mariage qui évoque les motivations cachées du conjoint qui peuvent justifier les actions de ce dernier envers sa partenaire et vice versa.

1.1. L'approche traditionnelle et culturaliste

L'approche traditionnelle du partage des rôles dans le couple se fonde sur les études de Hofstede (1980). Ce dernier définit la culture comme une programmation mentale collective différente d'un groupe sociologique à un autre. Elle est représentée à trois niveaux à savoir : le niveau personnel (qui est spécifique à chaque être humain), le niveau collectif (qui caractérise un groupe sociologique) et le niveau universel (qui désigne le programme mental commun à tous les individus). Le niveau collectif révèle par ailleurs que la culture est acquise par l'individu au sein d'une famille, d'un village ou d'une ethnie, entre autres. Ainsi, chaque être humain se caractérise par des habitudes issues de son environnement social et culturel.

L'étude menée par Hofstede (1980) révèle six dimensions permettant de classer les populations de 53 pays constituant l'échantillon d'étude. Il s'agit des dimensions « distance hiérarchique », « contrôle de l'incertitude », « individualisme/collectivisme », « orientation temporelle », « indulgence/sé vérité » et « masculinité/féminité ». À travers cette dernière dimension, l'auteur montre que les sociétés africaines opèrent une forte distinction entre les rôles selon le sexe. Les activités de production sont réservées aux hommes alors que les tâches domestiques sont effectuées par les épouses. Suivant cette logique, l'entrepreneuriat faisant partie des activités de production serait réservé exclusivement aux personnes de sexe masculin. Dès lors, on peut noter une réticence des hommes à apporter leur soutien aux activités entrepreneuriales de leurs épouses, car ces dernières ont vocation d'après les normes culturelles en vigueur dans la société africaine, à s'occuper des tâches ménagères et de l'éducation des enfants, au lieu de s'intéresser aux activités de production. Cette position est empiriquement confirmée par Njeuru et Njoka (1998) qui démontrent que les hommes limitent volontairement l'accompagnement de leurs épouses dans l'activité entrepreneuriale. Pour ces auteurs, un soutien important accordé par les conjoints des femmes entrepreneures pourrait accélérer le développement de l'activité gérée par les épouses, ce qui est susceptible de permettre à ces dernières d'avoir plus de pouvoir, mais aussi, entraîner la perte de l'autorité dans le ménage par l'époux, toutes choses contraires aux us et normes culturelles en vigueur.

1.2. L'approche économique et la théorie du mariage

L'approche économique des rôles conjugaux est analysée via la théorie économique du mariage de Yoram Weiss (1994). Pour cet auteur, le fonctionnement du mariage et du « marché » matrimonial est similaire à celui de deux agents économiques. Le mariage, lorsqu'il est considéré comme une union volontaire d'individus dotés de rationalité, relève de mêmes éléments d'analyse que tous les autres phénomènes économiques. L'analyse se fonde sur la ressemblance entre le marché de l'emploi, où l'employé et l'employeur s'entendent pour la production des biens et services marchands, et le marché du mariage où l'époux et l'épouse se mettent ensemble pour la production des biens domestiques non marchands. En effet, si la relation de couple apparaît d'un point de vue économique comme un « partenariat » ayant pour objectif une production et une consommation conjointe des biens produits par les époux, elle a également d'autres fonctions encore plus importantes, telles que la division du travail, la fourniture des biens collectifs et le partage des risques entre les conjoints.

En ce qui concerne la division du travail, Yoram Weiss (1994), note qu'il existe diverses preuves de division du travail dans le couple. Les hommes mariés travaillent pendant de longues heures sur le marché et ont des salaires substantiellement plus élevés que ceux des hommes célibataires. En revanche, les femmes en union ont des salaires plus faibles et travaillent plus à la maison que les femmes célibataires (Korenman-Neumarck, 1992). Ceci permet à ces auteurs de montrer que le mariage a un effet sur la capacité de production de chacun des partenaires et qu'en raison du partage des rôles selon le sexe dans le couple, les hommes sont appelés à produire plus que les femmes, sans toutefois négliger l'apport de ces dernières dans le ménage. Quant au partage des biens et des dépenses dans le ménage, Lazear et Michael (1980) estiment que deux individus célibataires peuvent presque doubler leur pouvoir d'achat en formant une union. Les auteurs notent que certaines dépenses peuvent être partagées par les deux partenaires. Il s'agit notamment des dépenses pour les enfants et le logement.

De ce qui précède, le mariage devient une union dont l'un des principaux intérêts est d'ordre économique à savoir : la répartition et le partage des charges du ménage, ce qui augmente par conséquent le pouvoir d'achat de chacun des partenaires. En outre, Benham (1974) signale qu'en lieu et place des biens de consommation et des dépenses, les conjoints peuvent se partager les ressources productives. Si l'auteur s'attarde essentiellement sur le fait que le niveau d'instruction de la femme peut rehausser le salaire du mari, il faut également noter que les avoirs de l'époux peuvent concourir à la résolution des difficultés d'ordres financières rencontrées par l'épouse dans son entreprise. Enfin, pour ce qui est du partage des risques, Yoram Weiss (1994), montre que, pour deux individus ayant une aversion pour le risque et disposant chacun d'un revenu incertain, l'utilité espérée est susceptible de changer positivement si les deux partenaires agissent ensemble, contrairement à ceux qui choisiront d'agir individuellement.

Ces principaux facteurs de l'approche économique de la formation des couples interagissent ensemble et sont difficilement dissociables. Cette approche permet de percevoir la relation de couple non plus pour des raisons uniquement altruistes (Emile Durkheim, 1893), mais de plus en plus pour des raisons économiques. Dans ce cas, l'approche traditionaliste du partage des rôles se trouve limitée, car, les femmes prennent désormais part aux activités de production et sont considérées dans les ménages comme des partenaires économiques devant honorer leur part d'engagement envers les époux en participant à la vie économique du ménage. Cette approche économique du partage des rôles nous conduit vers la théorie du contrat de mariage, qui relève l'existence d'un contrat tacite avec des attentes et des closes non écrites susceptibles d'influencer le comportement de chaque conjoint envers l'autre.

1.3. L'apport de la théorie du contrat de mariage

L'approche économique de l'analyse du partage des rôles selon le sexe permet de percevoir la formation des couples non plus pour des raisons altruistes exclusivement, mais désormais pour des raisons économiques. La discrimination sexuelle dans le partage des rôles a désormais moins d'importance, compte tenu de ce que les époux se considèrent comme des partenaires économiques. Chacun doit contribuer à la gestion économique du ménage et participer à la résolution des problèmes financiers du couple.

Cette approche nous amène à recourir à la théorie du contrat de mariage (Sager et al., 1971 ; Sager, 1976 et 1977) pour meubler le corpus théorique de cette étude. En effet, la théorie du contrat de mariage convoque les motivations cachées du comportement du conjoint en mettant en exergue le rôle des attentes de chaque conjoint envers l'autre sur la relation conjugale. Selon Sager et al. (1971) chaque conjoint arrive dans la relation conjugale avec un contrat explicite, en l'occurrence le « contrat de mariage », mais aussi un contrat implicite qui est constitué des attentes du conjoint envers son vis-à-vis. Dès lors, la rencontre des deux types de contrat donne naissance à un troisième type de contrat relationnel et qui est partagé entre les deux partenaires. Ce dernier est non verbal, tacite, avec des clauses et des attentes non écrites qui couvrent la vie conjugale.

Au rang de ces attentes figure la participation des conjoints à la gestion économique du ménage, comme le prévoit l'approche économique du partage des rôles (Lemennicier, 1980). Ainsi, plus ce troisième contrat sera en adéquation avec les deux premiers, plus la relation conjugale peut être considérée comme de « bonne qualité » (Nikina et al., 2012). Dans ce contexte, le comportement de chacun des conjoints est orienté par les efforts fournis par le partenaire de sexe opposé en vue de respecter ses engagements et satisfaire les attentes de son vis-à-vis, d'où le concept de « motivations cachées » du comportement du conjoint évoqué par les auteurs de la théorie du contrat de mariage.

Le soutien du conjoint à l'activité entrepreneuriale de son épouse serait déterminé par les efforts fournis par cette dernière au quotidien pour satisfaire les attentes de son époux et respecter ses obligations contractuelles issues du contrat tacite non écrit.

2. Les aspects méthodologiques

Nous cherchons dans la présente étude à comprendre les motivations du soutien financier du conjoint à son épouse entrepreneure. Notre terrain de recherche est la ville de Douala, caractérisée par le dynamisme entrepreneurial remarquable des femmes qui y vivent. Dans cette perspective, la démarche qualitative (Wacheux, 1996) est requise. Les Méthodes de Recherches Qualitatives (MRQ) couvrent une série de techniques de collecte et d'analyse de données (Mucchielli, 2011). Elles visent à comprendre les expériences personnelles et à expliquer certains phénomènes sociaux, tels que le financement de l'entrepreneuriat féminin par l'époux objet du présent travail.

Afin d'observer cette réalité sociale, la collecte de données a été effectuée sur la base d'entretiens individuels semi-structurés. Ceux-ci ont été conduits auprès d'un échantillon de 10 entrepreneures ainsi que certains de leurs conjoints. Un guide d'entretien a été élaboré en prenant en compte la littérature sur le sujet ainsi que l'enquête préliminaire réalisée sur le terrain d'étude. Les principaux thèmes abordés lors des échanges sont :

a) Histoire de la création de l'entreprise ;
b) Le financement de l'entreprise ;
    - Les différentes sources de financement de l'entreprise
    - La question de l'apport spécifique du conjoint au financement de l'activité

c) Organisation, fonctionnement du ménage et contribution de l'époux à l'activité ;
    - Les relations sentimentales entre les conjoints et l'apport financier de l'époux dans l'entreprise

- La relation entre la participation de l'entrepreneure à la vie économique du ménage et la contribution du conjoint au financement de l'activité.

Pour cerner les résultats de notre travail, l'analyse thématique de contenu grâce au logiciel Nvivo 10 a été réalisée en respectant trois principales étapes que sont : la retranscription de tous les discours recueillis sur le terrain d'étude, la construction des catégories ainsi que le codage.

L'échantillon d'étude est de type non probabiliste tel que définie par Beau (1984) et sélectionné suivant la méthode de la boule de neige (Goodman, 1961). La taille de l'échantillon ne pouvant être prédéfinie à la base, les entretiens ont été réalisés jusqu'à saturation théorique au bout du dixième entretien avec les promotrices d'entreprises retenues. Par ailleurs, considérant la délicatesse du sujet traité (lié à la qualité des rapports entre les conjoints, ce qui est difficilement perceptible), il était nécessaire de confronter les déclarations de ces entrepreneures avec celles de leurs conjoints afin de renforcer la fiabilité de l'étude. Dans cette optique, les époux de ces femmes entrepreneures ont été sollicités pour participer à l'étude. Finalement, 8 époux sur 10 ont effectivement accepté de se livrer à nos échanges. Par conséquent, l'échantillon final est constitué de 18 personnes réparties comme suit : dix entrepreneures et huit époux parmi les dix attendus.

En ce qui concerne les caractéristiques de notre échantillon d'étude, on note qu'il s'agit essentiellement des promotrices de Très Petites Entreprises (TPE) de la ville de Douala, comme nous l'avons souligné précédemment (principale métropole économique du pays). Chaque élément de l'échantillon est appelé X (pour la femme entrepreneure) et Y (pour le conjoint), de telle sorte que Yi représente le conjoint de l'entrepreneure Xi. Les caractéristiques de l'échantillon sont présentées dans le tableau ci-dessous.

Tableau 1 : Caractéristiques de l'échantillon

Xi/ Yi	Activité	Âge	Durée de l'entretien	Expérience	Durée de la relation conjugale	Nombre d'enfants dans le ménage	Part du conjoint dans le financement
X1	Petit Commerce	31 ans	26 min 8 s	05 ans	10 ans	04	50%
Y1	Commerce	35 ans	20 min 4 s	13 ans			
X2	Commerce général	37 ans	27 min 12 s	9 ans	15 ans	01	Environ 55%
Y2	Enseignant	45 ans	20 min 33 s	22 ans			
X3	Commerce	36 ans	25 min 14 s	03 ans	10 ans	02	Au moins 50%
X4	Couture	46 ans	21 min 12 s	20 ans	22 ans	06	Non estimé
X5	Petit Commerce	42 ans	20 min 33 s	18 ans	20 ans	05	Environ 70%
Y5	Médecin	50 ans	24 min 14 s	18 ans			
X6	Petit Commerce	39 ans	25 min 30 s	13 ans	20 ans		80%
Y6	Commerce	45 ans	29 min 23 s	22 ans		04	
X7	Shoping	33 ans	21 min 10 s	09 ans	06 ans	03	Non estimé
Y7	Commissaire de police	37 ans	21 min 1 s	13 ans			
X8	Petit Commerce	31 ans	20 min	5 ans	10 ans	03	Environ 75%
Y8	Enseignant	40 ans	23 min 8 s	9 ans			
X9	Couture	33 ans	20 min 4 s	10 ans			60%
Y9	Commerce	45 ans	28 min 12 s	13 ans	15 ans	05	
X10	Coiffure	38 ans	20 min 33 s	10 ans	15 ans	05	65%
Y10	Commerce	45 ans	25 min 14 s	18 ans			

***Source** : Auteur*

Il ressort du tableau ci-dessus que la durée des entretiens varie de 20 à 29,23 minutes. Par ailleurs, le nombre d'enfants dans les ménages de ces entrepreneures varie entre 1 et 6 enfants. Aussi, l'âge des intervenants varie de 31 ans à 46 ans pour les femmes et de 35 à 50 ans pour les conjoints. On constate que les conjoints sont tous plus âgés que leurs épouses dans les couples. Ceci obéit à une norme sociale qui voudrait que, dans les sociétés africaines, les épouses soient moins âgées que les époux. Cela permet davantage à ces derniers de faire asseoir leur autorité au sein de la famille et de consolider leur position de « chef de ménage ». En outre, l'expérience des entrepreneures de l'échantillon varie de 03 à 20 ans.

Il s'agit pour la grande majorité des entreprises exerçant une activité commerciale, celle-ci étant la principale activité de l'économie au Cameroun (Institut National de la Statistique, 2016). On note par ailleurs que plus de 80% des femmes entrepreneures de l'échantillon se lancent dans l'entrepreneuriat quelques années après le mariage. Ceci confirme le fait que l'entrepreneuriat féminin dépend fortement du conjoint de l'entrepreneure qui détient l'ultime décision concernant la levée de fonds pour l'accompagnement de son épouse dans son activité professionnelle (Kirkwood, 2009 ; Bruch, 1992). En outre, toutes les personnes interviewées reconnaissent cet apport financier du conjoint qui commence au début de l'activité dans la majorité des cas et se perpétue tout au long de la vie de l'entreprise. Il représente en moyenne 63,12% du financement total de l'entreprise et se situe au moins à plus de 50% dans toutes ces structures.

3. Les résultats et la discussion

L'analyse des discours de nos interlocuteurs fait ressortir plusieurs éléments permettant de justifier le soutien financier du conjoint à l'activité entrepreneuriale de son épouse. Parmi ces facteurs, figure au premier rang, l'altruisme traduisant la confiance et l'amour éprouvés par le conjoint à l'endroit de son épouse. C'est ce qui ressort des propos de l'interlocuteur X6 en ces termes : « *mon mari a financé mon activité par ce qu'il m'aime et il a confiance en mes capacités* ». Ensuite, le devoir de solidarité conjugale et d'assistance mutuelle apparaît au deuxième rang des facteurs explicatifs de la participation financière du conjoint à l'effort entrepreneurial de son épouse. Ainsi, au nom du devoir d'assistance mutuelle reconnue par le Code civil, le conjoint de l'entrepreneur participe au financement de l'activité tenue par sa partenaire. À ce sujet, l'interlocuteur X9 affirme : « *Mon époux m'a soutenu parce qu'il sait que, dans un couple, les conjoints doivent s'entraider* [...] *même aujourd'hui, il est obligé de me soutenir financièrement dans mon activité parce que je suis sa femme, on doit se soutenir mutuellement, c'est ce que dit la loi* ».

En dehors de ce premier groupe de facteurs qui permettent de comprendre l'accès de l'entrepreneure au soutien financier de son conjoint, plusieurs autres éléments issus des discours de ces promotrices d'entreprises et de leurs époux permettent d'expliquer l'accompagnement financier de l'entrepreneure par l'époux. Parmi ceux-ci, figure, en pole position, la participation de l'entrepreneure à la prise en charge des dépenses du ménage.

En effet, à la suite des entretiens menés, plus de la moitié des patronnes d'entreprises de notre échantillon s'accordent pour reconnaître que leurs actions dans le ménage à travers la contribution dans la gestion économique du couple et leur participation financière aux dépenses favorisent leurs accès au soutien financier de leur conjoint dans le cadre du financement de leurs activités génératrices de revenu. Ceci s'illustre à travers les propos des entrepreneures X4 et X9 qui déclarent respectivement :

« Mon secret, c'est d'aider mon mari de temps en temps à assumer les charges [...] parfois, c'est moi qui achète les habits des enfants, j'achète aussi leurs médicaments quand ils sont malades [...] et quand j'ai besoin d'argent pour relancer mon commerce, mon mari n'hésite pas à me soutenir, car il voit bien que ce commerce nous aide tous », « ce que je gagne à travers cette activité que je mène, je le mets au service de notre maison, je résous certains problèmes financiers qui se présentent [...] c'est en quelque sorte ce qui motive mon mari à financer de temps en temps ce petit commerce que je fais ».

La contribution financière de la femme entrepreneure aux charges du ménage est une motivation importante de l'époux au soutien financier de l'activité menée par sa conjointe. Ce facteur est reconnu par la totalité des époux des entrepreneures ayant accepté de participer à notre étude. Il ressort ainsi des déclarations de nos interlocuteurs Y1 et Y7 respectivement :

« Si une femme sort chaque matin pour aller chercher de l'argent et que les charges continuent de peser sur toi seul, alors ça ne vaut pas la peine de mettre ton argent dans son activité [...] moi j'ai commencé à soutenir financièrement mon épouse dans son petit commerce parce qu'elle contribuait financièrement aux besoins de la maison », « ma femme prend soin des enfants avec le revenu de son activité et ça me soulage vraiment [...] c'est pour cette raison que lorsque son activité nécessite un apport financier, je le fais sans me plaindre ».

Par ailleurs, la nécessité d'accroître le revenu familial amène certains conjoints à financer l'activité génératrice de revenus de leur épouse. Cette tendance s'observe de plus en plus en raison de la conjoncture économique défavorable qui affecte davantage les ménages et limite la capacité financière des hommes à couvrir les dépenses quotidiennes du foyer. Ainsi, les conjoints des promotrices d'entreprises acceptent à la demande de leurs épouses de financer leurs activités. Ces activités permettent d'accroitre le revenu du couple tout en augmentant le pouvoir d'achat de chacun des conjoints. Pour soutenir cette idée, l'interlocuteur X10 déclare : « *J'ai demandé l'aide de mon mari parce que je ne pouvais pas le laisser avec toutes les charges de la maison et qui l'absorbaient déjà* [...] *il fallait que je fasse quelque chose dans l'optique de compléter ce que mon mari gagne, mais, qui est très insuffisant pour notre ménage et il a accepté de financer l'ouverture de mon atelier* », propos corroboré par son conjoint Y10 en ces termes : « *J'ai accepté de financer l'ouverture de l'atelier de couture de mon épouse parce que les charges de la maison me dépassaient déjà, il fallait qu'elle mène une activité afin de me soutenir dans les dépenses* ».

Le tableau ci-dessous retrace une synthèse des résultats obtenus. Il s'agit principalement du pourcentage des personnes ayant convoqué chacun des arguments mentionnés ci-dessus pour justifier le financement de l'entrepreneuriat féminin par les conjoints des femmes entrepreneures.

Tableau 2 : Taux de réponse en faveur de chaque argument

	Altruisme (Amour et autres)	Obligation légale	Participation à la prise en charge des dépenses et nécessité d'accroitre le revenu du ménage
Femmes entrepreneurs	80%	50%	80%
Conjoints	50%	37,5%	100%

***Source** : Auteur*

Il ressort de ce tableau que 50% des conjoints des femmes entrepreneures affirment financer l'activité de leurs épouses entrepreneures par altruisme contre 80% des épouses entrepreneurs dont la perception est fondée sur le même motif. Par ailleurs, 50% d'entrepreneures considèrent le soutien financier de leur époux à leurs activités génératrices de revenu comme une obligation légale contre 37,5% des conjoints qui partagent la même raison. En revanche, l'ensemble des conjoints interviewés soulignent que la participation de leurs femmes à la prise en charge des dépenses du ménage est la motivation principale de l'accompagnement financier de l'activité entrepreneuriale de leurs épouses.

Les résultats ci-dessus présentés suscitent des commentaires et discussions. Ils montrent qu'un nombre important de nos interlocuteurs (50% des conjoints et 80% des conjointes) estiment que l'accompagnement financier apporté à l'entrepreneure par son époux résulte du degré d'amour entre les deux partenaires conjugaux. Pour comprendre ce résultat, il est important de s'écarter de la vision strictement matérialiste de l'argent dans les ménages (Morris, 1984 ; Pahl, 1989) pour embrasser une conception plus large, intégrant sa valeur de lien (Godbout et Caillé, 1992). En effet, Henchoz (2007) rappelle que fournir un repas ou un présent peut être une façon d'exprimer son amour envers autrui. Dans ce sens, Belk et Coon (1993) démontraient déjà que l'argent a une valeur symbolique et d'expression du sentiment amoureux entre les conjoints.

Dans ce cas, donner de l'argent à sa conjointe en vue de financer son activité génératrice de revenus est une façon pour le conjoint de prouver son amour envers sa femme. Francesca Cancian (1986) met en exergue l'aspect instrumental de l'amour dans son étude. Pour cet auteur, l'amour doit être considéré dans sa dimension affective (intimité et émotions), mais aussi dans sa dimension instrumentale (aide, partage, assistance matérielle et autres). Suivant cette logique, et afin de manifester leur amour l'un envers l'autre, les conjoints peuvent se partager les biens matériels et s'assister mutuellement dans la réalisation des objectifs professionnels. Dès lors, le soutien financier accordé à l'entrepreneure par son partenaire est dans ce contexte perçu comme l'expression de la dimension instrumentale de l'amour entre conjoints.

En outre, l'idéologie contemporaine de l'amour romantique (Cancian, 1986) suppose que les actions et les pensées sont guidées par l'amour et les émotions, et orientées vers le bien-être du partenaire. Ces auteurs notent que les actions sont régies par la logique de l'altruisme et du désintérêt. De plus, les partenaires amoureux investissent de leur énergie dans certains échanges (matériels et immatériels) qui prennent la forme de don, ce dernier étant le meilleur moyen d'exprimer son engagement amoureux (Belk et Coon, 1993). Ainsi, les résultats de la présente étude corroborent les conclusions de ces auteurs dans la mesure où, sur la base des propos prononcés par les interviewés, les conjoints accordent gracieusement leur soutien financier à leurs conjointes entrepreneures pour exprimer leur amour et leur engagement envers ces dernières.

Selon la conception culturaliste de la division sexuée du travail (Hofstede, 1980), les hommes ont la lourde responsabilité de supporter les dépenses du ménage alors que les femmes doivent se consacrer aux tâches domestiques et à l'éducation de la progéniture. Selon cette approche, comme on l'a vu plus tôt, la production est réservée à la gent masculine (Lecour Grand Maison, 1979). Cependant, depuis la crise économique des années 1980, on a noté une évolution des mentalités au Cameroun qui pourrait justifier ici la résonance de l'approche économique de la répartition des rôles en fonction du sexe (Yoram weiss, 1994).

D'après cette approche, les conjoints sont désormais considérés comme des partenaires économiques, chacun devant apporter sa contribution financière pour la gestion économique du ménage. De ce fait, Charmes (2005) et Warren (2009) montrent que l'entrée des femmes dans l'activité de production devient plus qu'une nécessité dans la mesure où ces dernières sont désormais appelées à contribuer de manière significative au revenu du ménage, la production des ressources financières des époux étant devenue insuffisante pour la satisfaction des besoins du ménage suite à la crise économique. Dans ce sens, il devient compréhensible que les hommes acceptent de financer les activités génératrices de revenu de leurs épouses dans l'optique d'accroitre le revenu du ménage.

Toutefois, il convient de souligner que l'approche économique de la répartition des rôles n'est pas officiellement approuvée en contexte camerounais. Ceci étant, la société demeure traditionaliste. Ainsi, la participation des femmes à la prise en charge des dépenses du ménage rentre dans la catégorie des « attentes » officieuses des époux, d'après la théorie du contrat de mariage (Sager et al., 1971), selon laquelle, en dehors du contrat légal entre les époux, il existe un contrat non écrit constitué des attentes de chacun des conjoints vis-à-vis de l'autre dans la vie de couple. Ces auteurs rappellent que les actes posés par chaque conjoint dans ce cas sont orientés par les efforts fournis par le partenaire dans l'optique de satisfaire ces attentes.

Dès lors, le soutien financier accordé par le conjoint de sexe masculin à son épouse dans le cadre du financement de son activité entrepreneuriale fait suite de la satisfaction des attentes du conjoint de sexe masculin par sa compagne à travers sa participation financière à la vie économique du ménage. Ceci se traduit effectivement dans les propos de 80% des femmes d'affaires de notre échantillon et par l'ensemble des époux de ces entrepreneures. Ces attentes n'étant pas officiellement exprimées à l'avance, car résultant du contrat tacite, non écrit et non verbal entre les époux, cette participation de l'épouse à la prise en charge des dépenses du ménage permet d'augmenter, voire de doubler le pouvoir d'achat du conjoint (Lezear et Micheal, 1980). Elle constitue ainsi une motivation « cachée » de l'action du conjoint qu'est l'accompagnement financier de ce dernier de l'activité entrepreneuriale de son épouse d'après la théorie du contrat de mariage de Sager et al. (1971).

Les études menées en Afrique révèlent que les femmes ont de plus en plus tendance à contribuer de manière significative aux dépenses dans leurs ménages (Locoh, 1996 ; Guetat-Bernard, 2011). Ces dépenses sont principalement orientées vers la santé, l'éducation de la progéniture, le règlement des factures d'eau et d'électricité (Hofman et al., 2007). Par ailleurs, Nkapadonou et al. (2014) montrent que la part de ces femmes dans la prise en charge des dépenses du couple provient essentiellement des bénéfices générés par leurs activités génératrices de revenu. Ces conclusions corroborent les résultats de cette étude dans la mesure où le soutien financier accordé à la femme entrepreneure par son époux est non seulement lié à la satisfaction des attentes de ce dernier par son épouse à travers sa participation à la vie économique du ménage, mais aussi une motivation pour ces femmes entrepreneures d'accroitre leur intervention dans la résolution des problèmes financiers du ménage grâce aux bénéfices issus de leurs activités professionnelles.

Conclusion

L'objectif de cette réflexion scientifique était d'étudier les rapports entre les conjoints afin de déterminer les éléments nécessaires à la compréhension du soutien financier du conjoint à l'activité entrepreneuriale de son épouse. Sur la base de l'échantillonnage en boule de neige (Goodman, 1961), dix femmes entrepreneures de la ville de Douala ont été sélectionnées, complétées par huit conjoints devant faire partie des individus sur lesquels a porté l'étude. Le canevas méthodologique de type qualitatif s'est servi des entretiens semi-directifs s'appuyant sur des sous-thématiques en rapport avec l'objet de l'étude. Les données non structurées obtenues ont fait l'objet d'une analyse à l'aide du logiciel Nvivo 10. De cette analyse, il ressort dans un premier temps que : la décision d'accompagner financièrement sa conjointe dans son activité entrepreneuriale dépend du degré d'amour que porte le conjoint envers son épouse. En effet, plus de 50% des personnes interviewées pensent que l'amour entre les conjoints détermine le soutien financier accordé par le conjoint à sa conjointe dans le cadre du financement de son activité génératrice de revenu. Ce résultat corrobore ceux des travaux de Belk et Coon (1993) selon lesquels l'argent a une valeur symbolique et, par ailleurs, est l'expression du sentiment amoureux entre les conjoints. Dans ce cas, donner de l'argent à sa conjointe en vue de financer une activité génératrice de revenu est une façon pour le conjoint de prouver et de manifester son amour pour sa partenaire. Entre autres, les résultats de cette étude révèlent que financer l'activité génératrice de revenu de la conjointe par l'époux résulte de la nécessité d'accroitre le revenu familial et la participation de la femme entrepreneure à la prise en charge des dépenses du ménage. Cette participation rentre dans la catégorie des « attentes » officieuses des époux vis-à-vis de leurs partenaires, d'après la théorie du contrat de mariage (Sager et al., 1971). Ces attentes n'étant pas officiellement exprimées à l'avance, car, résultant du contrat tacite, non écrit et non verbal entre les époux, cette participation de l'épouse à la prise en charge des dépenses du ménage permet d'augmenter, voire de doubler le pouvoir d'achat du conjoint (Lazear et Micheal 1980). Elle constitue ainsi une motivation « cachée » de l'action du conjoint qu'est l'accompagnement financier de ce dernier de l'activité entrepreneuriale de son épouse d'après la théorie du contrat de mariage de Sager et al. (1971).

Bibliographie

Beaud, J. (1984). Les techniques d'échantillonnage. In B. Gauthier (Ed.), *Recherche sociale.* Québec : Presses de l'Université du Québec.

Belk, R., & Coon, G. (1993). Gift giving as agapic love: an alternative to the exchange paradigm based on dating experiences. *The Journal of Consumer Research,* 20(3), 393-417.

Benham, L. (1974). Benefits of women education within marriage. *Journal of Political Economy,* (81), 557-571.

Blanchard, A., Hodgson, J., Gunn, W., Jesse, E., & White, M. (2009). Understanding social support and the couple's relationship among women with depressive symptoms in pregnancy. *Mental Health Nursing,* (30),764-776.

Bosse, D., & Taylor, P. (2012). The second glass ceiling impedes women entrepreneurs. The *Journal of Applied Management & Entrepreneurship,* 17(1), 52-68.

Brush, C. (1992). Research on women business owners: past trends, a new Perspective and future directions. *Entrepreneurship Theory and Practice,* 16(4), 5-30.

Cancian, F. (1986). The feminization of love. *Signs,* 11(4), 692-709.

Charmes, J. (2005). Femmes africaines, activités économiques et travail : de l'invisibilité à la reconnaissance. *Revue Tiers-Monde,* 46 (185), 255-279.

Coleman, S. (2000). Access to capital and terms of credit: a comparison of men-and women Owned Small Businesses. *Journal of Small Business Management,* 38(3), 37.

Davidson, P., & Honig, B. (2003). The role of social and human capital among nascent entrepreneurs. *Journal of Business Venturing,* 18, 301-331.

Djodjo, G. (2021). Canaux de financement et entrepreneuriat productif des femmes en Afrique de l'ouest : une analyse comparative de l'effet de la finance de proximité au Benin. *Finance et Finance International,* (22).

Durkheim, E. (1893). De la division du travail social. Thèse de doctorat, Paris

Ezzedeen, S., & Ritchey, K. (2008). The man behind the woman: a qualitative study of the spousal support received and valued by executive women. *Journal of Family Issues,* 29(9), 1107-1135.

Godbout,T ., & Caillé , A. (1992). *L'esprit du don,* Montréal : Boréal.

Goodman, L. (1961). Snowball sampling. *The Annals of Mathematical Statistics,* 32(1),148-170.

Guetat-Bernard, H. (2011). *Développement rural et rapports de genre : mobilité et argent au Cameroun,* Rennes : Presses universitaires de Rennes.

Haines, H., Orser, B., & Riding, A. (1999). Myths and realities: an ampirical study of banks and the gender of small business clients. *Revue Canadienne des sciences de l'Administration, 16*(4), 291-307.

Henchoz, C. (2007). Le couple et l'argent, les significations et usages sociaux de l'argent comme révélateurs sociologiques du processus de construction conjugale, Université de Neuchâtel, thèse de doctorat.

Gundry, K., & Welsch, H. (1994). Differences in familial influence among women owned businesses. *Family Business Review,* 7(3), 273-286.

Hofman, E., & Marius-gnanou, K. (2007). Le crédit des femmes et l'avenir des hommes. *Dialogue,* (37).

Hofstede, G. (1980). *Culture's consequences: international differences in work related values.* Beverly Hills CA : Sage Publications.

House, G. (1981). *Work stress and social support.* Reading, MA : Addison-Wesley.

Kirkwood, J. (2009). Spousal roles on motivations for entrepreneurship : A qualitative study in New Zealand. *Journal of Family and Economic Issues,* 30(1), 372-385.

Korenman, S., & Neumark, D. (1992). Marriage, motherhood, and wages. *Journal of Human Resources,* 27, 233-255.

Lazear, E., & Michael, R. (1980). Family size and the distribution of real per capital income. *American Economic Review,* 70, 91-107.

Lecour grandmaison, C. (1979). Contrats économiques entre époux dans l'Ouest africain. *L'Homme,* 4 (3), 159-170.

Lemennicier, B. (1980). La spécialisation des rôles conjugaux, les gains du mariage et la perspective du divorce. *Consommation,* (1), 27-71.

Locoh, T. (1996). Changements des rôles masculins et féminins dans la crise : la révolution silencieuse', Crise et population en Afrique. Crises économiques, politiques d'ajustement et dynamiques Démographiques. CEPED : 445–469.

Mickelson, D., Claffey, S., & Williams, S. (2006). The moderating role of gender and gender role attitudes on the link between spousal support and Marital Quality. *Sex Roles,* 55, 73-82.

Minnotte, L., Minnotte, C., Pederson, E., Mannon, E., & Kiger, G. (2010). His and her perspectives: Gender ideology, work-to-family conflict, and marital satisfaction. *Sex Roles*, 63, 425-438.

Morris, L. (1984). Redundancy and Patterns of Household Finance. *Sociological Review* 32(3), 492-523.

Muchielli, A. (2011). *Les motivations.* France : Presse Universitaire de France 128 p.

Nikina, A., Le Loarne S., & Shelton, M. (2012). Le rôle de la relation de couple et du soutien du conjoint dans l'entrepreneuriat féminin. *Revue de l'Entrepreneuriat,* 4 (11), 37-60.

Njeru, E., & Njoka, J. (1998). Small scale enterprise in Nairobi : the socio-cultural factors influencing investment patterns among informal sector women entrepreneurs. Department of Sociology, University of Nairobi.

Nkapadonou, N., Adjamagbo, A., & Gastino, B. (2014). Travail, familles, dépenses : comment les ménages s'organisent-ils à Cotonou ? *Remue-ménage et Remue-méninges en Afrique.*

Onana, F.-X. (2009). Les motivations des femmes à entrer en affaires au Cameroun. Colloque international, 11e Journées scientifiques du Réseau Entrepreneuriat INRPME-AUF-AIREPME, 27 au 29 mai.

Parasuraman, S., Greenhaus, J., & Granrose, C. (1992). Role stressors, social support, and wellbeing among two-career couples. *Journal of Organizational Behavior,* (33), 9-356.

Pellemans, P. (1999). *Recherche qualitative en marketing : perspective psychoscopique*. Paris : De Boeck Supérieur.

Pahl, J. (1989). *Money and Marriage*. Londres : MacMillan.

Riding, A., & Swift, S. (1990). Women business owners and terms of credit: some empirical findings of the canadian experience. *Journal of Business Venturing,* 5(5), 327- 340.

Rosa, J., & Sylla, D. (2018). A Camparison of the performance of majority female-owned and majority male-owned small and medium-sized enterprises. *International Journal of Entrepreneuship and Small Business*, 35(3), 282-302.

Sager, C., Kaplan, H., Gundlach, R., Kremer, M., Lenz, R., & Royce, J. (1971). The marriage contract. *Family Process,* 10, 311-326.

Sager, C. (1976). *Marriage contracts and couple therapy: Hidden forces in intimate relationships*. New York, NY : Brunner/Mazel.

Sager, C. (1977). A typology of intimate relationships. *Journal of Sex & Marital Therapy*, 3(2), 83-112.

Sayer, C., & Bianchi, S. (2000). Women's economic independence and the probability of divorce: A review and reexamination. *Journal of Family Issues,* 21, 906-943.

Wacheux, F. (1996). *Méthodes qualitatives et recherche en sciences de gestion.* Paris : Economica.

Warren, H. (2009). The relationship between women's contribution to expenditure and their participation in conjugal decision-making in Ghana. *Radical Statistics,* 98.

Weiss-Yoram. (1994). Les économistes et la formation des couples : Le fonctionnement du mariage et du marché matrimonial. *Population,* 49 (4-5), 1015-1039.

CHAPITRE 18

L'argent de l'entreprise, argent de tout le monde

Jean Marie Tchakoua

Mes liens avec le professeur Robert Wanda remontent à une date fort lointaine et sont restés jusqu'au bout très solides. Nous avons fait ensemble le lycée de Bangangté et la faculté de droit et de sciences économiques de l'université de Yaoundé. La différence de nos choix de filières académiques à l'université n'a nullement affaibli ces liens ; elle a plutôt donné de l'épaisseur à nos échanges autour de nombreux sujets transversaux que nous avions en commun.

Je n'ai pas réfléchi longuement pour trouver un sujet pour ma contribution à cet ouvrage dédié à cet illustre ami. Sans appartenir à l'aire des sciences de gestion dans laquelle cet ouvrage est principalement ancré, j'ai retenu de la thématique centrale ce qu'elle a évoqué d'emblée dans mon esprit : l'argent. Du coup m'est revenu le souvenir d'un long séjour de recherche que Robert et moi avons eu à Bordeaux. Un soir, alors que nous regardions un débat télévisé entre Philippe Seguin et Bertrand Delanoë, dans le cadre de la campagne électorale pour la mairie de Paris, nous avons été tous les deux subjugués par la réponse du premier au second, qui venait de faire une démonstration sur ce que la gauche politique française, à laquelle il appartenait, entendait faire pour améliorer les conditions de vie des Parisiens : « oui, dit-il, vous êtes généreux avec l'argent des autres ».

Par la suite, Robert et moi avons gardé cette réponse comme un cri qui ravive le souvenir de notre long cheminement, sans doute parce qu'elle avait un certain écho dans le monde de l'entreprise auquel nous avons consacré des efforts scientifiques soutenus, lui comme gestionnaire, moi comme juriste du travail.

De là, je me suis senti fondé à consacrer ces quelques lignes à l'argent de l'entreprise, à partir d'une question fort simple : est-il permis de le voir comme l'argent des autres, sur lequel toutes les largesses sont les bienvenues ?

Mettant en présence, voire face à face, le travail et le capital, le droit du travail est sans doute parmi les disciplines juridiques celle-là plus proche de l'économie et de la gestion. Il ne peut s'abstraire de ses liens avec l'économie et la gestion ni faire l'économie d'une réflexion sur l'argent de l'entreprise.

Retenons de l'entreprise la définition la plus simple, que le législateur du travail a parfois retenue, à savoir une organisation économique de forme juridique déterminée, en propriété individuelle ou collective, constituée pour la production de biens destinés à la vente ou la fourniture de services rémunérés ou non[134]. L'argent, quant à lui, ne sera pas compris au sens physique, mais dans le sens de ressources financières, voire de richesses, car tous les biens ont un équivalent en argent.

Dans la vie des entreprises, les ressources financières peuvent fluctuer en fonction de leur santé économique. Comment le droit, et notamment le droit du travail, doit-il prendre en compte l'argent de l'entreprise, nécessairement soumis à des fluctuations ?[135]

Cette interrogation n'est pas nouvelle, et a donné lieu à des réponses bien connues. Il suffit de penser à la prime de rendement, destinée à stimuler l'ardeur des travailleurs pour l'atteinte de bons résultats[136], ou la prime dite du 13e mois, récompense versée aux travailleurs en fin d'année lorsque les résultats économiques sont satisfaisants[137].

Lorsque, en revanche, l'entreprise traverse des moments difficiles, le droit du travail permet la suspension du contrat du travail[138], la réduction des salaires et autres avantages[139], et même la solution extrême qu'est le licenciement pour motif économique[140].

Le regard jeté sur ces réponses est difficilement neutre, ce qui explique des écrits parfois très acerbes[141]. Les travailleurs trouvent que les employeurs distribuent très chichement les fruits de la croissance de l'entreprise, mais ne tardent pas, dès les premiers signes de difficulté, à recourir aux solutions qui les pénalisent. Naturellement, les employeurs trouvent ces analyses erronées, et ne manquent pas de rappeler que les travailleurs n'hésitent pas à aller voir ailleurs lorsque la moindre difficulté s'annonce.

L'objet de ces lignes n'est pas de prendre position dans cette controverse, mais de faire le point sur les éléments pertinents de discussion, quitte à nourrir la réflexion en explorant de nouvelles pistes d'analyse. Partant du principe que

---

[134] Voir article 2, alinéa 2, de l'arrêté n° 000365/MINTSS du 12 mars 2020 fixant les modalités des élections et les conditions d'exercice des fonctions des délégués du personnel.

[135] Le lecteur soucieux de méthodologie voudra bien substituer cette question à celle, prosaïque, posée plus haut pour faire écho aux propos de Philippe Seguin.

[136] Voir, à titre d'illustration, l'article 66 de la Convention collective nationale des hôpitaux publics de première catégorie. La prime de rendement peut avoir plusieurs dénominations. Ainsi, dans la Convention collective des transports routiers, sont prévues la prime de kilométrage (article 40) et la prime de non-accident (article 41), même si les conditions d'attribution de cette dernière ne se déduisent que de son appellation.

[137] Voir, à titre d'illustration, l'article 81 de la Convention collective nationale des banques et autres établissements financiers du Cameroun.

[138] Voir article 32, K du Code du travail,

[139] Voir articles 40 et 42, alinéa 2 du Code du travail.

[140] Voir article 40 du Code du travail.

[141] Voir E. Sadigh, *La financiarisation : le capital contre le travail*, L'Harmattan, Paris, 2010.

les ressources financières de l'entreprise sont soumises à des variations, nous présenterons ces éléments en considérant deux états : l'entreprise qui se trouve dans une situation d'abondance, et celle qui est confrontée à une pénurie financière.

1. L'entreprise dans l'abondance financière

L'entreprise fonctionne à partir de deux types de ressources : les ressources matérielles et financières et les ressources humaines. Les premières sont apportées par les détenteurs de capitaux ; les secondes sont apportées par les travailleurs. Les détenteurs de capitaux sont rémunérés sur les résultats positifs de l'entreprise, sous forme de dividendes. Les travailleurs sont rémunérés tout au long de la relation par des salaires dont le versement est dû, quel que soit le résultat d'exploitation.

À partir de là, on pourrait schématiser en disant que c'est le résultat en fin d'exercice qui permet aux détenteurs de capitaux de savoir s'ils peuvent gagner quelque chose, alors qu'en tout état de cause les travailleurs doivent avoir leurs salaires. Autrement dit, les détenteurs de capitaux se rémunèrent sur la plus-value, alors que les travailleurs n'attendent pas la plus-value.

Cette présentation n'est peut-être pas fausse ; mais elle néglige les nuances de la réalité de la vie des entreprises, puisque les détenteurs de capitaux peuvent aussi se rémunérer autrement que par les dividendes, et les travailleurs peuvent légitimement attendre quelque chose de la plus-value.

1.1. Les rémunérations des détenteurs de capitaux autres que les dividendes

Lorsque l'entreprise fait de gros bénéfices, les associés pensent naturellement en profiter au-delà de la répartition des dividendes. Dans la société anonyme, figure la plus emblématique des sociétés commerciales, ils disposent d'une solution : ils pourront se voir rembourser, à titre d'avance, tout ou partie du montant nominal de leurs actions : c'est l'amortissement du capital[142]. Dans toutes les formes de société, ils pourront adjoindre à leurs actions ou parts sociales un compte courant d'associé et en récolter les intérêts.

L'amortissement du capital pourrait être prévu par les statuts et mis en œuvre par une résolution de l'assemblée générale ordinaire ; il pourrait aussi, dans le silence des statuts, être adopté en assemblée générale extraordinaire[143]. C'est dire que la solution est, à tout moment, à la disposition des associés.

---

[142] Voir article 651 de l'Acte uniforme relatif au droit des sociétés commerciales et du groupement d'intérêt économique (AUSCGIE).
[143] Voir article 652 AUSCGIE.

Dès lors qu'il est présenté comme une avance, l'amortissement du capital pourrait ne pas être vu tout à fait comme une rémunération. Mais dans l'esprit des actionnaires, il est une forme de retour sur investissement, d'autant plus qu'il n'a lieu qu'en période d'abondance financière pour la société[144]. Le législateur ne s'y trompe pas, lorsqu'il appelle aussi l'opération amortissement d'actions[145].

Le compte courant d'associé correspond à des avances de fonds, appelés des apports en compte courant, effectuées par un associé d'une société. Le plan comptable OHADA traite du compte courant d'associé[146] ; mais l'Acte uniforme relatif au droit des sociétés commerciales et du groupement d'intérêt économique ne lui consacre aucune disposition. Il ne faut pas en déduire qu'il l'exclut des modes de financement de la société commerciale. Il ne pouvait raisonnablement exclure cette composante de la politique de financement de la création ou du développement des activités, qui peut être utilisée, même temporairement, pour pallier une insuffisance de trésorerie.

Mieux encore, le compte courant d'associé apparaît aux actionnaires comme un moyen de diversification de leur participation financière dans la société[147]. Dès lors qu'il peut se fonder sur la liberté contractuelle nullement ignorée par le droit des sociétés commerciales[148], le compte courant d'associé est bien un mode de financement utilisable. Le silence du législateur à son sujet pourrait simplement traduire le choix de laisser la liberté contractuelle y jouer pleinement. La seule limite éventuellement en jeu est celle énoncée à l'article 356 de l'Acte uniforme sur le droit des sociétés commerciales et des groupements d'intérêt économique, qui, sous peine de nullité, interdit aux personnes physiques, qu'elles soient des gérantes ou des associées, de contracter des emprunts auprès de la société à responsabilité limitée ou de bénéficier d'un découvert en compte courant ou autrement.

Usant de la liberté qui leur est accordée, les parties à la convention de compte pourraient en exclure des remises réciproques, ce qui en ferait un prêt[149].

Qu'elle soit un véritable compte courant d'associé ou un prêt à intérêts, l'opération par laquelle un associé adjoint à sa participation au capital de la

---

[144] Les sommes utilisées au remboursement des actions sont prélevées sur les bénéfices ou sur les réserves non statutaires (article 655 AUSCGIE).

[145] Voir article 655-1 AUSCGIE.

[146] Dans le plan comptable OHADA, le compte courant d'associé est classé parmi les comptes de tiers qui enregistrent des opérations à court terme.

[147] Sur le compte courant d'associé, voir A. Couret, Dépendance ou indépendance des qualités d'associé et d'apporteur en compte courant, *Bull. Joly*, 1992, n° 1, p. 7.

[148] Voir E. Sèmassa Houenou, *La contractualisation du droit des sociétés commerciales : l'ordre public à l'épreuve de la liberté contractuelle dans les sociétés commerciales de l'Ohada*, thèse, Université Panthéon-Sorbonne-Paris 1 et Université d'Abomey-Calavi, 2019,

[149] CA d'Abidjan, n° 401 du 13 avril 2001, Word City c/SOW Souleymane, *Ecodroit* n° 11 de mai 2002, p. 57 ; *Ohadata* J-02-190, obs. J. Issa Sayegh.

société une avance remboursable sans égard aux résultats de la société montre bien que les dividendes ne sont pas les seules sources de revenus des associés. Ces derniers peuvent d'autant plus compter sur le compte courant d'associé que le silence du législateur laisse à la liberté contractuelle le soin de fixer les éléments de l'opération, dont le taux d'intérêt et l'échéance de remboursement. Un auteur a pu y voir une limite à l'*affectio societatis*, l'associé dominant ayant la latitude de mettre en avant sa qualité de tiers avant celle d'associé[150], ce qui signifie qu'il met en avant ses intérêts personnels avant ceux de la société. Cette crainte n'est pas injustifiée ; mais elle ne peut peser suffisamment pour priver la société d'un mode de financement qui a déjà fait ses preuves.

Si les associés cherchent ainsi à se rémunérer en évitant le versement des dividendes, on peut comprendre que les travailleurs explorent à leur tour les voies de rémunération basées sur la plus-value.

1.2. La rémunération du travail dépendant de la plus-value

Pour tenter d'équilibrer un peu le partage de revenus entre le travail et le capital, on a déjà pensé à divers mécanismes qu'il convient aujourd'hui de dépasser.

Les mécanismes classiques se trouvent tant dans le droit des sociétés que dans le droit du travail. En droit des sociétés, l'attribution aux travailleurs de sièges au conseil d'administration de certaines sociétés commerciales[151] vise, avant tout, leur participation à la prise de décisions. Mais il s'agit d'une participation minoritaire, qui ne leur garantit aucune influence significative sur les délibérations du conseil d'administration. Mais les salariés membres des conseils d'administration ne négligent pas les jetons de présence qui peuvent leur être versés. Le montant des jetons de présence étant arrêté par les organes sociaux, il ne fait pas de doute qu'il doit croître avec les bons résultats de la société.

La deuxième voie ouverte par le droit des sociétés est l'attribution gratuite d'actions[152], inspirée de la pratique anglo-saxonne des *stocks-options*[153]. Dans la réglementation des sociétés anonymes, l'article 626-1 de l'Acte uniforme

---

[150] A. Delabrière, Le compte courant d'associé en droit Ohada, https//cercleK2.fr

[151] Voir article 417 de l'Acte uniforme relatif au droit des sociétés commerciales et du groupement d'intérêt économique. C'est très souvent dans les entreprises publiques qu'est prévue la nomination des travailleurs au conseil d'administration.

[152] Voir S. Plantin, L'attribution d'actions gratuites, une alternative séduisante aux plans de stock-options, *JCP E.* 2005, 524 ; J.P. Dom, l'attribution gratuite d'actions, *Bull Joly,* Société, 2005, p. 188.

[153] Ramenée aux salariés, la *stock-option* est une option de souscription ou d'achat d'action ouverte à eux, à un prix déterminé. Dès lors qu'il s'agit d'option, le bénéficiaire n'achètera que si, le moment venu, l'action vaut plus que le prix fixé au moment de l'ouverture de l'option.

relatif au droit des sociétés commerciales et du groupement d'intérêt économique stipule qu'une assemblée générale extraordinaire, sur le rapport du conseil d'administration ou de l'administrateur général, ainsi que sur celui du commissaire aux comptes, peut autoriser ce dernier à procéder, au profit du personnel salarié de la société, à une distribution gratuite d'actions existantes ou à en créer. Le législateur ne le dit pas, mais on comprend aisément que la société ne peut manifester une telle générosité à l'égard des salariés que si elle dégage une plus-value.

L'observation montre que ces dispositifs juridiques sont, en vérité, purement décoratifs parce que largement ignorés dans la pratique. Outre qu'ils concernent des formes sociales limitées et, dans celles-ci, des travailleurs en nombre très réduit, ils sont laissés à la discrétion des détenteurs des capitaux qui composent les organes sociaux. Ils s'inscrivent ainsi dans une logique d'octroi, jamais souhaitable sur le terrain de la confrontation des intérêts.

Les solutions du droit du travail se démarquent souvent de cette logique d'octroi, notamment lorsqu'elles doivent être mises en œuvre dans le cadre de la négociation collective.

Dans l'ordre croissant de l'affinité de ces solutions avec l'idée de plus-value, on peut citer la prime de rendement et le 13ᵉ mois. Comme son nom l'indique, la prime de rendement est une récompense versée au travailleur en fonction de son rendement. La difficulté de mesurer le rendement individuel peut amener à partir du rendement collectif, ce qui rapproche la prime de rendement de l'idée de plus-value. Mais rien n'empêche que la prime de rendement soit versée à un salarié même lorsque le résultat d'ensemble est déficitaire. Tout dépendra donc de comment la prime est stipulée. En l'état actuel du droit camerounais, ni le Code du travail ni aucun texte d'application ne prévoit la prime de rendement. Ce sont les partenaires sociaux qui s'en sont chargés, dans le cadre de quelques conventions collectives[154].

Il est également revenu aux partenaires sociaux d'instituer le 13ᵉ mois, prime véritablement ancrée dans l'idée de partage de plus-value, puisqu'elle est conditionnée par les bons résultats de l'entreprise. L'appellation de la prime, 13ᵉ mois, évoque bien une valeur ajoutée, car une année compte normalement douze mois. Mais rien n'oblige les partenaires sociaux à calquer le montant de la prime sur le salaire mensuel ; la prime peut être plus forte ou plus faible que le salaire, peu importe.

Mais, dès lors que les primes de rendement et le 13ᵉ mois dépendent des rapports de forces dans le monde du travail, il est évident qu'elles ne peuvent être distribuées de façon égale d'une entreprise à une autre, ni même être prévues dans toutes les conventions collectives. La faiblesse des syndicats et

---

[154] Voir supra pour quelques conventions collectives. Dans les établissements publics, le statut du personnel prévoit souvent la prime de rendement, tout comme le 13ᵉ mois.

le manque d'informations chez les salariés sur les résultats de l'entreprise ne peuvent que limiter les possibilités de s'appuyer sur ces primes pour rééquilibrer le partage de la plus-value.

Il a été démontré que c'est en reconnaissant aux travailleurs un droit à l'information sur la vie de l'entreprise qu'on peut leur permettre de mener de réelles négociations avec les employeurs[155]. La juste participation aux résultats par le détour de la prime de rendement ou le 13e mois dépend bien de la connaissance qu'ils ont de l'état de l'entreprise.

Il faudrait y ajouter que les sacrifices consentis par les travailleurs à des moments difficiles de la vie de l'entreprise peuvent être rétribués au moyen des primes conditionnelles différées. Dans bien des cas, lorsqu'une entreprise est nouvellement créée, les dirigeants demandent beaucoup aux premiers travailleurs, mais restent prudents sur le terrain des salaires et autres primes. Ces travailleurs consentent les sacrifices qui leur sont demandés, mais lorsque l'entreprise sort de la phase du lent démarrage et prend son envol, elle oublie de récompenser les travailleurs qui ont travaillé sans compter pour son décollage. Ceux-ci ne peuvent compter, au mieux, que sur la prime d'ancienneté, qui récompense la fidélité et non les sacrifices consentis au démarrage.

L'image de ces salariés qui consentent des sacrifices en temps de difficulté, mais qui sont oubliés en temps de prospérité revient aussi lorsqu'on considère ceux qui ont survécu, avec leurs employeurs, aux difficultés économiques traitées ou non dans le cadre des procédures collectives. Or, rien n'empêche qu'au démarrage d'une entreprise ou, en cas de survenance de difficultés économiques soit instituée, par voie de négociation, une prime de bon résultat dont le versement est à la fois différé et conditionnel. La prime serait conditionnelle parce que liée aux bons résultats futurs, qui demeurent incertains. Elle serait différée parce que ce n'est pas au moment où elle est prévue que la prime est versée.

Ce double caractère d'une telle prime est un gage de son acceptation par la partie patronale, car elle sait qu'en contrepartie de la prime qui n'est pas encore exigible, les travailleurs doivent immédiatement exécuter la prestation qui est attendue d'eux.

Il restera alors à organiser avec précision les contours de la prime, afin que l'employeur n'échappe pas à l'obligation de paiement lorsque les conditions en sont réunies.

---

[155] Jean-Marie TCHAKOUA, Pour le droit des travailleurs à l'information : le nécessaire infléchissement des droits du propriétaire-employeur, *Revue africaine des sciences juridiques* 2003, vol.1, n° 3, 19.

Ce premier point de ce propos a saisi l'entreprise dans l'abondance, c'est-à-dire une entreprise qui a quelque chose à partager. Dans le partage, aucune composante ne doit être oubliée. Les détenteurs des capitaux ont suffisamment d'arguments pour participer au partage sans attendre même le moment des dividendes. La participation des travailleurs aux résultats passe par quelques mécanismes bien éprouvés auxquels on peut ajouter l'idée de prime de bons résultats conditionnelle et différée. L'erreur serait d'imaginer que l'entreprise ne peut être que dans l'abondance ; elle est parfois dans la disette financière.

2. L'entreprise dans la disette financière

Les difficultés financières de l'entreprise appellent un traitement approprié. Cela suppose que soient bien connues les causes génératrices ou aggravantes de ces difficultés. Sans entrer dans le cœur de la science du management pour lequel nous ne pouvons revendiquer aucune compétence, convoquons l'encadrement juridique des décisions managériales pour alimenter la réflexion. Cette démarche nous paraît importante, car c'est à tort que le management des entreprises, notamment lorsqu'il touche aux ressources humaines, ignore très souvent les contraintes ou les opportunités qui découlent des règles du droit. C'est également à tort que ceux qui sécrètent le droit ou l'appliquent ne pensent pas suffisamment aux incidences économiques des règles ou décisions qu'ils prennent. Il faudrait donc supposer que les acteurs extérieurs à l'entreprise peuvent avoir une part de responsabilité dans les difficultés de l'entreprise. Et lorsque ces difficultés sont réelles, leur traitement doit passer par des sacrifices partagés.

2.1. La part de responsabilité des acteurs extérieurs à l'entreprise

Les acteurs extérieurs à l'entreprise sont très nombreux, à commencer par le législateur qui fixe le cadre juridique de l'exercice des activités. Il faudrait y ajouter l'administration qui, dans nombre de ses composantes ou spécialités, accompagne ou contrôle l'entreprise. On n'oubliera pas le juge, souvent appelé pour résoudre les conflits qui peuvent naître.

Dans le cadre de ce travail un peu orienté vers les ressources humaines de l'entreprise, nous nous limiterons au législateur qui sécrète les normes, à l'inspection du travail chargé d'en contrôler l'application et au juge qui règle les différends éventuels.

L'entreprise attend du législateur qu'il édicte les règles les plus propices à assurer son développement ou à l'aider à sortir des difficultés lorsque celles-ci se présentent. Encore faut-il bien comprendre cette attente : si elle est une demande de liberté d'agir sans le moindre encadrement, elle n'est pas raisonnable, car on sait depuis longtemps que les dirigeants d'entreprises ne sont pas omniscients. L'attente est donc celle de règles expurgées de rigidités injustifiées.

En ce qui concerne l'accès à l'emploi, le législateur a tenté d'apporter des solutions aux préoccupations des employeurs, qui se plaignaient de la rigidité du binôme « contrat à court terme/contrat à long terme » en proposant ces deux seules formes d'embauche. Il y a répondu en introduisant dans le Code du travail[156] ce qu'on a appelé nouvelles formes d'embauche ou contrats de travail atypiques[157] : contrat de travail occasionnel, contrat de travail temporaire, contrat de travail saisonnier, avec la possibilité de recourir aux services d'une entreprise de travail temporaire pour la conclusion de ces contrats.

À l'analyse cependant, une mauvaise réponse a été donnée à un besoin réel, car, par une mauvaise articulation des règles, les nouvelles formes d'embauche portent plus de contraintes que les formes classiques, de sorte que l'entreprise qui y recourt coure fortement le risque que le contrat conclu soit requalifié en contrat à durée indéterminée[158].

Le législateur avait aussi à bien encadrer la suspension du contrat de travail par le recours au chômage technique et le licenciement pour motif économique.

Il faudrait noter qu'en droit camerounais, bien que ni le Code du travail du 27 novembre 1974 ni aucun texte antérieur ne l'aient prévu, le chômage technique s'était imposé dans la pratique. Ayant choisi de le consacrer, le Code du travail du 14 août 1992 avait à lui donner un encadrement propre à lui donner toute l'efficacité souhaitable.

Outre la question de savoir si les travailleurs en chômage technique devraient recevoir une indemnité pendant cette période, deux autres questions se posent : comment décider de recourir au chômage technique et comment en sortir lorsque le retour dans l'entreprise n'est pas possible en raison de la persistance des difficultés ?

Le législateur a prévu, au profit des travailleurs mis en chômage technique, une indemnité à montant dégressif[159].

À la question de savoir comment recourir au chômage technique, le législateur a implicitement répondu par l'octroi d'une liberté sans contrôle à l'employeur. Ainsi, à condition de se situer dans un des cas de difficultés

---

[156] Voir article 25, alinéa 5.

[157] P.G. Pougoué, Commentaire de la loi n° 92/007 du 14 août 1992 portant Code du travail, *Juridis-info* n° 12 (1992), p. 38.

[158] Lire J.M Tchakoua, commentaire des décrets n°93/572/PM du 15 juillet 1993 relatif aux entreprises de travail temporaire et n°93/577/PM du 15 juillet 1993 fixant les conditions d'emploi des travailleurs temporaires, occasionnels et saisonniers, *Juridis info*, n° 15, 1993, 35.

[159] Voir l'arrêté n° 001/CAB/MTPS du 14 février 1995, fixant les taux d'indemnisation pendant la période de suspension du contrat de travail pour cause de chômage technique.

susceptibles d'être traités par le recours au chômage technique, l'employeur y recourt discrétionnairement : il décide de qui mettre en chômage technique, du nombre de travailleurs concernés et sur quelle durée[160]. C'est, en quelque sorte, le retour de la théorie de l'employeur seul juge.

Il est possible de remettre en question la pertinence de cette solution dans un contexte où la situation ayant rendu le chômage technique nécessaire peut déjà être le résultat d'une ou de plusieurs mauvaises décisions managériales. Sans aller jusqu'à instituer un partage du pouvoir de décider de recourir au chômage technique, on aurait pu atténuer la brutalité de la solution en prescrivant, par exemple, une obligation de consultation. Comment peut-on en effet comprendre que l'employeur puisse prendre une décision aussi lourde de conséquences que le chômage technique, qui peut concerner tout le personnel, sans aucune consultation ? Comment comprendre aussi qu'il ne soit pas tenu d'en informer l'inspecteur du travail ?

À titre comparatif, le législateur gabonais prévoit, d'une part, que les modalités de mise en œuvre du chômage technique sont transmises par l'employeur aux représentants du personnel et font l'objet d'une concertation sanctionnée par un procès-verbal ; d'autre part que le dossier de la mise en œuvre du chômage technique doit être transmis à l'inspecteur du travail pour suivi[161]. Le législateur *burkinabe* prévoit que la mise en chômage technique est subordonnée à la consultation des délégués du personnel[162]. Il ne s'agit là que de quelques illustrations de solutions largement admises dans les législations en Afrique et dans d'autres parties du monde. À ces solutions, on pourrait ajouter l'encadrement, aux fins de rationalisation, du choix des travailleurs à mettre en chômage technique lorsque celui-ci est partiel. À l'instar de la solution prévue pour les licenciements pour motif économique, la rationalisation passerait par l'imposition des critères de choix des salariés concernés, afin que demeurent dans l'entreprise les salariés les plus aptes à tenir les emplois maintenus[163].

La difficulté à régler la sortie du chômage technique se ramène à la question de savoir si les licenciements qui doivent être prononcés en cas d'échec de la mesure doivent suivre la procédure prévue pour les

---

[160] Noter cependant que le chômage technique ne peut durer plus de six mois (voir article 32 du Code du travail).

[161] Voir article 54 de la loi n° 029/2021 du 19 novembre 2021 portant Code du travail. Ce texte prévoit aussi que le chômage technique ne peut durer plus de six mois, et que le travailleur en chômage technique perçoit une allocation dont le taux est fixé par la convention collective ou l'accord d'établissement applicable, à défaut de l'être par négociation entre l'employeur et les représentants du personnel.

[162] Voir article 94 de la loi n° 028-2008/AN du 13 mai 2008 portant Code du travail. Ce texte prévoit aussi les conditions d'indemnisation des travailleurs mis en chômage technique.

[163] Lire J.M. Tchakoua, Le licenciement pour motif économique en droit camerounais, *Revue africaine de sciences juridiques* 2001, vol. 2, n° 1, 189.

licenciements pour motif économique, puisque ces licenciements ont forcément un motif économique. Les protagonistes qui sortent d'une phase de suspension de contrat de travail, parfois bien longue, doivent-ils s'engager dans une procédure de licenciement pour motif économique, elle aussi bien longue, alors que les difficultés économiques de l'entreprise restent entières ? Faut-il, au contraire, licencier sans suivre cette procédure que la jurisprudence dit d'ordre public[164] ?

Il n'est pas simple de répondre à ces questions, car, si on peut comprendre le risque économique qu'il y a à retarder la décision de rupture, on ne peut pas ignorer que la procédure de licenciement pour motif économique comporte des garanties de fond pour les travailleurs.

Dans le silence de la loi sur les licenciements pour motif économique prononcés à la sortie du chômage technique, la tentation serait de dire qu'il faut leur appliquer la procédure prévue sans distinction, car il ne faut pas distinguer où la loi n'a point distingué[165].

En vérité, c'est la voie médiane qui serait la bonne. Elle consisterait à mettre en place un dispositif juridique plus simple pour licencier à la sortie du chômage technique.

La solution est d'autant plus souhaitable que, dans l'enchevêtrement des solutions aux difficultés économiques de l'entreprise, la mise en œuvre de la procédure du licenciement pour motif économique peut conduire au chômage technique, retenu comme mesure alternative au licenciement[166]. Il ne semble pas pertinent de penser qu'à la sortie d'un tel chômage technique, il est interdit de licencier. Si la thérapie douce qu'est le recours au chômage technique n'a pas marché, il faudrait appliquer la thérapie forte qu'est le licenciement. Celui-ci se situe alors à la sortie du chômage technique et on ne peut pas reprendre à zéro la procédure de licenciement pour motif économique.

La procédure de licenciement pour motif économique est prévue par l'article 40 du Code du travail et comporte quatre phases. La première est celle de négociation entre l'employeur et les travailleurs (à travers leurs représentants) en vue de rechercher les mesures alternatives aux licenciements. Si la négociation échoue ou si, malgré l'accord trouvé, certains licenciements demeurent nécessaires, on passe à la seconde phase, celle de l'établissement de la liste des travailleurs à licencier. L'employeur y procède seul, mais sur la base de critères fixés par la loi : les aptitudes professionnelles, l'ancienneté et les charges familiales. Si les critères sont bien mis en œuvre, devront échapper au licenciement les travailleurs les plus aptes à tenir les

---

164 CA du Littoral, arrêt n° 164/S du 25 février 1994, inédit.

165 *Ubi lex non distinguit nec nos distinguere debemus.*

166 Voir article 40. Alinéa 3 du Code du travail.

emplois épargnés et, en cas d'égalité dans l'aptitude, les travailleurs les plus anciens, les charges familiales étant utilisées pour majorer l'ancienneté.

La troisième phase est celle de la consultation des délégués du personnel : l'employeur leur communique la liste des travailleurs qu'il se propose de licencier et attend leurs avis et suggestions, dans un délai de huit (8) jours.

La quatrième phase est celle de l'arbitrage du ministre du Travail, à qui l'employeur doit envoyer sa communication aux délégués du personnel ainsi que les réponses de ces derniers. C'est la phase de tous les dangers pour l'entreprise. En effet, outre le fait que tous les doutes sont permis sur la nature et la portée de l'« arbitrage »[167], celui-ci n'est pas encadré dans le temps. On pourrait donc l'attendre pendant longtemps, pendant que les difficultés de l'entreprise s'aggravent, les travailleurs sont démobilisés, mais continuent d'accumuler les arriérés de salaires lorsque l'entreprise ne peut plus assurer ces salaires. Rien n'interdit qu'entre-temps un des débiteurs de l'entreprise la surprenne par la demande d'ouverture d'une procédure collective d'apurement du passif.

Au juste, on ne peut raisonnablement exposer à ces aléas les entreprises qui sont dans la disette financière et croient pouvoir utiliser le licenciement pour motif économique comme solution pour se tirer des difficultés. La phase d'arbitrage est ce qu'il y a de plus incompréhensible dans la procédure de licenciement pour motif économique. Elle ne protège ni l'entreprise, ni les travailleurs qui auraient la chance d'échapper au licenciement, ni les travailleurs qui finissent par être licenciés par une entreprise financièrement exsangue. Concrètement, les travailleurs licenciés dans ces conditions ne peuvent espérer voir payer leurs droits.

C'est pour cette raison que, très souvent, les entreprises font le choix de licencier pour motif économique sans respect de la procédure. Ce choix peut se comprendre, mais il expose au risque de condamnation. La jurisprudence n'a pas suivi la doctrine qui proposait qu'un licenciement pour motif économique prononcé en violation de la procédure soit jugé nul et sanctionné comme tel[168]. Elle a préféré le considérer comme un licenciement injustifié, ou, comme la loi le dit, un licenciement abusif[169]. Dès lors, la sanction applicable est la condamnation de l'employeur à des dommages-intérêts, compris entre un minimum et un maximum : « Le montant des dommages-

[167] Dans la Lettre-circulaire n° 03/MTPS/SG/DT du 02 novembre 1993 relative au licenciement pour motif économique, le ministre chargé du travail fait savoir à ses collaborateurs qu'il revient à lui seul de rendre effective la décision de licenciement pour motif économique. Il ajoute qu'afin de lui permettre de faire une appréciation objective du bien-fondé et de l'opportunité d'une décision de licenciement envisagée par un employeur, tout dossier soumis à son arbitrage devra être accompagné de documents qu'il énumère.

[168] P.G. Pougoué et V. Tchokomakoua, *Jurisprudence sociale annotée*, Tome II, 1986-1987, p. 60.

[169] CS, arrêt n° 38/S du 2 décembre 1981, inédit.

intérêts est fixé compte tenu, en général, de tous les éléments qui peuvent justifier l'existence et déterminer l'étendue du préjudice causé (...) Toutefois, le montant des dommages-intérêts, sans excéder un mois de salaire par année d'ancienneté dans l'entreprise, ne peut être inférieur à trois mois de salaire »[170]. On peut cependant se rendre compte que les juges ont compris ce texte comme prévoyant un forfait de réparation qui est d'un mois de salaire par année d'ancienneté dans l'entreprise[171].

Une telle jurisprudence est critiquable en ce qu'elle ignore la lettre et l'esprit de la loi, qui a voulu éviter à la fois des réparations dérisoires et des condamnations à des sommes astronomiques qui peuvent mettre en péril les entreprises. Lorsque ces condamnations sont prononcées en faveur des salariés licenciés pour motif économique, elles ne doivent pas seulement inquiéter l'employeur. Elles doivent également inquiéter les travailleurs qui restent dans l'entreprise, puisque c'est la survie de l'entité économique qui est en jeu, et par le fait même, leur propre avenir professionnel.

Il faut déjà juger satisfaisante l'idée que soient encadrées les décisions de condamnation des entreprises, surtout lorsque ces condamnations concernent les entreprises qui traversent des difficultés économiques. Une telle solution endigue le danger qui peut provenir de juges qui ne prennent pas toujours la mesure de l'impact que leurs décisions peuvent avoir sur la survie des entreprises et, plus loin, sur l'économie générale. Une cour d'appel a ainsi pu condamner un employeur à payer 261 731 368 FCFA à un travailleur licencié dans le cadre d'une procédure de licenciement pour motif économique[172].

On peut difficilement échapper aux dérives ci-dessus soulignées, dans notre contexte où les juges ne confrontent pas toujours leurs décisions aux réalités économiques. Leur formation ne les prédispose du reste pas à un tel exercice, de sorte que, juridiquement défendables, leurs décisions peuvent être désastreuses pour les entreprises et donc pour les salariés qu'elles emploient. La lourde condamnation ci-dessus évoquée a beau être juridiquement fondée, elle représente une menace pour l'entreprise et son personnel déjà confrontés aux difficultés économiques.

Cette alerte concerne aussi les inspecteurs du travail et l'ensemble de l'administration du travail, qui contrôlent le respect des normes du travail et accompagnent les acteurs sociaux au sein de l'entreprise sans disposer forcément de compétences en matière économique, voire simplement

---

[170] Voir article 39, alinéa 4 du Code du travail.

[171] Voir J.M. Tchakoua, Libres propos sur les licenciements en droit du travail camerounais, *Juridis-Périodique* n° 25 (1996), p 82.

[172] CA de Moundou (Tchad), 13 janvier 2022, affaire *Nderbe Kemnade C/ Cotontchad* SN, inédit.

financière. Comment, en effet, les inspecteurs du travail peuvent-ils remplir pertinemment leurs importantes missions s'ils ne peuvent pas lire un bilan ?

L'observation concerne aussi les autres acteurs de la vie des entreprises et du monde du travail en général : les délégués du personnel, les représentants des syndicats et de toutes les administrations qui ont quelque chose à voir avec l'entreprise. C'est en agissant utilement en amont que ces acteurs, et ceux qui sont cités plus haut peuvent éviter ou limiter les lourds sacrifices à consentir lorsque la disette financière s'installe dans l'entreprise.

2.2. Le partage des sacrifices au sein de l'entreprise

Il est des solutions du droit largement justifiées, mais qui nécessitent quelques explications pour être acceptées de tous ; c'est le cas de celle applicable en cas de manquement de caisse. L'employeur rechigne à l'idée que le manquant de caisse ne doit pas être mis à la charge du caissier[173]. Pourtant, il encaisse sans la moindre hésitation les excédents de caisse, qui sont le pendant des manquants de caisse et pas aussi rares qu'on pourrait le penser. Or, en plus de ce qu'imputer au salarié un manquant de caisse constituerait une sanction disciplinaire financière interdite par l'article 30 du Code du travail[174], il faudrait noter que chaque activité comporte des risques d'exploitation que son promoteur n'ignore pas et se doit d'accepter.

Ce détour par le manquant de caisse illustre bien la difficulté qu'il y a à accepter le sacrifice ; le penchant naturel est de se défausser sur une autre personne. Dans un rapport capital/travail, chacun veut que les sacrifices, lorsqu'ils sont nécessaires, soient consentis exclusivement par l'autre. L'ennui, pour les travailleurs, résulte du fait que l'employeur est en position de force et peut facilement en abuser.

Pour un juste partage des sacrifices dans l'entreprise, il semble important de rappeler que les ressources humaines y sont autant importantes que les ressources matérielles et financières. Sur le plan des images, on peut dire que les détenteurs des capitaux y ont mis leur argent, mais les travailleurs y ont mis leur personne. Ainsi, la confrontation entre le capital et le travail n'est rien d'autre que la confrontation entre la chose (les biens) et la personne. Autrement dit, dans l'entreprise, les détenteurs de capitaux risquent leurs biens, tandis que les travailleurs risquent leur peau. C'est dire que s'il y a une

---

[173] Voir en France, Soc. 31 mai 1990 ; *RJS*, 7/90, n° 548 ; 23 janvier 1992, *Dr. soc.* 1992, 267. Pour la doctrine, voir J M Tchakoua, Les (rares) grâces de la subordination juridique, *in Des liens et des droits, mélanges en l'honneur de Jean-Pierre Laborde*, Paris, Dalloz, 2015, p. 896 ; J. Mouly, Les salariés doivent-ils répondre de leurs déficits de caisse même en l'absence de faute lourde ? *Dr. soc.* 2004, 740.

[174] Et si l'employeur choisit d'agir sur le terrain de la responsabilité civile, il ne devra pas oublier que celle du travailleur à son égard ne peut être retenue qu'en cas de faute lourde.

primauté à accorder à un membre du binôme travail/capital, ce devrait être au premier, non au second.

Pour ce faire, les solutions de sortie des difficultés financières de l'entreprise devraient envisager la réduction de la rémunération du capital au moins autant que la réduction de la rémunération du travail.

Si une telle philosophie irrigue la recherche des mesures de sauvetage, il est certain qu'on préserverait plus d'emplois, on réduirait moins les salaires et autres avantages du personnel.

Il ne faut cependant pas avoir la naïveté de penser que, par un élan vertueux spontané, les détenteurs des capitaux pourront avancer vers cette solution[175]. Le législateur même semble mal placé pour la leur imposer. La voie la plus sûre, pour faire partager la solution, est celle de la négociation collective. En l'état actuel du droit camerounais, elle est certes peu pratiquée et moins efficace. C'est, entre autres, parce que le législateur n'a pas créé les conditions de négociations équilibrées. Il devrait, au minimum, lever les contraintes de toutes sortes qui pèsent sur les syndicats[176] et obliger les employeurs à mettre à la disposition des travailleurs ou de leurs représentants les informations pertinentes sur la vie de l'entreprise[177]. Il s'agit aussi de mieux réglementer les conflits collectifs de travail, afin que la grève redevienne ce qu'elle n'aurait pas dû cesser d'être, à savoir un moyen de pression destiné à forcer la négociation collective. En l'état actuel du droit camerounais, et bien que le droit de grève soit consacré par la constitution[178], la grève est rendue impraticable en raison de l'institution, par le Code du travail, d'une trop longue procédure préalable[179] assortie d'un piège pour les travailleurs[180]. Les travailleurs qui recourent à la grève sans attendre l'épuisement de cette longue procédure, toujours susceptible de s'enliser, risquent le licenciement pour faute lourde[181].

---

[175] Un récent rapport de l'Organisation internationale du travail montre que la part mondiale des revenus du travail a diminué de 0,6 point de pourcentage entre 2019 et 2022, aggravant ainsi une tendance à la baisse observée depuis des décennies. La pandémie de COVID-19 a été un facteur déterminant de cette diminution, avec près de 40 pour cent de la baisse de la part des revenus du travail survenue durant les années de pandémie, de 2020 à 2022. Genève (OIT infos)- La mise à jour de perspectives sociales et de l'emploi dans le monde, septembre 2024.

[176] Sur ces contraintes, lire L. Kaptué, Droit et syndicalisme au Cameroun, *Revue juridique africaine*, 1994, 63.

[177] Lire J.M. Tchakoua, Pour le droit des travailleurs à l'information : le nécessaire infléchissement des droits du propriétaire-employeur, *op. cit.*

[178] Voir préambule de la Constitution.

[179] Voir articles 158 et s. du Code du travail

[180] Lire J.M. Tchakoua, La grève et le lock-out dans le nouveau Code du travail camerounais, *Revue juridique africaine*, 1994, 83.

[181] Article 165 du Code du travail.

C'est donc dans le cadre de négociations équilibrées entre le travail et le capital que le partage de sacrifices peut utilement s'effectuer. Sur le plan de la relation individuelle de travail, des sacrifices peuvent également être nécessaires. Mais ici, si la confrontation des intérêts apparaît au premier abord comme mettant en présence l'employeur face à un travailleur, elle ne se réduit pas à cela. Derrière ce qui apparaît comme l'intérêt de l'employeur ou des détenteurs des capitaux, se cache parfois l'intérêt de tous les acteurs, dont les autres travailleurs. En droit du travail, le concept de l'intérêt de l'entreprise[182] a été inventé pour traduire cette situation. Il explique qu'un travailleur ne puisse pas, sans prendre le risque d'être licencié avec raison, résister à une proposition de réduction de ses avantages individuels dans des conditions compromettant la survie de l'entreprise. L'article 42, alinéa 2, du Code du travail prévoit en effet que le travailleur qui refuse une proposition de modification de son contrat de travail justifié par l'intérêt de l'entreprise peut être licencié, et ce licenciement sera jugé légitime.

C'est aussi dans la logique du partage des sacrifices que, dans le cadre des mesures alternatives au licenciement pour motif économique, les avantages individuels des travailleurs peuvent être remis en cause au plan collectif, sans que ceux-ci puissent opposer leur contrat de travail pour faire invalider les solutions retenues[183]. On a même ajouté que, dans ce cadre, la négociation d'entreprise peut remettre en cause également le minimum légal[184]. Le travailleur qui ne peut accepter un tel sacrifice doit démissionner ou demander à être licencié. Là également, ce licenciement serait légitime.

---

182 Voir G. Couturier, L'intérêt de l'entreprise, in Les orientations sociales du droit contemporain, Ecrits en l'honneur du professeur Jean Savatier, 1992, p.146 ; B. Teyssié, L'intérêt de l'entreprise, aspects de droit social, *D.* 2004, p. 1680.

183 PG. Pougoué et J.M. Tchakoua, Le difficile enracinement de la négociation collective en droit du travail camerounais, *Bulletin de droit comparé et de la Sécurité sociale*, 1999, p. 217 et s.

184 P.G. Pougoué et I.L Miendjiem, Droit du travail camerounais, Yaoundé, Presses universitaires d'Afrique, 2021, n° 174.

CHAPITRE 19

Faire de la finance autrement

Gérard Tchouassi

La crise de 2008 a révélé le besoin de « faire de la finance autrement ». Oui, mais comment ? (De Vauplane, 2017). Depuis des siècles, l'argent et la monnaie sont au cœur des relations humaines, au point qu'une perte de confiance dans leur valeur peut entraîner l'instabilité économique et politique, voire la guerre. La monnaie a toujours été un symbole de souveraineté, écrit Harold James, de l'université Princeton, même s'il est arrivé que des États échouent spectaculairement à préserver sa valeur. L'argent, c'est quelque chose ayant une valeur au fil du temps, pouvant se traduire aisément en prix et étant largement accepté. Avec la numérisation, l'argent entre peut-être dans une nouvelle ère. À l'heure de la mondialisation, les chocs financiers se répercutent rapidement au-delà des frontières nationales. Face à une crise, il faut une réaction concertée à l'échelle mondiale ; en d'autres termes, nous sommes tous dans la même barque.

Pour Paranque et Perez (2015), comment penser et analyser une finance n'ayant pas pour seul but de maximiser la richesse des actionnaires ? Un financement assuré par un système bancaire rigide, où l'application des mesures de l'Acte Uniforme OHADA relatif au Droit des Sociétés Commerciales [185]est mitigée (Wanda, 2013) en Afrique. La finance traditionnelle, représentée par les banques et les fonds propres, est de moins en moins populaire face à l'essor de l'investissement socialement responsable (ISR). L'ISR n'est pas seulement l'expression de la politique de gestion d'un portefeuille (Markowitz, 1952), mais bien la déclinaison opérationnelle de la politique de Responsabilité Sociale de l'Entreprise (RSE). Elle qualifie la politique d'investissement non financière comme le reflet de la conception qu'elle a de sa responsabilité citoyenne, sociale. Selon Lelart (2014), la finance regroupe les transactions sur la monnaie elle-même. La monnaie apparaît donc comme la matière première de la finance. La finance possède ainsi tous les ingrédients faisant d'elle un monde à part dans l'économie, en permanence soumis aux choix faits par les agents et aux décisions qu'ils prennent.

C'est dans ce contexte de changements frénétiques des pratiques de la finance autrement que certains organismes et entreprises de financement

---

[185] Code de bonne conduite en matière de gouvernance par la législation africaine.

public ou privé tentent d'apporter des solutions de plus en plus accessibles et utiles en termes de financement en cherchant d'intégrer la dimension philanthropique. Ce qui nous amène à nous interroger sur le financement philanthropique comme faisant partie intégrante de la finance autrement. Est-ce que le financement philanthropique prend en considération la finance éthique et solidaire ?

Ce document vise à réaliser une étude théorique pour mettre en évidence les théories traditionnelles de la gestion financière et les autres formes de financement, y compris le financement philanthropique. Pour une meilleure compréhension, la première portera sur l'analyse conceptuelle de la finance autrement. En deuxième partie, les autres formes de financement seront abordées, avec en ligne de mire le financement philanthropique.

1. Fondement pluriel de la finance classique et alternative

1.1. Les théories traditionnelles de la finance

La théorie moderne du portefeuille est une théorie financière développée en 1952 par Harry Markowitz. Elle explique comment des investisseurs rationnels utilisent la diversification pour optimiser leur portefeuille, et elle indique le prix qu'un actif devrait avoir selon son niveau de risque par rapport à celui du marché. Cette théorie fait appel aux concepts de frontière efficiente, coefficient bêta, droite de marché des capitaux et droite de marché des titres. Sa formalisation la plus accomplie est le modèle d'évaluation des actifs financiers (MEDAF)[186]. Dans ce modèle, le rendement d'un actif est une variable aléatoire et un portefeuille est une combinaison linéaire pondérée d'actifs. Par conséquent, le rendement d'un portefeuille est également une variable aléatoire et possède une espérance et une variance.

L'hypothèse des marchés financiers efficients est une hypothèse utilisée en économie selon laquelle les marchés financiers sont efficients, c'est-à-dire que les prix des actifs reflètent toute l'information disponible au sujet du prix (Fama, 1965). Si les marchés sont efficients, alors il est impossible de faire mieux que le marché. La stratégie conseillée dans le cadre de l'hypothèse d'efficience consiste à investir une part de son portefeuille dans l'actif sans risque et l'autre part dans l'actif de marché suivant son profil de risque. Toute autre stratégie s'avère moins profitable que la stratégie dite « acheter et conserver » (l'investisseur détient ses titres sur le long terme sans chercher à les revendre et à les racheter sur le marché).

[186] Le MEDAF est un modèle financier fournissant une estimation de taux de rentabilité attendu par le marché pour un actif financier en fonction de son risque systématique.

Selon Peters (1991), plus il y a de bruits sur le marché, moins il est efficient. Le marché peut donc être dirigé par des sous-systèmes complexes réagissant en interdépendance. Le hasard peut n'être qu'apparent et le marché peut avoir une mémoire. Les personnes informées peuvent battre le marché pendant les périodes de chaos. Cette théorie est écornée par les recherches en finance comportementale ayant montré que des erreurs cognitives, émotionnelles et d'imitations collectives faussent la formation des prix. Selon Fama, un marché est efficient si et seulement si :

- Les investisseurs sont rationnels : ils cherchent à maximiser leur profit et à limiter leur risque.
- L'information circule librement et gratuitement : tous les intervenants doivent recevoir l'information en même temps. Il ne doit pas exister de délit d'initié ou d'information difficile à obtenir,
- Les coûts de transactions sont nuls ou très faibles. Ils ne doivent pas être une barrière entre la prise de décision et l'action,
- Les acteurs sont fragmentés : aucun gros investisseur ne peut influencer les cours, par exemple en affichant son intention d'acquérir la totalité des actions (OPA).

Le théorème de Modigliani-Miller (1958) dit que ce qui compte pour définir la valeur d'un actif économique, c'est la valeur que l'on attribue aux flux opérationnels qu'il peut générer (les cash flows opérationnels), et que la somme des valeurs de l'ensemble des actifs financiers servant à financer cet actif économique –actions, dettes, ou tout autre moyen de financement - doit rester égale à cette valeur économique, quelle que soit leur combinaison. Mais l'apport du théorème de Modigliani-Miller est de quantifier ce lien entre risque et rentabilité exigée, en démontrant que, si les marchés sont parfaits, il y a un jeu de « vases communicants » intégral entre la valeur de la dette et la diminution de la valeur des actions. Ceci veut dire que s'établit sur le marché à l'équilibre une règle de concordance stricte et mesurable entre degré de risque et surcroît de rentabilité demandé par les investisseurs (la « prime de risque »).

Le théorème de Modigliani-Miller est un des théorèmes fondamentaux de la finance d'entreprise moderne. Il affirme que, dans un monde sans taxes, exonéré de coûts de transaction et sous l'hypothèse de l'efficience des marchés, la valeur d'entreprise de l'actif économique n'est pas affectée par le choix d'une structure de financement. Le cadre de raisonnement établi par Modigliani et Miller, fondé sur l'équilibre partiel et l'arbitrage, entraîne la séparabilité des décisions d'investissement et de financement ; autrement dit, l'acceptation de l'investissement ne dépend pas de la façon dont l'investissement est financé.

Jensen et Meckling (1976) fondent au contraire leur approche de la finance sur une vision originale de la firme, considérée comme un ensemble de contrats établis entre des individus aux objectifs divergents et conflictuels et dont le niveau d'information diffère. Dans ce contexte, les principales composantes de la politique financière (Barnea et coll., 1981) deviennent des moyens de résoudre les conflits existants entre dirigeants, actionnaires et créanciers. Elles émergent des divergences d'objectifs et des asymétries d'information entraînant les phénomènes traditionnels de risque moral et de sélection adverse.

La théorie des options de Black-Scholes appliquée à la structure financière permet de mieux comprendre l'impact sur la situation financière des créanciers et des actionnaires de certaines décisions de l'entreprise (distribution de dividendes, investissements risqués, autofinancement, etc.). Elle trouve sa source dans l'asymétrie existant entre actionnaire (gain potentiellement illimité et risque limité à l'investissement) et créancier (risque de perdre l'investissement, mais taux de rentabilité plafonné) qui fait penser aux options. Elle est un prisme intéressant pour analyser la relation créanciers-actionnaires.

Le microcrédit réconcilie la théorie économique avec Polanyi ou Weber, pour qui la recherche absolue de la rentabilité est limitée par « l'éthos de la réciprocité imprégnant les rapports de voisinage et les relations familiales ». Le crédit n'est plus uniquement une activité marchande, mais une pratique sociale de solidarité. Elle n'est pas uniquement une activité économique, mais également une activité symbolique, c'est le cas de la tontine au Cameroun. De manière très pragmatique, Servet (2014) constate que, dans certains cas, l'impact du microcrédit sur la réduction de la pauvreté est limité et que certaines conditions doivent être réunies afin que le microcrédit joue parfaitement son rôle sociétal.

Les mécanismes de financement pour l'inclusion financière sont variés et peuvent prendre différentes formes, allant des prêts de microfinance simples au financement de l'achat d'actifs spécifiques (tels que des équipements) ou au financement de la trésorerie (comme le paiement comptant pour la livraison différée de produits). Cela inclut également d'autres moyens, tels que le transfert de crédits pour des achats (par exemple, crédits de réseau mobile échangeables contre de l'argent ou des marchandises).

Les remises en cause de ce trio d'hypothèses (rationalité complète des investisseurs, volonté de maximiser l'utilité, égalité entre l'utilité maximale et la rentabilité maximale d'un portefeuille) sont rares. On pense bien sûr à la finance comportementale, relâchant l'hypothèse de rationalité.

1.2. La finance éthique et solidaire

La finance éthique, celle qui l'est réellement, se définit par sa destination : à qui l'argent va-t-il être prêté, à quoi va-t-il servir ? Lorsque ce concept est apparu, au début des années 80, il voulait dire que l'argent n'allait pas être investi dans des entreprises exerçant une activité pouvant apparaître condamnable, telle que l'armement, le tabac, l'alcool, le jeu… Cette définition purement négative et de ce fait exagérément large s'est trouvée rapidement mieux précisée. La finance éthique est désormais celle étant orientée vers certaines entreprises, certaines activités.

Loin de l'approche traditionnelle consistant à rendre à César ce qui est César, il s'agit au contraire de faire prévaloir le religieux sur le financier. Le phénomène n'est pas nouveau – que l'on pense à la crise opposant l'ordre franciscain à la papauté au XIIIe siècle sur la doctrine de pauvreté ou, bien sûr, à l'apparition de la finance islamique à partir des années 1960 –, mais il s'est accéléré depuis la crise. Le phénomène religieux au sein de la finance prend une importance soudaine, avec la recherche de valeurs éthiques en adéquation avec les convictions spirituelles de l'investisseur. Si la finance éthique se rapproche de la finance religieuse, elle s'en éloigne toutefois dans l'absence d'affirmation du choix religieux comme principe de fonctionnement. La finance éthique se veut « morale » et, le plus souvent, « neutre » en termes de principes philosophiques ou religieux (Drissi et Angade, 2020). À l'inverse, la finance religieuse s'affirme comme telle, de façon décomplexée (De Vauplane, 2017).

La finance islamique est bien une finance éthique. Cela est d'autant plus vrai que les investissements ne sont pas autorisés dans certains secteurs, tels que l'industrie du jeu, du tabac, de l'alcool, de l'armement… comme dans les entreprises qui dépassent certains pourcentages d'endettement. Cette finance islamique peut même être perçue comme étant au service de l'homme, avec pour finalité la protection de l'être humain, de la famille, de l'harmonie sociale et même de l'environnement (Jouaber et Jouini, 2013). Ce respect de l'environnement, associé au respect des générations futures, rapproche la finance islamique des objectifs du développement durable, comme des pratiques de responsabilité sociale vers lesquelles tendent les entreprises (Forget, 2009).

En ce qui concerne l'analyse de la finance sous un autre angle, la finance islamique est une notion ambiguë. Elle peut être perçue comme une finance traditionnelle destinée aux Musulmans. Elle a pour but unique de permettre à ces derniers de maximiser leur investissement sous la double contrainte du risque et des préceptes religieux, soit comme une forme de finance solidaire, alliant la possibilité d'un investissement rentable avec la solidarité et sous les principes de la microfinance (Drissi et Angade, 2020, *op cit*). À partir de ce point, Abdel-Maoula Chaar propose une synergie entre la finance islamique et la finance conventionnelle permettant de « désenclaver la finance islamique de son substrat religieux et de l'envisager comme un cas d'espèce d'une finance alternative à même de s'adresser à différents publics sans exclusive ». À l'inverse, on peut douter de l'efficacité de ces contrôles et du respect systématique des principes évoqués (Hazoug, 2013). Il reste que ces principes, qu'ils soient totalement respectés ou non, caractérisent la finance éthique telle qu'elle est habituellement définie. Ce n'est pas exactement le cas de la finance solidaire.

La finance solidaire est une finance de proximité qui tend à maintenir ou à restaurer « le lien social » (Artis, 2013, 17). La finance solidaire se distingue de la finance éthique à travers l'emploi et l'origine de leurs ressources ainsi que les modalités de financement. L'entreprise n'est plus considérée comme une finalité dont l'objectif est, uniquement, de maximiser sa propre valeur actionnariale, mais également comme un moyen d'améliorer le bien-être de tous et de chacun. Dans ce contexte, la théorie financière traditionnelle est impuissante pour analyser la firme et sa performance. En particulier, la théorie financière est incapable de mesurer la capacité des firmes à générer du bien-être pour la société dont elle est pourtant partie prenante (Paranque et Pérez, 2015).

En définitive, la finance solidaire ne peut pas se comprendre sans référence au cadre éthique dans lequel ses opérations s'inscrivent (Ferraton, 2001). Elle est nécessairement éthique. Si elle n'était pas éthique, elle ne serait pas solidaire. Comme la finance solidaire progresse rapidement au point d'apparaître modestement, bien sûr comme une alternative à la finance, l'éthique se retrouve, grâce à elle, en marge de la finance. Elle l'est également du fait de la microfinance. La microfinance est toujours un moyen de lutter contre la pauvreté, mais elle est de plus en plus considérée comme un moyen de lutter contre l'exclusion financière. Elle doit établir chaque année un rapport qui est repris dans la publication des comptes, pouvant provoquer une réunion spéciale du Conseil d'administration (Wanda et Kengni Fomo, 2020 ; Godard et Schatt, 2005). La coopération entre les conseillers et les dirigeants de la banque se fait maintenant plus étroite (Abdel Wahab, 2005).

1.3. La finance et la monnaie comme un « commun »

La théorie d'Elinor Ostrom sur les Communs pour construire les outils d'analyse nécessaire à la compréhension de la finance moderne. Les Communs sont aujourd'hui à la source d'un renouvellement de l'analyse de l'action collective dans plusieurs champs : d'abord celui des ressources naturelles (Ostrom, 1990), puis des biens et des services informationnels (Coriat, 2013).

Selon Servet (2015), la construction de la finance et de la monnaie comme commun est beaucoup plus récente et plus exceptionnelle que celle de la gestion des ressources dites naturelles. Elle se situe généralement dans des projets alternatifs et critiques du néolibéralisme. Ces projets soumettent la monnaie et la finance aux nécessités de la production, inversant ainsi l'imaginaire actuellement dominant de l'ordre des institutions économiques. Elle ne constitue donc pas une contestation collective du droit de propriété, caractéristique d'un mouvement social promouvant la revendication d'un commun. L'absence de respect des règles établies ou des normes promues représente une délinquance commise à des fins individuelles ou de petits groupes s'opposant à l'intérêt général.

En évoquant le microcrédit, on constate que sa commercialisation a conduit à privilégier des crédits à très court terme (quatre mois, par exemple ; ce qui diminue le risque de perte pour le prêteur et le montant prêté) ; ce qui correspond surtout à une volonté des prêteurs d'accélérer la vitesse de rotation du capital prêté sans se préoccuper de l'adaptation des services financiers aux besoins effectifs des populations (Servet 2015a). Ceci permet de réduire la défaillance et le comportement des emprunteurs comme free-riding de passagers clandestins et se soustraire de la délinquance financière. On constate par exemple que cette rotation est plus élevée dans les structures à but lucratif que dans les structures à caractère coopératif. Ce qui correspond davantage à une politique de l'offre que de la demande.

1.4. La fiscalisation de la finance à travers le transfert d'argent

La politique fiscale est un instrument de politique économique (Musgrave, 1959) avoir pour rôle de stabilisation et de redistribution (objectifs potentiellement contradictoires). Selon la théorie de la fiscalité optimale (Mirrlees, 1971), la fiscalité modifie toujours les choix microéconomiques et les équilibres macroéconomiques. Dans tous ces États, l'institution de la taxe sur les transferts d'argent résulte de la recherche de sources innovantes de recettes budgétaires, afin d'augmenter la contribution des ressources propres dans le financement du développement, en ayant moins recours à l'endettement.

En effet, la taxe sur les transferts d'argent ne devrait pas modifier les habitudes de consommation des ménages, puisque le taux, qui est de 0,2 % appliqué au montant de la somme transférée ou retirée, ne vise pas à augmenter le prix des transferts par voie électronique. Ainsi, pour un transfert de FCFA 5000, le coût de la taxe serait de seulement FCFA 10. Il en est de même des retraits. Lorsque l'on rapproche ce taux de ceux pratiqués dans les pays où cette taxe est déjà appliquée, il apparaît évident que le Cameroun est le pays qui affiche le taux le plus faible.

À titre d'illustration, le taux de la taxe sur les transferts d'argent est de 1% au Congo, 1,5% au Gabon, 0,5% en Côte d'Ivoire et en Ouganda, 10% au Ghana et au Kenya. La Taxe sur les Transferts d'Argent (TTA) est un prélèvement spécifique dû sur les opérations d'envoi et de retrait d'argent, empruntant à la mécanique des commissions. Mise en place dans le cadre de la Loi de finances pour 2022 du Cameroun, cette mesure a pour vocation d'élargir les recettes de l'État avec une estimation de recettes projetée à 20 milliards de FCFA la première année.)

Les crypto-actifs ne sont qu'un exemple de l'emploi de nouvelles technologies financières pour fournir des services financiers. Au Kenya et en Chine, les systèmes de paiement par téléphone mobile ont permis à de millions de personnes jusqu'alors non bancarisées d'intégrer le système financier. En Lettonie, au Brésil et ailleurs, les prêts de particulier à particulier sont devenus une nouvelle source de crédit aux petites entreprises qui ont du mal à obtenir un prêt bancaire. Partout dans le monde, les progrès de l'intelligence artificielle promettent de mieux exploiter une masse de données de plus en plus abondante et accessible. Dans le domaine des services financiers, cela permet d'améliorer la protection contre la fraude et le respect de la réglementation, et donc d'élargir l'accès aux services financiers et de favoriser l'inclusion financière.

L'intermédiation financière peut également être entreprise au moyen de contrats de location comprenant des paiements de loyers périodiques et une promesse contraignante de procéder à une vente transférant la propriété du bien loué au locataire à la fin de la période de location. Spécifiques à l'émergence récente des FinTech et du financement participatif (crowdfunding[187]) (Liouaeddine & Naji, 2015 ; Belleflamme & al, 2015, Drissi, 2017), ces plateformes apportent avec elles, leur propre ensemble de considérations.

Toutes les plateformes FinTech et de financement participatif n'ont pas été introduites dans le but d'initiatives d'inclusion financière ; néanmoins, leur rôle et leur capacité à soutenir les initiatives d'inclusion financière sont également généralement reconnus. En outre, la plupart des FinTech et des plateformes de financement participatif ne sont généralement pas identifiées comme des institutions de dépôt, dans la mesure où les sources de fonds pour les activités de financement peuvent être des investissements/participations (où les clients apportant le financement s'exposent à des pertes, le cas échéant) ou par le biais de dons/contributions qui peuvent ne pas nécessiter le remboursement des fonds aux bailleurs.

Un autre facteur à prendre en compte concernant les activités d'inclusion financière et de réduction de la pauvreté dans le cadre de la finance islamique est la présence d'institutions de finance sociale islamique utilisant des instruments de solidarité sociale pour leurs activités.

Les transferts de fonds internationaux peuvent prendre des formes diverses, et ne sont pas toujours soumis aux mêmes obligations déclaratives. Distinguons les virements intracommunautaires (Afrique, Europe), les

---

[187] Face au problème de financement auquel sont confrontés les entrepreneurs marocains et, outre le prêt bancaire, le financement participatif peut être une alternative au financement classique. En effet, le crowdfunding peut répondre aux différents besoins de financement, et ce, dans différents domaines : artistique, culturel, social, etc.

virements effectués hors communauté (Union africaine, Union européenne) et les transferts internationaux en espèces. Les virements bancaires effectués entre deux pays européens sont exonérés d'obligation déclarative, et constituent à ce titre l'une des méthodes de transferts de fonds internationaux les plus simples à mettre en place.

Attias Assouline et Glon (2018) soulignent que le développement de technologies, telles que la blockchain ou l'intelligence artificielle démultiplie non seulement les capacités de collecte des données, mais aussi les possibilités de recoupement et de partage des données. Cela favorise la collecte de l'impôt, allège le poids du traitement administratif de l'impôt pour les administrations fiscales et facilite l'identification et la lutte contre la fraude.

Il y a aussi un enjeu économique derrière la fiscalité relative à la philanthropie : le phénomène philanthropique représente aujourd'hui un volume très important, estimé à hauteur de 5 % du PIB mondial. D'une part, dans un environnement marqué par une problématique d'accroissement des inégalités, les facilités qui sont octroyées aux grands donateurs pour leur engagement philanthropique peuvent poser question. D'autre part, dans un contexte d'environnement budgétaire plus contraint pour tous les pays, les mesures fiscales en faveur des organisations caritatives revêtent une importance sociale très grande (OCDE, 2020, Tchouassi et al, 2022).

2. Financement philanthropique dans l'investissement social

2.1. Le rôle de la philanthropie

La philanthropie joue un rôle spécial, elle sait prendre des risques, suscite ainsi l'innovation et agit comme un catalyseur du bien commun. Elle soutient des programmes dans des domaines dont nous bénéficions tous, tels que l'éducation, la santé, la science, l'environnement, la culture et le développement international (Ba et al, 2010). Aux côtés d'autres organisations de la société civile, elle agit en complémentarité et en partenariat avec les initiatives des gouvernements et du secteur privé.

Pour l'organisation de la coopération pour le développement économique (OCDE), le développement de la philanthropie dans le monde est la conséquence de phénomènes positifs, notamment l'expression d'un fort intérêt des citoyens pour soutenir des causes d'intérêt général à travers le don, mais son développement est aussi et malheureusement lié au recul du financement public, conduisant les organismes sans but lucratif à essayer de développer davantage de sources de financement. Pour qu'il y ait intérêt général, il faut que l'œuvre ait un caractère « philanthropique, éducatif, scientifique, social, humanitaire, sportif, familial, culturel, ou concourant à la mise en valeur du patrimoine artistique, à la défense de l'environnement naturel ou à la diffusion de la culture, de la langue et des connaissances scientifiques françaises ».

La notion de l'économie sociale et solidaire est née de la combinaison de deux concepts à savoir : l'économie sociale et l'économie solidaire. Pour le premier concept, à savoir l'économie sociale, il est souvent défini par rapport à son statut, du coup, il se présente, comme un ensemble vaste et hétérogène d'organisations qui opèrent dans de multiples champs (santé, éducation, culture, etc.) sous forme d'associations, de mutuelles, de coopératives et de fondations partageant des particularités les distinguant des entreprises individuelles, des entreprises publiques et des sociétés de capitaux (Collette & Pigé, 2008).

À partir des années 1990, le vocable d'économie sociale et solidaire est plus utilisé dans le système économique global et souvent présenté comme une voie entre l'économie de marché et le secteur public (Flahault, Noguès, & Schieb-Bienfait, 2011) migrant vers l'économie de partage (Tchouassi, 2020). Les économistes ont tendance donc à la qualifier de tiers secteur, ce qui représente ainsi les perspectives d'une économie durable, capable de traiter des problématiques que ni les entreprises capitalistiques ni le secteur public ne sont en mesure de gérer (le bien-être social via la protection santé et la retraite complémentaire...).

2.2. Les mécanismes de déploiement de la philanthropie

Les actions philanthropiques sont mises en œuvre à travers des mécanismes et structures spécifiques, notamment les fondations, les fonds de dotation et le mécénat d'entreprise.

La fondation. Une fondation désigne l'acte par lequel une ou plusieurs personnes physiques ou morales décident l'affectation irrévocable de biens, droits ou ressources à la réalisation d'une œuvre d'intérêt général et à but non lucratif. Une fondation a pour objet la réalisation d'un intérêt général à but non lucratif. Elle est créée pour exécuter une œuvre au moyen des biens qui lui sont affectés. La création d'une fondation n'a pas pour but de servir des intérêts privés.

On distingue plusieurs formes de fondation, notamment la fondation abritée ou sous égide créée au sein d'une autre fondation dite fondation mère ou abritante. La fondation abritée n'a pas le statut de personne morale, elle est assujettie à sa fondation mère sur le plan juridique et fiscal, elle dispose d'une autonomie opérationnelle plus ou moins importante. L'avantage pour une fondation sous égide est de bénéficier du parapluie, de l'expertise, de la pérennité de la fondation mère, et de pouvoir concrétiser plus facilement un projet.

La fondation reconnue d'utilité publique. C'est le nec plus ultra de l'action philanthropique, car on dispose ici d'une structure propre, autonome et indépendante capable de perdurer des années même après le décès de son fondateur ou de sa fondatrice (Boccara, 2018). « *Le choix de la fondation d'utilité publique est opportun lorsque l'on envisage de financer une ou plusieurs actions. Cette stratégie combinée ne se retrouve pas ailleurs, notamment dans d'autres structures déjà existantes* », indique Nathalie Sauvanet, citée par Boccara (2018). Elles peuvent aussi diversifier leurs ressources : recevoir des subventions publiques ou privées, des dons et legs, faire appel à la générosité publique, organiser des manifestations relatives à leurs objectifs, vendre des produits liés à leur objet. Elles peuvent également être propriétaires d'immeubles de rapport, même si ces immeubles ne concernent pas directement l'objet de la fondation, ceci peut leur permettre de résister durablement à l'érosion monétaire. Du fait du caractère irrévocable de l'affectation des biens à la fondation (on dit aussi le caractère définitif des libéralités), sa durée de vie est en principe illimitée.

La fondation d'entreprise. Elle constitue un type de fondation plus souple, limitée dans la durée (mais dont la durée de vie ne peut être inférieure à cinq ans), fonctionnant avec des ressources affectées annuellement par l'entreprise, qui peut alors donner son nom à la fondation. La fondation d'entreprise ne peut faire appel à la générosité extérieure à l'entreprise, mais les salariés de l'entreprise peuvent contribuer. La fondation d'entreprise est le cadre dans lequel l'entreprise exerce et valorise son action de mécénat. La fondation d'entreprise est une personne morale à but non lucratif créée par une ou plusieurs entreprises pour une durée limitée afin de réaliser une œuvre d'intérêt général selon un programme d'action pluriannuel.

Le fonds de dotation. Selon l'extrait de l'article 140 de la loi n° 2008-776 du 4 août 2008 en France, Le fonds de dotation est une personne morale de droit privé à but non lucratif recevant et gérant, en les capitalisant, des biens et droits de toute nature qui lui sont apportés à titre gratuit et irrévocable et utilisant les revenus de la capitalisation en vue de la réalisation d'une œuvre ou d'une mission d'intérêt général ou les redistribue pour assister une personne morale à but non lucratif dans l'accomplissement de ses œuvres et de ses missions d'intérêt général. Le conseil d'administration du fonds de dotation définit la politique d'investissement du fonds, dans des conditions précisées par les statuts. Les fonds de dotation bénéficient du régime fiscal applicable aux organismes sans but lucratif. Les entreprises qui consentent des dons au profit d'un fonds de dotation peuvent quant à elles bénéficier d'une réduction d'impôt à hauteur de 60% du montant de leurs versements, dans la limite de 5% du chiffre d'affaires. Le fonds de dotation est un outil de financement au service de la philanthropie et du mécénat, grâce à la capitalisation des dons qu'il reçoit.

Le Mécénat. La « loi Aillagon » du 1er août 2003 réformant la législation française relative au mécénat et e la loi camerounaise n° 2003/013 du 22 décembre 2003 relative au mécénat et au parrainage ont permis la création récente de nombreuses fondations dans ces pays respectifs. Elles ont également encouragé un certain nombre d'entreprises à s'engager dans des actions de mécénat. Le mécénat se veut être un apport financier, matériel ou humain sans contrepartie directe de la part du bénéficiaire à une structure ou un évènement reconnu d'utilité publique et présentant un caractère d'intérêt général. La mise en place d'une politique de mécénat permet aux entreprises de s'inscrire dans une action citoyenne. Il existe cinq grands domaines d'intervention :

- Le mécénat de solidarité ;
- Le mécénat culturel ;
- Le mécénat du sport ;
- Le mécénat environnemental ;
- Le mécénat de la recherche.

Le mécénat ne consiste pas nécessairement en une aide financière. Il peut aussi s'agir d'une mise à disposition de locaux, de matériel ou de personnel.

Conclusion

La crise de 2008 a révélé le besoin de « faire de la finance autrement ». À l'heure de la mondialisation, les chocs financiers se répercutent rapidement au-delà des frontières nationales. Face à une crise, il faut une réaction concertée à l'échelle mondiale ; en d'autres termes, nous sommes tous dans la même barque. C'est ainsi que les théories classiques ou traditionnelles de la finance ont évolué vers les modèles de financement alternatif. Parmi eux, on note la finance solidaire et la finance éthique, la micro-finance, la crypto-actif, les transferts d'argent, l'inclusion financière et le financement participatif. Le financement philanthropique s'impose aussi au fil du temps comme une autre manière de financer autrement les actions d'intérêt général ou l'usage des Communs.

Bibliographie

Abdel Wahab M. (2005). Islam et Finance, Rapport moral sur l'Argent dans le Monde, AEF, 481-496.

Attias Assouline A-V et Glon G, (2018). Fiscalité du digital, digitalisation, *Revue d'économie financière*, P.217-232.

Artis A. (2013). Introduction à la finance solidaire, Presses universitaires de Grenoble.

Ba et al (2000). *Sources de financement alternatives de la recherche en Afrique de l'Ouest et du Centre : La philanthropie*, CRDI, Dakar, P74 ;

Barnea, Haugen et Senbet (1981). "*Market Imperfections, Agency Problems, and Capital Structure : a Review*", Financial Management, été 1981, pour un survey de la politique financière en liaison avec la théorie de l'agence.

Boccara L (2018). https://www.lesechos.fr/2018/12/du-don-a-la-philanthropie-le-mode-demploi-pour-des-actions-efficaces-980798 consulté le 19 octobre 2024

CSFI (2019). Note technique sur l'inclusion financière et la finance islamique, Décembre 2019, 173 p.

Drissi, S. (2017). *Le financement par Crowdfunding : Quel apport pour l'entrepreneuriat social ? Cas de la région de Souss Massa (Maroc),* Éditions universitaires européennes.

Drissi S & Angade K (2020). La finance islamique et l'investissement à impact social : cas des coopératives de la région de Sous Massa, RCCA, N° 12, *Spécial JIREF & CCA*, p272-298.

Ferraton C. (2001). Les liens de convergence entre la théorie économique et les solidarités financières, in Exclusion et liens financiers, Rapport du Centre Walras, Paris, *Economica*, 304-378.

Belleflamme, P., Omrani, N., & Peitz, M. (2015). The economics of crowdfunding platforms. *Information Economics and Policy*, 33, 11-28.

Flahault, E., Noguès, H., & Schieb-Bienfait, N. (2011). L'économie sociale et solidaire. Nouvelles pratiques et dynamiques territoriales. Lectures, Publications reçues.

Forget E. (2009). Le développement durable dans la finance éthique et la finance islamique, *Les Cahiers de la finance islamique*, n° 1, 1-4.

Godard L. et Schatt A., (2005). « Caractéristiques et fonctionnement des conseils d'administration français. Un état des lieux », *Revue française de Gestion*, N° 158, octobre 2005, p.69.-87.

Jensen M., & Meckling W. (1976). "The Theory of the Firm: Managerial Behavior Agency, Cost and Ownership Structure", Journal of Financial Economics, Vol 3, N°4, October, 1976, p305.-360.

Jouaber K. et Jouini E. (2011). La finance islamique est-elle une finance durable ?, in P. Grandin et D. Saidane (dir.), La finance durable : une nouvelle finance pour le XXIe siècle ?, Paris, *Revue Banque Éditions*, 137-152.

Hazoug S. (2013). Le Zakat : un outil éthique et financier d'entraide, in *C. CUTAJAR et al., op. cit.*, 263-271.

Lelart, M. (2014). De la finance éthique à l'éthique dans la finance. Laboratoire d'Économie d'Orléans (LEO), N° 2014-03, XXXes Journées du développement, 19p.

Lobez F. et Vilanova L. (2006). *Microéconomie bancaire, collection Finance*, Paris, Presses universitaires de France.

Paranque B et Pérez R (2015). *La finance autrement ? Réflexions critiques et perspectives sur la finance moderne*, éditeurs Presses universitaires du Septentrion, 328 p.

Markowitz H. (1952). Portfolio Selection, *Journal of Finance*, 7 (1), 77-91

Mirrelees J A (1971). An exploration in the theory of optimum income taxation, the revenue of economy studies, Vol 38, Issue 2, P175-208.

Musgrave R A (1959). The theory of publics finance, McGraw-Hill, New York ;

OECD (2020). Taxation and Philanthropy, OECD Tax Policy Studies, No. 27, OECD Publishing, Paris.

Ostrom E. (1990). *Governing the commons: The evolution of institutions for collective action*, Cambridge, Cambridge University Press.

Orléan A. (1999). Le pouvoir de la finance, Paris, Odile Jacob. Schumpeter J. (1935), Théorie de l'évolution économique, Dalloz, Paris.

Peters, E. (1991). Chaos and order in the capital markets.

Tchouassi, G (2020). Que peut-on enseigner ou espérer de l'économie de communion ? *Revue Congolaise de Gestion* 2020/2 (Numéro 30), pages 47 à 78

Tchouassi, G., Jiokeng Tchougon, E et Kamga Kamga, C. C., (2022). Philanthropie et politique fiscale au Cameroun : pour ou contre le développement durable ? *Tendances de management africaines*, Vol 22, Série 6. Pages : 127-156.

Servet J-M (2013). « Monnaie : quand la dette occulte le partage », *Revue française de Socio Économie*, 2 semestre, 12, p. 125-147.

Servet J-M (2015). La finance et à la monnaie comme un « commun », Institut Vablen pour les reformes économiques, 10 p.

Wanda R. (2013). « Conseil d'administration et performance des entreprises conjointes franco-camerounaises », Revue des Sciences de Gestion, N° 246-247, janvier 2013, p91.-99.

Wanda R et Kengni Fomo G A (2020). Caractéristiques du conseil d'administration et disparité de performance entre les grandes entreprises au Cameroun, *Revue Recherche en Sciences de Gestion-Management Sciences-Ciencias de Gestión*, n° 140, p. 67 à 94.

POSTFACE

Recevoir, Développer, Transmettre : l'écho vivant d'un legs en partage

Ababacar Mbengue

Il est des silences qui résonnent plus fort que les cris. Des silences qui ne traduisent ni le vide, ni l'oubli, mais l'intensité du souvenir et la densité de la présence intérieure. Le silence laissé par le départ du Professeur Robert Wanda est de cette trempe-là. Ce n'est pas un silence creux, mais un silence habité. Habité par ce qu'il fut. Habité par ceux qu'il a éveillés. Habité par une œuvre semée dans le cœur des institutions, des idées, des esprits et des hommes.

Il faut du temps pour comprendre qu'un grand professeur ne disparaît jamais tout à fait. Il cesse d'être visible, mais continue de circuler : dans une citation répétée par un étudiant, dans une méthodologie reproduite à l'université de Dschang ou de Ouagadougou, dans une posture adoptée face à un dilemme éthique, dans la discrétion d'un chercheur qui sait que son utilité vaut mieux que sa gloire.

Cette postface, devenue ici conclusion prolongée, n'est donc pas un épilogue. Elle est plutôt un passage. Une traversée. Une manière d'inscrire dans les mots ce qui ne s'efface pas. Car il y a, dans la trace laissée par Robert Wanda, quelque chose d'intrinsèquement végétal : il est de ces êtres qui ne s'évanouissent pas, mais germent.

Et cette germination, cette floraison, ces fruits encore jeunes ou en pleine maturité, ce sont ces Mélanges. Ils ne sont pas que des textes. Ils sont des racines prolongées. Ils sont la preuve que l'on peut continuer un itinéraire tout en empruntant d'autres voies. La preuve que le savoir, quand il est partagé dans l'humilité et l'exigence, produit toujours plus que ce que son auteur avait anticipé.

Il y a donc, dans cette entreprise éditoriale, un double hommage. L'un tourné vers le passé, respectueux, grave, profond. Et l'autre tourné vers l'avenir, fertile, promesse de continuités. C'est entre ces deux pôles que se déploiera le texte qui suit : hommage et synthèse, reconnaissance et projection, émotion et rigueur.

Comment dire Robert Wanda sans le réduire ? Comment parler de lui sans le figer dans l'unique prisme de ses titres, de ses fonctions ou de ses distinctions ? Le risque serait grand de dresser un panthéon, alors qu'il mérite un récit. Un récit de cohérence, de conviction, de constance. Un récit d'engagement académique et d'élégance humaine.

Robert Wanda, c'était d'abord un style. Un style de pensée : dense, rigoureux, mais jamais opaque. Un style de relation : sobre, attentif, jamais invasif. Un style d'engagement : constant, fidèle, jamais ostentatoire. C'est ce style qui frappe ceux qui l'ont croisé. Ce mélange rare de verticalité intellectuelle et d'horizontalité humaine. Il était à la fois repère et recours. Repère pour ceux qui cherchaient à se situer dans le champ des sciences de gestion en Afrique. Recours pour ceux qui doutaient, butaient, hésitaient.

Il fut un pédagogue au sens fort. Non pas un simple dispensateur de cours, mais un accoucheur d'intelligences. Il savait faire advenir, faire surgir. Il croyait au potentiel africain, mais refusait de le célébrer naïvement. Il le provoquait, le bousculait, l'exigeait. Il avait cette fermeté des bâtisseurs, cette délicatesse des semeurs, cette patience des artisans.

Son parcours, marqué par l'excellence (major du concours d'agrégation du CAMES en 2007, Chevalier de l'Ordre international des Palmes Académiques en 2018), aurait pu le conduire à la hauteur solitaire de certains mandarins. Mais il a choisi l'ancrage. Il n'a pas quitté les terrains où l'éducation est un combat quotidien, une lutte contre l'oubli, une résistance à la résignation.

Robert Wanda, c'est aussi une pensée. Une pensée de la gestion comme discipline d'incarnation. Il ne concevait pas le management comme une simple technique de maximisation, mais comme une grammaire d'action située, éthique, responsable. Il refusait les gadgets intellectuels. Il privilégiait les fondamentaux. Il savait que, dans la rigueur conceptuelle se trouve aussi la dignité de nos institutions.

Enfin, Robert Wanda, c'est un héritage invisible, mais palpable : des cohortes d'étudiants transformés, des chercheurs structurés, des institutions marquées, des collègues respectés. Il fut pour certains un père, pour d'autres un frère, pour d'autres encore une boussole discrète. Et c'est dans cette diversité de liens que se manifeste l'amplitude de son impact.

Ce texte lui est dédié. Mais il ne saurait l'enfermer. Car Wanda n'est pas un nom que l'on statue. C'est un souffle que l'on continue de respirer.

Les contributions réunies dans cet ouvrage s'inscrivent dans une logique d'extension de l'œuvre du Professeur Robert Wanda. Elles explorent des territoires qui lui étaient chers, comme la gouvernance, la performance organisationnelle, les dynamiques bancaires ou encore l'entrepreneuriat africain, mais aussi des domaines plus émergents où son influence intellectuelle s'exerce encore de manière souterraine. Ces textes sont signés par des chercheurs issus de différentes générations, de différentes disciplines et de différents pays d'Afrique et d'ailleurs. Ils témoignent d'une pensée féconde, qui continue d'irriguer le champ des sciences de gestion. Chacun, à sa manière, révèle une part du legs laissé par Wanda, tout en portant sa propre voix, son propre regard, ses propres problématiques. Ces contributions composent un paysage savant, un ensemble polyphonique à la fois rigoureux et sensible, fidèle à l'exigence du professeur disparu, mais aussi ouvert aux innovations et aux confrontations que nécessite toute pensée vivante. Il est frappant de constater combien le style Wanda a marqué : sens de la structure, densité conceptuelle, inscription dans les contextes africains, et surtout une volonté de relier la science à l'action, la réflexion à la transformation. En cela, ce volume n'est pas seulement un recueil d'hommages, il est une projection vers l'avenir, une invitation à poursuivre, à creuser, à transmettre.

Un jour, les amphithéâtres où Robert Wanda a enseigné seront rénovés. Les chaises changées, les tableaux remplacés, les visages renouvelés. Mais dans le grain du bois, dans la courbe des bancs, dans le souffle des couloirs, quelque chose de lui subsistera. Non pas comme une ombre, mais comme un appui. Non pas comme une absence, mais comme une force discrète.

Il arrive parfois que certains êtres deviennent des repères pour d'autres. Non parce qu'ils ont dominé ou conquis, mais parce qu'ils ont éclairé. Wanda fut de ceux-là. Il n'a jamais crié. Il a construit. Il n'a jamais cherché à plaire. Il a cherché à transmettre. Il n'a jamais voulu figer la science. Il a voulu la faire vibrer.

Et c'est cela, précisément, qu'on ressent en lisant ces Mélanges. Ce n'est pas la fin d'une œuvre. C'est une circulation. Une lente et belle circulation du savoir, de la mémoire et de l'engagement. Ce livre n'est pas une tombe. C'est une semence. Ce livre n'est pas une clôture. C'est une porte ouverte.

En lisant ces pages, nous comprenons que Wanda nous laisse plus que des concepts. Il nous lègue une manière d'habiter le monde académique : avec dignité, sans bruit, avec profondeur, sans prétention. Et cela est infiniment précieux.

À celles et ceux qui poursuivront cette route, puissent ces Mélanges offrir, à la manière d'une boussole silencieuse, les coordonnées d'un cap exigeant et bienveillant. À celles et ceux qui découvriront Wanda pour la première fois à travers ces pages puisse cette rencontre les éveiller, les questionner, les inspirer. À celles et ceux qui l'ont connu et aimé, puisse cette œuvre partagée être un baume et une lumière.

Je voudrais enfin adresser, au nom de tous ceux qui se reconnaissent dans cette démarche, une pensée de gratitude :

À la mémoire du Professeur Robert Wanda, pour ce qu'il a été, pour ce qu'il a permis, pour ce qu'il continue d'éveiller en nous. À la communauté académique africaine, pour son engagement à bâtir un savoir enraciné et rayonnant. À tous les auteurs et autrices de ces Mélanges, pour leur plume et leur fidélité. Et au Professeur André Tioumagneng, pour ce geste d'honneur, de rigueur et de cœur.

Car oui, au bout du compte, il ne reste que cela : ce que nous avons su donner. Et Robert Wanda, lui, a donné. Sans compter. Sans attendre. Sans bruit. Que son exemple continue de nous orienter.

Ababacar MBENGUE

Professeur agrégé de classe exceptionnelle des Universités françaises
Président, Société Africaine de Management (SAM)

L'exigence, la pertinence et la rigueur du de Cujus

Henri Wamba

Dans la tradition universitaire, rendre hommage à un collègue par la publication de Mélanges est un geste profondément significatif. En effet, une telle initiative atteste de la reconnaissance d'une communauté savante envers l'un de ses membres éminents. À travers cet ouvrage intitulé *La Finance en contexte extrême*, dont l'idée a jailli du tréfonds luminescent du coordonnateur du projet, André Tioumagneng Tafam, c'est à la fois l'enseignant, le chercheur et l'homme que ses pairs, disciples et amis célèbrent, en la personne du *De cujus*, Professeur Robert WANDA.

Faisant partie de la première génération de mes étudiants que j'ai eu l'honneur de former et de suivre dans son cheminement intellectuel dès mon recrutement à l'université de Yaoundé, Robert WANDA s'était distingué très tôt par un goût très prononcé du désir de connaissance, de la fécondité dans ses recherches et la solidité de son engagement académique. Il s'est vite révélé un interlocuteur audacieux, qui savait nourrir et enrichir les débats par la profondeur de ses analyses et la finesse de son regard critique.

Je me souviens encore de ses premières interventions lors de mes séminaires, où il n'hésitait pas, avec une assurance déjà remarquable, à questionner les modèles traditionnels à l'aune des réalités africaines. Cette capacité à articuler la théorie et la pratique, à interroger les cadres établis sans jamais céder à la facilité, augurait déjà du chercheur accompli qu'il allait devenir. Son itinéraire d'enseignant-chercheur dans son domaine scientifique de prédilection atteste d'ailleurs d'une remarquable capacité à allier la profondeur théorique à l'exigence des réalités pratiques, en particulier dans des contextes financiers marqués par l'incertitude, la volatilité et la contrainte.

Robert WANDA faisait partie de ces jeunes collègues avec qui il était plaisant et aisé de travailler. Comment ne pas évoquer par exemple son implication remarquable dans un projet de recherche collectif que nous avions mené au début des années 2000, consacré à la vulnérabilité des micro-entreprises face aux crises financières régionales en Afrique centrale. Dans ce programme soutenu par plusieurs institutions internationales, dont l'Organisation internationale de la Francophonie et la Banque africaine de développement, Robert WANDA s'était illustré par la rigueur de ses enquêtes de terrain et la pertinence de ses analyses économiques.

Son apport fut décisif. En effet, en alliant modélisations économiques sophistiquées et compréhension fine des dynamiques entrepreneuriales locales, il avait su mettre en évidence des logiques d'adaptation insoupçonnées, notamment les mécanismes de solidarité financière endogène. Ses travaux avaient ainsi contribué à repositionner la question de la micro-entreprise africaine au sein des débats internationaux sur la finance inclusive et la résilience économique.

Ce projet, au-delà de ses retombées scientifiques concrétisées par plusieurs publications de référence, avait confirmé l'importance pour Robert WANDA de penser la finance non comme un univers clos et abstrait, mais comme un levier au service de la transformation sociale et du développement économique durable. Sa capacité à dialoguer avec les décideurs publics comme avec les acteurs de terrain témoignait déjà d'une posture intellectuelle rare, faite d'exigence académique et de sens profond de l'engagement sociétal.

La structuration de cet ouvrage en cinq parties témoigne de la diversité des champs de réflexion abordés par Robert WANDA au fil de sa carrière.

La première partie, consacrée au management des entreprises financières, explore les défis auxquels sont confrontées les institutions financières dans des environnements instables.

La deuxième partie s'attache aux logiques des entreprises familiales, secteur souvent négligé, mais pourtant essentiel dans de nombreuses économies, notamment africaines.

La troisième partie, centrée sur la gouvernance d'entreprise, interroge les mécanismes de régulation et de décision en période de crise notamment.

La quatrième partie, relative à la finance publique, rappelle que la soutenabilité des finances de l'État est une problématique centrale, particulièrement en temps de bouleversements économiques.

Enfin, la cinquième partie, dédiée aux logiques des très petites entreprises, met en lumière la résilience et l'innovation des acteurs économiques de proximité, souvent confrontés à des défis extrêmes. À travers la variété des contributions et la pertinence des thématiques traitées, cet ouvrage reflète l'influence intellectuelle de Robert WANDA et son attachement constant aux réalités socio-économiques de son temps. Ces *Mélanges* illustrent aussi l'esprit de filiation et de transmission qui anime notre communauté scientifique, et dont je suis heureux de témoigner ici.

Au moment de refermer ce livre, le lecteur ne manquera pas de percevoir, au-delà des analyses, l'empreinte d'une œuvre vivante, construite sur la fidélité aux exigences du savoir et sur l'ouverture aux défis du monde réel.

Puisse ce volume perpétuer l'élan de recherche, d'enseignement et d'engagement que Robert WANDA a incarné, au bénéfice des générations présentes et à venir.

Henri WAMBA

Professeur Titulaire, agrégé des Universités en Sciences de Gestion
Doyen honoraire à la Faculté des Sciences Economiques et de Gestion
Université de Yaoundé 2 – Cameroun

CURRICULUM VITAE DU PROFESSEUR ROBERT WANDA

I - ETAT- CIVIL

Nom : WANDA

Prénom : Robert

Date et lieu de naissance : 17 Mars 1964 à Bangangté

Statut Matrimonial : Marié

Nombre d'enfants : 06 enfants

Adresse : B. P 14 117 Yaoundé (Cameroun)., Tel : (P) 6 99 52 5876, Yaoundé

Grade universitaire : Professeur Titulaire (CAMES), Sciences de Gestion

II- DIPLÔMÉS

2007 Agrégation en Sciences de Gestion, MAJOR, Université Omar Bongo, Libreville.

2004 Doctorat d'État en Sciences de Gestion. Mention TRÈS BIEN, Université de Yaoundé II.

1996 Doctorat de 3e Cycle en Sciences de Gestion. Mention TRÈS BIEN, Université de Yaoundé II.

1989 Diplôme d'Études Approfondies en Sciences de Gestion des Entreprises. Mention ASSEZ BIEN, Université de Yaoundé.

1988 Maîtrise ès Sciences de Gestion des Entreprises. Mention BIEN, Université de Yaoundé.

1987 Licence ès Sciences Economiques (Option : Économie d'Entreprise). Mention AB, Université de Yaoundé.

1984 Baccalauréat, Lycée de Bangangté.

1983 Probatoire, Lycée de Bangangté.

1981 Brevet d'Études du Premier Cycle, Lycée de Bangangté.

1977 Certificat d'Études Primaires et élémentaires, École publique Groupe I de Bangangté.

NB : Parcours scolaire et universitaire sans échec.

III- ACTIVITÉS DE RECHERCHE

III-1- MÉMOIRES ET THÈSES SOUTENUS

2004 : Soutenance de la thèse de doctorat d'État en Sciences de Gestion sur le thème : Contribution à la connaissance des déterminants de la performance des entreprises conjointes franco-camerounaises, Université de Yaoundé II, mars, 340 p.

1996 : Soutenance de la thèse de doctorat 3e cycle en Sciences de Gestion sur le thème : Contribution à la connaissance des déterminants de la performance des entreprises : essai d'analyse à partir d'un échantillon d'entreprises camerounaises, Université de Yaoundé II, avril, 269 p.

1988 : Soutenance du mémoire de maîtrise en Sciences de Gestion sur le thème : Qualification du personnel et performance des agro-industries camerounaises : cas de la CAMSUCO et de la SOSUCAM, Université de Yaoundé, septembre, 93 p.

III-2- PUBLICATIONS, TRAVAUX EN COURS ET APPUI AU DÉVELOPPEMENT

Spécialité : Sciences de gestion

Sous spécialité : Finance

a) Publications

1/ Ouvrage

2019 : Comptabilité générale OHADA selon le Syscohada révisé : analyse, fonctionnement des comptes, application, Paris, 3e édition, complétée de 80 cas pratiques, édition Droit Afrique, 543 pages (décembre), après la première édition en 2013 de 480 pages et la deuxième édition en 2015 de 510 pages.

2/ Articles

2021 : L'effet du crédit-bail coalisé sur les impayés dans les microfinances en zone CEMAC : Cas du Cameroun, Revue Resaddersse International, Tome 2, vol47, N° 45, pp. 40-70 (co-publication).

2021 : The account-general practioner as the foundation of financial resilience of hotel companies in the era of Covid19, Revue Resaddersse International, Tome 2, vol46, N° 46, pp. 120-146 (co-publication).

2021 : Configuration actionnariale et rentabilité des PME au Cameroun, Revue internationale des Sciences de Gestion, volume 4, n° 2, pp. (co-publication).

2020 : Caractéristiques du Conseil d'Administration et disparité de performance entre les grandes entreprises au Cameroun, Revue Recherche en Sciences de Gestion, n° 140, pp.67 à 94.

2020 : Pourquoi les entreprises familiales au Cameroun ouvrent-elles leur capital au marché ? Revue internationale des Sciences de Gestion, octobre, 11 pages.

2020 : Le Syscohada à l'épreuve de transparence des entreprises : une étude exploratoire en contexte camerounais, Revue du Contrôle, de la Comptabilité et de l'Audit, vol. 4, n° 2, pp. 1053 - 1077 (co publication).

2016 : Feminization of Boards and Cameroonian Public Enterprise Performance, International Journal of Business and Management, vol.11, N°11.2016, ISSN 1833-3850, pp. 237-246 (co publication).

2016 : Endettement et transparence des grandes entreprises camerounaises, Questions de Management, n° 12, juin, pp. 353-384 (co publication).

2014 : Ressources bancaires et financement des entreprises au Cameroun : quelle place pour la bourse de valeurs mobilières de Douala ? In 100 propositions pour l'émergence du Cameroun, Yaoundé, éd. Clé, pp. 353-384.

2013 : Les déterminants de la compétitivité des franchises internationales : une analyse empirique du cas du Cameroun, Revue Congolaise de Gestion, n° 18, vol. 2, pp. 9-44.

2011 : Obligations comptables et financières, In Encyclopédie du Droit OHADA (sous la direction de Paul Gérard Pougoué), éd Lamy, pp. 1280-1293 (co-publication).

2011 : Le financement de l'entreprise de petite dimension entre la banque, l'institution de micro finance et la tontine, Revue Camerounaise de Management, n° 21, p.31-44 (co publication).

2010 : Conseil d'administration et performance des entreprises conjointes franco-camerounaises, Revue des Sciences de Gestion, n° 246-247, pp.91-99.

2007 : Risques, comportements bancaires et déterminants de la surliquidité, Revue des Sciences de Gestion, n° 228, pp. 93-103.

2007 : Distance culturelle, modes de financement et rationalité économique », In Création, développement, gestion de la petite entreprise africaine, ouvrage collectif, éd ; Clé Yaoundé, pp. 311 - 326.

2006 : Les déterminants de la performance financière des entreprises conjointes franco camerounaises, Revue du Financier, n° 162, décembre 2006, pp. 57-70.

2001 : Structure financière et performance des entreprises dans un contexte sans marché financier : le cas du Cameroun, Revue du Financier, site www.cybel.fr, 16 p.

1999 : Stratégies internationales des firmes transnationales et participation du système productif Camerounais à la mondialisation de la production, Revue Africaine des Sciences Economiques et de Gestion, n° 2, vol.1, p.137-161.

b) Travaux en cours

2014 : La PME mérite-t-elle une si dérive scientifiquement dogmatique ? : La nécessité de dissocier la petite entreprise de la moyenne entreprise.

2007 : Micro-finance et comportements financiers des Unités de Production Informelles (UPI) camerounaises (en cours de réalisation dans le cadre du projet CEREG-CRDI), 20 p.

2006 : Banque et financement des entreprises au Cameroun : quelle place pour la Bourse de Valeurs Mobilières de Douala ? (soumis pour publication), 22 p.

b) Appui au développement

2021 : Consultant recruté après appel d'offres pour le renforcement des capacités des cadres de l'Institut National de la Statistique (INS) sur la lecture de la DSF et le calcul des ratios macroéconomiques à partir du Sycohada révisé de janvier 2017 (février).

2021 : Consultant recruté après appel d'offres pour le renforcement des capacités des cadres de l'Institut National de la Statistique (INS) sur la comptabilité des établissements de crédit et des compagnies d'assurance, ainsi que des ratios financiers y afférents (novembre).

2014 : De l'OCAM à l'OHADA : quelles avancées pour la transparence des entreprises ? notes du CREG-Gicam.

2014 : OHADA et compétitivité : quels catalyseurs selon les Actes Uniformes ? présentation à l'Assemblée générale du Gicam, du 30 mai au 1er juin 2014, Douala.

2014 : Le capital-risque comme alternative de financement des PME au Cameroun, notes Techniques du Centre de Réflexion Economique du Gicam, in Gicam Bulletin, p. 27-28.

2012 : Membre du comité scientifique des Journées nationales de la PME.

2012 : Sous-traitance : une solution pour la solidité de la PME nationale camerounaise ? In LE Magazine des Journées Nationales de la PME.

2012 : Participation aux États généraux sur la protection de la fortune publique au Cameroun organisé par le CONSUPE au Palais du Congrès en tant qu'expert universitaire de l'atelier N° 1 sur le thème : optimisation du système de contrôle de la gestion des finances publiques au Cameroun, les 9, 10 et 11 octobre.

Depuis 2012 : Membre du Centre de Réflexion en Économie du Gicam (CREG) qui organise au moins 2 colloques par an sur l'avenir de l'économie du Cameroun.

Depuis 2012 : Élaboration du Budget Programme de plusieurs administrations à travers le cabinet IFS (Institut de Finance et de Stratégie).

2013 : Ressources bancaires et financement des entreprises au Cameroun : quelle place pour la Douala Stock Exchange, In 100 propositions pour l'émergence du Cameroun à l'horizon 2035, p.

III-3- SÉMINAIRES, STAGES, SOCIÉTÉS SAVANTES, CENTRES DE RECHERCHE D'APPARTENANCE ET ACTIVITÉS PROFESSIONNELLES ET PROMOTION

2021 : Expert externe du PRED-CAMES avec évaluation de 2 Universités privées Du Burkina Faso à savoir Aube Nouvelle Université et Sup'Management (novembre).

2020 : Membre du Comité scientifique de la deuxième édition des Journées scientifiques en Économie et Gestion de l'Université de Parakou au Bénin.

2019 : Expert externe du PRED-CAMES avec évaluation de 3 universités privées du Burkina Faso à Ouagadougou à savoir IFC, ESC et CEPARMAD (novembre).

2018 : participation au séminaire international sur la l'assurance qualité dans l'enseignement supérieur tenu à Yaoundé du 18 au 20 septembre 2018 par AfriQUAN en partenariat avec l'UE, Guni afrique, l'UA, le CAMES.

Depuis 2015 : participation à des séminaires de préparation des candidats au concours CAMES, notamment à Abidjan et dans plusieurs universités camerounaises.

Depuis 2015 : membre du conseil Scientifique du Business Science Institute (BSI, Luxembourg).

Depuis 2013 : membre de l'Université Virtuelle du GICAM (CREG).

Depuis 2007 : membre fondateur de la Société Camerounaise des Agrégés (SCA).

Depuis 2005 : Membre et chercheur-associé à l'IRGO (Institut Régional de Gestion des Organisations) Université Bordeaux 4.

2008 : Participation au séminaire de formation des formateurs au Centre africain d'Études Supérieures en Gestion (CESAG) du 17 au 21 mars.

2003 : Participation à la 2e conférence de l'Institut International des Sciences Administratives, au Palais des Congrès de Yaoundé du 14 au 18 juillet sous thème « Gouvernance partagée : la lutte contre la pauvreté et les exclusions ». Titre du papier co-présenté à ce séminaire « Gouvernance, Entreprise informelle et Bien-être social en contexte camerounais ».

Depuis 2002 : Chercheur - associé au Centre de Recherche sur l'Entreprise Familiale et Financière (CREFF) de l'Université Montesquieu Bordeaux 4 (devenu par fédération avec d'autres centres, l'IRGO).

Depuis 2002 : Plusieurs séjours de recherche de courte durée en France.

2001 : Suivi d'un stage de recherche de 10 mois au Centre de Recherche sur l'Entreprise Familiale et Financière (CREFF) de l'Université Montesquieu Bordeaux 4 en France (janvier à décembre) avec participation à plus d'une dizaine de séminaires de recherche.

1999 : Participation au séminaire de recherche sur la pauvreté à Nairobi au Kenya, organisé par l'AERC (African Economic Research Consortium). Présentation d'un papier sur Les facteurs de réduction de la pauvreté urbaine au Cameroun.

Depuis 1999 : Membre du Centre de Recherche en Économie et en Gestion des entreprises (CEREG) de l'Université de Yaoundé II.

1997 : Participation au séminaire des 5 et 6 Mars 1997 au Palais des Congrès de Yaoundé portant sur le thème : Macro–économic Issues and Policy implications, financé par l'Université de Yaoundé II avec le concours de l'AERC et la Mission française de Coopération.

Depuis 2000 : Consultant en finance et en management dans plusieurs cabinets au Cameroun.

Promotions universitaires

1996 : Assistant

2003 : Chargé de cours

2007 : Maître de Conférences Agrégé

2016 : Professeur

2017 : Professeur Titulaire CAMES

Distinction honorifique universitaire

2018 : Chevalier de l'Ordre international des Palmes Académiques du CAMES (OIPA/CAMES)

IV- EXPÉRIENCE PROFESSIONNELLE ET ACTIVITÉS PÉDAGOGIQUES

IV-1- EXPÉRIENCE PROFESSIONNELLE

Depuis 2019 : Directeur de l'École Doctorale de l'École de Management du Gabon Université (EM Gabon Université).

Depuis 2011 : Coordonnateur du Master recherche en Comptabilité Finance de la Faculté des Sciences Economiques et de Gestion de l'Université de Yaoundé II.

2012 : Membre de Centre de Recherche en Économie du Gicam (CREG).

2012 : Membre de la mise en place du système LMD - Master à l'École Nationale Supérieure des Postes et Télécommunication.

2010 : Co-Président de la réforme universitaire des programmes de la Faculté des Sciences Economiques et de Gestion de l'Université de Bangui.

Depuis 2009 : Enseignant – associé à l'Université Africaine de Technologie et de Management (UATM) Cotonou (République du Bénin) et FUPA à Abidjan (République de Côte d'Ivoire).

Depuis 2006 : Enseignant - associé à l'Université Catholique d'Afrique Centrale.

Depuis 2004 : Enseignant à l'École Supérieure de Commerce et de Gestion (SUP de CO) de Yaoundé.

Depuis 2004 : Enseignant - associé à l'Université de Douala.

2003 : Enseignant au Centre de formation de la comptabilité matière (CFCM).

Depuis 2000 : Enseignant - associé à l'École Nationale Supérieure des Postes et Télécommunications (ENSPT).

Depuis 1998 : Enseignant - associé à l'Université de Ngaoundéré.

Depuis 1997 : Consultant au Centre d'Expertise et de Conseil en Économie et Gestion des Entreprises (CEGEC).

Depuis 1997 : Conseil fiscal et financier des certaines sociétés de la ville de Yaoundé (Cofrelec Sarl, ...).

1996 : Enseignant au département des Sciences de Gestion à l'Université de Yaoundé II.

1989-1995 : Chargé des Travaux Dirigés à l'Université de Yaoundé.

IV-2- COMPÉTENCES PARTICULIÈRES ET PROFESSIONNELLES

Depuis 2010, Fondateur et Gérant du Cabinet de consultation internationale INSTITUT DE FINANCE ET DE STRATÉGIE, en abrégé IFSconsulting, basé à Yaoundé au Cameroun.

IV-3- : ACTIVITÉS PÉDAGOGIQUES

a) Cours dispensés

Depuis 2021 : Stratégie financière à l'Institut Universitaire d'Abidjan (IUA) en Côte en Master 2 recherche.

Depuis 2021 : Diagnostic financier et stratégique de l'entreprise à l'Institut Universitaire d'Abidjan (IUA) en Côte d'Ivoire en Master 2 recherche.

Depuis 2019 : Méthodologie de la recherche et des Fondamentaux de la Finance à EM Gabon Université en Master 2 recherche.

Depuis 2013 : Ingénierie financière en Master 2 à l'Institut Supérieur de Commerce de l'Université de Kinshasa en RDC.

Depuis 2012 : Fusions et acquisitions en Master 2 recherche Management stratégique à la Faculté des Sciences Economiques et de Gestion de l'Université de Yaoundé II.

Depuis 2012 : Microéconomie de la création d'entreprise en Master 2 recherche Microéconomie du développement, option Stratégies d'entreprises et des marchés à la Faculté des Sciences Economiques et de Gestion de l'Université de Yaoundé II.

Depuis 2010 : Théorie des marchés financiers, théorie financière, méthodologie de la recherche, gestion financière à long terme aux cycles de Master aux Facultés Universitaires Privées d'Abidjan (FUPA) en République de Côte d'Ivoire.

Depuis 2009 : Plusieurs cours dispensés à l'UATM à Cotonou et aux FUPA à Abidjan (comptabilité générale, analytique, des sociétés, management, ingénierie financière, économie et organisation des entreprises, mathématiques financières, stratégie financière).

Depuis 2008 : Management Public aux auditeurs du programme de Gestion des Politiques Economiques (GPE) de l'Université de Yaoundé II (en préparation).

Depuis 2008 : Étude de Cas en première année à la Faculté des Sciences Economiques et de Gestion de l'Université de Yaoundé II.

Depuis 2007 : Gouvernance au cycle de Maîtrise de la Faculté des Sciences Economiques et de Gestion Appliquée de l'Université de Douala.

Depuis 2007 : Management au cycle d'ingénieurs à l'École Supérieure Polytechnique de Yaoundé.

Depuis 2007 : Management au cycle de Maîtrise de la Faculté des Sciences Economiques et de Gestion Appliquée de l'Université de Douala.

Depuis 2007 : Méthodes et techniques de la recherche au cycle de Maîtrise de la Faculté des Sciences Economiques et de Gestion Appliquée de l'Université de Douala.

Depuis 2006 : Analyse financière des projets en DESS Analyse et Évaluation des Projets de l'Université de Yaoundé II.

Depuis 2006 : Gestion financière au programme Gestion des Politiques Economiques (GPE) de l'Université de Yaoundé II.

Depuis 2006 : Analyse financière à l'Université Catholique d'Afrique Centrale de Yaoundé.

Depuis 2006 : Finance à la Faculté des Sciences Economiques et de Gestion de l'Université de Yaoundé II.

Depuis 2005 : Théorie des organisations en DEA Sciences de Gestion à l'Université de Yaoundé II et à l'Université de Douala.

Depuis 2005 : Théorie financière en DEA Sciences de Gestion à l'Université de Yaoundé II et à l'Université de Douala.

Depuis 2004 : Comptabilité approfondie au cycle de Maîtrise des Sciences de Gestion à l'Université de Yaoundé II.

2003- 2004 : Comptabilité générale en première année des Sciences Economiques à l'Université de Yaoundé II.

Depuis 2004 : Comptabilité générale, finance, comptabilité analytique à SUP de CO de Yaoundé.

2003 : Comptabilité générale (Centre de Formation de la Comptabilité Matière).

Depuis 2003 : Fiscalité et comptabilité des sociétés en maîtrise Droit des Affaires à l'Université de Yaoundé II.

Depuis 2002 : Gestion financière (École Nationale Supérieure des Postes et Télécommunications).

Depuis 2002 : Comptabilité analytique (École Nationale Supérieure des Postes et Télécommunications).

Depuis 2000 : Fiscalité et comptabilité des sociétés en troisième année Sciences de Gestion à l'Université de Yaoundé II.

Depuis 2000 : Économie et organisation de l'entreprise (École Nationale Supérieure des Postes et Télécommunications).

1999-2000 : Initiation à la gestion en première année des Sciences Economiques à l'Université de Yaoundé II.

1998-1999 : Financement du commerce international en maîtrise Droit des Affaires Internationales - Faculté des Sciences Juridiques et Politiques de l'Université de Yaoundé 2.

1998-1999 : Diagnostic financier de l'entreprise au DESS à la Faculté des Sciences Economiques et de Gestion de l'Université de Ngaoundéré.

b) **Thèses dirigées** (35 thèses dirigées et soutenues à ce jour, dont 2 co-dirigées en Belgique et France)

NGNIE Bertrand (2021), Organes de contrôle et performance des entreprises camerounaises à participation de l'État, Thèse de Doctorat PhD en Sciences de Gestion, Université de Yaoundé II, octobre, 292 pages.

BEBOULE Biliga Magloire (2021), Contrôle de gestion et efficacité des administrations publiques au Cameroun, Thèse de Doctorat PhD en Sciences de Gestion, Université de Yaoundé II, octobre, 265 pages.

TONDOM William (2021), Gouvernance bancaire et financement des PME au Cameroun, Thèse de Doctorat PhD en Sciences de Gestion, Université de Yaoundé II, octobre, 382 pages.

GADO Doua Thierry (2021), Bien-être et performance sociale de la PME au Cameroun : une lecture à partir du capital humain, Thèse de Doctorat PhD en Sciences de Gestion, Université de Yaoundé II, octobre, 328 pages.

AKANI Samuel Roland (2021), Reformes du système comptable OHADA et financement des entreprises camerounaises, Thèse de Doctorat PhD en Sciences de Gestion, Université de Dschang, novembre, 306 pages.

TEMOMO Wamba Romuald (2021), Approche cognitive et comptabilité créative dans les sociétés à responsabilité limitée au Cameroun, Thèse de Doctorat PhD en Sciences de Gestion, Université de Dschang, novembre, 482 pages.

DONKAM Micheline (2021), Analyse des déterminants de la réussite des femmes entrepreneures au Cameroun, Thèse de Doctorat/PhD en Sciences de Gestion, Université de Dschang, mai 2021, 258 pages.

TONYE Alain Fridolin (2021), Contrôle de gestion et pérennité des PME Camerounaises, Thèse de Doctorat/PhD en Sciences de Gestion, Université de Dschang, mai 2021, 285 pages.

DONTSI Josiane Juliette (2021), Numérisation des services bancaires et performance des banques au Cameroun, Thèse de Doctorat/PhD en Sciences de Gestion, Université de Dschang, mai 2021, 278 pages.

DONGMO Kana Valéry Verges (2021), Mécanismes de gouvernance et qualité de l'audit externe : une application aux entreprises Camerounaises, Thèse de Doctorat/PhD en Sciences de Gestion, Université de Dschang, mai 2021, 297 pages.

MBOUOLANG YIMPI Cédric (2021), Profil de l'entrepreneur et adoption des plateformes de crowdfundings : une étude empirique en contexte camerounais, Thèse de Doctorat/PhD en Sciences de Gestion, Université de Dschang, mai 2021, 373 pages.

MIMCHE KOUOTOU Anicet Clément (2021), Culture comptable et performance financière des entreprises au Cameroun, Thèse de Doctorat/PhD en Sciences de Gestion, Université de Dschang, mai 2021, 317 pages.

BAROUWA Yayé (2021), Spécificités de la gouvernance et performance organisationnelle des entreprises familiales camerounaises, Thèse de Doctorat PhD en Sciences de Gestion, Université de Yaoundé II, janvier, 334 pages.

EYOMANE MINTYA Jeannine S. (2020), Contribution des modes de financement à la pérennité des Très Petites Entreprises au Cameroun, Thèse de Doctorat PhD en Sciences de Gestion, Université de Maroua, Août, 288 pages.

SALEM MATCHUENTE Reine Ida (2020), La légitimité managériale du dirigeant et la performance des moyennes entreprises : cas du Cameroun, Thèse de Doctorat PhD en Sciences de Gestion, Université de Yaoundé II-Soa, 327 pages.

NKOUM ME NKOUM, Serge L., (2019), La décision de détention d'actifs liquides dans les entreprises financières de la CEMAC, Thèse de Doctorat PhD en Sciences de Gestion, Université de Dschang, juillet, 196 pages.

NGA NGA Félicien (2019), Reformes comptables et transparence des entreprises au Cameroun, Thèse de Doctorat PhD en Sciences de Gestion, Université de Dschang, juillet, 230 pages.

WAFFEU Yves D. (2019), Rentabilité et décisions d'investissement et de financement des grandes entreprises industrielles camerounaises Thèse de Doctorat PhD en Sciences de Gestion, Université de Dschang, juillet, 326 pages.

ABDOUL Nasser Ousmanou (2018), « Gestion des risques comptables et pérennité des entreprises Camerounaises » (2018), Thèse de Doctorat/PhD en Sciences de Gestion, Université de Yaoundé II, novembre, 266 p.

KOMBOU Hugues Anicet (2019), « Les enjeux de la configuration de l'actionnariat et du conseil d'administration pour la performance des grandes entreprises au Cameroun » (2018), Thèse de Doctorat/PhD en Sciences de Gestion, Université de Yaoundé II, novembre, 286p.

MVOGO Jean, (2018) « Modes de gestion et performance des IMF au Cameroun », Thèse de Doctorat/PhD en Sciences de Gestion, Université de Yaoundé II, novembre, 321 p.

NDONGO OBAMA Jean, (2018), Qualité de la gouvernance d'entreprise et performance des firmes camerounaises, Thèse de Doctorat/PhD en Sciences de Gestion, Université de Yaoundé II, novembre, 308p.

AGOUME Cynthia, (2018), « Strategies financières et croissance des moyennes entreprises Camerounaises » (2018), Thèse de Doctorat/PhD en Sciences de Gestion, Université de Yaoundé II, novembre, 258 p.

KEGNI FOMO Gildas, (2018), Différence de gouvernance entre grandes entreprises performantes et grandes entreprises non performantes au Cameroun, Thèse de Doctorat/PhD en Sciences de Gestion, Université de Yaoundé II, novembre, 340 p.

MOULIOM Idrissou, (2018) « Contribution à la connaissance des déterminants des choix de financement par endettement des entreprises familiales : une étude sur les données de panel croisés », Thèse de Doctorat/PhD en Sciences de Gestion, Université de Yaoundé II, octobre, 322 p.

TCHATCHOUA Nya Magloire, (2018), Gouvernance et performance des coopératives financières rurales du réseau MC2 au Cameroun, Thèse de Doctorat/PhD en Sciences de Gestion, Université de Dschang, octobre, 301p.

NJIKE Désirée épouse NGOMESSE (2017), Gouvernance et performance des entreprises publiques au Cameroun, Thèse de Doctorat/PhD en Sciences de Gestion, Université de Dschang, octobre, 406p.

YOUGANG Bernadette (2016), Gouvernance et pérennité des Établissements de Microfinance au Cameroun, Thèse de Doctorat/PhD en Sciences de Gestion, Université de Dschang, juillet, 266 p.

NKAKENE MOLOU LAURENCE (2016), Investissements immatériels et performance des entreprises au Cameroun, Thèse de Doctorat/PhD en Sciences de Gestion, Université de Dschang, mars, 260p.

GUETSOP SATEU FABRICE A. (2015), Endettement et comportement financier des grandes entreprises camerounaises, Thèse de Doctorat/PhD en Sciences de Gestion, Université de Yaoundé II, mars, 368 p.

KENMEGNI NOUMIGUE GUY R. (2015), Le différentiel de financement entre les Petites entreprises et les Moyennes entreprises, Thèse de Doctorat/PhD en Sciences de Gestion, Université de Yaoundé II, mars, 338p.

ZANGA ONGBWA PAUL D. (2015), Gouvernance d'entreprise et transparence des banques multinationales implantées au Cameroun, Thèse de Doctorat/PhD en Sciences de Gestion, Université de Yaoundé II, mars, 355p.

ONANGA ONANA ANACLET (2015), Accords de coopération internationale et compétitivité des entreprises camerounaises, Thèse de Doctorat/PhD en Sciences de Gestion, Université de Yaoundé II, mars, 404p.

TEUWA NKEUWO HUGUES M. (2015), De quels marchés boursiers l'Afrique a-t-elle besoin pour son développement ? Au-delà des illusions, une étude précise de l'attractivité et de l'efficience des marchés boursiers africains, Thèse de Doctorat/PhD en Sciences de Gestion, Université de Liège, avril, 122p. (co- direction avec Madame le Professeur Aline Muller.

CKOUEKAM ODETTE (2015), Géographie du capital et contrôle des entreprises au Cameroun : impact du contexte socio politique et culturel, Thèse de Doctorat/PhD en

Sciences de Gestion, Université Montesquieu Bordeaux 4, décembre (co- direction avec le Professeur Eric Lamarque).

NB : Plus de 26 thèses en cours de direction, dont au moins 10 sont finalisées et susceptibles d'être soutenues d'ici un an.

c) Mémoires dirigés

Entre 1999 et 2021, plus de 450 mémoires de Master recherche et professionnels dirigés et et soutenus dans toutes les spécialités de la Gestion.

V - DIVERS

Depuis 2013 : Conseiller Municipal à la Commune de Bangangté où je suis par ailleurs le Président de la Commission Coopération et gestion des partenariats.

- Major de la première promotion du séminaire de formation en vue de l'obtention du Certificat d'Aptitude Professionnelle à l'Enseignement de la Conduite automobile (CAPEC) avril-août 1994, organisé par l'État Camerounais (MINTRANS, MINTP).
- Membre actif du comité de suivi du développement économique et social de mon village d'origine où plusieurs projets ont été examinés et réalisés.
- Français : Lu, parlé, écrit parfaitement.
- Anglais : Lu, parlé, écrit assez bien.
- Allemand : Connaissances sommaires.
- Informatique : Maîtrise Word, Excel, Power Point.

Chargé de mission communal RDPC dans le NDE (2008à 2016) et conseiller municipal de la commune de Bangangté (2013 à 2019).

CV de Robert WANDA à grands traits

Grade : Professeur Titulaire CAMES (le tout premier en 2017 à accéder à ce grade en Sciences de Gestion au Cameroun).

Chevalier de l'Ordre international des Palmes Académiques de CAMES (le seul actuellement au Cameroun dans le domaine des Sciences de Gestion).

Nom et Prénom : WANDA Robert

Date et lieu de naissance : 17 mars 1964 à Bangangté (Cameroun)

Statut : Marié et père de 6 enfants

Diplômes : Doctorat 3e cycle (1996), Doctorat d'État (2004), Agrégation CAMES (2007).

Nombre de Thèses dirigées et déjà soutenues à ce jour : 35

Universités d'intervention hors du Cameroun (Benin, Bordeaux, Liège, Bangui)

Nombre de thèses dirigées et déposées en vue d'une soutenance : 10

Nombre de Thèses en cours de direction : plus de 11

Nombre de mémoires de recherche (DEA et Masters recherche et professionnel) dirigés et soutenus : près de 1999 à 2021 : plus 450

Nombre d'ouvrages publiés : 01 (en 3 éditions)

Nombre d'articles publiés : 18

Nombre de cours déjà dispensés : plus de 35

Les Universités de rattachement en enseignement : au Cameroun (Yaoundé II, Douala, Dschang, N'Gaoundéré, UCAC).

Plusieurs institutions privées d'enseignement supérieur au Cameroun et à l'étranger (voir CV).

Écoles savantes d'appartenance : IRGO (Bordeaux 4 en France), BSI (Luxembourg/Dakar).

Fait à Yaoundé, 10 juillet 2020

BIOGRAPHIE DES AUTEURS

André TIOUMAGNENG est Professeur Titulaire, Agrégé des Universités en sciences de gestion, en poste à l'Université de Yaoundé 2 au Cameroun et auteur de nombreuses publications dans les domaines de la Finance et du management stratégique des organisations. Il est le Chef du Département des Sciences de Gestion dans ladite Université et y dirige l'Équipe de Recherche sur les Stratégies et la Gouvernance des Banques (ERSGO-BANQUES), logée à la Faculté des Sciences Économiques et de Gestion (FSEG).

Éric LAMARQUE est Professeur agrégé en sciences de Gestion (Major de l'agrégation française en 2001), Directeur de l'IAE de Paris-Sorbonne, ex-Directeur du Réseau des IAE en France, Directeur de l'Executive Master Finance à Paris-Sorbonne, Directeur de l'Exécutive MBA-UEMOA (Dakar) et de la Chaire Management et Gouvernance des Coopératives Financières. Membre de la CEFDG du ministère français de l'Enseignement supérieur et du conseil d'administration de la FNEGE, il a été Président du Conseil National des Universités françaises pour les Sciences de Gestion entre 2011 et 2015. Il est auteur de nombreuses publications (articles & ouvrages) en stratégie, finance et marketing.

Ababacar MBENGUE est Professeur (Agrégé des universités françaises) de classe exceptionnelle en Sciences de Gestion (en poste à l'Université de Rheim), président-fondateur de la Société africaine de management (SAM), directeur général de Knowdys Consulting Group (KCG), professeur invité à l'Université de Pennsylvanie - Wharton School. Il a été membre du jury de l'agrégation française en 2012, président du jury du concours d'agrégation en Sciences de Gestion au CAMES entre 2011 et 2019), Président du Conseil Scientifique de l'Association Internationale de Management Stratégique (2002-2004). Il est auteur de plusieurs ouvrages et articles sur le Management et la Stratégie des organisations.

Henri WAMBA est Professeur émérite, agrégé du CAMES en Sciences de Gestion, et Doyen honoraire de la Faculté des Sciences Economiques et de Gestion de l'Université de Yaoundé II (2012-2016). Il a occupé les fonctions de Secrétaire général à l'Université de Douala et de Vice-recteur chargé de la Recherche et du contrôle à l'Université de Dschang. Il est professeur invité à l'Université de Rennes 1 (France) et auteur de nombreuses publications sur la Finance et le Banking.

Jean BIWOLE FOUDA est Professeur Titulaire, Agrégé du CAMES en sciences de gestion, et Vice-recteur chargé de la Recherche et Coopération à l'Université d'Ebolowa. Il a été Vice-Doyen chargé de la Recherche et Coopération à la Faculté des Sciences Économiques et de Gestion de l'Université de Yaoundé 2 (2014-2016), directeur adjoint de l'ESSEC de Douala (2017-2018) et Vice-recteur chargé du Contrôle interne et de l'Évaluation à l'Université de N'Gaoundéré. Il est auteur de nombreuses publications sur la stratégie des organisations et la Finance d'entreprise.

Désiré AVOM est Professeur Titulaire, Agrégé du CAMES en Sciences Économiques, et Doyen de la Faculté des Sciences Économiques et de Gestion de l'Université de Yaoundé 2, où il dirige le Laboratoire d'Analyse et de Recherche en Économie Appliquée (LAREA). Il est membre du comité de Politique Monétaire de la Banque des États de l'Afrique Centrale (BEAC) et consultant auprès de plusieurs autres organismes internationaux (Union Africaine, CEMAC, Nations Unies, etc.). Il est auteur de nombreuses publications sur la Banque Centrale et la politique monétaire.

Laurent NDJANYOU est Professeur des Universités en Sciences de gestion à l'Université de Yaoundé 2. Il a été Chef du département des sciences de gestion à l'Université de Dschang. Chercheur associé au Laboratoire de Recherches en Économie Fondamentale et Appliquée (LAREFA) au sein de ladite Université, il est auteur de nombreuses publications sur la finance d'entreprise, l'entrepreneuriat et la gouvernance d'entreprise.

Jules Roger FEUDJO est Professeur Titulaire, Agrégé du CAMES en Sciences de Gestion, vice-doyen chargé de la Recherche et Coopération à l'Université de Dschang au Cameroun. Il est en 2018 membre du Jury du concours d'agrégation du CAMES, section Sciences de Gestion et auteurs de nombreuses publications sur la finance et la gouvernance d'entreprise.

Dieudonné BONDOMA est économiste, Maître de Conférences à l'Université de Yaoundé 2, et publie régulièrement sur l'économie du Développement. Il a été directeur de l'Économie au ministère de l'Économie, de la Planification et de l'Aménagement du Territoire au Cameroun. Il dirige le CARPA (Conseil d'Appui à la Réalisation des Contrats de Partenariat).

Jean DOUANLA est Professeur des Universités en Sciences de Gestion et vice-doyen chargé de la Scolarité et du Suivi des Étudiants à la Faculté des Sciences Economiques et de Gestion de l'Université de Dschang. Il est auteur de nombreuses publications sur la Gestion des Ressources Humaines.

Viviane ONDOA BIWOLE est Professeure en sciences de gestion, en poste à l'Université de Yaoundé 2 où elle dirige le programme Gestion de la Politique Economique (GPE). Elle a été Directrice adjointe de l'Institut Supérieur de Management Public (ISMP). Consultante, ses domaines de publication concernent notamment l'entrepreneuriat, la Gestion des Ressources Humaines et le management public.

Jean Marie TCHAKOUA est professeur Titulaire, Agrégé des Universités en droit privé, en poste à l'Université de Yaoundé 2. Ila régulièrement publié des ouvrages et articles scientifiques dans ce domaine, en particulier sur le code de procédure pénale, l'arbitrage et la médiation.

Augustin MBANGALA MAPAPA est Professeur des Universités à l'Université de Liège. Il a pendant longtemps enseigné la finance et la comptabilité dans différentes universités en Belgique, au Bénin et en République Démocratique du Congo. Lauréat de plusieurs prix internationaux et expert-comptable, il est auteur de plusieurs ouvrages et articles scientifiques.

Raymond Bernard GUIMDO est Professeur Titulaire, Agrégé des Universités en Droit public, à l'Université de Dschang où il occupe le poste de Vice-recteur chargé de la Recherche et de la Coopération. Il est auteur de plusieurs ouvrages et publications, notamment sur le droit administratif et, la décentralisation et le contentieux.

Gerard TCHOUASSI est Professeur Titulaire en Sciences Economiques à l'Université de Yaoundé 2. Il a été membre du Comité Exécutif du Conseil pour le Développement de la Recherche en Sciences Sociales en Afrique (CODESRIA) et est auteur de plusieurs publications.

Ben BOUBAKARY est Maître de Conférences, Agrégé en Sciences de gestion, en poste à l'Université de Yaoundé 2. Il publie régulièrement sur le management stratégique, les PME et gouvernance d'entreprise.

Souleymanou KADOUAMAI est Professeur Titulaire, Agrégé des Universités en Sciences de gestion, en poste à l'Université de Maroua. Auteur de plusieurs publications sur la comptabilité et l'audit, il y coordonne le Master professionnel Finance-comptabilité.

Serges LENGA est Maître de Conférences, Agrégé des Universités en science de gestion, en poste à l'Université Marien Ngouabi au Congo-Brazzaville. Ses publications et préoccupations scientifiques portent principalement sur la stratégie des organisations et les Systèmes d'information.

Serges MESSOMO est Maître de Conférences, Agrégé en Sciences de gestion, en poste à l'Université de Buea au Cameroun. Il y est le Chef du Département de Banque et Finance et oriente habituellement ses publications sur la microfinance et la gouvernance d'entreprise.

Ndioumar NDOUR est Maître de Conférences, Agrégé du CAMES en Sciences de Gestion, en poste à l'Université de Ziguinchor au Sénégal. Ses préoccupations de recherches portent sur la finance, la microfinance et la banque.

David NGOUNGO est Maître de Conférences en Sciences de Gestion à l'Université de Yaoundé 2 où il dirige la Division des Activités Académiques, de la Scolarité et de la Recherche à la Faculté des Sciences Economiques et de Gestion. Ses axes de recherche touchent aux PME et à la gouvernance d'entreprise.

Rovier DJEUDJA est Maître de Conférences en Sciences de Gestion à l'Université de Dschang et se préoccupe, dans ses recherches, sur la finance solidaire et la fiscalité.

TABLE DES MATIÈRES

Structures éditoriales du groupe L'Harmattan

L'Harmattan Italie
Via degli Artisti, 15
10124 Torino
harmattan.italia@gmail.com

L'Harmattan Hongrie
Kossuth l. u. 14-16.
1053 Budapest
harmattan@harmattan.hu

L'Harmattan Sénégal
10 VDN SICAP AMITIE 3
BP 45034 Dakar-Fann
direction@senharmattan.com

L'Harmattan Cameroun
Tsinga/Derrière polyclinique FECAFOOT
BP 11486 Yaoundé
Jacques.koukam@harmattan.fr

L'Harmattan Burkina Faso
Villa 281, secteur 23 623, rue 14.32
Ouagadougou
zagbie@outlook.fr

L'Harmattan Guinée
Almamya, rue KA 028 OKB Agency
BP 3470 Conakry
harmattanguinee@yahoo.fr

L'Harmattan RDC
185, avenue Nyangwe
Commune de Lingwala – Kinshasa
matangilamusadila@yahoo.fr

L'Harmattan Congo
219, avenue Nelson Mandela
BP 2874 Brazzaville
deunovmikhael@gmail.com

L'Harmattan Mali
Immeuble Mgr Jean Marie Cissé
Aci Hamadallaye
BP 145 Bamako
syllaka@yahoo.fr

L'Harmattan Togo
Djidjole – Maison Amela
face EPP BATOME
02 BP 20680 Lomé
didieramela11@gmail.com

L'Harmattan Côte d'Ivoire
Résidence Karl – Cité des Arts
Abidjan-Cocody
03 BP 1588 Abidjan
harmattan.ivoire@gmail.com

L'Harmattan Bénin
Rue 604, (Immeuble à l'entrée
de la rue UCAO- Cite de Saint-Jean)
Cotonou
stepcorpus@gmail.com

Nos librairies en France

Librairie internationale
16, rue des Écoles
75005 Paris
librairie.internationale@harmattan.fr
01 40 46 79 11
www.librairieharmattan.com

Librairie des savoirs
21, rue des Écoles
75005 Paris
librairie.sh@harmattan.fr
01 46 34 13 71
www.librairieharmattansh.com

www.ingramcontent.com/pod-product-compliance
Lightning Source LLC
LaVergne TN
LVHW011144061026
849535LV00003B/584
* 9 7 8 2 3 3 6 5 7 1 0 4 1 *